Bundeselterngeld- und Elternzeitgesetz
Basiskommentar

Ariane Mandalka/Daniel Wall

Bundeselterngeld- und Elternzeitgesetz

Basiskommentar zum BEEG

8., überarbeitete und aktualisierte Auflage

BUND VERLAG

Bibliografische Information der Deutschen Nationalbibliothek
Die Deutsche Nationalbibliothek verzeichnet diese Publikation in der Deutschen Nationalbibliografie; detaillierte bibliografische Daten sind im Internet über *http://dnb.d-nb.de* abrufbar.

8., überarbeitete und aktualisierte Auflage 2025

Umschlag: Ute Weber, Geretsried
Satz: Dörlemann Satz, Lemförde
Druck: Druckerei C.H. Beck, Berger Str. 3–5, 86720 Nördlingen

ISBN 978-3-7663-7483-7

kontakt@bund-verlag.de
www.bund-verlag.de

Vorwort

Der vorliegende Basiskommentar behandelt in allgemein verständlicher Form die Bestimmungen des Bundeselterngeld- und Elternzeitgesetzes (BEEG) in der Fassung vom 1.5.2025.

Das BEEG enthält zwei Regelungsbereiche: Elterngeld und Elternzeit. Beide Bereiche hängen gesetzlich nicht zusammen, auch wenn in der Praxis fast immer das Elterngeld während der Zeit der Elternzeit in Anspruch genommen wird. Zwingend ist dies nicht.

Das am 1.1.2007 eingeführte Elterngeld orientiert sich an der Berufstätigkeit und -fähigkeit beider Elternteile. Die Elterngeldleistung ist dynamisch in Anknüpfung an das individuelle Erwerbseinkommen geregelt.

Inzwischen haben Eltern erhebliche Gestaltungsmöglichkeiten bei der Inanspruchnahme des Elterngeldes. Sie können wählen zwischen Basiselterngeld und Elterngeld Plus. Die Bezugsdauer des Basiselterngeldes kann durch Partnermonate, diejenige des Elterngeld Plus durch Partnerschaftsbonusmonate verlängert werden.

Alle vier Bestandteile haben unterschiedliche Voraussetzungen. Diese stellt der vorliegende Kommentar übersichtlich und in unterschiedlichen Kombinationsvarianten dar.

Das BEEG verfolgt das Ziel, vor allem mit den erleichterten Voraussetzungen bei Partnerschaftsbonusmonaten mit dem Elterngeld Plus einen weiteren Anreiz zu schaffen, früher in den Beruf zurückzukehren, um eine partnerschaftliche Aufteilung der Kinderbetreuung bzw. Familienarbeit für Mütter und Väter zu ermöglichen.

Ein einmal gestellter Elterngeldantrag kann außerdem ohne Begründung bis zum Ende des Bezugszeitraums mehrfach geändert werden.

Auch die neuen Regelungen zur **Elternzeit und Elternteilzeit** sollen ermöglichen, Familienleben und den Beruf noch besser miteinander zu vereinbaren. Daher wurde der mögliche Teilzeitumfang im Rahmen einer Elternzeit von 30 auf 32 Stunden pro Woche angehoben, also auf vier volle Arbeitstage. Das gilt unabhängig davon, ob der Mitarbeiter Elterngeld bezieht oder nicht. Das Ziel des BEEG, die Familien- und Arbeitszeit zwischen den Partnern aufzuteilen, soll dabei gerade durch die Erhöhung der während des Elterngeldbezugs zulässigen Arbeitszeit erreicht werden: Es wird den Eltern er-

möglicht, einerseits das Familieneinkommen abzusichern und andererseits durch die Teilzeit mehr Zeit für die Familie zu haben.
Der Kommentar will Lesern eine Auseinandersetzung mit allen praxisrelevanten Fragen des Elterngeld- und Elternzeitrechts ermöglichen. Unter Einbeziehung der Beteiligungsrechte des Betriebs-/Personalrats wird insbesondere auf die Auswirkungen der Elternzeit auf das Arbeitsverhältnis eingegangen, sei es beispielsweise zu Sonderzahlungen, Benachteiligung während der Elternzeit bei Aufnahme einer Teilzeittätigkeit oder von Rückkehrern und Rückkehrerinnen aus der Elternzeit sowie auf Kranken-, Renten- und Arbeitslosenversicherung.
Die AutorInnen haben sich bemüht, ihre Erläuterungen so praxisnah und aktuell wie möglich zu fassen und die wichtigsten Fragen anhand konkreter Beispiele verdeutlicht. Anregungen und kritische Hinweise werden gerne unter *mandalka@schwegler-rae.de* und *wall@ra-wall.de* entgegengenommen.

Ariane Mandalka
Daniel Wall
Frankfurt am Main, im Juni 2025

Inhaltsverzeichnis

Abkürzungsverzeichnis

a. A.	andere Ansicht
a. a. O.	am angegebenen Ort
Abs.	Absatz
AEUV	Vertrag über die Arbeitsweise der Europäischen Union
a. F.	alte Fassung
AGG	Allgemeines Gleichbehandlungsgesetz
AiB	Arbeitsrecht im Betrieb (Zeitschrift)
Anh.	Anhang
Anm.	Anmerkung
AP	Arbeitsrechtliche Praxis, Nachschlagewerk des Bundesarbeitsgerichts
ArbG	Arbeitsgericht
ArbGG	Arbeitsgerichtsgesetz
AR-Blattei	Arbeitsrechts-Blattei
ARSt	Arbeitsrecht in Stichworten
Art.	Artikel
ArbStättVO	Verordnung über Arbeitsstätten
ArbZG	Arbeitszeitgesetz
AsylbLG	Asylbewerberleistungsgesetz
AufenthG	Aufenthaltsgesetz
AuR	Arbeit und Recht (Zeitschrift)
Az.	Aktenzeichen
AZO	Arbeitszeitordnung
BA	Bundesanstalt für Arbeit
BAföG	Bundesausbildungsförderungsgesetz
BAG	Bundesarbeitsgericht
BAGE	Sammlung der Entscheidungen des Bundesarbeitsgerichts
BAT	Bundes-Angestelltentarifvertrag
BB	Betriebs-Berater (Zeitschrift)
BBG	Bundesbeamtengesetz
BBergG	Bundesberggesetz

BBiG	Berufsbildungsgesetz
Bd.	Band
BEEG	Bundeselterngeld- und Elternzeitgesetz
BEG	Bürokratieentlastungsgesetz
BErzGG	Bundeserziehungsgeldgesetz
BeschFG	Beschäftigungsförderungsgesetz
Beschl.	Beschluss
BetrAVG	Gesetz zur Verbesserung der betrieblichen Altersversorgung
BetrVG	Betriebsverfassungsgesetz
BFH	Bundesfinanzhof
BGB	Bürgerliches Gesetzbuch
BGBl.	Bundesgesetzblatt
BGH	Bundesgerichtshof
BGHZ	Sammlung der Entscheidungen des Bundesgerichtshofs in Zivilsachen
BKGG	Bundeskindergeldgesetz
BKK	Die Betriebskrankenkasse (Zeitschrift)
BlStSozArbR	Blätter für Steuerrecht, Sozialversicherung und Arbeitsrecht
BMFSFJ	Bundesministerium für Bildung, Familie, Senioren, Frauen und Jugend
BPersVG	Bundespersonalvertretungsgesetz
BR-Drs.	Bundesratsdrucksache
Breithaupt-Slg.	Sammlung von Entscheidungen aus dem Gebiet der Sozialversicherung, Versorgung und Arbeitslosenversicherung
BSG	Bundessozialgericht
BSGE	Sammlung der Entscheidungen des Bundessozialgerichts
bspw.	beispielsweise
BSHG	Bundessozialhilfegesetz
BStG	Bundesstatistikgesetz
BT-Drs.	Bundestagsdrucksache
BUrlG	Bundesurlaubsgesetz
BVA	Bundesversicherungsamt
BVerfG	Bundesverfassungsgericht
BVerfGE	Sammlung der Entscheidungen des Bundesverfassungsgerichts
BVerwG	Bundesverwaltungsgericht
BVerwGE	Sammlung der Entscheidungen des Bundesverwaltungsgerichts
BW	Baden-Württemberg
bzw.	beziehungsweise

DB	Der Betrieb (Zeitschrift)
ders.	derselbe
d.h.	das heißt
DKKW	Däubler/Kittner/Klebe/Wedde (Hrsg.), Betriebsverfassungsgesetz mit Wahlordnung, Kommentar für die Praxis
DM	Deutsche Mark
DVBl.	Deutsches Verwaltungsblatt (Zeitschrift)
EFZG	Entgeltfortzahlungsgesetz
EG/EU	Europäische Gemeinschaften/Europäische Union
ErfK	Erfurter Kommentar zum Arbeitsrecht
ErzUrlV	Verordnung über Elternzeit für Bundesbeamte und Richter im Bundesdienst
EStG	Einkommensteuergesetz
etc.	et cetera
EuGH	Europäischer Gerichtshof
€	Euro
EuroAS	Europäisches Arbeits- und Sozialrecht (Zeitschrift)
EWG	Europäische Wirtschaftsgemeinschaft
EWR	Europäischer Wirtschaftsraum
EzA	Entscheidungssammlung zum Arbeitsrecht
FA	Fachanwalt Arbeitsrecht (Zeitschrift)
FamRZ	Zeitschrift für das gesamte Familienrecht
f., ff.	folgende
GbR	Gesellschaft bürgerlichen Rechts
gem.	gemäß
GewO	Gewerbeordnung
GG	Grundgesetz
ggf.	gegebenenfalls
GS	Großer Senat
GVBl.	Gesetz- und Verordnungsblatt
HAG	Heimarbeitsgesetz
HGB	Handelsgesetzbuch
HK-BGB	Handkommentar BGB
h. M.	herrschende Meinung
HRG	Hochschulrahmengesetz
i. d. F.	in der Fassung
i. d. R.	in der Regel

i. S. d.	im Sinne der/s
i. V. m.	in Verbindung mit
JArbSchG	Jugendarbeitsschutzgesetz
JM	juris – Die Monatszeitschrift
jurisPR-ArbR	juris PraxisReport Arbeitsrecht
KiföG	Kinderförderungsgesetz
KSchG	Kündigungsschutzgesetz
KuG	Kurzarbeitergeld
KVLG	Gesetz über die Krankenversicherung der Landwirte
LAG	Landesarbeitsgericht
LAGE	Sammlung der Entscheidungen der Landesarbeitsgerichte
lfd.	laufend
LPartG	Lebenspartnerschaftsgesetz
LSG	Landessozialgericht
m.	mit
MAK-Werte	Maximale Arbeitsplatz-Konzentrations-Werte
MuSchG	Mutterschutzgesetz
m. w. N.	mit weiteren Nachweisen
n. F.	neue Fassung
NJW	Neue Juristische Wochenschrift
Nr.	Nummer
NZA	Neue Zeitschrift für Arbeitsrecht
o. Ä.	oder Ähnliches
o. g.	oben genannte/n
OwiG	Ordnungswidrigkeitengesetz
PersVG	Personalvertretungsgesetz
RdA	Recht der Arbeit (Zeitschrift)
RdErl.	Runderlass
RegE	Regierungsentwurf
RL	Richtlinie
Rn.	Randnummer
RVO	Reichsversicherungsordnung

S.	Satz
s. a.	siehe auch
SAE	Sammlung arbeitsrechtlicher Entscheidungen
SG	Sozialgericht
SGb	Die Sozialgerichtsbarkeit, Zeitschrift
SGB I	Sozialgesetzbuch – Erstes Buch, Allgemeiner Teil
SGB II	Sozialgesetzbuch – Zweites Buch, Grundsicherung für Arbeitssuchende
SGB III	Sozialgesetzbuch – Drittes Buch, Arbeitsförderung
SGB IV	Sozialgesetzbuch – Viertes Buch, Gemeinsame Vorschriften für die Sozialversicherung
SGB V	Sozialgesetzbuch – Fünftes Buch, Gesetzliche Krankenversicherung
SGB VI	Sozialgesetzbuch – Sechstes Buch, Gesetzliche Rentenversicherung
SGB VII	Sozialgesetzbuch – Siebtes Buch, Gesetzliche Unfallversicherung
SGB IX	Sozialgesetzbuch IX – Neuntes Buch, Rehabilitation und Teilhabe behinderter Menschen
SGB X	Sozialgesetzbuch – Zehntes Buch, Verwaltungsverfahren
SGG	Sozialgerichtsgesetz
s. o.	siehe oben
sog.	so genannte/r
SolZG	Solidaritätszuschlaggesetz
SozR	Sozialrecht (Entscheidungssammlung)
StGB	Strafgesetzbuch
StPO	Strafprozessordnung
Streit	Feministische Rechtszeitschrift
TVöD	Tarifvertrag für den öffentlichen Dienst
TzBfG	Gesetz über Teilzeitarbeit und befristete Arbeitsverträge (Teilzeit- und Befristungsgesetz)
u. a.	unter anderem
Urt.	Urteil
u. U.	unter Umständen
v.	vom
VGH	Verwaltungsgerichtshof
vgl.	vergleiche
VO	Verordnung
VwGO	Verwaltungsgerichtsordnung
VwVfG	Verwaltungsverfahrensgesetz

z. B.	zum Beispiel
ZPO	Zivilprozessordnung
ZRP	Zeitschrift für Rechtspolitik
ZTR	Zeitschrift für Tarifrecht
z. z.	zurzeit

Literaturverzeichnis

Boecken/Joussen, Teilzeit- und Befristungsgesetz, 7. Auflage 2024

Brall/Kerschbaumer/Scheer/Westermann (Hrsg.), Sozialrecht Kompaktkommentar, 2. Auflage 2017

Brose/Weth/Volk (Hrsg.), Mutterschutzgesetz und Bundeselterngeld- und Elternzeitgesetz, 9. Auflage 2020

Däubler/Klebe/Wedde (Hrsg.), BetrVG Betriebsverfassungsgesetz mit Wahlordnung und EBR-Gesetz, Kommentar für die Praxis, 19. Auflage 2024

Dahm, Die neue Richtlinie zur Vereinbarkeit von Beruf und Privatleben für Eltern und pflegende Angehörige – Erforderliche Neuerungen im deutschen Recht, EuZA, 2020, 19–34

Düwell, Änderungen der Elternzeit durch das Gesetz zur Vereinfachung des Elterngeldvollzugs, jurisPR-ArbR 34/2012, Anm. 1

Erfurter Kommentar zum Arbeitsrecht, 25. Auflage 2025

Filges, Zur Mindestbezugszeit des Elterngeldanspruchs, NZS 2019, 223

Fitting/Trebinger/Linsenmaier/Schelz/Schmidt, Betriebsverfassungsgesetz: BetrVG mit Wahlordnung, Handkommentar, 32. Auflage 2024, zitiert als Fitting

Forst, Mehr Zeit und Geld für den Nachwuchs, DB 2015, 68

Gallner/Mestwerdt/Nägele, Kündigungsschutzrecht, 7. Auflage 2021

Graue, Elterngeld: Anspruchsberechtigung Elterngeld/Inlandswohnsitz/Rumpfarbeitsverhältnis/Prognoseentscheidung, Elterngeld SGb 2021, 61–64

Graue, Mutterschutz – Elterngeld – Elternzeit, Broschüre der Arbeitnehmerkammer Bremen, 2018

Graue, Neues im Bundeselterngeld- und Elternzeitrecht, SGb 2016, 421

Graue/Diers, Verfassungs- und europarechtliche Probleme bei der Berechnung von Elterngeld, NZS 2015, 777

Graue/Diers, Helke, Verfassungs- und europarechtliche Probleme bei der Berechnung von Elterngeld – zugleich Anmerkung zu LSG Nds-Bremen Urt. v. 25.2.2015 – L 2 EG 4/14, NZS 2015, 777–781

Grübnau-Rieken, Probleme der Einkommensbemessung beim Elterngeld für Selbstständige, NZS 2016, 737

Grün, Elterngeld, SGb 2014, 632
Hamann, Teilzeitanspruch nach § 8 TzBfG und Mitbestimmung des Betriebsrats, NZA 2010, 785
Joussen, Teilzeitarbeit bei einem fremden Arbeitgeber während der Elternzeit, NZA 2003, 644
Joussen, Elternzeit und Verringerung der Arbeitszeit, NZA 2005, 336
Knickrehm/Roßbach/Waltermann (Hrsg.), Kommentar zum Sozialrecht, 8. Auflage 2023
Lerch, Mitbestimmung bei der Vereinbarung und dem Einsatz von Arbeitnehmern in Teilzeit während der Elternzeit, ArbRAktuell 2012, 464
Meyer/Wall, Kurzarbeit und Kurzarbeitergeld, Basiskommentar, 2. Auflage 2023
Organista, Der Begriff der Erwerbstätigkeit als Voraussetzung für die Partnerschaftsbonusmonate beim Elterngeld, NZS 2021, 171
Panzer-Heemeier/Trost, Einstweiliger Rechtsschutz zur Durchsetzung des Elternteilzeitverlangens NZA 2018, 1378
Rancke/Pepping (Hrsg.), Mutterschutz Elterngeld Elternzeit, 6. Auflage 2022
Röhl, Neues Teilzeitelterngeld soll Gleichberechtigung weiter stärken, JM 2015, 246
Schmidt, »Vereinfachungen« beim Elterngeld durch neue (steuerliche) Pauschalberechnungen und finanzielle Folgen, NWB 2012, 3448
Stiegler, Vaterschaftsurlaub – Das neue Rechtsinstitut zur Vereinbarkeit von Familie und Beruf, NZA 2021, 469
Schulze/Dörner/Ebert u. a., Bürgerliches Gesetzbuch, Handkommentar, 12. Auflage 2024, zitiert als HK-BGB
Tillmanns/Mutschler (Hrsg.), Mutterschutzgesetz Bundeselterngeld- und Elternzeitgesetz, Praxiskommentar, 3. Auflage 2021
Wersig, Juris Praxiskommentar, Vereinbarkeit von Familie und Beruf, §§ 1–14 BEEG
Winkel, Doppelte Mogelpackung beim Elterngeld: Im Schnitt gibt es nur 58 Prozent für 10 Monate, FA 2007, 36
Zorn, Existenzgründung und Kinderbetreuung – Ist der gleichzeitige Bezug von Elterngeld und Gründungszuschuss möglich? NZS 2007, 580

Gesetz zum Elterngeld und zur Elternzeit (Bundeselterngeld- und Elternzeitgesetz – BEEG) Kommentierung

in der Fassung der Bekanntmachung vom 27. Januar 2015 (BGBl. I S. 33), zuletzt geändert durch Art. 43 des Gesetzes vom 2. Dezember 2024 (BGBl. 2024 I Nr. 387)

Abschnitt 1
Elterngeld

§ 1 Berechtigte

(1) [1]Anspruch auf Elterngeld hat, wer

1. einen Wohnsitz oder seinen gewöhnlichen Aufenthalt in Deutschland hat,

2. mit seinem Kind in einem Haushalt lebt,

3. dieses Kind selbst betreut und erzieht und

4. keine oder keine volle Erwerbstätigkeit ausübt.

[2]Bei Mehrlingsgeburten besteht nur ein Anspruch auf Elterngeld.

(2) [1]Anspruch auf Elterngeld hat auch, wer, ohne eine der Voraussetzungen des Absatzes 1 Satz 1 Nummer 1 zu erfüllen,

1. nach § 4 des Vierten Buches Sozialgesetzbuch dem deutschen Sozialversicherungsrecht unterliegt oder im Rahmen seines in Deutschland bestehenden öffentlich-rechtlichen Dienst- oder Amtsverhältnisses vorübergehend ins Ausland abgeordnet, versetzt oder kommandiert ist,

2. Entwicklungshelfer oder Entwicklungshelferin im Sinne des § 1 des Entwicklungshelfer-Gesetzes ist oder als Missionar oder Missionarin der Missionswerke und -gesellschaften, die Mitglieder oder Vereinbarungspartner des Evangelischen Missionswerkes Hamburg, der Arbeitsgemeinschaft Evangelikaler Missionen e. V. oder der Arbeitsgemeinschaft pfingstlich-charismatischer Missionen sind, tätig ist oder

3. die deutsche Staatsangehörigkeit besitzt und nur vorübergehend bei einer zwischen- oder überstaatlichen Einrichtung tätig ist, insbesondere nach den Entsenderichtlinien des Bundes beurlaubte Beamte und Beamtinnen, oder wer vorübergehend eine nach § 123a des Beamtenrechtsrahmengesetzes oder § 29 des Bundesbeamtengesetzes zugewiesene Tätigkeit im Ausland wahrnimmt.

[2]Dies gilt auch für mit der nach Satz 1 berechtigten Person in einem Haushalt lebende Ehegatten oder Ehegattinnen.

(3) [1]Anspruch auf Elterngeld hat abweichend von Absatz 1 Satz 1 Nummer 2 auch, wer

1. mit einem Kind in einem Haushalt lebt, das er mit dem Ziel der Annahme als Kind aufgenommen hat,
2. ein Kind des Ehegatten oder der Ehegattin in seinen Haushalt aufgenommen hat oder
3. mit einem Kind in einem Haushalt lebt und die von ihm erklärte Anerkennung der Vaterschaft nach § 1594 Absatz 2 des Bürgerlichen Gesetzbuchs noch nicht wirksam oder über die von ihm beantragte Vaterschaftsfeststellung nach § 1600d des Bürgerlichen Gesetzbuchs noch nicht entschieden ist.

[2]Für angenommene Kinder und Kinder im Sinne des Satzes 1 Nummer 1 sind die Vorschriften dieses Gesetzes mit der Maßgabe anzuwenden, dass statt des Zeitpunktes der Geburt der Zeitpunkt der Aufnahme des Kindes bei der berechtigten Person maßgeblich ist.

(4) Können die Eltern wegen einer schweren Krankheit, Schwerbehinderung oder Tod der Eltern ihr Kind nicht betreuen, haben Verwandte bis zum dritten Grad und ihre Ehegatten oder Ehegattinnen Anspruch auf Elterngeld, wenn sie die übrigen Voraussetzungen nach Absatz 1 erfüllen und von anderen Berechtigten Elterngeld nicht in Anspruch genommen wird.

(5) Der Anspruch auf Elterngeld bleibt unberührt, wenn die Betreuung und Erziehung des Kindes aus einem wichtigen Grund nicht sofort aufgenommen werden kann oder wenn sie unterbrochen werden muss.

(6) Eine Person ist nicht voll erwerbstätig, wenn

1. ihre Arbeitszeit 32 Wochenstunden im Durchschnitt des Lebensmonats nicht übersteigt,
2. sie eine Beschäftigung zur Berufsbildung ausübt oder
3. sie als eine im Sinne der §§ 23 und 43 des Achten Buches Sozialgesetzbuch geeignete Kindertagespflegeperson tätig ist.

Als erwerbstätig im Sinne dieses Gesetzes gelten auch Personen, die vorübergehend nicht arbeiten, solange sie

1. sich in einem Arbeitsverhältnis befinden oder
2. selbständig erwerbstätig sind.

(7) [1]Ein nicht freizügigkeitsberechtigter Ausländer oder eine nicht freizügigkeitsberechtigte Ausländerin ist nur anspruchsberechtigt, wenn diese Person

1. eine Niederlassungserlaubnis oder eine Erlaubnis zum Daueraufenthalt-EU besitzt,
2. eine Blaue Karte EU, eine ICT-Karte, eine Mobiler-ICT-Karte oder eine Aufenthaltserlaubnis besitzt, die für einen Zeitraum von min-

destens sechs Monaten zur Ausübung einer Erwerbstätigkeit berechtigen oder berechtigt haben oder diese erlauben, es sei denn, die Aufenthaltserlaubnis wurde

a) nach § 16e des Aufenthaltsgesetzes zu Ausbildungszwecken, nach § 19c des Aufenthaltsgesetzes zum Zweck der Beschäftigung als Au-Pair oder zum Zweck der Saisonbeschäftigung, nach § 19e des Aufenthaltsgesetzes zum Zweck der Teilnahme an einem Europäischen Freiwilligendienst oder nach § 20a Absatz 5 Satz 1 des Aufenthaltsgesetzes zur Suche nach einer Erwerbstätigkeit oder nach Maßnahmen zur Anerkennung ausländischer Berufsqualifikationen erteilt,

b) nach § 16b des Aufenthaltsgesetzes zum Zweck eines Studiums, nach § 16d des Aufenthaltsgesetzes für Maßnahmen zur Anerkennung ausländischer Berufsqualifikationen, nach § 20 des Aufenthaltsgesetzes zur Suche nach einer Erwerbstätigkeit oder nach § 20a Absatz 5 Satz 2 des Aufenthaltsgesetzes zur Suche nach einer Erwerbstätigkeit oder nach Maßnahmen zur Anerkennung ausländischer Berufsqualifikationen erteilt und die Person ist weder erwerbstätig noch nimmt sie Elternzeit nach § 15 dieses Gesetzes oder laufende Geldleistungen nach dem Dritten Buch Sozialgesetzbuch in Anspruch,

c) nach § 23 Absatz 1 des Aufenthaltsgesetzes wegen eines Krieges im Heimatland dieser Person oder nach § 23a oder§ 25 Absatz 3 bis 5 des Aufenthaltsgesetzes erteilt,

3. eine in Nummer 2 Buchstabe c genannte Aufenthaltserlaubnis besitzt und im Bundesgebiet berechtigt erwerbstätig ist oder Elternzeit nach § BEEG § 15 des Bundeselterngeld- und Elternzeitgesetzes oder laufende Geldleistungen nach dem Dritten Buch Sozialgesetzbuch in Anspruch nimmt,
4. eine in Nummer 2 Buchstabe c genannte Aufenthaltserlaubnis besitzt und sich seit mindestens 15 Monaten erlaubt, gestattet oder geduldet im Bundesgebiet aufhält oder
5. eine Beschäftigungsduldung gemäß § 60d in Verbindung mit § 60a Absatz 2 Satz 3 des Aufenthaltsgesetzes besitzt.

[2]Abweichend von Satz 1 Nummer 3 erste Alternative ist ein minderjähriger nicht freizügigkeitsberechtigter Ausländer oder eine minderjährige nicht freizügigkeitsberechtigte Ausländerin unabhängig von einer Erwerbstätigkeit anspruchsberechtigt.

(8) [1]Ein Anspruch entfällt, wenn die berechtigte Person im letzten abgeschlossenen Veranlagungszeitraum vor der Geburt des Kindes ein zu versteuerndes Einkommen nach § 2 Absatz 5 des Einkommensteuergesetzes in Höhe von mehr als 175 000 Euro erzielt hat. [2]Erfüllt auch eine andere Person die Voraussetzungen des Absatzes 1 Satz 1 Nummer 2 oder der

Absätze 3 oder 4, entfällt abweichend von Satz 1 der Anspruch, wenn die Summe des zu versteuernden Einkommens beider Personen mehr als 175 000 Euro beträgt.

Inhaltsübersicht

1. Rechtscharakter und Ziel der Leistung

a) Historie

1 Zum 1.1.2007 wurde das Bundeserziehungsgeldgesetz (BErzGG) durch das Bundeselterngeld- und Elternzeitgesetz (BEEG) abgelöst. Bereits mit Wirkung vom 1.1.2001 wurde der Begriff »Erziehungsurlaub« durch den Begriff »Elternzeit« ersetzt. Damit sollte bestehenden Vorbehalten begegnet werden, dass Kinderbetreuung und Arbeit in der Familie mit der Vorstellung über Freizeit und Muße verbunden werden.[1]

2 Mit dem BEEG ist für die ab dem 1.1.2007 geborenen Kinder ein Elterngeld eingeführt worden, das sich an der Berufstätigkeit und -fähigkeit beider Elternteile orientiert. Es sollte Eltern bei der Sicherung ihrer Lebensgrundlage helfen, die sich im ersten Lebensjahr des Neugeborenen vorrangig der Betreuung ihres Kindes widmen.

3 Zeitgleich mit der Einführung des Rechtsanspruchs auf einen Kita-Platz wurde das Betreuungsgeldgesetz ins BEEG integriert.
Nach den erheblichen inhaltlichen Änderungen durch das Zweite Gesetz zur Änderung des Bundeselterngeld- und Elternzeitgesetzes vom 15.2.2021,[2]

1 BT-Drs. 14/4133, S. 10.
2 BGBl. Teil I, S. 239.

wodurch überwiegend zum 1.9.2021 zahlreiche inhaltliche und redaktionelle Änderungen, vor allem beim Elterngeld, eingefügt wurden, wurde das BEEG zuletzt durch das Jahressteuergesetz 2024 vom 2.12.2024 nur redaktionell geändert, indem Änderungen aus anderen Gesetzen im BEEG nachvollzogen wurden.[3] Eine Herabsenkung der Grenzwerte in Abs. 8 wurde stufenweise eingeführt.[4]
Die jüngsten rein redaktionellen Änderungen erfuhr § 1 zum 1.5.2025.[5]

b) Ziel des Elterngeldes

4 Ziel des Elterngeldes ist die Verbesserung der Teilhabe an Beruf und Familie von Frauen **und** Männern. Es werden Bedingungen geschaffen, unter denen Eltern leichter ins Berufsleben zurückkehren können. Für eine schnelle Wiederaufnahme der Erwerbstätigkeit sind zum einen die gesicherte Betreuung des Kindes und zum anderen die finanzielle Absicherung wichtigste Voraussetzungen.

5 Mit dem BEEG, insbesondere der Einführung des Elterngeld Plus und Partnerschaftsbonus, soll die partnerschaftliche Aufteilung der Familienarbeit verbessert werden und Männern bessere Anreize für eine aktive Vaterschaft vermittelt werden. Gleichwohl konzentriert sich die Inanspruchnahme des Elterngeldes bei Vätern oft auf die zwei sog. »Partnermonate« – die Kinderbetreuung wird demzufolge nach wie vor überwiegend von Müttern wahrgenommen mit den entsprechenden Folgen für die individuelle Erwerbskarriere. Die mit dem BEEG verbundene Hoffnung, das »Elternzeitrisiko« gleichmäßiger auf weibliche und männliche Beschäftigte zu verteilen und so dazu beizutragen, Diskriminierungen von Frauen auf dem Arbeitsmarkt (bei Einstellungen, Beförderungen usw.) abzubauen, ist demnach bislang nur in Ansätzen gelungen. Die Einführung des **Elterngeld Plus** fördert an dieser Stelle die schnellere Rückkehr an den Arbeitsplatz in Voll- oder Teilzeit. Eltern haben ein Wahlrecht, ob sie das Basiselterngeld oder aber das Elterngeld Plus in Anspruch nehmen wollen.

---

3 BGBl. Teil I, S. 387. Viertes Gesetz zur Entlastung der Bürgerinnen und Bürger, der Wirtschaft sowie der Verwaltung von Bürokratie (Viertes Bürokratieentlastungsgesetz), BGBl. Teil I, Nr. 323 S. 25 ff.

4 Haushaltsfinanzierungsgesetz 2024, BGBl. Teil I, 2023, Nr. 412; Zweites Haushaltsfinanzierungsgesetz, BGBl. 2024, Teil I, Nr. 107.

5 Art. 57 Viertes Gesetz zur Entlastung der Bürgerinnen und Bürger, der Wirtschaft sowie der Verwaltung von Bürokratie (Viertes Bürokratieentlastungsgesetz), BGBl. Teil I, Nr. 323 S. 25 ff.

c) Systematik des BEEG

6 Der erste Abschnitt des BEEG regelt das Elterngeld. Dieses kompensiert partiell kinderbetreuungsbedingte Lohneinbußen. Es besteht kein rechtlicher Zusammenhang zur Elternzeit.

In seinem Abschnitt 2 enthält das BEEG sodann die Vorschriften zur **Elternzeit**, welche den Anspruch des Arbeitnehmers auf teilweise oder volle Reduzierung seiner Arbeitszeit regeln, §§ 15 ff. BEEG.

d) Systematik des Elterngeldes

7 Das Elterngeld gibt es in zwei Formen: Das Basiselterngeld (§ 4 Rn. 14) und das Elterngeld Plus (§ 4 Rn. 22). Der Bezug des Basiselterngeldes kann durch **Partnermonate** (§ 4 Abs. 3 Satz 2) verlängert werden, der des Elterngeld Plus durch **Partnerschaftsbonusmonate** (§ 4b).

Der gemeinsame Kreis der Berechtigten wird für Basiselterngeld und das Elterngeld Plus in § 1 beschrieben. Anders als bei der Elternzeit ist der Kreis der Berechtigten des Elterngeldes nicht auf Arbeitnehmer beschränkt, vgl. § 15 BEEG.

8 Es gilt eine Begrenzung des Anspruchsumfangs pro Kind und eine weitere pro Berechtigtem. Auch der Anspruchszeitraum, dies sind die Lebensmonate des Kindes, innerhalb derer eine Form des Elterngeldes in Anspruch genommen werden kann, ist begrenzt.

Für das Basiselterngeld beträgt der Anspruchsumfang pro Kind 12 Monatsbeträge, mit Partnermonaten 14 Monate (§ 4 Abs. 3 Satz 2). Für das Elterngeld Plus gilt nur eine Begrenzung je Berechtigtem von jeweils 24 Monatsbeträgen, verlängerbar durch 4 Partnerschaftsbonusmonate pro Berechtigtem[6], wenn beide Eltern zeitgleich ihre Arbeitszeit auf **24 bis 32**[7] Wochenarbeitsstunden im Monatsdurchschnitt reduzieren (§ 4 Abs. 4 Satz 1, § 4b).

9 Elterngeld Plus und Partnerschaftsbonus stehen neben dem Basiselterngeld auch **Alleinerziehenden** zur Verfügung (§ 4c).

10 Das Elterngeld ist eine Sozialleistung der staatlichen Familienförderung im Sinne des § 6 SGB I, § 25 Abs. 2 SGB I. Es dient der Erfüllung der staatlichen Verpflichtung, die Familie zu fördern, Art. 6 Abs. 1 GG.

Das Elterngeld ist eine ausschließlich steuerfinanzierte Einkommensersatzleistung,[8] es gewährt in vielen Fällen mehr als die bloße Kompensation des Einkommensausfalls. Soweit nicht speziellere Vorschriften greifen, gilt für

---

6 Eingeführt durch das Gesetz zur Einführung des Elterngeld Plus mit Partnerschaftsbonus und einer flexibleren Elternzeit im Bundeselterngeld- und Elternzeitgesetz vom 18.12.2014, BGBl. I, 2325.

7 Für vor dem 1.9.2021 geborene Kinder gilt ein Arbeitszeitkorridor von 25 bis 30 Wochenstunden.

8 BT-Drs. 18/2583, S. 24.

das Verwaltungsverfahren und seine sozialgerichtliche Durchsetzung das SGB X, § 26 BEEG.[9]

2. Elterngeld für Mütter und Väter

Den **Elterngeldanspruch** können Mütter wie Väter haben, unabhängig davon, ob sie erwerbstätig oder arbeitslos, abhängig beschäftigt oder selbständig tätig sind. Ebenfalls können Schüler und Studenten Anspruch auf Elterngeld haben.[10] Eine Umschulung oder Fortbildung hindert den Elterngeldanspruch genauso wenig wie ein Beamtenverhältnis. Das bedeutet, dass es auf das Vorliegen eines Arbeitsverhältnisses nicht ankommt, um Elterngeld – Basiselterngeld wie Elterngeld Plus – beziehen zu können. Stets können **beide Eltern** auch **zeitgleich** Elterngeld (Basiselterngeld ebenso wie Elterngeld Plus) beanspruchen, die Voraussetzungen werden jeweils individuell geprüft. 11

Elterngeld kann beanspruchen, wer Berechtigter ist. **Berechtigter** im Sinne des BEEG ist, wer vier **Voraussetzungen** erfüllt (Abs. 1):

- die Berechtigten müssen in Deutschland wohnen (Rn. 14–28),
- sie müssen mit ihrem Kind in einem Haushalt leben (Rn. 29–35),
- sie müssen das Kind selbst betreuen und erziehen (Rn. 36–39) und
- sie dürfen entweder keine Erwerbstätigkeit ausüben oder müssen einer Teilzeittätigkeit von nicht mehr als 32 Stunden wöchentlich im Durchschnitt des Monats nachgehen (Rn. 40–45).[11]

Die Voraussetzungen müssen **kumulativ** erfüllt sein. Sind sie erfüllt, besteht ein Anspruch auf Elterngeld, der Behörde steht dann kein Ermessen zu.

Für ab dem 1. 4. 2025 geborene Kinder sind sog. Spitzenverdiener, d. h. Personen, die als alleinerziehende Eltern oder in einer Haushaltsgemeinschaft zusammen ein zu versteuerndes Einkommen von mehr als 175 000 € im Kalenderjahr vor der Geburt des Kindes erzielen, vom Elterngeldanspruch ausgenommen (Abs. 8).[12] **Spitzenverdiener** erhalten folglich weder Basiselterngeld noch Elterngeld Plus.[13] 12

Satz 2 von § 1 Abs. 1 BEEG setzt eine Entscheidung des BSG[14] legislativ um. Er stellt klar, dass bei **Mehrlingsgeburten** nur **ein Elterngeldanspruch** besteht. Bei Mehrlingen wird für jedes weitere Kind nur ein Mehrlingszuschlag in Höhe von 300 € gewährt (§ 2a Abs. 4). 13

---

9 Brose/Weth/Volk/*Brose*, BEEG, § 1 Rn. 7.

10 Anders bei der Elternzeit, vgl. § 15 BEEG.

11 Zeiten mit Erholungsurlaub oder krankheitsbedingter Arbeitsunfähigkeit in einem Vollzeitarbeitsverhältnis verringern die Erwerbstätigkeit nicht, so nunmehr Abs. 6a. Ebenso bereits: BSG 7. 9. 2023 – B 10 EG 2/22 R.

12 Für vor dem 1. 9. 2021 geborene Kinder galt eine Begrenzung von 500 000 €.

13 Vgl. dazu Rn. 52 f.

14 BSG 27. 6. 2013 – B 10 EG 3/12 R und B 10 EG 8/12.

3. Territorialitätsbezug

14 Nach **Abs. 1 Nr. 1** muss ein Territorialitätsbezug zu Deutschland bestehen. Denn der begünstigte Personenkreis des Elterngeldes ist grundsätzlich auf eine Erziehung und Betreuung des Kindes im Inland beschränkt, dies ist verfassungskonform.[15] Der Berechtigte muss seinen **Wohnsitz** oder seinen **gewöhnlichen Aufenthalt** in Deutschland haben. Für ins Ausland entsandte Arbeitnehmer und Selbstständige (§ 4 SGB IV), für Entwicklungshelfer, Auslandsmissionare und in internationalen und supranationalen (NATO, UN, EU etc.) Organisationen Tätige gelten Erleichterungen, Abs. 2. Damit bleibt Elterngeld auch während einer **Workation** erhalten. Für nicht freizügigkeitsberechtigte Ausländer gelten Einschränkungen, Abs. 7.[16]
Auf die **Staatsangehörigkeit** der Eltern kommt es – mit einigen Einschränkungen – nicht an.

a) Wohnsitz

15 Einen Wohnsitz hat jemand dort, wo er eine Wohnung unter Umständen innehat, die darauf schließen lassen, dass er die Wohnung beibehalten und nutzen wird (§ 30 Abs. 3 SGB I). Wie allgemein im Sozialrecht, ist auf die **tatsächlichen Verhältnisse und das reale Verhalten** abzustellen.[17] Notwendig ist somit 1. das Innehaben einer Wohnung und 2. eine positive Prognose.

16 Die Definition der Wohnung hat nur eine geringe praktische Relevanz, weil stattdessen der gewöhnliche Aufenthalt genügt.[18] Bei der **Wohnung** muss es sich um für einen längeren Aufenthalt geeignete Räumlichkeiten handeln, die für eine zumindest regelmäßige Benutzung ausgestattet sind. Es muss die Befriedigung elementarer Lebensbedürfnisse möglich sein, wozu eine auf Dauer angelegte Häuslichkeit, Eigengestaltung der Haushaltsführung und des häuslichen Wirkungskreises gehört. Dies setzt u. a. eine Kochgelegenheit voraus.[19] Es genügt auch ein Wohnraum in einer Gemeinschaftsunterkunft, z. B. in einem Studentenwohnheim.[20]

17 Der Berechtigte muss die Wohnung auch **innehaben** (§ 30 Abs. 3 Satz 1 SGB I). Eine Wohnung hat inne, wer darin wohnt und die Wohnung als Mittel- und Schwerpunkt seiner Lebensverhältnisse nutzt. Entscheidend ist der an den objektiven Verhältnissen zu messende, tatsächlich umsetz-

---

15 BSG 27.3.2020 – B 10 EG 7/18 R, SozR 4-7837 § 1 Nr. 9.

16 Die Vorschrift ist nunmehr rechtmäßig und verfassungskonform, BSG 10.7.2014 – B 10 EG 5/14 R. Sie wurde nach Kritik des BVerfG nachgebessert, vgl. BVerfG 10.7.2012 – 1 BvL 2/10, NVwZ-RR 2012, 825.

17 Brose/Weth/Volk/*Brose*, BEEG, § 1 Rn. 51.

18 Brose/Weth/Volk/*Brose*, BEEG, § 1 Rn. 53.

19 BVerwG 29.4.1992, E 90, 140, 143 zu § 13 BauNVO.

20 Brose/Weth/Volk/*Brose*, BEEG, § 1 Rn. 53.

bare Wille, an einem bestimmten Ort zu wohnen.[21] Dafür muss am Wohnort ein Lebensmittelpunkt in der Wohnung bestehen.[22] Nicht genügend ist eine Meldung beim Einwohnermeldeamt.[23]

Möglich ist auch ein **doppelter oder mehrfacher Wohnsitz**, sei es in Deutschland oder im Ausland. Halten sich Personen unter Beibehaltung ihrer Wohnung in Deutschland aus beruflichen oder sonstigen Gründen im Ausland auf, ist von der Aufrechterhaltung eines Wohnsitzes im Inland auszugehen, wenn der Auslandsaufenthalt von vornherein auf zwei Jahre begrenzt und ein Rückkehrwille erkennbar ist.[24] Das kann bspw. der Fall sein, wenn Personen lediglich vorübergehend zu nahen Familienangehörigen ins Ausland gehen. 18

Das Gesetz selbst benennt nicht, innerhalb welchen Zeitraums die **Prognose** gebildet werden können muss, der Berechtigte werde die Wohnung wieder nutzen. Elterngeldstellen lassen es genügen, wenn die Wohnung im Inland auch bei vorzeitiger Rückkehr des Berechtigten aus dem Ausland sofort wieder genutzt werden kann und der Auslandsaufenthalt voraussichtlich in der Regel ein Jahr nicht überschreiten wird oder tatsächlich nicht überschreitet.[25] Diese Grenzziehung ist ausschließlich als Indiz verwendbar.[26] Bei von vornherein auf mehr als ein Jahr angelegten Auslandsaufenthalten, müssen zur Feststellung der Rückkehrabsicht und der Möglichkeit der jederzeitigen Rückkehr in die Wohnung weitere Indizien hinzutreten,[27] um die Aufrechterhaltung des Inlandswohnsitzes anzunehmen, auch kurzzeitige Besuche und sonstige kurzfristige Aufenthalte zu Urlaubs-, Berufs- oder familiären Zwecken, die nicht einem Aufenthalt mit Wohncharakter gleichkommen und daher nicht »zwischenzeitliches Wohnen« in der bisherigen Wohnung bedeuten, genügen dann nicht.[28] Als Indizien kommen subjektive wie objektive, tatsächliche wie rechtliche, bestehende oder zukünftig zu erwartende Umstände in Betracht.[29] 19

---

21 BSG 18.3.2021 – B 10 EG 6/19 R, SozR 4.

22 BSG 18.3.2021 – B 10 EG 6/19 R, SozR 4.

23 BSG 18.3.2021 – B 10 EG 6/19 R, SozR 4.

24 BSG 30.10.1990, SozR 1200 § 30 Nr. 3.

25 Richtlinien zum BEEG, BMFSFJ, 122/2024, Ziffer 1.1.1.1.1.

26 So nunmehr ausdrücklich: BSG 27.3.2020 – B 10 EG 7/18 R, SozR 4-7837 § 1 Nr. 9.

27 Diese können sein: Die Wohnung steht die ganze Zeit über leer, während die üblichen Versorgungskosten wie Strom, Wasser, Müllgebühren weiterlaufen, Knickrehm/Roßbach/Waltermann/*von Koppenfels-Spies*, KomSozR, § 1 BEEG Rn. 5.

28 LSG Baden-Württemberg, 14.5.2019 – L 11 EG 4476/18, NZS 2019, 597.

29 BSG 18.3.2021 – B 10 EG 6/19 R, NZS 2022, 78.

20 Generell ist nach der Rechtsprechung des BSG[30] bei Auslandsaufenthalten des Berechtigten die Prognose in einem Dreischritt zur bilden:[31] In einem ersten Schritt sind alle mit dem Innehaben der Wohnung in Deutschland und der Wohnung im Ausland verbundenen Umstände des Einzelfalls festzustellen. Diese sind in einem zweiten Schritt im Rahmen einer vorausschauenden Betrachtung unter Berücksichtigung aller zu Beginn des entscheidungserheblichen Bezugszeitraums für die Beurteilung der künftigen Entwicklung erkennbaren Tatsachen zu würdigen. Schließlich ist in einem dritten Schritt auf dieser Grundlage die Prognose zu treffen, ob der Elterngeldberechtigte die Wohnung in Deutschland während des Auslandsaufenthalts im Bezugszeitraum weiterhin innehaben, er also die Wohnung in dieser Zeit weiter beibehalten und benutzen wird.[32]

b) Gewöhnlicher Aufenthalt

21 Den gewöhnlichen Aufenthalt hat jemand dort, wo er sich unter Umständen aufhält, die erkennen lassen, dass er an diesem Ort nicht nur vorübergehend verweilt (§ 30 Abs. 3 SGB I). Anders als beim Wohnsitz ist für den **gewöhnlichen Aufenthalt** erforderlich, dass die Person den **Schwerpunkt ihrer Lebensverhältnisse** im Inland hat.[33] Eine Wohnung oder eine andere Form einer **eigenständigen Haushaltsführung** ist nicht erforderlich.[34]
Der Aufenthalt im Inland ist nur **vorübergehend**, wenn aufgrund subjektiver, objektiver, rechtlicher oder wirtschaftlicher Verhältnisse zum Beurteilungszeitpunkt die **Ausreise überwiegend wahrscheinlich** ist.[35] Aufenthalte aus Anlass von Besuchen, Erholungsaufenthalte, befristete Ausbildungen, Stipendien, Studien und befristete Beschäftigungen oder Entsendungen sind in der Regel nur vorübergehend.[36] Spätere Änderungen der Lebensplanung lassen die ursprüngliche Prognose unberührt. Befristete Aufenthaltserlaubnisse stehen der Prognose des dauerhaften Aufenthalts dann nicht entgegen,

30 BSG 18.3.2021 – B 10 EG 6/19 R, NZS 2022, 78.

31 Zweifelnd zur Frage, ob dieser Dreischritt der Prüfung hilfreiche Konturierungen verleiht oder nicht bloß eine fehlende konsistente Begründung gewillkürter Entscheidungen übertüncht: Graue, SGb 2021, 61.

32 Die von der Elterngeldstelle gebildete Prognose ist gerichtlich voll überprüfbar.

33 BSG 29.5.1991 – 4 RA 38/90, SozR 3-1200 § 30 Nr. 5.

34 Brose/Weth/Volk/*Brose*, BEEG, § 1 Rn. 59.

35 Die für den gewöhnlichen Aufenthalt zu bildende Prognose ist zu derjenigen zur Nutzung der Wohnung zu bildenden ähnlich, aber nicht identisch.

36 Knickrehm/Roßbach/Waltermann/*von Koppenfels-Spies*, KomSozR, § 1 BEEG Rn. 5.

wenn das Ende nicht festgesetzt wird und mit einer Verlängerung zu rechnen ist.[37]
Bei geplanten Auslandsaufenthalten von bis zu einem Jahr besteht ein Indiz für das Fortbestehen des gewöhnlichen Aufenthalts im Inland.[38] Dieses ist von der Elterngeldstelle zu widerlegen. Bei Auslandsaufenthalten von über einem Jahr muss das Indiz bloß vorübergehender Inlandsaufenthalte vom Berechtigten widerlegt werden.

c) Verhältnis zu anderen Rechtsgebieten

§ 8 AO weist zu § 30 Abs. 3 SGB I einen identischen Wortlaut auf. Die **22**
Rechtsprechung des BFH weicht jedoch von derjenigen des BSG leicht ab. Ohnehin ist jede Feststellung eines Finanzamtes oder eine finanzgerichtliche Entscheidung über den Wohnsitz nach § 8 AO für die Elterngeldstelle **unverbindlich**.[39]

Nach § 62 Abs. 1 Nr. 1 EstG hat Anspruch auf **Kindergeld**, wer u.a. im **23**
Inland einen Wohnsitz oder seinen gewöhnlichen Aufenthalt hat. Die Feststellung hierüber trifft die Familienkasse. Ihre Entscheidungen sind im finanzgerichtlichen Verfahren überprüfbar. Feststellungen der Familienkasse entfalten für Elterngeldstellen **keine Bindungswirkung**.[40]

d) Ausnahmen vom Territorialitätsbezug

Abs. 2 sieht für bestimmte Personengruppen, die abschließend aufgezählt **24**
sind, eine **Ausnahme vom** Territorialitätsbezug vor. Dabei lassen sich zwei Gruppen unterscheiden. Zum einen sind es allgemeinen Beschäftigungsverhältnisse und zum anderen die Dienst- oder Amtsverhältnisse.

Ausgenommen vom Territorialitätsbezug ist ein Arbeitnehmer, der im Rah- **25**
men seines in Deutschland bestehenden Beschäftigungsverhältnisses zur Arbeitsleistung im Ausland **entsandt** wird. Wird diese Entsendung zeitlich begrenzt, werden nach § 4 SGB IV die wesentlichen sozialversicherungsrechtlichen Vorschriften auf die Tätigkeit im Ausland erstreckt (**Abs. 2 Nr. 1**).[41] Der Territorialitätsbezug wird im BEEG ausnahmsweise durch die Anknüpfung an ein der inländischen Sozialversicherung unterliegendes Beschäftigungsverhältnis erweitert, weil insoweit (anders als bei einem bloßen Rumpfarbeitsverhältnis) ein hinreichender Inlandsbezug bei vorübergehen-

37 BSG 29.5.1991 – 4 RA 38/90, SozR 1200 § 30 Nr. 3; BSG 30.9.1993 – 4 RA 49/92, SozR 3-6710.
38 BSG 18.3.2021 – B 10 EG 6/19 R, SozR 4.
39 BSG 27.3.2020 – B 10 EG 7/18 R, SozR 4-7837 § 1 Nr. 9.
40 BSG 18.3.2021 – B 10 EG 6/19 R, NZS 2022, 78.
41 BSG 27.3.2020 – B 10 EG 7/18 R, SozR 4-7837 § 1 Nr. 9.

der Arbeitsleistung im Ausland sichergestellt wird.[42] Dies gilt nicht für ein bloßes Rumpfarbeitsverhältnis ohne fortbestehende Leistungspflichten des Beschäftigten.[43] Elterngeld bleibt damit auch während einer **Workation** erhalten, wenn diese auf einer Entsendung beruht, nicht hingegen während eines Sabbaticals.

26 Beamte und sonstige Angehörige des öffentlichen Dienstes, die zur vorübergehenden Dienstleistung ins Ausland **abgeordnet, versetzt** oder **kommandiert** werden, sind ebenfalls vom Territorialitätsbezug ausgenommen (**Abs. 2 Nr. 1**). Hier ist ohne weitere Prüfung davon auszugehen, dass die Dienstleistung im Ausland vorübergehender Natur ist.[44] Bei **Abordnung** und **Versetzung** ist Voraussetzung, dass durch Ernennung ein Beamtenverhältnis begründet wurde. **Abordnung** heißt, dass einem Beamten vorübergehend ein konkret-funktionelles Amt bei einer anderen Dienststelle oder einem anderen Dienstherren übertragen wurde, ohne dass das abstrakt-funktionelle Amt oder der Status verändert wurden, § 14 Beamtenstatusgesetz. Davon zu unterscheiden ist die **Versetzung**, bei der ein abstrakt-funktionelles Amt neu und dauerhaft übertragen wird, § 15 Beamtenstatusgesetz. Unter **Abkommandieren** ist die auf Grundpflichten gestützte Anordnung zur vorübergehenden Dienstleistung von Soldaten bei einer anderen Einheit oder an einem anderen Standort zu verstehen.

27 In den anspruchsberechtigten Personenkreis einbezogen werden grundsätzlich **Entwicklungshelfer** im Sinne des § 1 des Entwicklungshelfergesetzes (**Abs. 2 Nr. 2**), weil sie in einem Beschäftigungsverhältnis zu einem deutschen Träger stehen und die Tätigkeit öffentlichen Interessen dient. Auch einbezogen ist derjenige, der bei einer internationalen Organisation als **Missionar** tätig ist oder derjenige, der wegen einer nach § 123a Beamtenrechtsrahmengesetz oder § 29 Bundesbeamtengesetz zugewiesenen Tätigkeit vorübergehend weder einen Wohnsitz noch einen gewöhnlichen Aufenthaltsort im Geltungsbereich dieses Gesetzes hat (**Abs. 2 Nr. 3**).

28 Ebenfalls gehören zum anspruchsberechtigten Personenkreis die mit dem Entsandten in einem Haushalt lebenden Ehegatten, Ehegattinnen, Lebenspartner oder Lebenspartnerinnen. Mit Wirkung zum 1.9.2021 wurden zwar »Lebenspartner oder Lebenspartnerinnen« gestrichen, doch fallen sie damit nicht heraus. Für Lebenspartner gelten ohnehin die für Ehegatten geltenden Vorschriften, § 21 LPartG. Ihre Staatsangehörigkeit und ihr Aufenthaltsstatus sind dafür ohne Bedeutung (**Abs. 2 Satz 2**).

---

42 BSG 27.3.2020 – B 10 EG 7/18 R, SozR 4-7837 § 1 Nr. 9.
43 BSG 18.3.2021 – B 10 EG 6/19 R, NZS 2022, 78.
44 Dienstblatt-Runderlass 375/74, DA 1–26 BA.

4. Zusammenleben mit einem Kind

a) Eltern und Gleichgestellte

Anspruchsberechtigt für das Elterngeld sind zunächst die **Eltern**[45] (§ 1 Satz 1 Nr. 2). Entscheidend ist das familienrechtliche Rechtsverhältnis, nicht zwingend die biologische Abstammung. **Mutter** ist die Frau, die das Kind geboren hat (§ 1591 BGB), somit auch die Leihmutter.[46] **Vater** ist, wer entweder zum Zeitpunkt der Geburt mit der Mutter verheiratet ist, wer die Vaterschaft anerkannt hat oder wessen Vaterschaft gem. § 1600d BGB oder § 182 Abs. 1 FamFG gerichtlich festgestellt ist (§ 1592 BGB). Das **Sorgerecht** ist für die Berechtigung nicht relevant,[47] nur für die Durchsetzung entfaltet es Bedeutung, vgl. § 4d Satz 2, § 5 Abs. 3. 29

Eine **Annahme als Kind** (Adoption) bewirkt im BEEG eine rechtlich identische Stellung als Kind und Eltern.[48] Die leiblichen Eltern verlieren ihre familienrechtliche Stellung und damit ihren Elterngeldanspruch mit der Annahme als Kind (§ 1755 BGB unter Ehegatten und § 9 Abs. 7 LPartG bei Lebenspartnern). Der Adoption gleichgestellt ist für Berechtigte die Zeit ab Beginn der **Adoptionspflege** nach § 1744 BGB. Der Anspruch beginnt mit dem Zeitpunkt der tatsächlichen Aufnahme in den Haushalt, auch wenn die Bewilligungen bereits zuvor vorlagen.[49] Er endet mit dem rechtlichen Ende der Adoptionspflege, zum Beispiel durch Umwandlung in eine Bereitschaftspflege, weil die Mutter die Einwilligung widerruft.[50] 30

Andere **Pflegeverhältnisse** (alle Formen der Pflegekinderhilfe nach § 33 SGB VIII, wie Kurzzeitpflege oder Bereitschaftspflege (gleichgültig, ob als Inobhutnahme nach § 42 SGB VIII oder Vollzeitpflege nach § 33 SGB VIII) begründen eine Berechtigung ebenso wenig, wie eine **Vormundschaft** (§ 1773 BGB). Hier kommt eine Berechtigung allein unter den zusätzlichen Voraussetzungen des Abs. 4 in Betracht. 31

Ehegatten und **Lebenspartner** sind nach dem LPartG eines Elterngeldberechtigten ab der tatsächlichen Aufnahme eines Kindes ihres Ehegatten resp. Lebenspartners in den Haushalt elterngeldberechtigt (Abs. 3 Satz 1 Nr. 2). 32

Das BEEG verfolgt das Ziel, **unverheiratete Väter** in ihrer Verantwortung für ihr Kind zu stärken. Wegen einer langen Verfahrensdauer könnte diese Absicht ansonsten wirkungslos bleiben **(Abs. 3 Nr. 3)**. Dieses hat primär Bedeutung, wenn die Mutter im Zeitpunkt der Geburt des Kindes noch mit 33

45 Dies sollen »vorrangig« die »leiblichen« Eltern sein, BT-Drs. 16/1889, S. 18.

46 Brose/Weth/Volk/*Brose*, BEEG, § 1 Rn. 65.

47 Brose/Weth/Volk/*Brose*, BEEG, § 1 Rn. 65.

48 Knickrehm/Roßbach/Waltermann/*von Koppenfels-Spies*, KomSozR, § 1 BEEG Rn. 6.

49 LSG Hessen 22. 11. 2019 – L 5 EG 17/16, FamRZ 2020, 1108; LSG Baden-Württemberg 24. 2. 2015 – L 11 EG 559/14, FamRZ 2015, 2010.

50 LSG Baden-Württemberg 24. 2. 2015 – L 11 EG 559/14, FamRZ 2015, 2010.

einem anderen Mann verheiratet ist und dessen Vaterschaft zunächst aufgehoben werden muss.

Ein Elterngeldanspruch setzt eine Meldebescheinigung über das Zusammenleben mit seinem leiblichen Kind in einem Haushalt, die erklärte Anerkennung (§ 1594 BGB) oder beantragte Feststellung der Vaterschaft (§ 1600d BGB i. V. m. §§ 169 ff. FamFG) voraus. Wird die Anerkennung oder Feststellung der Vaterschaft später verweigert, entfällt nur der künftige Anspruch auf Elterngeld.[51]

34 Nach **Abs. 3 Satz 2** ist für den Anspruch auf Elterngeld für angenommene Kinder und Kinder, die in den Haushalt mit dem Ziel der Adoption aufgenommen worden sind, statt der Geburt der Zeitpunkt der Aufnahme des Kindes bei dem Berechtigten maßgeblich.[52]

b) Gemeinsamer Haushalt

35 Wer Elterngeld beansprucht, muss mit dem berechtigenden Kind **in einem Haushalt** leben (**Abs. 1 Nr. 2**). Unter **Haushalt** wird der Mittelpunkt der privaten Lebensführung zur Befriedigung der persönlichen Bedürfnisse einer Familie oder einer einzelnen Person von einer gewissen Dauer[53] verstanden.[54] Es kommt nicht darauf an, dass es sich um den eigenen Haushalt des Berechtigten handelt; er muss mit dem Kind nur in einem gemeinsamen Haushalt, etwa mit Geschwistern, Großeltern, befreundeten Personen oder in einem Mutter-Kind-Heim, leben. Lebt die Mutter dagegen mit ihrem Kind in einer Justizvollzugsanstalt, weil sie eine mehrjährige Haftstrafe zu verbüßen hat, so erfüllt sie damit nicht die Voraussetzung eines gemeinsamen Haushalts, der im Sinne einer häuslichen, wohnungsmäßigen und familienhaften Wirtschaftsführung zu verstehen ist.[55] Vereinbaren getrennt lebende Eltern ein **Wechselmodell**, sind beide Eltern Berechtigte, unabhängig von der zeitlichen Verteilung.[56]

c) Betreuung und Erziehung

36 Für den Anspruch auf Elterngeld ist weiter Voraussetzung, dass der Berechtigte das Kind **selbst betreut und erzieht (Abs. 1 Nr. 3)**. Er muss sich jedoch

51 Knickrehm/Roßbach/Waltermann/*von Koppenfels-Spies*, KomSozR, § 1 BEEG Rn. 11.

52 LSG Hessen 22.11.2019 – L 5 EG 17/16, FamRZ 2020, 1108.

53 BSG 9.5.2017 – B 10 EG 23/16 B.

54 BT-Drs. IV/3652, S. 5.

55 BSG 4.9.2013 – B 10 EG 4/12 R; vgl. kritisch dazu Grün, SGB 2014, 632.

56 Ebenso: Brose/Weth/Volk/*Brose*, BEEG, § 1 Rn. 70; strenger: Richtlinien zum BEEG, BMFSFJ, 12/2024, Ziffer 1.1.1.2.2, »mindestens ein Drittel« der Zeit müsse beim Berechtigten verbracht werden.

nicht ununterbrochen um das Kleinkind kümmern. Die Betreuung und Erziehung werden nicht dadurch unterbrochen, dass das Kind kurzfristig (z. B. während einer ärztlich verordneten Kur, einer Fortbildungsveranstaltung, einem Erholungsurlaub von angemessener Dauer) vom Ehegatten, eingetragenen Lebenspartner oder anderen Angehörigen versorgt wird.[57] Ausreichend ist es, wenn die Betreuung nicht nur ganz untergeordnet vom Berechtigten erbracht wird, seine überwiegende Tätigkeit ist nicht notwendig.[58]

Beispiel 1:
F nimmt zehn Wochen nach der Geburt ihres Kindes wieder ihren Fortbildungskurs (4 × wöchentlich 4 Std.) bei der Volkshochschule auf. Ihr Kind wird während dieser Zeit von ihrer Freundin betreut. F hat trotzdem Anspruch auf Elterngeld, da sie sich im Wesentlichen um die Betreuung des Kindes kümmert.

Beispiel 2:
F beantragt Elterngeld bei der zuständigen Elterngeldstelle. Sie wird ihren für sechs Monate nach Frankreich versetzten Mann begleiten. Das Kind bleibt während dieser Zeit bei der Großmutter. F überträgt die Kindesbetreuung in vollem Umfang auf die Großmutter und hat damit keinen Anspruch auf Elterngeld.

Die Anspruchsvoraussetzung, ob das Kind selbst betreut und erzogen wird, **37** ist ebenso schwierig zu prüfen wie die, ob der Berechtigte mit dem Kind in einem gemeinsamen Haushalt lebt (vgl. Abs. 1 Nr. 2), so dass die Elterngeldstelle sich grundsätzlich auf die Versicherungen des Berechtigten verlässt und nur bei Zweifeln, die auf objektiven Anhaltspunkten beruhen, weitergehende Nachweise zu erbringen sind. In der Praxis wird kein Nachweis der Betreuung verlangt.

Ausnahmen von dem Grundsatz der persönlichen Betreuung und Erziehung **38** des Kindes durch den Berechtigten enthalten **Abs. 4** und **Abs. 5**. Danach bleibt der Anspruch auf Elterngeld unberührt, wenn der Berechtigte aus einem **wichtigen Grund** die Betreuung und Erziehung des Kindes nicht sofort aufnehmen kann oder sie unterbrechen muss. Die **Verhinderung** oder **Unterbrechung der Betreuung und Erziehung** können nur Tatbestände erfassen, die von nicht ganz geringfügiger Dauer sind. Es wird die Auffassung vertreten, dass eine Unterbrechung von zwei bis drei Monaten als vorübergehend angesehen werden kann.[59] Ein **wichtiger Grund** dürfte z. B. vorliegen, wenn der Berechtigte oder das Kind sich in Krankenhausbehandlung befindet[60] (**Abs. 4**).

57 Ebenso Halbach, DB 1986, Beilage Nr. 1 S. 6.
58 Knickrehm/Roßbach/Waltermann/*von Koppenfels-Spies*, KomSozR, § 1 BEEG Rn. 13.
59 So Halbach, DB 1986, Beilage Nr. 1 S. 6.
60 BT-Drs. 10/3792, S. 15.

Beispiel 3:
F muss nach der Geburt ihres Kindes noch für neun Wochen im Krankenhaus bleiben. Das Kind wird nach zwei Wochen entlassen. F hat trotzdem grundsätzlich – nach Auslaufen des Mutterschaftsgeldes durch die Krankenkasse und ggf. des Arbeitgeberzuschusses – Anspruch auf Elterngeld.

Beispiel 4:
Das sechs Monate alte Kind muss wegen einer Lungenentzündung für zwei Wochen ins Krankenhaus. Auch für diese Zeit besteht Anspruch auf Elterngeld.

39 Anstelle der Eltern können Verwandte bis zum dritten Grad (z. B. Großeltern, Urgroßeltern oder Onkel und Tanten) Elterngeld beziehen, wenn beide Eltern gestorben sind oder wegen schwerer Krankheit oder Schwerbehinderung ihr Kind nicht selbst betreuen können. Andere Härtefälle – insbesondere wirtschaftliche – werden nicht berücksichtigt, weil das Elterngeld dem betreuenden Elternteil eine grundsätzlich ausreichende wirtschaftliche Absicherung bieten soll. Auch der allgemeine Begriff Behinderung wurde ersetzt durch Schwerbehinderung (§ 2 Abs. 2 SGB IX). Der Bezug von Elterngeld für Personen bis zum dritten Grad kommt nur dann in Betracht, wenn Elterngeld von anderen Berechtigten (Eltern, Stiefeltern, Personen, die das Kind in Adoptionspflege genommen haben) nicht beansprucht wird (**Abs. 4**). Für Lebenspartner gelten die für Ehegatten geltenden Vorschriften, § 21 LPartG.

5. Erwerbstätigkeit

40 Der Berechtigte darf neben der Kindesbetreuung und -erziehung keine oder **keine volle Erwerbstätigkeit** ausüben (Abs. 1 Satz 1 Nr. 4, Abs. 6). Dies ist der Fall, wenn die **wöchentliche Arbeitszeit 32 Stunden** im Durchschnitt des Lebensmonats des Kindes nicht übersteigt.[61]
Es ist ein eigener, dem öffentlich-rechtlichen, nicht dem arbeitsvertraglichen Arbeitszeitbegriff des ArbZG **entlehnter Arbeitszeitbegriff** zugrunde zu legen. Zeiten des Bereitschaftsdienstes[62] sowie Reisezeiten ohne Arbeitstätigkeit sind nicht hinzuzuzählen. Überstunden, alle Formen von Mehrarbeit, gleich ob vergütet oder nicht, Rufbereitschaften und Einsatzzeiten während eines Bereitschaftsdienstes zählen zur Arbeitszeit.
Es ist auf die **monatliche Arbeitszeit** abzustellen, die **durchschnittlich 32 Stunden** pro Woche nicht überschreiten darf. D. h., dass jetzt auch mehr als 32 Stunden in der Woche gearbeitet werden kann, sofern in einer der nächsten Wochen des Lebensmonats ein Ausgleich durch eine geringere

61 Diese Grenze wurde für ab dem 1. 9. 2021 geborene Kinder von 30 auf 32 Stunden angehoben, BGBl Teil I, 2021, 239.

62 Anders: LSG Sachsen-Anhalt 15. 12. 2022 – L 2 EG 3/21.

Wochenstundenzahl erfolgt. Vereinbarte Arbeitszeiten für andere Zeiträume, z. B. Jahresarbeitszeiten, müssen auf die wöchentliche Arbeitszeit umgerechnet werden. Bei schwankenden Arbeitszeiten ist von der voraussichtlichen Gestaltung des ganzen Beschäftigungsverhältnisses auszugehen und die auf die Woche entfallende durchschnittliche Arbeitszeit zugrunde zu legen.[63] Derjenige übt »keine volle Erwerbstätigkeit« im Sinne des § 1 Abs. 1 Satz 1 Nr. 4, Abs. 6 BEEG aus, der vom Arbeitgeber bei vollem oder ohne Gehalt von der Arbeitsleistung **freigestellt** worden ist (**Sabbaticals**, Sonderurlaub etc.) und deshalb nicht arbeitet,[64] dies gilt allerdings nicht für den **Erholungsurlaub und Krankheit**,[65] in Freistellungen in Beendigungsvereinbarungen ist auf eine klare Abgrenzung zu achten.[66] Während der Schutzfristen des **MuSchG** und der Beschäftigungsverbote für werdende Mütter bestehen ein Arbeitsverhältnis und die Arbeitszeit unvermindert fort.[67]

Erwerbstätigkeit ist jede Beschäftigung, die gegen Entgelt verrichtet wird. **41**
Somit gehört auch die Tätigkeit Selbständiger und mithelfender Familienangehöriger dazu. Erwerbstätig sind weiterhin Wehrpflichtige und Bundesfreiwilligendienstleistende, auch wenn ihre Tätigkeit nicht der Einnahmeerzielung dient, sondern sie gesetzlich auferlegte Pflichten erfüllen. Es kommt nicht auf die Höhe der Vergütung oder des erzielten Gewinns an. Bei **Heimarbeitern** ist von der vereinbarten Heimarbeitsmenge auszugehen und abzustellen auf die tatsächliche Abwicklung des Heimarbeitsverhältnisses, die am erzielten Heimarbeitsentgelt abzulesen ist. Unter Zugrundelegung der Stückentgelte sowie von »Mindeststundenentgelten« oder »Grundentgelten« kann die wöchentliche Stundenzahl berechnet werden.[68] Die aus dieser Tätigkeit erzielten **Einnahmen werden angerechnet** auf das für das ersetzte Einkommen zustehende Elterngeld, soweit es den Betrag von 300,00 € (150,00 € im Fall von Elterngeld Plus) überschreitet; dieser Betrag erhöht sich bei mehreren Kindern (s. § 3 Abs. 2).

Schüler und **Studenten** üben keine Erwerbstätigkeit aus, so dass sie un- **42**
abhängig von der zeitlichen Beanspruchung Elterngeld beziehen können.[69] Ebenso sind Personen nicht erwerbstätig, die sich für **karitative, religiöse** oder **ideelle** Zwecke einsetzen oder beispielsweise durch Übernahme eines

---

63 Vgl. BSG 22.8.1984 – 7 Ar 12/83.

64 BSG 29.8.2012 – B 10 EG 7/11 R.

65 BSG 7.9.2023 – B 10 EG 2/22. So nunmehr klarstellend auch Abs. 6a.

66 Die Abgrenzung, welche Tätigkeiten zu berücksichtigen sind, ist identisch zu derjenigen bei Partnerschaftsbonusmonaten; zu **weiteren Einzelfällen** s. § 4b Rn. 16.

67 BSG 8.11.2018 – B 10 EG 14/18 B.

68 Vgl. Zmarzlik/Zipperer/Viethen, § 2 Rn. 11.

69 Hambüchen/Irmen, § 1 BEEG, Rn. 85, 95.

Ehrenamtes einer gesetzlichen Pflicht nachkommen. Der Bezug eines Gründungszuschusses steht einem Elterngeldanspruch nicht entgegen.[70]

43 Eine Beschäftigung zur **beruflichen Bildung** ist allgemein für den Bezug von Elterngeld unschädlich. Unerheblich ist, ob die berufliche Bildung in einem Ausbildungsverhältnis oder Arbeitsverhältnis vermittelt wird. Ebenfalls ist ohne Bedeutung, ob der zur Berufsbildung Beschäftigte Ausbildungsvergütung oder Arbeitsentgelt erhält. Es fallen also unter diese Bestimmung sowohl Beschäftigte in Berufsausbildungsverhältnissen oder in praktischer Ausbildung als Lernschwester wie auch Anlernlinge, Volontäre, Praktikanten, Beschäftigte zur Fortbildung, Weiterbildung, Umschulung sowie alle Beschäftigten in Bildungsverhältnissen, die zu einer beruflichen Qualifikation führen sollen.[71] Berufsbildung im Sinne des Abs. 6 ist nicht nur die Ausbildung zum ersten beruflichen Abschluss, sondern auch eine darauf aufbauende weitere Ausbildung zum beruflichen Aufstieg.[72] Mit dieser Regelung soll es auch den Auszubildenden ermöglicht werden, Elterngeld in Anspruch zu nehmen, ohne ihre Ausbildung zu unterbrechen. Eine derartige Regelung erscheint gerechtfertigt, da eine abgeschlossene Berufsausbildung für den künftigen Werdegang von entscheidender Bedeutung ist. Vor allem soll der Konflikt verhindert werden, sich entweder für den Abschluss der Ausbildung oder für das Kind entscheiden zu müssen.

Mittels des zum 1. 5. 2025 neu eingefügten Abs. 6a soll lediglich klargestellt werden, dass Zeiten für Urlaub und Krankheit die Erwerbstätigkeit nicht unterbrechen, eine Änderung der Rechtslage ist damit nicht verbunden.[73]

44 Auch geeignete **Tagespflegeperson** im Sinne des § 23 SGB VIII gelten nicht als voll erwerbstätig.[74] Tagespflegepersonen sind Personen, die die Kindertagespflege mit Erlaubnis des Trägers der öffentlichen Jugendhilfe erbringen und dabei nach § 3 Nr. 11 EStG eine einkommenssteuerfreie Geldleistung als Anerkennung der Förderung und Erstattung von Sachkosten erhalten. Davon zu unterscheiden sind **gewerbliche Tagespflegepersonen**, denn sie erhalten eine Vergütung aufgrund privatrechtlicher Vereinbarung für ihre Betreuungsleistung. Deshalb sind sie von der Ausnahmeregelung des Abs. 6 nicht erfasst.[75]

45 Die **Zeiten mehrerer Tätigkeiten** werden zusammengerechnet.[76] Dies gilt auch für selbstständige und unselbstständige Tätigkeiten. Die Inanspruch-

---

70 Instruktiv: Zorn, NZS 2007, 580.

71 Vgl. Zmarzlik/Zipperer/Viethen, § 2 Rn. 26.

72 BSG 3. 11. 1993 – 14b Reg 3/93.

73 Ebenso BT.-Drs. 20/11306, S. 116.

74 Für seit dem 1. 5. 2025 geborene Kinder ist die Begrenzung auf fünf zu betreuende Kinder entfallen.

75 Wersig in jurisPK-Familie und Beruf, Kapitel 6.1 Rn. 20 f.

76 Knickrehm/Roßbach/Waltermann/*von Koppenfels-Spies*, KomSozR, § 1 BEEG Rn. 19.

nahme durch eine Erwerbstätigkeit und eine Ausbildung oder ein Studium darf insgesamt 48 Wochenstunden nicht überschreiten.[77] **Elternzeit** muss nicht parallel zum Elterngeld beantragt werden. Zum **Nachweis** der Arbeitszeit s. § 8 Rn. 6 und § 9 Rn. 3 ff.

6. Anspruchsberechtigung ausländischer Eltern

Alle in Deutschland lebenden Eltern sind unabhängig von ihrer Staatsangehörigkeit elterngeldberechtigt, wenn sie die allgemeinen Anspruchsvoraussetzungen des § 1 BEEG erfüllen. Eine Ausnahme gilt für nicht freizügigkeitsberechtigte Ausländer (**Abs. 7**).[78] Freizügigkeitsberechtigte Ausländer haben einen Anspruch auf Elterngeld, ohne besondere aufenthaltsberechtigte Voraussetzungen zu erfüllen. Sie sind Staatsangehörige eines Mitgliedstaates der Europäischen Union oder eines der Vertragsstaaten des Europäischen Wirtschaftsraums (EU/EWR-Bürger) oder der Schweiz. Zum Europäischen Wirtschaftsraum gehören neben den EU-Mitgliedstaaten noch Island, Liechtenstein und Norwegen. Für **Briten** gelten nach dem Brexit Sonder- und Übergangsregelungen.[79] 46

Abs. 7 regelt die Berechtigung der **nicht freizügigkeitsberechtigten** ausländischen Eltern. Es gilt der Grundsatz, dass Familienleistungen nur solchen Eltern gezahlt werden sollen, die sich voraussichtlich dauerhaft im Inland aufhalten werden. Von einem voraussichtlich dauerhaften Aufenthalt ist auszugehen, wenn der Ausländer die Niederlassungserlaubnis, also einen unbefristeten Aufenthaltstitel gemäß § 9 AufenthG oder eine Berechtigung zum Daueraufenthalt-EU (§ 9a AufenthG), besitzt. 47

Auch Personen, die eine betriebliche Aus- und Weiterbildung machen und deren Aufenthaltserlaubnis für mehr als sechs Monate erteilt worden ist, sind elterngeldberechtigt. Hinzu kommen Arbeitnehmer, die nach der Beschäftigungsverordnung in Deutschland für einen begrenzten Zeitraum tätig sind, insbesondere hochqualifizierte Arbeitskräfte, die eine Aufenthaltserlaubnis nach § 18 Abs. 2 AufenthG besitzen (**Abs. 7 Nr. 2b**). Darunter fallen aber nicht Saisonarbeitskräfte,[80] Au Pairs, entsandte oder innerbetrieblich

77 BSG 13.5.1998 – B 14 EG 2/97 R, SozR 3-7833 § 2 Nr. 6.

78 Die Neufassung zum 1.5.2025 hat allein sprachliche Gründe und geht ohne inhaltliche Änderungen einher, BT.-Drs. 20/11306, S. 116.

79 Briten, die im Besitz eines Aufenthaltsdokuments (GB) nach § 16 Abs. 2 Satz 1 FreizügG/EU sind (sog. »Alt-Briten«, Art. 18 Abs. 4 des Austrittsabkommens), sind i.S.d. § 1 Abs. 7 als freizügigkeitsberechtigt anzusehen. § 1 Abs. 7 ist nicht zu prüfen. Briten hingegen, die nicht dem Austrittsabkommen unterliegen, werden seit 1.1.2021 als Drittstaatsangehörige behandelt. Das betrifft Briten, die erst nach dem 31.12.2020 einen Wohnsitz in Deutschland begründeten oder eine Erwerbstätigkeit hier aufnahmen.

80 Wersig in jurisPK-Familie und Beruf, Kapitel 6.1, Rn. 24.

versetzte Arbeitnehmer.[81] Durch die Genfer Flüchtlingskonvention dürfen **Asylberechtigte, subsidiär Schutzberechtigte** und **anerkannte Flüchtlinge** ohne Einschränkungen erwerbstätig sein (§ 61 AsylG) und haben einen Anspruch auf Verlängerung ihrer Aufenthaltserlaubnis. Folge ist, dass sie elterngeldberechtigt sind.[82] **Bedienstete der EZB** sind nach Art. 15 EZBSitzAbk aus der Anwendbarkeit des BEEG ausgeschlossen, Beamte anderer Europäischer Institutionen sind nach Art. 3 VO (EG) Nr. 883/2004 aus dem BEEG ausgeschlossen.

48 Ordnet die oberste Landesbehörde an, dass Ausländern wegen eines **Krieges** in ihrem Heimatland eine Aufenthaltserlaubnis erteilt wird (§ 23 Abs. 1 AufenthG), haben sie ebenso wenig Anspruch auf Elterngeld, wie Ausländer, denen auf Ersuchen einer von der Landesregierung eingerichteten Härtefallkommission aus völkerrechtlichen, humanitären oder politischen Gründen ein Aufenthaltstitel oder eine Aufenthaltserlaubnis erteilt oder verlängert wird (§ 23a AufenthG) sowie auch diejenigen, denen zum vorübergehenden Schutz eine Aufenthaltserlaubnis erteilt wird (§ 24 AufenthG). Diese Personen können hiervon unberührt die Voraussetzungen des § 1 Abs. 7 Nr. 3 oder Nr. 4 erfüllen und hierdurch Berechtigte werden.

49 Im Aufenthaltsrecht wird zwischen verschiedenen aufenthaltsrechtlichen Titeln differenziert. Die Oberbezeichnung ist die Aufenthaltsgenehmigung, die die für Einreise und Aufenthalt von Ausländern erforderliche Genehmigung meint. Arten der Aufenthaltsgenehmigung sind die Aufenthaltserlaubnis, die Aufenthaltsberechtigung, die Aufenthaltsbewilligung und die Aufenthaltsbefugnis. Für bestimmte Zwecke, also vorübergehende Aufenthaltszwecke oder aus humanitären Gründen, werden die Aufenthaltsbewilligung und Aufenthaltsbefugnis erteilt. Wird einem Ausländer der Aufenthalt ohne Bindung an einen bestimmten Aufenthaltszweck erlaubt, kann ihm die Aufenthaltserlaubnis erteilt werden. Das ausländerrechtlich vorgesehene stärkste Aufenthaltsrecht ist die Aufenthaltsberechtigung. Diese dient der Ermöglichung eines Daueraufenthalts und wird lediglich unter besonderen Voraussetzungen verliehen.

50 Der Besitz einer Aufenthaltserlaubnis, einer Blauen Karte EU (§ 18b AufenthG), einer ICT-Karte (§ 19 AufenthG) oder einer Mobile-ICT-Karte (§ 19b AufenthG) muss für mindestens sechs Monate zur Erwerbstätigkeit berechtigen, um einen Anspruch auf Elterngeld zu begründen. Wird eine der genannten Aufenthaltstitel rückwirkend erteilt, entfaltet diese Rückwir-

81 Lenz in Rancke (Hrsg.), BEEG, § 1 Rn. 23.
82 Lenz in Rancke (Hrsg.), BEEG, § 1 Rn. 22.

kung für das Elterngeld keine Wirkung.[83] Eine sog. **Fiktionsbescheinigung** ist nicht hinreichend.[84]

Minderjährige nicht freizügigkeitsberechtigter Ausländer werden privilegiert. (Nur) diejenigen, die einen Aufenthaltstitel aus humanitären oder politischen Gründen nach §§ 23a, 24, 25 Abs. 3–5 AufenthG besitzen, sind auch dann Berechtigte, wenn sie nicht erwerbstätig sind.[85] **51**

7. Ausschluss von Spitzenverdienern

Sog. Spitzenverdiener, d.h. Personen, die ein zu versteuerndes Einkommen von mehr als 175 000 €[86] im Kalenderjahr vor der Geburt des Kindes erzielen, sind vom Elterngeldanspruch ausgenommen (**Abs. 8**). Entscheidend ist der letzte abgeschlossene Veranlagungszeitraum vor der Geburt, dieser Zeitraum ist nicht notwendig identisch mit dem Bemessungszeitraum nach § 2b. Weil für diese Obergrenze das zu versteuernde Einkommen nach § 2 Abs. 5 EstG berücksichtigt wird, fließen hier, anders als bei der Berechnung der Höhe des Elterngeldes, auch andere Einkünfte, wie bspw. Kapitalerträge und Mieteinnahmen, hinein. **52**

Dieser Ausschluss orientiert sich an der Reichensteuer, von der etwa 2200 eigentlich nach § 1 Abs. 1, 3 oder 4 BEEG elterngeldberechtigte Personen betroffen sind.[87] Das Bundessozialgericht hat in diesem Zusammenhang auch eine Verletzung des allgemeinen Gleichheitssatzes aus Art. 3 Abs. 1 i. V. m. Art. 6 Abs. 1 GG abgelehnt, da von dem Elterngeldausschluss tatsächlich nur eine sehr kleine Gruppe von Personen mit Einkommen am obersten Ende der Einkommensskala betroffen sei und sich dieser Ausschluss des § 1 Abs. 8 BEEG in die Konzeption des Elterngeldes als klassische fürsorgerische Leistung zur Sicherung der wirtschaftlichen Lebensgrundlage von Familien, insbesondere mit kleinen und mittleren Einkommen, während der ersten Lebensmonate der Kinderbetreuung, einfüge.[88] **53**

---

83 BSG 30.9.2010 – B 10 EG 9/09 R, SozR 4-7837 § 1 Nr. 2.

84 LSG Baden-Württemberg 23.1.2024 – L 11 EG 3069/23; Richter, DStR 2024, 2709.

85 Brose/Weth/Volk/*Brose*, BEEG, § 1 Rn. 154.

86 Diese Werte gelten für ab dem 1.4.2025 geborene Kinder, § 28 Abs. 5; Für die ab dem 1. April 2024 und vor dem 1. April 2025 geborenen oder mit dem Ziel der Adoption angenommenen Kinder gelten Ausschlusswerte in Höhe von 200 000 €, sowohl für Alleinerziehende als auch Haushaltsgemeinschaft. Der ursprünglich vorgesehene Ausschlusswert von 150 000 € trat nie in Kraft und wurde mit Art. 7 Ziffer 3 Zweites Haushaltsfinanzierungsgesetz rechtzeitig auf 200 000 € angehoben, BGBl. Teil I, 2024, Nr. 107; Für vor dem 1.9.2021 geborene Kinder galten 500 000 €.

87 Neumann, S. 6.

88 BSG 26.3.2014 – B 10 EG 13/13 R.

§ 2 Höhe des Elterngeldes

(1) [1]Elterngeld wird in Höhe von 67 Prozent des Einkommens aus Erwerbstätigkeit vor der Geburt des Kindes gewährt. [2]Es wird bis zu einem Höchstbetrag von 1800 Euro monatlich für volle Lebensmonate gezahlt, in denen die berechtigte Person kein Einkommen aus Erwerbstätigkeit hat. [3]Das Einkommen aus Erwerbstätigkeit errechnet sich nach Maßgabe der §§ 2c bis 2f aus der um die Abzüge für Steuern und Sozialabgaben verminderten Summe der positiven Einkünfte aus

1. nichtselbständiger Arbeit nach § 2 Absatz 1 Satz 1 Nummer 4 des Einkommensteuergesetzes sowie
2. Land- und Forstwirtschaft, Gewerbebetrieb und selbständiger Arbeit nach § 2 Absatz 1 Satz 1 Nummer 1 bis 3 des Einkommensteuergesetzes,

die im Inland zu versteuern sind und die die berechtigte Person durchschnittlich monatlich im Bemessungszeitraum nach § 2b oder in Lebensmonaten der Bezugszeit nach § 2 Absatz 3 hat.

(2) [1]In den Fällen, in denen das Einkommen aus Erwerbstätigkeit vor der Geburt geringer als 1000 Euro war, erhöht sich der Prozentsatz von 67 Prozent um 0,1 Prozentpunkte für je 2 Euro, um die dieses Einkommen den Betrag von 1000 Euro unterschreitet, auf bis zu 100 Prozent. [2]In den Fällen, in denen das Einkommen aus Erwerbstätigkeit vor der Geburt höher als 1200 Euro war, sinkt der Prozentsatz von 67 Prozent um 0,1 Prozentpunkte für je 2 Euro, um die dieses Einkommen den Betrag von 1200 Euro überschreitet, auf bis zu 65 Prozent.

(3) [1]Für Lebensmonate nach der Geburt des Kindes, in denen die berechtigte Person ein Einkommen aus Erwerbstätigkeit hat, das durchschnittlich geringer ist als das Einkommen aus Erwerbstätigkeit vor der Geburt, wird Elterngeld in Höhe des nach Absatz 1 oder 2 maßgeblichen Prozentsatzes des Unterschiedsbetrages dieser Einkommen aus Erwerbstätigkeit gezahlt. [2]Als Einkommen aus Erwerbstätigkeit vor der Geburt ist dabei höchstens der Betrag von 2770 Euro anzusetzen. [3]Der Unterschiedsbetrag nach Satz 1 ist für das Einkommen aus Erwerbstätigkeit in Lebensmonaten, in denen die berechtigte Person Basiselterngeld in Anspruch nimmt, und in Lebensmonaten, in denen sie Elterngeld Plus im Sinne des § 4a Absatz 2 in Anspruch nimmt, getrennt zu berechnen.

(4) [1]Elterngeld wird mindestens in Höhe von 300 Euro gezahlt. [2]Dies gilt auch, wenn die berechtigte Person vor der Geburt des Kindes kein Einkommen aus Erwerbstätigkeit hat.

Inhaltsübersicht

1. Grundbegriffe des Elterngeldes

a) Einkommen aus Erwerbstätigkeit

Das Elterngeld beträgt allgemein 67 % (**zumeist 65 %**) des durchschnittlichen[1] **Einkommens aus Erwerbstätigkeit** des Berechtigten (§ 2c und § 2d) **im Bemessungszeitraum** (§ 2b).[2] 1

Das Elterngeld ist dabei auf einen **Höchstbetrag** von 1800 € monatlich begrenzt (**Abs. 1 Satz 2**). Dieser Höchstbetrag entspricht einem pauschaliert errechneten (fiktiven) Nettoeinkommen des Berechtigten vor der Geburt von 2770 €. 2

Überschreitet das zu berücksichtigende Einkommen aus Erwerbstätigkeit 1200 €, sinkt der Prozentwert von 67 % stufenweise auf **65 % (Abs. 2 Satz 2)**. Ab einem Einkommen von 1240 € beträgt die Quotierung des Elterngeldes 65 %. Ist das zu berücksichtigende Elterngeld geringer als 1000 €, steigt der Prozentwert auf bis zu 100 % an (**Abs. 2 Satz 1**). 3

Der Monatsbetrag sinkt jedoch nicht unter den **Mindestbetrag** von **300 €** (Abs. 4). 4

Als Einkommen aus Erwerbstätigkeit gelten alle Einkünfte aus Land- und Forstwirtschaft, aus Gewerbebetrieb, aus selbständiger sowie nichtselbständiger Arbeit. Nicht hierzu zählen Einkünfte aus Vermietung und Verpachtung, Kapitalerträge oder gesellschaftsrechtliche Veräußerungsgewinne.[3] 5

---

1 Es wird jeweils nur ein einziger Wert für das Einkommen ermittelt, monatliche Schwankungen werden sowohl im Bemessungs- als auch im Bezugszeitraum durch die Durchschnittsbetrachtung nivelliert, BSG 27.10.2022 – B 10 EG 4/20 R.

2 Bei Arbeitnehmern sind dies die letzten zwölf Kalendermonate vor dem Monat der Geburt des Kindes.

3 Anderes kann für als »Tätigkeitsvergütungen« ausgezahlte Gewinnanteile an einer OHG-Beteiligung gelten, BSG 21.6.2016 – B 10 EG 3/15 R, NZS 2017, 79.

Einkünfte aus dem Betrieb einer Photovoltaikanlage können Einkommen im Sinne des BEEG darstellen,[4] Unterhaltsgeld für Entwicklungshelfer.[5]

6 Es gilt der **steuerrechtliche Einkommensbegriff** auch im Elterngeldrecht.[6]

7 Nicht als Einkommen aus Erwerbstätigkeit zählen somit steuerfreie Einnahmen wie z. B. **Arbeitslosengeld, Krankengeld** oder **Streikgeld**.[7] **Stipendien, BAföG, Renten** und **Arbeitslosengeld II** fließen ebenfalls nicht in die Berechnung des Elterngeldes ein. Außer Betracht bleiben auch steuerfrei gezahlte **Zuschläge für Sonntags-, Feiertags- oder Nachtarbeit.**[8]

8 In die Einkommensermittlung gehen ferner keine **Einmalzahlungen**, u. a. Weihnachts- und Urlaubsgeld, einmalige Abfindungen, Jubiläumszuwendungen, ein. Sie gehören zu den sonstigen Bezügen, die § 2c Abs. 1 Satz 2 ausdrücklich von der Berücksichtigung ausnimmt. Beiträge des Arbeitgebers für die **betriebliche Altersversorgung** (Pensionskassen, Direktversicherung oder Pensionsfond) sind ebenfalls ausgenommen.[9] **Provisionen** werden im Unterschied zu den Einmalzahlungen jedoch als laufender Arbeitslohn bewertet, wenn sie mehrmals im Jahr neben dem monatlichen Grundgehalt gezahlt werden.[10]

9 Zu beachten ist, dass die Einkünfte aus **mehreren Arbeitsverhältnissen** zusammenzurechnen sind. Dies gilt auch für geringfügige Beschäftigungen.[11] Von diesem (Gesamt-) Bruttoeinkommen werden die in den §§ 2c bis 2f festgelegten Abzüge für Steuern und Sozialversicherungsbeiträge vorgenommen. Das Ergebnis ist die Summe der positiven Einkünfte. Wegen der in den §§ 2e und 2f vorgesehenen Pauschalabzüge für Steuern und Sozialabgaben handelt es sich um ein **pauschaliertes Nettoeinkommen.**

10 Im Elterngeldrecht gilt (jedenfalls für Arbeitnehmer) das **strenge steuerrechtliche Zuflussprinzip.**[12] Dies gilt sowohl für den Bemessungszeitraum als auch für den Bezugszeitraum. Der Gesetzgeber verfolgt ein strenges steuerakzessorischen Regelungskonzept. Dies bedeutet, dass die Berücksichtigung von Einkünften, die innerhalb des Bemessungs- oder Bezugszeitraums rechtlich erworben wurden, jedoch außerhalb überwiesen werden –

---

4 Brose/Weth/Volk/*Brose*, BEEG, § 2 Rn. 29.

5 BSG 24. 3. 2022 – B 10 EG 1/20 R.

6 BT-Drs. 17/9841, S. 17.

7 BSG 17. 2. 2011 – B 10 EG 17/09 R; BSG 17. 2. 2011 – B 10 20/09 R; BSG 17. 2. 2011 – B 10 EG 21/09 R.

8 BSG 5. 4. 2012 – B 10 EG 3/11 R.

9 BSG 25. 6. 2009 – B 10 EG 9/08 R.

10 BSG 3. 12. 2009 – B 10 EG 3/09 R, NJW 2010, 3804; BSG 29. 8. 2012 – B 10 EG 8/11 R.

11 Modifikationen sind aber bei den Abzügen zu beachten.

12 BSG 27. 6. 2019 – B 10 EG 3/18 R; fehlgehend insoweit: LSG Baden-Württemberg 18. 8. 2020 – L 11 EG 4175/19, NZS 2020, 957m. ebenfalls abl. Anm. Brehm.

Gleiches gilt umgekehrt – grundsätzlich der lohn- und einkommensteuerrechtlichen Behandlung folgt.[13] Damit ist in der Regel nicht der Zeitpunkt der Überweisung, sondern der rechtliche Entstehungszeitpunkt relevant. Seit dem 10.9.2012 findet das sog. **»modifizierte Zuflussprinzip«**[14] im BEEG keine Anwendung mehr. Bei der Berechnung des Elterngeldes werden nunmehr auch solche Einkünfte einbezogen, die die elterngeldberechtigte Person im Bemessungszeitraum erarbeitet hat, und zwar unabhängig davon, ob das Geld bereits ausgezahlt worden ist.

Beispiel:
Das befristete Arbeitsverhältnis von F ist während der Mutterschutzfrist vor der Geburt am 31.5.2025 ausgelaufen. Sie konnte ihren Resturlaub von 10 Tagen bis zur Beendigung des Arbeitsverhältnisses nicht mehr nehmen. Da der Arbeitgeber nicht bereit war, die Urlaubstage abzugelten, musste F sie einklagen. Die Auszahlung des Geldes erfolgte nach der Geburt ihres Kindes. Diese Einkünfte, die F im Bemessungszeitraum vor der Geburt ihres Kindes erarbeitet hat, werden in die Berechnung ihres Elterngeldes **einbezogen**, auch wenn sie außerhalb des zwölfmonatigen Bemessungszeitraums zugeflossen sind. Gleiches gilt für rückwirkende (tarifliche) Lohnerhöhungen und eine spätere Steuererstattung.[15]

b) Teilzeittätigkeit

Erzielt der Berechtigte während des Bezuges von Elterngeld Einkommen (Bezugszeitraum), gleichgültig, ob aus einer Teilzeittätigkeit oder Selbstständigkeit, wird dieses Einkommen beim Basiselterngeld voll angerechnet. Das Basiselterngeld beträgt 67% (65%) des **Entgeltausfalls**. Lag das Einkommen im Bezugszeitraum über 1240€, ist der Entgeltausfall während der Teilzeittätigkeit jedoch erheblich kleiner, ändert sich die Quotierung des Elterngeldes von 65% nicht. **11**

Der Monatsbetrag Elterngeld berechnet sich bei Teilzeittätigkeiten statt allein nach dem Einkommen im Bemessungszeitraum, nach der Differenz zwischen dem Einkommen im Bemessungszeitraum und dem Einkommen im Bezugsmonat und damit nur für den Entgeltausfall (Abs. 3 Satz 1). **12**

Die Anrechnung von Einkommen aus Teilzeittätigkeiten ist hingegen beim **Elterngeld Plus erheblich günstiger** (§ 4a Rn. 16ff.). Dieses sollte bei Teilzeittätigkeiten stets kalkuliert werden. Die Kombinationen, die das Gesetz Eltern beim Bezug des Elterngeldes eröffnet, führen in der Praxis zu einer gewissen Verwirrung außerhalb professioneller Beratungen. Dabei soll die Variabilität Eltern größtmögliche Flexibilität eröffnen. **13**

---

13 BSG 27.6.2019 – B 10 EG 3/18 R; das früher angewandte sog. »modifizierte Zuflussprinzip« findet im BEEG somit keine Anwendung mehr.
14 BSG 11.10.2018 – B 10 EG 8/18 B.
15 Anders noch zu § 2 a.F.: LSG Rheinland-Pfalz 21.10.2010 – L 5 EG 4/10.

c) Bemessungs- und Bezugszeitraum

14 Einkommen im Bezugszeitraum (nach der Geburt) verringert das Elterngeld, während Einkommen im Bemessungszeitraum (vor der Geburt) es erhöht.[16] Im Bemessungszeitraum sind **Kalendermonate** zugrunde zu legen, im Bezugszeitraum sind stets die **Lebensmonate** des Kindes gemeint.[17] Dies macht die Berechnung des Elterngeldes mitunter – insbesondere bei Selbständigen – umständlich, weil Einkommen, das in Kalendermonaten ausgezahlt wird, umzurechnen ist auf die Lebensmonate des Kindes.[18] Die Differenzberechnung nach § 2 Abs. 3 BEEG erfolgt nicht für solche Monate, in denen kein Einkommen in die Summe positiver Einkünfte eingeflossen ist.[19]

2. Höhe des Elterngeldes

15 Zur Höhe des Elterngeldes stellt § 2 nur die Ausgangsnorm dar. Die Berechnung des Elterngeldes erfolgt auf der Grundlage der §§ 2c bis 2f und §§ 4 ff. Ob Basiselterngeld oder Elterngeld Plus, die **Berechnung ist identisch**, sie erfolgt fünfstufig:

1. Bestimmen des Bemessungszeitraums (§ 2b),
2. Ermitteln der Bruttoeinkünfte im Bemessungszeitraum (für nicht selbstständige Tätigkeit, § 2c, für selbstständige Tätigkeit § 2d),
3. Pauschalen abziehen für Steuern und Sozialversicherung (§§ 2e, 2f),
4. Anrechnen von Einkommen im Bezugszeitraum (Basiselterngeld § 3, Elterngeld Plus zusätzlich § 4a),
5. Quotierung des Elterngeldes anhand des einschlägigen Prozentwertes (Rn. 19).

16 Mit **Abs. 3 Satz 3** wird gewährleistet, dass Eltern ihre Erwerbstätigkeit in einem **gestuften Arbeitszeitumfang** wieder aufnehmen können,[20] um eine ihren jeweiligen Bedürfnissen angepasste Teilzeitarbeit während des Elterngeldbezugs aufnehmen zu können.

17 Maßgeblich ist allein das im **Inland zu versteuernde Einkommen**, so dass Arbeitsentgelt, das im Ausland bei einem ausländischen Arbeitgeber verdient wird, nicht berücksichtigt werden kann. Die damit verbundene Benachteiligung insbesondere von Grenzgängern und Grenzgängerinnen, die in Deutschland wohnen, aber z. B. in Frankreich bei einem französischen Arbeitgeber tätig sind, wird vom Bundessozialgericht bislang nicht gese-

---

16 So: Brose/Weth/Volk/*Brose*, BEEG, § 2 Rn. 10.

17 Dies ist mit Wirkung zum 1. 9. 2021 vielfach im Gesetzestext klargestellt worden.

18 LSG Sachsen-Anhalt 4. 12. 2014 – L 2 EG 5/12. Zuletzt LSG Baden-Württemberg 17. 12. 2024 – L 11 EG 272/24.

19 BSG 27. 10. 2022 – B 10 EG 4/20 R.

20 BT-Drs. 18/2583, S. 24.

hen.[21] Immerhin existieren innerhalb der Europäischen Union Freizügigkeitsrechte, die im Vertrag über die Arbeitsweise der EU (AEUV) u. a. als **Arbeitnehmerfreizügigkeit** in Art. 45 niedergelegt sind. Hinzu kommt Art. 15 der Grundrechte-Charta der EU. Die Arbeitnehmerfreizügigkeit hat somit Grundrechtscharakter, der sich auch auf das in Art. 45 Abs. 2 AEUV verankerte Diskriminierungsverbot erstreckt. Danach ist jede auf der Staatsangehörigkeit beruhende Diskriminierung von Arbeitnehmern mit EU-Staatsangehörigkeit verboten, die im Zusammenhang mit der Beschäftigung, Entlohnung oder den sonstigen Arbeitsbedingungen steht. Elterngeld dürfte als Entgeltersatzleistung durchaus zu den mit der Beschäftigung und Entlohnung zusammenhängenden Leistungen gehören, wenn auch andere finanzielle Leistungen von Art. 45 AEUV erfasst werden, wie z. B. berufliche Eingliederung, Weiterbildungen und Beschäftigungsprogramme. Eine doppelte Inanspruchnahme von Elterngeld und dem Elterngeld vergleichbaren Leistungen, die ggf. im anderen europäischen Mitgliedstaat gezahlt werden, ist nach § 3 Abs. 1 Satz 1 Nr. 3 ohnehin ausgeschlossen, sodass damit entsprechende Befürchtungen entkräftet werden können.

Am 20.6.2019 hatte die Europäische Union eine neue »Elternzeit-Richtlinie«[22] (Elternzeit-RL) verabschiedet. Diese war bis zum 2.8.2022 in nationales Recht umzusetzen. Bis dahin hätte ein »Vaterschaftsgeld« einzuführen gewesen sein müssen, Art. 8 Abs. 2 Elternzeit-RL. Die Bundesrepublik ist überzeugt, mit dem Elterngeld bereits eine hinreichende Umsetzung vollzogen zu haben. Eine im Jahr 2024 dennoch geplante Einführung einer »Familienstartzeit« wurde nach den Neuwahlen im Jahr 2025 nicht wieder aufgegriffen. Ein zwischenzeitlich eingeleitetes Vertragsverletzungsverfahren gegen die Bundesrepublik hatte ausdrücklich andere Gründe, dies wurde am 1.6.2023 eingestellt. Die Neueinleitung wegen der Nichteinführung des Vaterschaftsgeldes ist nicht zu erwarten. Dem deutschen Gesetzgeber steht es frei, das Vaterschaftsgeld zusätzlich zum Elterngeld oder als anzurechnendes Einkommen auszugestalten.[23] Hinsichtlich des Elterngeldes rührt aus der Elternzeit-RL kein weiterer Anpassungsbedarf.[24] Auch individualrechtliche **18**

---

21 Ismer/Luft/Schachameyer, NZS 2013, 327, 329 mit Hinweis auf BSG 19.2.2009 – B 10 EG 2/08 R und BSG 25.6.2009 – B 10 EG 3/08 R.

22 RL 2019/1158/EU des Europäischen Parlaments und des Rates vom 20.6.2019 zur Vereinbarkeit von Beruf und Privatleben für Eltern und pflegende Angehörige und zur Aufhebung der RL 2010/18/EU des Rates, ABl. Nr. L 188/79.

23 Vgl. die Öffnungstatbestände der Art. 20 Abs. 6 und Abs. 7 RL 2019/1158/EU; ebenso Stiegler, NZA 2021, 469, 473.

24 Zu zahlreichen konkreten legislativen Umsetzungsvorschlägen neben dem Elterngeld vgl. Dahm, EuZA, 2020, 19ff.

Ansprüche wegen fehlender Umsetzung der Elternzeit-RL haben damit zu Recht keine Grundlage.[25]

3. Quotierung des Elterngeldes (Abs. 3 Satz 1 und 2)

19 Nach **Abs. 2 Satz 1** erhöht sich der Prozentsatz von 67 % für je 2 €, die das Einkommen unter 1000 € liegt, um 0,1 %. Der Anteil, zu dem das Elterngeld an die Stelle des wegfallenden Erwerbseinkommens tritt, wird erhöht. Die Obergrenze von 100 % wird bei einem Einkommen von 340 € vor der Geburt erreicht.

Beispiel 1:
F verdiente durchschnittlich 900 €. Sie liegt mit ihrem Einkommen also 100 € niedriger und erhält (100 €: 20 € = 5) 5 % zu den 67 % hinzu. Ihr Elterngeld würde als Basiselterngeld also 72 % ihres vorherigen Einkommens und somit 648 € betragen. Hat sie Elterngeld Plus gewählt, so erhält sie 324 € monatlich, wobei sich aber der Bezugszeitraum verdoppelt.

Beispiel 2:
F verdiente durchschnittlich 400 €, also 600 € unter 1000 € (600 €: 20 € = 30). 30 % sind also zu 67 % hinzuzusetzen, so dass bei diesem Einkommen 97 % und somit 388 € ersetzt werden (die Werbungskostenpauschale ist für von Arbeitgebern gem. § 40 EStG versteuerte geringfügige Beschäftigungen nicht abzuziehen).

Beispiel 3:
M und F sind verheiratet. M verdient vor der Geburt 2900 € brutto im Monat, F 450 € netto aus einer vom Arbeitgeber pauschal versteuerten geringfügigen Beschäftigung. M hat Steuerklasse III. Das gemeinsame Nettoeinkommen vor der Geburt liegt bei 2470 €, wovon 450 € auf den Partner mit der geringfügigen Beschäftigung entfallen. F ist nach der Geburt nicht mehr erwerbstätig und erhält ein Basiselterngeld von 425,25 €, das sind fast 100 % ihres bisherigen Nettoeinkommens. Ohne die Anhebung der Ersatzrate bei kleinen Einkommen würde das Basiselterngeld nur dem Mindestbetrag von 300,00 € entsprechen, so erhält die Familie rund 125 € mehr. Das aus dem Nettolohn, dem Elterngeld und dem Kindergeld in Höhe von 194 € (seit 1. 1. 2018) zusammengesetzte Familieneinkommen beträgt 2639,25 €.

Das Elterngeld unterstützt damit gering verdienende Eltern und insbesondere die Ausübung gering bezahlter Teilzeitarbeit.

20 In **Abs. 2 Satz 2** ist eine Absenkung des Elterngelds auf bis zu 65 % des pauschalierten Nettoeinkommens vorgesehen. Liegt das Einkommen über 1200 €, so reduziert sich der Prozentsatz von 67 % um 0,1 % je 2 € bzw. 1 %

---

25 Ebenso: LG Berlin II 1. 4. 2025 – 26 O 133/24; die Rechtskraft dieses Urteils ist noch nicht bekannt.

je 20 €, die das Einkommen 1200 € überschreitet. Die Untergrenze von 65 % wird bereits bei einem Einkommen in Höhe von 1240 € erreicht.

Beispiel 4:
F verdiente vor der Geburt 1230 € netto. Sie liegt mit ihrem Einkommen um 30 € höher (30 €: 20 = 1,5). Von den 67 % sind folglich 1,5 % abzuziehen. Die Ersatzrate beträgt bei ihr 65,5 %, so dass sie ein Basiselterngeld in Höhe von 805,65 € erhält. Hätte F 1240 € netto verdient, so hätte sie ein Basiselterngeld in Höhe von 806 € zu erwarten. Im Fall von Elterngeld Plus erhält sie ein hälftiges Basiselterngeld für einen doppelt so langen Zeitraum. Auch alle anderen Eltern, die mehr als 1240 € netto vor der Geburt verdient haben, erhalten Elterngeld in Höhe von 65 % ihres im zwölfmonatigen Bemessungszeitraum vor der Geburt des Kindes erhaltenen Nettoeinkommens.

4. Getrennte Berechnung bei Basiselterngeld und Elterngeld Plus (Abs. 3 Satz 3)

Elterngeld wird auch für die Lebensmonate gezahlt, in denen ein Elternteil die Erwerbstätigkeit nicht unterbricht, sondern lediglich einschränkt, also **Teilzeitarbeit** leistet. Mit dem Elterngeld Plus soll die Teilzeitarbeit bei gleichzeitigem Bezug von Elterngeld attraktiver werden, da die Eltern mit Elterngeld Plus länger vom Elterngeld profitieren können,[26] weil es für einen doppelt so langen Zeitraum gezahlt wird. Im Beispiel 1 wird dieser Vorteil besonders deutlich. In diesem Zusammenhang ist außerdem zu bedenken, dass Eltern die ihrer jeweiligen Lebensphase angepasste Elterngeldvariante wählen können. So kann der Einkommensverlust in Phasen mit geringem Teilzeiteinkommen durch Basiselterngeld und in Phasen mit hohem Teilzeiteinkommen durch Elterngeld Plus ausgeglichen werden, da das Elterngeld Plus zwar geringer ist, jedoch doppelt solange gezahlt wird.[27] Die Betreuungsperson, die nicht mehr als 32 Wochenstunden im Monatsdurchschnitt arbeitet, erhält 67 % bzw. mindestens 65 % des bis zur Bemessungsgrenze von 2770 € entfallenden Einkommens. Verglichen wird das durchschnittliche Einkommen vor der Geburt mit dem voraussichtlich durchschnittlich erzielten Einkommen nach der Geburt. Liegen die Einkommensausfälle oberhalb dieser Bemessungsgrenze, besteht nur ein Anspruch auf den Mindestelterngeldbetrag von 300 € (150 € bei Elterngeld Plus) monatlich. Unterhalb von 2770,00 € wird der Wegfall von Einkommen in der Differenz zu dem Betrag der Bemessungsgrenze in Höhe von 67 % bzw. 65 % ersetzt (**Abs. 3**). Wird während des Elterngeldbezugs eine Teilzeitbeschäftigung aufgenommen, so muss die Elterngeldstelle davon unverzüglich informiert werden, um die Höhe des Elterngeldes neu berechnen zu können. 21

26 Düwell in jurisPR-ArbR 41/2014.
27 BT-Drs. 18/2583, S. 24.

Beispiel 1:
F ist alleinerziehend und verdiente vor der Geburt monatlich 1400 € netto. Nach der Geburt arbeitet sie in Teilzeit und erhält monatlich 550 € netto. Für die Berechnung des Teilelterngeldes ist der Einkommensverlust zwischen dem Einkommen aus Teilzeittätigkeit und dem früheren Vollzeitgehalt in Höhe von 850 € maßgeblich, auf den die Einkommensersatzrate von 65 % angelegt wird. F erhält bei Wahl des Basiselterngeldes zusätzlich 550 € Teilbasiselterngeld, so dass sie auf insgesamt 1100 € Einkommen kommt. Würde sie Elterngeld Plus wählen, dann stünden ihr 455 € Teilelterngeld Plus zu (= 1005 € Gesamteinkommen) da sie bei voller beruflicher Unterbrechung ein Basiselterngeld in Höhe von 910 € monatlich beanspruchen könnte (65 % von 1400 €). und das Elterngeld Plus monatlich höchstens die Hälfte des Basiselterngeldes beträgt, welches ihr zustünde, wenn sie während des Elterngeldbezugs keine Einnahmen aus Erwerbstätigkeit hat oder hätte.

Beispiel 2:
M und F sind verheiratet. M verdiente vor der Geburt von K 6600 € brutto und F 7100 € brutto in den Steuerklassen IV. Sie hatten ein gemeinsames Einkommen von über 7330 € netto. F war in den ersten sechs Monaten nach der Geburt nicht erwerbstätig. Es entfällt ihr Nettolohn von rund 3800 €. Ihr Elterngeld als Basiselterngeld entspricht dem Höchstbetrag von 1800 € (bei Elterngeld Plus 900 €). M, der als Alleinverdiener nun in die Steuerklasse III wechselt, verdient dann etwa 4200 € netto. Zusammen mit dem Kindergeld von 194 € verfügt die Familie somit über gut 6194 €, was etwa 84 % des früheren Einkommens entspricht.
Ab dem siebten Monat arbeitet F in Teilzeit, ihr maßgebliches Nettoeinkommen beträgt rund 2000 €. Da vom Einkommen vor der Geburt höchstens 2770 € für das Elterngeld berücksichtigt werden, bestimmt sich das Elterngeld nun aus der Differenz von 2770 € und 2000 €. Es beträgt 65 % hiervon, also 500,50 € als Basiselterngeld. Damit liegt das verfügbare Einkommen einschließlich Kindergeld bei 6890,50 €, das sind ca. 94 % des Einkommens vor der Geburt von K.

22 **Zur Orientierung bei der Höhe des Elterngeldes** kann der Elterngeldrechner auf der Internetseite des Bundesministeriums für Familie, Senioren, Frauen und Jugend[28] genutzt werden. In diesem Zusammenhang zu beachten ist jedoch, dass verbindliche Auskünfte nur durch die Elterngeldstellen gegeben werden können.

5. Höchstbetrag

23 Ab einem durchschnittlichen Einkommen im Bemessungszeitraum von rd. 2770 € wird das Elterngeld auf einen Höchstbetrag begrenzt. Beim Basiselterngeld beträgt seine Höhe 1800 € (§ 2 Abs. 1 Satz 2). Das Elterngeld Plus ist damit auf einen Höchstbetrag von 900 € monatlich begrenzt (§ 4a Abs. 2 Satz 2).

28 Unter *www.bmfsfj.de* oder *www.familienportal.de.*

Unmittelbar gilt der Höchstbetrag nur für Zeiten des Bezugs ohne Einkommen. Wird Einkommen während des Bezugs von Elterngeld erzielt (vor allem Elterngeld Plus), wird dieses nur bis zu einem Betrag von 2770 € berücksichtigt. Dies führt zu identischen Höchstbeträgen bei Teilzeittätigkeiten, sowohl beim Basis Elterngeld als auch Elterngeld Plus. 24

Der Höchstbetrag ist **keine absolute Grenze** des Elterngeldes. Er erhöht sich um den Geschwisterbonus und den Mehrlingszuschlag.[29] 25

6. Mindestbetrag

Nach **Abs. 4** wird Basiselterngeld **mindestens in Höhe von 300 €** gezahlt. Der Mindestbetrag für Elterngeld Plus beträgt **150 €** (§ 4a Abs. 2 Satz 3 Nr. 1 i. V. m. § 2 Abs. 4). Auch Personen, die vor der Geburt des Kindes **nicht erwerbstätig** waren, erhalten den Mindestbetrag. Dieser Betrag ist insbesondere für die Elterngeldberechtigten von Bedeutung, bei denen sich wegen der geringen Höhe des vor der Geburt erzielten Einkommens ein unter 300 € liegendes Elterngeld ergäbe. Den Sockelbetrag erhalten Alleinverdienerelternpaare wie auch Studierende etc. Der **Geschwisterbonus** und der **Mehrlingszuschlag** nach § 2a werden auch beim Mindestelterngeldbezug addiert. Die Einkommensermittlung entfällt (anders als bei der Überprüfung der Partnermonate) beim Antrag auf den Mindestbetrag in der Regel. 26

§ 2a Geschwisterbonus und Mehrlingszuschlag

(1) [1]Lebt die berechtigte Person in einem Haushalt mit

1. zwei Kindern, die noch nicht drei Jahre alt sind, oder

2. drei oder mehr Kindern, die noch nicht sechs Jahre alt sind,

wird das Elterngeld um 10 Prozent, mindestens jedoch um 75 Euro erhöht (Geschwisterbonus). [2]Zu berücksichtigen sind alle Kinder, für die die berechtigte Person die Voraussetzungen des § 1 Absatz 1 und 3 erfüllt und für die sich das Elterngeld nicht nach Absatz 4 erhöht.

(2) [1]Für angenommene Kinder, die noch nicht 14 Jahre alt sind, gilt als Alter des Kindes der Zeitraum seit der Aufnahme des Kindes in den Haushalt der berechtigten Person. [2]Dies gilt auch für Kinder, die die berechtigte Person entsprechend § 1 Absatz 3 Satz 1 Nummer 1 mit dem Ziel der Annahme als Kind in ihren Haushalt aufgenommen hat. [3]Für Kinder mit Behinderung im Sinne von § 2 Absatz 1 Satz 1 des Neunten Buches Sozialgesetzbuch liegt die Altersgrenze nach Absatz 1 Satz 1 bei 14 Jahren.

29 Brose/Weth/Volk/*Brose*, BEEG, § 2 Rn. 20.

(3) Der Anspruch auf den Geschwisterbonus endet mit Ablauf des Monats, in dem eine der in Absatz 1 genannten Anspruchsvoraussetzungen entfällt.

(4) [1]Bei Mehrlingsgeburten erhöht sich das Elterngeld um je 300 Euro für das zweite und jedes weitere Kind (Mehrlingszuschlag). [2]Dies gilt auch, wenn ein Geschwisterbonus nach Absatz 1 gezahlt wird.

Inhaltsübersicht Rn.

1. Allgemeines

1 § 2a ist seit dem 1.1.2015 unverändert.

Abs. 1 definiert den Geschwisterbonus.

Abs. 2 bezieht sich auf angenommene Kinder, Kinder, die mit dem Ziel der Annahme als Kind im Haushalt aufgenommen worden sind, sowie auf behinderte Kinder. Für diese Kinder gelten im Zusammenhang mit dem Geschwisterbonus andere Altersgrenzen.

Durch Abs. 3 wird die zeitliche Dauer für die Zahlung des Geschwisterbonus festgelegt.

Abs. 4 regelt den Mehrlingszuschlag.

2. Geschwisterbonus

2 **Abs. 1** trägt dem Umstand Rechnung, dass Elternteile, die bereits ein oder mehrere Kinder haben, nach der Geburt eines weiteren Kindes Einkommenseinschränkungen hinnehmen müssen. Es ist daher ein **Geschwisterbonus** in Höhe von **10 %** des Elterngeldes, aber **mindestens 75 €**, für Mehrkindfamilien festgeschrieben. Der Anspruch auf den Erhöhungsbetrag besteht, solange mindestens ein älteres Geschwisterkind unter drei Jahren im Haushalt lebt, **Abs. 1 Satz 1 Nr. 1**. Leben drei oder mehr ältere Geschwisterkinder im Haushalt, dürfen sie nach **Abs. 1 Satz 1 Nr. 2** das sechste Lebensjahr noch nicht vollendet haben. Der Geburtenabstand zu dem Kind, für das Elterngeld beantragt wird, kann deshalb sogar größer als drei Jahre sein. Vollendet das älteste Kind die jeweilige Altersgrenze, d. h. entweder den dritten oder aber sechsten Geburtstag, so entfällt auch der Erhöhungsbetrag.

> **Beispiel 1:**
> M und F sind verheiratet. M verdient im Monat 3500 € brutto, F ist nicht erwerbstätig, sondern betreut das zweijährige Kind K 1. Vor der Geburt ihres zweiten Kindes erhält M in der Steuerklasse III ein Nettoeinkommen von rund 2330 €.

Zusammen mit dem Kindergeld hat die Familie netto 2524 € zur Verfügung. F übernimmt nach der Geburt von K 2 auch weiter die Betreuung der Kinder und erhält 300 € Mindestbasiselterngeld. Für den Zeitraum, in dem K 1 das dritte Lebensjahr noch nicht vollendet hat, erhalten sie zusätzlich den Geschwisterbonus. Dieser beträgt 10 % des Elterngeldes, jedoch mindestens 75 €. Somit beträgt das gesamte Elterngeld von F 375 €. Zusammen mit dem Kindergeld für beide Kinder verfügt die Familie dann über 3093 € im Monat, das sind rund 20 % mehr als vorher.

Beispiel 2:
M und F sind verheiratet und haben bereits zwei Kinder (3 und 5 Jahre). Beide sind vor der Geburt des dritten Kindes berufstätig. F verdient 2200 € brutto bei Steuerklasse IV. Das für das Elterngeld maßgebliche, pauschal errechnete (fiktive) Nettoeinkommen liegt bei etwa 1224 €. Das Elterngeld für F beträgt 805,39 € (65,8 % von 1224 €), sofern sie Basiselterngeld gewählt hat. Für den Zeitraum, in dem das älteste Kind das sechste Lebensjahr noch nicht vollendet hat, erhält die Familie zusätzlich einen Geschwisterbonus von 10 % des ihr zustehenden Elterngeldes, also 80,54 €, bis das älteste Kind das sechste Lebensjahr vollendet hat.

Für die Zahlung des Geschwisterbonus sind alle Kinder der elterngeldberechtigten Person zu berücksichtigen, für die diese Person die Voraussetzungen aus § 1 Abs. 1 und 3 erfüllt, **Abs. 1 Satz 2**. Erhöht sich das Elterngeld wegen einer Mehrlingsgeburt gemäß **Abs. 4**, weil Zwillinge oder Drillinge geboren worden sind, ist der Geschwisterbonus für diese Geschwister ausgeschlossen. Hintergrund ist, dass bei Mehrlingsgeburten das Elterngeld pro weiterem Kind jeweils um 300 € angehoben wird. 3

Hat das zum Elterngeld berechtigende Neugeborene als **ältere Geschwister Mehrlinge**, wird der Geschwisterbonus stets nur einmal gezahlt. Sind die Mehrlinge wenigstens Drillinge, verlängert sich die Bezugsdauer des Geschwisterbonus bis zur Vollendung deren sechsten Lebensjahres (§ 2a Abs. 1 Satz 1 Nr. 2), solange ein Anspruch auf Elterngeld besteht. 4

Nach **Abs. 3 endet** der Anspruch auf den Geschwisterbonus **mit Ablauf des Monats**, in dem das älteste Kind die jeweilige Altersgrenze aus Abs. 1 erreicht hat. 5

Beispiel:
Wird in einer Familie mit zwei Kindern das älteste Kind am 15. Oktober 2025 drei Jahre alt, so endet die Zahlung des Geschwisterbonus am 31. 10. 2025.

3. Geschwisterbonus bei angenommenen und behinderten Kindern

Für **angenommene Kinder** oder für im Haushalt lebende Kinder mit dem Ziel der Annahme als Kind, gilt als Alter des Kindes der Zeitraum seit der Aufnahme bei der berechtigten Person. Es handelt sich dabei um ein »fik- 6 tives Alter«, das ab der Aufnahme des betroffenen Kindes bei der elterngeldberechtigten Person zählt.[1] Dies geht aus **Abs. 2 Satz 1 und 2** hervor. Der Anspruch auf den Erhöhungsbetrag besteht also auch dann, wenn das vor einem Jahr angenommene Kind bereits fünf Jahre alt ist und jetzt noch ein Kind dazu kommt, da es hier auf den Zeitraum seit der Aufnahme und nicht auf das tatsächliche Alter des zuerst angenommenen Kindes ankommt. Der Anspruch endet, wenn das angenommene Kind das (reale) Alter von 14 Lebensjahren vollendet hat oder die Aufnahme in den Haushalt mehr als drei Jahre (sechs bei drei aufgenommenen Kindern) zurückliegt.

7 **Geschwisterkinder mit Behinderung begründen einen Anspruch auf den Geschwisterbonus bis zur Vollendung ihres 14. Lebensjahres, Abs. 2 Satz 3.** Hat ein behindertes Kind im September 2021 sein 12. Lebensjahr vollendet und wird im Oktober 2021 ein weiteres Kind geboren, so wird der Geschwisterbonus auf das Elterngeld für das zweite Kind gezahlt. Die Behinderung wird durch Feststellung gem. § 152 Abs. 1 SGB IX oder durch den Schwerbehindertenausweis nachgewiesen. Es genügt nur ein Grad der Behinderung ab 20.[2]

8 Auch der Geschwisterbonus bei angenommenen und behinderten Kindern endet nach **Abs. 3** mit Ablauf des Lebensmonats,[3] in dem das angenommene oder behinderte Kind die fiktive Altersgrenze bzw. das 14. Lebensjahr vollendet hat.

4. Mehrlingszuschlag

9 Bei **Mehrlingsgeburten** erhöht sich das Elterngeld um je 300 € für das zweite und jedes weitere Kind, **Abs. 4.**[4] Der Mehrlingszuschlag besteht auch, wenn Mehrlinge adoptiert oder als Kinder angenommen werden.[5] Es wird also zusätzlich zum Elterngeld von mindestens 65 % des entfallenden Erwerbseinkommens oder zum Mindestbetrag von 300 € für jedes weitere Mehr-

1 BT-Drs. 16/2785, S. 45.

2 Richtlinien zum BEEG, BMFSFJ, 122/2024, Ziffer 2a.2.2.

3 So: Richtlinien zum BEEG, BMFSFJ, 122/2024, Ziffer 2a.3.

4 Die früher mögliche doppelte Beantragung des Elterngeldes bei Mehrlingen ist somit stark gekürzt (faktisch auf den Mindestbetrag des Basiselterngeldes) worden. Diese Begrenzung stößt auf vielfache (rechtspolitisch berechtigte) Kritik, sie ist aber verfassungsgemäß, andeutungsweise in diese Richtung: BSG 6.8.2018 – B 10 EG 5/18 B.

5 Für eine planwidrige gesetzliche Regelungslücke insoweit: Brose/Weth/Volk/*Brose*, BEEG, § 2a Rn. 15; wie hier: Knickrehm/Roßbach/Waltermann/*von Koppenfels-Spies*, KomSozR, § 2a BEEG Rn. 31; BeckOK/*Röhl*, § 2a BEEG Rn. 10. Ablehnend: LSG Nordrhein-Westfalen 30.4.2021 – L 13 EG 15/18, NZFam 2021, 615 mit der zweifelhaften Begründung, der Mehrlingszuschlag kompensiere nur die außergewöhnliche Belastung der Geburt von Mehrlingen, nicht die der Betreuung.

lingskind jeweils Elterngeld in Höhe von zusätzlichen 300 € gezahlt. Das Elterngeld kann bei Mehrlingsgeburten auch über den Maximalbetrag von 1800 € hinausgehen.

Beispiel:
F verdient vor der Geburt 3200 € brutto. Das maßgebliche pauschalierte (fiktive) Nettogehalt bei Steuerklasse IV liegt bei etwa 1817,47 €. Das Elterngeld für den betreuenden Elternteil entspricht bei Geburt eines Kindes 65 % des wegfallenden Einkommens und damit 1181,36 €. Bei einer Geburt von Zwillingen erhöht sich das Elterngeld für das zweite Kind pauschal um 300 € auf 1481,36 €. Bei Drillingen hätte sich ein Elterngeld von 1781,36 € ergeben.

Das Elterngeld mit Mehrlingszuschlag erhöht sich nicht noch einmal um den Geschwisterbonus nach Abs. 1 und 2 **(Abs. 1 Satz 2)**. Ein zusätzlicher Geschwisterbonus kann nur dann gezahlt werden, wenn neben den Mehrlingen noch ein älteres Geschwisterkind existiert, das die in Abs. 1 bzw. Abs. 2 vorgesehenen Altersgrenzen noch nicht überschritten hat, vgl. **Abs. 4 Satz 2.**

Bei **Zwillingen** entsteht nur ein Anspruch auf Elterngeld, zusätzlich der An- 10
spruch auf Mehrlingszuschlag, § 1 Abs. 1 Satz 2 BEEG. Bei **Drillingen** entsteht ebenfalls nur ein Anspruch auf Elterngeld und zusätzlich ein doppelter Mehrlingszuschlag in Höhe von 600 €.

Der Mehrlingszuschlag steht **beiden Eltern** zu. Dies gilt auch dann, wenn 11
sie für einen (teilweise) identischen Bezugszeitraum Elterngeld beantragen.[6]

Der Mehrlingszuschlag wird für gleichzeitig adoptierte Geschwisterkinder (**Mehrfachadoption**) gewährt.[7] Eine gesetzliche Klarstellung ist insofern notwendig.[8]

Beispiel 1: ***Zwillinge, Geschwister und Basiselterngeld***
A und R kriegen am 2.7.2021 Zwillinge. Sie haben bereits eine am 6.4.2019 geborene Tochter M. A beantragt Basiselterngeld für die ersten drei Lebensmonate. A steht das (einkommensabhängig berechnete) Basiselterngeld, mindestens 300 €, zusätzlich ein Mehrlingszuschlag i. H. v. 300 € monatlich und zusätzlich für M ein Geschwisterbonus i. H. v. 10 %, mindestens 75 € monatlich, zu.
A steht monatlich mindestens 675 € Elterngeld zu.

---

6 BSG 27.6.2013 – B 10 EG 8/12 R, Rn. 43.

7 Richtlinien zum BEEG, BMFSFJ, 122/2024, Ziffer 2a.2.1; wie hier: Knickrehm/Roßbach/Waltermann/*von Koppenfels-Spies*, KomSozR, § 2a BEEG Rn. 3; BeckOK/*Röhl*, § 2a BEEG Rn. 10. Ablehnend: LSG Nordrhein-Westfalen 30.4.2021 – L 13 EG 15/18, NZFam 2021, 615, mit der zweifelhaften Begründung, der Mehrlingszuschlag kompensiere nur die außergewöhnliche Belastung der Geburt von Mehrlingen, nicht die der Betreuung.

8 Bülow, NZFam 2021, 615.

Beispiel 2: ***Drillinge, Geschwister und Basiselterngeld für beide***
A und R kriegen am 2.7.2021 Drillinge. Sie haben bereits eine am 6.4.2019 geborene Tochter M. Beide beantragen Basiselterngeld für die ersten drei Lebensmonate.
A und R steht das (einkommensabhängig berechnete) Basiselterngeld, mindestens 300 €, zusätzlich ein Mehrlingszuschlag i.H.v. 600 € monatlich und zusätzlich für M ein Geschwisterbonus i.H.v. 10 %, mindestens 75 € monatlich, zu.
A und R steht damit insgesamt Basiselterngeld i.H.v. mindestens: (300 + 600 + 75) * 3 Monate pro Person = 975 € pro Monat und Person = 2925 € pro Person = insgesamt mindestens 5850 € zu.

Beispiel 3: ***Drillinge, Geschwister, Basiselterngeld und Elterngeld Plus***
Wie Beispiel 3. R erzielte im Bemessungszeitraum durchschnittlich ein Einkommen von 3000 € monatlich, A in Höhe von 1000 €. A beantragt für die ersten vier Monate Basiselterngeld, R beantragt für die ersten vier Lebensmonate Elterngeld Plus, er reduziert hierfür auf 32 Wochenstunden und erhält ein Einkommen von 2500 €.
A steht monatlich zu: Basiselterngeld 670 €, Mehrlingszuschlag 600 €, Geschwisterbonus 75 €. Summe: 1345 €.
R steht monatlich zu:

Erwerbseinkommen	2.500 €,	
Elterngeld Plus	325 €,	
Mehrlingszuschlag	300 €	(halbiert beim Elterngeld Plus, § 4a Abs. 2 Satz 3 Nr. 3),
Geschwisterbonus	37,5 €	(10 %, mind. 75/2 beim Elterngeld Plus, § 4a Abs. 2 Satz 3 Nr. 2),
Summe R monatlich:	3.162,5 €.	

A und R haben monatliche Einkünfte in Höhe von 4507,5 €; gegenüber 4000 € netto vor der Geburt ihrer Drillinge.
Hätten sie Zwillinge gekriegt, hätten sie nach ihrer Geburt 4057,5 € monatlich zur Verfügung (jeweils zzgl. Kindergeld/Kinderzuschlag).

12 Das Beispiel zeigt, dass der Mehrlingszuschlag in Kombination mit dem Geschwisterbonus zu einer **Überkompensation** führen kann. Diese punktuelle Überkompensation ist vom Gesetzgeber hingenommen worden. Es darf keine Begrenzung stattfinden.

13 Der Mehrlingszuschlag besteht so lange fort, wie beide Kinder leben und ein Anspruch auf Elterngeld für sie dem Grunde nach besteht.

§ 2b Bemessungszeitraum

(1) [1]Für die Ermittlung des Einkommens aus nichtselbstständiger Erwerbstätigkeit im Sinne von § 2c vor der Geburt sind die zwölf Kalendermonate vor dem Kalendermonat der Geburt des Kindes maßgeblich. [2]Bei der Bestimmung des Bemessungszeitraums nach Satz 1 bleiben Kalendermonate unberücksichtigt, in denen die berechtigte Person

1. im Zeitraum nach § 4 Absatz 1 Satz 2 und 3 und Absatz 5 Satz 3 Nummer 1 Buchstabe b, Nummer 2 Buchstabe b, Nummer 3 Buchstabe b und Nummer 4 Buchstabe b Elterngeld für ein älteres Kind bezogen hat,
2. während der Schutzfristen nach § 3 des Mutterschutzgesetzes nicht beschäftigt werden durfte oder Mutterschaftsgeld nach dem Fünften Buch Sozialgesetzbuch oder nach dem Zweiten Gesetz über die Krankenversicherung der Landwirte oder Krankentagegeld nach § 192 Absatz 5 Satz 2 des Versicherungsvertragsgesetzes bezogen hat,
3. eine Krankheit hatte, die maßgeblich durch eine Schwangerschaft bedingt war, oder
4. Wehrdienst nach dem Wehrpflichtgesetz in der bis zum 31. Mai 2011 geltenden Fassung oder nach dem Vierten Abschnitt des Soldatengesetzes oder Zivildienst nach dem Zivildienstgesetz geleistet hat.

[3]Abweichend von Satz 2 sind Kalendermonate im Sinne des Satzes 2 Nummer 1 bis 4 auf Antrag der berechtigten Person zu berücksichtigen. [4]Abweichend von Satz 2 bleiben auf Antrag bei der Ermittlung des Einkommens für die Zeit vom 1. März 2020 bis zum Ablauf des 23. September 2022 auch solche Kalendermonate unberücksichtigt, in denen die berechtigte Person aufgrund der COVID-19-Pandemie ein geringeres Einkommen aus Erwerbstätigkeit hatte und dies glaubhaft machen kann. Satz 2 Nummer 1 gilt in den Fällen des § 27 Absatz 1 Satz 1 mit der Maßgabe, dass auf Antrag auch Kalendermonate mit Elterngeldbezug für ein älteres Kind nach Vollendung von dessen 14. Lebensmonat unberücksichtigt bleiben, soweit der Elterngeldbezug von der Zeit vor Vollendung des 14. Lebensmonats auf danach verschoben wurde.

(2) [1]Für die Ermittlung des Einkommens aus selbstständiger Erwerbstätigkeit im Sinne von § 2d vor der Geburt sind die jeweiligen steuerlichen Gewinnermittlungszeiträume maßgeblich, die dem letzten abgeschlossenen steuerlichen Veranlagungszeitraum vor der Geburt des Kindes zugrunde liegen. [2]Haben in einem Gewinnermittlungszeitraum die Voraussetzungen des Absatzes 1 Satz 2 oder Satz 3 vorgelegen, sind auf Antrag die Gewinnermittlungszeiträume maßgeblich, die dem diesen Ereignissen vorangegangenen abgeschlossenen steuerlichen Veranlagungszeitraum zugrunde liegen.

(3) [1]Abweichend von Absatz 1 ist für die Ermittlung des Einkommens aus nichtselbstständiger Erwerbstätigkeit vor der Geburt der letzte abgeschlossene steuerliche Veranlagungszeitraum vor der Geburt maßgeblich, wenn die berechtigte Person in den Zeiträumen nach Absatz 1 oder Absatz 2 Einkommen aus selbstständiger Erwerbstätigkeit hatte. [2]Haben im Bemessungszeitraum nach Satz 1 die Voraussetzungen des Absatzes 1 Satz 2 oder Satz 3 vorgelegen, ist Absatz 2 Satz 2 mit der zusätzlichen Maßgabe anzuwenden, dass für die Ermittlung des Einkommens aus

nichtselbstständiger Erwerbstätigkeit vor der Geburt der vorangegangene steuerliche Veranlagungszeitraum maßgeblich ist.

(4) [1]Abweichend von Absatz 3 ist auf Antrag der berechtigten Person für die Ermittlung des Einkommens aus nichtselbstständiger Erwerbstätigkeit allein der Bemessungszeitraum nach Absatz 1 maßgeblich, wenn die zu berücksichtigende Summe der Einkünfte aus Land- und Forstwirtschaft, Gewerbebetrieb und selbstständiger Arbeit nach § 2 Absatz 1 Satz 1 Nummer 1 bis 3 des Einkommensteuergesetzes

1. **in den jeweiligen steuerlichen Gewinnermittlungszeiträumen, die dem letzten abgeschlossenen steuerlichen Veranlagungszeitraum vor der Geburt des Kindes zugrunde liegen, durchschnittlich weniger als 35 Euro im Kalendermonat betrug und**
2. **in den jeweiligen steuerlichen Gewinnermittlungszeiträumen, die dem steuerlichen Veranlagungszeitraum der Geburt des Kindes zugrunde liegen, bis einschließlich zum Kalendermonat vor der Geburt des Kindes durchschnittlich weniger als 35 Euro im Kalendermonat betrug.**

[2]Abweichend von § 2 Absatz 1 Satz 3 Nummer 2 ist für die Berechnung des Elterngeldes im Fall des Satzes 1 allein das Einkommen aus nichtselbstständiger Erwerbstätigkeit maßgeblich. [3]Die für die Entscheidung über den Antrag notwendige Ermittlung der Höhe der Einkünfte aus Land- und Forstwirtschaft, Gewerbebetrieb und selbstständiger Arbeit erfolgt für die Zeiträume nach Satz 1 Nummer 1 entsprechend § 2d Absatz 2; in Fällen, in denen zum Zeitpunkt der Entscheidung kein Einkommensteuerbescheid vorliegt, und für den Zeitraum nach Satz 1 Nummer 2 erfolgt die Ermittlung der Höhe der Einkünfte entsprechend § 2d Absatz 3. [4]Die Entscheidung über den Antrag erfolgt abschließend auf der Grundlage der Höhe der Einkünfte, wie sie sich aus den gemäß Satz 3 vorgelegten Nachweisen ergibt.

Inhaltsübersicht

1. Allgemeines

a) Systematik

Der erste der fünf Schritte bei der Elterngeldberechnung (§ 2 Rn. 15 ff.) ist die Bestimmung des Bemessungszeitraums. Er wird in § 2b beschrieben. Die Norm differenziert zwischen Einkommen aus nichtselbstständiger und selbständiger Erwerbstätigkeit. 1

Abs. 1 Satz 1 definiert den zwölfmonatigen Bemessungszeitraum bei **nichtselbstständiger Erwerbstätigkeit.**

Abs. 1 Satz 2 definiert allgemeine Verschiebungsmöglichkeiten des Bemessungszeitraums.

Abs. 1 Satz 3 eröffnet dem Berechtigten ein Wahlrecht über die Verschiebung.

Abs. 1 Satz 4 enthält durch die **COVID-19-Pandemie** bedingte Erleichterungen, den Bezugszeitraum zu verschieben.

Abs. 2 definiert den Bemessungszeitraum für Einkommen aus **selbstständiger Erwerbstätigkeit.**

Abs. 3 regelt Ausnahmen zu Abs. 1 bei Mischeinkommen.

Abs. 4 enthält fakultative Rückausnahmen bei bloß geringfügigen selbstständigen Erwerbstätigkeiten.

b) Historie

Die Norm unterlag in den letzten zwei Jahren zahlreichen Modifikationen. 2

Durch das Gesetz für Maßnahmen im Elterngeld aus Anlass der COVID-19-Pandemie vom 20.5.2020[1] traten zum 1.3.2020 die pandemiespezifischen Sonderregelungen in Kraft.

Durch das Gesetz zur Beschäftigungssicherung infolge der COVID-19-Pandemie (Beschäftigungssicherungsgesetz – BeschSiG) wurden die pandemiespezifischen Sonderregelungen über das Kalenderjahr 2020 hinaus bis vorerst zum 31.12.2021 verlängert.[2]

1 BGBl. 2020, Teil I, S. 1061.
2 BGBl. 2020, Teil I, S. 2692.

Erhebliche Veränderungen erfuhr die Norm sodann durch das Zweite Gesetz zur Änderung des Bundeselterngeld- und Elternzeitgesetzes vom 15. Februar 2021.[3] Zum 1. September 2021 wurde neben redaktionellen Änderungen eingefügt, dass die Verschiebung des Bemessungszeitraums einem **Wahlrecht** des Berechtigten untersteht (Abs. 1 Satz 3), bei Mischeinkünften auf den letzten abgeschlossenen steuerlichen Veranlagungszeitraum abzustellen ist (Abs. 3 Satz 1), ein Wahlrecht bei geringfügigen selbständigen Tätigkeiten besteht (Abs. 4), und das Antragsverfahren hierzu näher ausgestaltet. Für ab dem 1. 9. 2021 geborene Kinder ist damit die frühere sehr strenge Rechtsprechung[4] gegenstandslos geworden. Zum 1. 5. 2025 sind weitgehend redaktionelle Änderungen hinzugekommen, mit Ausnahme der Erweiterung um das Außerachtlassen von Monaten mit Krankentagegeld, § 2b Abs. 1 Satz 2 Nr. 2.[5]

2. Nichtselbstständige Erwerbstätigkeit (Abs. 1)

a) Grundregel (Abs. 1 Satz 1)

3 Der Bemessungszeitraum für Einkommen aus nichtselbstständiger Erwerbstätigkeit (§ 2c) beträgt **12 Kalendermonate vor dem Monat der Geburt** (Abs. 1 Satz 1). Der Geburtsmonat selbst wird somit nicht mitgezählt. Voraussetzung ist nicht, dass in allen Monaten des Bemessungszeitraums überhaupt Einkommen, solches aus Erwerbstätigkeit oder solches aus nichtselbständiger Erwerbstätigkeit, erzielt worden ist.[6] Wurde im Bemessungszeitraum auch Einkommen aus selbstständiger Erwerbstätigkeit (**Mischeinkommen**) erzielt, sind zusätzlich die Abs. 3 und Abs. 4 zu berücksichtigen.

b) Verschiebungsmöglichkeiten (Abs. 1 Satz 2)

4 Abs. 1 Satz 2 enthält Möglichkeiten, den Beginn des zwölfmonatigen Bemessungszeitraums früher als 12 Kalendermonate vor dem Monat der Geburt beginnen zu lassen. Hierdurch besteht die Möglichkeit, Monate ohne oder mit geringem Einkommen und dadurch mit einem negativen Einfluss auf das durchschnittliche Monatseinkommen zugunsten des Berechtigten unberücksichtigt zu lassen.

---

3 BGBl. 2021, Teil I, S. 239.

4 Vgl. BSG 16.11.2020 – B 10 EG 7/20 B; BSG 21.9.2020 – B 10 EG 1/20 B.

5 Art. 57 Viertes Gesetz zur Entlastung der Bürgerinnen und Bürger, der Wirtschaft sowie der Verwaltung von Bürokratie (Viertes Bürokratieentlastungsgesetz), BGBl. Teil I, Nr. 323 S. 25 ff.

6 Brose/Weth/Volk/*Brose*, BEEG, § 2b Rn. 5.

Der Berechtigte hat stets ein **Wahlrecht**, ob er von der Verschiebungsmöglichkeit Gebrauch machen möchte. Möchte er dies trotz der gesetzlichen Möglichkeiten nicht, so muss er dies bei der Antragstellung ausdrücklich angeben/ankreuzen, ansonsten tritt die Verschiebung ein (Abs. 1 Satz 3).[7] 5
Für **vor dem 1. 9. 2021** geborene Kinder hatten Berechtigte ein solches Wahlrecht nicht. Ist eine der vier Alternativen des Abs. 1 Satz 2 erfüllt, ist die Verschiebung des Bemessungszeitraums **zwingende** gesetzliche Folge. Auch Härtefälle werden nicht anerkannt.[8]

Die Verschiebung des Bemessungszeitraums kann zur Berücksichtigung von Monaten mit **noch geringerem Einkommen** führen. Ist dies der Fall, kann der Berechtigte eine weitere Verschiebung nur dann erreichen, wenn auch in dem neu einbezogenen Monat die Verschiebungsvoraussetzungen erfüllt sind. Andernfalls sollte er sich gegen die Verschiebung entscheiden. Die Elterngeldstelle nimmt keine Günstigerprüfung vor. Sie kann ohne Rechtspflicht und ohne Haftung Hinweise erteilen. 6

Für die Verschiebung des Bemessungszeitraums muss **alternativ eine der Nr. 1 bis 4** erfüllt sein. Die gesetzliche **Aufzählung** der Erstreckungsmöglichkeiten ist **abschließend**.[9] Ein Entgeltausfall, gleich ob wegen langfristiger eigener Erkrankung[10], schwerer Erkrankung des Kindes,[11] eines langen Streiks[12], Arbeitslosigkeit[13], Mitaufnahme im Krankenhaus[14] oder aus anderen Gründen,[15] berechtigt nicht zur Verschiebung des Bemessungszeitraums. 7

Seit dem 1. 5. 2025 wird in den Fällen der Nr. 1 bis 4 ein **kausaler Entgeltausfall vermutet**.[16] Es findet deswegen keine Einkommensprüfung mehr statt.[17] 8

---

7 Der Behörde steht insoweit **kein Ermessen** zu: BSG 21. 9. 2020 – B 10 EG 1/20 B.

8 Vgl. BSG 16. 11. 2020 – B 10 EG 7/20 B; BSG 21. 9. 2020 – B 10 EG 1/20 B.

9 BSG 21. 6. 2016 – B 10 EG 8/15 R, NZS 2017, 78.

10 BSG 17. 2. 2011 – B 10 EG 20/09 R.

11 BSG 6. 4. 2020 – B 10 EG 17/19 B.

12 BSG 17. 2. 2011 – B 10 EG 17/09 R, DB 2011, 1984.

13 BSG 9. 3. 2023 – B 10 EG 1/22 R; BSG 17. 2. 2011 – B 10 EG 21/09 R, DB 2011, 1984. Kritisch hierzu: Wall, AiB 2022, 45; Anders noch: LSG Niedersachsen-Bremen 24. 1. 2022 – L 2 EG 4/20; Kritisch nur zur gesetzlichen Regelung, weil schwangerschaftsbedingte Arbeitslosigkeit als Risiko unberücksichtigt bleibe: Koppenfels-Spies, NZS, 2024, 233.

14 § 11 Abs. 3 SGB V; ebenso: LSG Bayern 20. 8. 2019 – L 9 EG 7/19.

15 Knickrehm/Roßbach/Waltermann/*von Koppenfels-Spies*, KomSozR, § 2b BEEG Rn. 2.

16 Abs. 1 Satz 2 2. HS a. F. wurde zum 1. 5. 2025 gestrichen, weil die Elterngeldstelle regelmäßig von einer Einkommensminderung ausgehen soll, um das Antragsverfahren, insb. für Selbstständige, zu vereinfachen. Eingefügt mit Art. 57 Viertes Bürokratieentlastungsgesetz, BGBl. Teil I, Nr. 323 S. 25 ff.

17 Brose/Weth/Volk/*Brose*, BEEG, § 2b Rn. 7.

9 Die Verschiebung kann immer **um einen ganzen Kalendermonat** erfolgen. Es genügt, dass eine der in den Nr. 1 bis 4 genannten Voraussetzung auch nur an einem einzigen Kalendertag eines Kalendermonats erfüllt war.[18] War dies der Fall, erfolgt die Verschiebung von Amts wegen, solange nicht ausdrücklich die Beibehaltung beantragt wird, um einen Kalendermonat.

10 Nach **Nr. 1** bleiben diejenigen Kalendermonate unberücksichtigt, in denen der Berechtigte Elterngeld für ein **älteres Kind** bezogen hat. Es ist gleichgültig, ob Basiselterngeld oder Elterngeld Plus bezogen wurde. Entscheidend ist allein ein früherer Bezug durch den Berechtigten, nicht durch einen anderen Elternteil. **Elternzeit** ohne den Bezug von Elterngeld führt hingegen nicht zu einer Verschiebung des Bemessungszeitraums.[19]

Berücksichtigung findet Nr. 1 nur bis zu dem Monat, in dem das (ältere) Kind den **14. Lebensmonat** vollendet hat. Darüber hinaus bezogenes Elterngeld Plus kann für die Verschiebung nicht berücksichtigt werden, weil Nr. 1 nicht auf § 4 Abs. 1 Satz 4 BEEG verweist.[20]

11 Nach **Nr. 2** bleiben diejenigen Kalendermonate unberücksichtigt, in denen die Berechtigte entweder einem Beschäftigungsverbot nach § 3 **MuSchG** unterfiel, Mutterschaftslohn nach § 18 MuSchG oder Mutterschaftsgeld nach § 24i SGB V oder § 14 KVLG 1989 bezog.

12 **Der Schutz Selbstständiger** wurde zum 1.5.2025 verbessert, indem Krankentagegeld nunmehr ebenfalls Berücksichtigung findet.[21] Nur dann, wenn sie freiwillig in der gesetzlichen Krankenversicherung mit Krankengeldanspruch versichert sind, haben sie einen Anspruch auf Mutterschaftsgeld, einem Beschäftigungsverbot nach § 3 MuSchG unterliegen sie in aller Regel ebenfalls nicht. Dadurch werden Selbständige bei einem Wechsel kurz vor der Geburt des Kindes in ein Anstellungsverhältnis benachteiligt.

Beamtinnen und Soldatinnen sind in Nr. 2 nicht erfasst, weil während ihrer Schutzfristen die Bezüge unverändert weitergezahlt werden und somit keine Einkommensminderung vorliegt, die Anlass zu einer Verschiebung des Bemessungszeitraums geben könnte.[22]

13 Nach **Nr. 3** bleiben diejenigen Kalendermonate unberücksichtigt, in denen die Berechtigte an einer Krankheit litt, die maßgeblich durch die **Schwangerschaft** bedingt war und hierdurch Einkommensausfälle zu erleiden hatte. Erfasst wird nur die Schwangere, nicht der elterngeldberechtigte Mann.[23] Der Begriff der Schwangerschaft schließt vorangegangene, im Frühstadium

18 Brose/Weth/Volk/*Brose*, BEEG, § 2b Rn. 8.

19 BSG 25.6.2009 – B 10 EG 8/08 R, NJW 2010, 1478; BSG 18.8.2011 – B 10 EG 10/10 R, NJOZ 2013, 333.

20 Ebenso: Richtlinien zum BEEG, BMFSFJ, 02/2021, Ziffer 2b.1.2.1.1.

21 Eingefügt mit Art. 57 Viertes Bürokratieentlastungsgesetz, BGBl. Teil I, Nr. 323 S. 25 ff.

22 Richtlinien zum BEEG, BMFSFJ, 02/2021, Ziffer 2b.1.2.2.

23 BSG 27.6.2013 – B 10 EG 10/12 R, NJOZ 2014, 467.

beendete Schwangerschaften[24] ebenso ein wie spätere Fehl-[25] oder Totgeburten.[26]

14 Die **haftungsausfüllende Kausalität** (Kausalität zwischen Erkrankung und Einkommensausfall, nur bei Nr. 3 und Nr. 4 relevant) wird seit dem 1. 5. 2025 in der Regel ebenfalls vermutet.[27] Kommt es aufgrund einer attestierten Arbeitsunfähigkeit zum Einkommensausfall – das Krankengeld und das Übergangsgeld bleiben bei der Bemessung des Einkommens außer Betracht[28] – genügt die Berechtigte in der Regel hier ihrer Darlegungslast.[29]

15 **Nr. 4** entfaltet keine praktische Bedeutung mehr. Zivildienstleistende und Wehrdienst nach dem Wehrpflichtgesetz Leistende gibt es gegenwärtig wegen der Aussetzung der Wehrpflicht spätestens seit dem 31. 12. 2011 nicht mehr. Soldaten und Soldatinnen sind nach Nr. 4 nur bei Heranziehung zu Reservedienstübungen erfasst, wenn sie hierdurch einen Einkommensausfall erleiden. Nicht erfasst sind **Abgeordnete**[30] und Bundesfreiwilligendienstleistende[31], Jugendfreiwilligendienstleistende[32], die sich im Rahmen der Gesetze zur Regelung eines Freiwilligen Sozialen (**FSJ**) bzw. Ökologischen Jahres (**FÖJ**) engagieren.[33] Diese Personengruppen »erleiden« bereits keinen unfreiwilligen Einkommensausfall. Ihre Einbeziehung wäre rechtspolitisch zu begrüßen, braucht aber einer ausdrücklichen gesetzlichen Grundlage.

c) COVID-19-Pandemie (Abs. 1 Satz 4 und 5)

16 Wer glaubhaft machen kann, dass er aufgrund der COVID-19-Pandemie einen Einkommensausfall erlitten hatte, kann eine Verschiebung des Be-

24 SG Darmstadt 17. 11. 2020 – S 20 EG 15/19. In der Praxis ist es äußerst schwierig, in diesen Fällen die Kausalität zum Einkommensverlust nachzuweisen, weil das frühe Stadium der Schwangerschaft selten zu manifestierten Planänderungen der Erwerbstätigkeit führt, vgl. LSG Baden-Württemberg 14. 10. 2020 – L 11 EG 1156/2.

25 BSG 5. 3. 2021 – B 10 EG 10/20 B.

26 BSG 16. 3. 2017 – B 10 EG 9/15, NJW 2017, 3468.

27 Die Streichung der Überprüfung einer Einkommensminderung durch die Elterngeldstellen beschleunigt das Elterngeldverfahren und dient der Verwaltungsvereinfachung. Dies erleichtert insbesondere auch Selbstständigen die Beantragung von Elterngeld, BT-Drs. 20/11306, S. 117.

28 BT-Drs. 16/1889, S. 20.

29 BSG 16. 3. 2017 – B 10 EG 9/15, NJW 2017, 3468.

30 So für Abgeordnete des Bayerischen Landtages: LSG Bayern 4. 12. 2018 – L 9 EG 12/17, doch ist diese Aussage für die Abgeordneten aller Parlamente und kommunale Mandatsträger richtig.

31 § 2 Bundesfreiwilligendienstgesetz (BFDG).

32 §§ 3, 4 Jugendfreiwilligendienstgesetz (JFDG).

33 Brose/Weth/Volk/*Brose*, BEEG, § 2b Rn. 18.

messungszeitraums beanspruchen. Erfasst sind damit gegenwärtig vor allem von **Kurzarbeit** betroffene Arbeitnehmer. **Kurzarbeitergeld** ist hierbei als Leistung der Arbeitsförderung **kein Einkommen**. Aufstockungsleistungen des Arbeitgebers zum Kurzarbeitergeld ist hingegen Einkommen. Weil diese Aufstockungsleistungen indes nur die Nettoentgeltdifferenz ausgleichen, verbleibt selbst bei einer **Aufstockungsleistung des Arbeitgebers** auf 100 % des Nettolohns ein Einkommensverlust, weil § 2b Abs. 1 Satz 4 auf das Bruttoeinkommen abstellt.

17 Auch das Saison-Kurzarbeitergeld (§ 101 SGB III), das Kurzarbeitergeld für Heimarbeiterinnen und Heimarbeiter (§ 103 SGB III), das Kurzarbeitergeld bei Arbeitskämpfen (§ 100 SGB III) und das **Transferkurzarbeitergeld** (§ 111 SGB III) werden nicht als Einkommen berücksichtigt. Ihr Bezug setzt einen Entgeltausfall voraus, damit liegt die Berechtigung zur Verschiebung des Bemessungszeitraums ebenfalls vor.

18 Der Anwendungsbereich der Norm ist weit zu fassen. Auch der Verlust des Arbeitsplatzes durch **betriebsbedingte Kündigung**, eine durch **Änderungsvertrag** zum Arbeitsvertrag einvernehmlich vereinbarte Reduktion des Entgelts, gleich ob isoliert oder in Verbindung mit der Arbeitszeit, ein **Aufhebungsvertrag** zur Vermeidung einer pandemiebedingten betriebsbedingten Kündigung[34], eine einvernehmliche Beendigung des Arbeitsverhältnisses durch einen **gerichtlichen Vergleich** nach einer betriebsbedingten Kündigung des Arbeitgebers[35], Entgeltausfall aufgrund eines **Sanierungstarifvertrags**, einer Standortsicherungsvereinbarung, gleich ob dreiseitig, nur als Tarifvertrag oder Betriebsvereinbarung, eines **Sozialplans**[36] oder ähnlicher Tatbestände mit Entgeltausfall oder Entgeltnachteilen für den Arbeitnehmer, sind erfasst.

19 Auch ein Entgeltausfall, der darauf beruht, dass der Arbeitnehmer aus pandemiespezifischen Gründen seine Arbeitsleistung nicht erbringen konnte und dadurch seinen Lohnanspruch verlor (**§ 614 BGB**), wie eine aufgrund behördlicher Anordnung oder Verordnung angewiesene **Quarantäne**[37], **freiwillige Quarantäne** wegen eines Infektionsverdachts, die aufgrund von **Schul- und Kitaschließungen** notwendig gewordene eigene Betreuung des

34 Hier müssen zur Glaubhaftmachung des pandemiespezifischen Bezuges zusätzliche Bestätigungen des Arbeitgebers vorgelegt werden.

35 Hier genügt zur Glaubhaftmachung nicht die Floskel im gerichtlichen Vergleich, dieser werde zur Vermeidung einer ansonsten auszusprechenden betriebsbedingten Kündigung abgeschlossen. Den pandemiespezifischen Bezug sollte der Arbeitgeber bereits unter dem Kündigungserklärungsdatum bestätigen.

36 Hier bleiben gezahlte Abfindungen außer Betracht, weil diese die wirtschaftlichen Nachteile der Betriebsänderung nicht kompensieren, sondern, so die Regelvermutung, lediglich abmildern.

37 Entschädigungsleistungen nach § 56 IfSG bleiben außer Betracht.

Kindes[38], eine aufgrund von **Vorerkrankungen** bestehende **Unzumutbarkeit**, die Arbeitsleistung im Betrieb anzubieten, ohne dass Homeoffice möglich ist, **Betriebsschließungen** aufgrund behördlicher Auflagen[39], sind erfasst.

Der Entgeltausfall muss nicht auf einer rechtlichen Grundlage beruhen, rein **faktische Minderungen,** wie **tatsächliche Nichtzahlung des Gehalts** durch den Arbeitgeber, obwohl ein Anspruch besteht und gearbeitet wurde (oft, aber nicht notwendig im Zusammenhang mit einer Insolvenzverschleppung) – die **Gleichwohlgewährung** (§ 157 Abs. 3 SGB III) bleibt außer Betracht –, niedrigeres **variables Entgelt** (sowohl weil Unternehmensziele verfehlt wurden ebenso weil individuelle **Zielvereinbarungen**/Zielvorgaben nicht erreicht wurden) genügen ebenso wie der Verlust **freiwilliger Leistungen**, wie Weihnachtsgelder, Urlaubsgelder, Jahressonderzahlungen oder Sachzuwendungen. Dass ein arbeitsvertraglicher (aus betrieblicher Übung, einer Gesamtzusage oder einer (konkludenten) Individualvereinbarung), tariflicher, betriebsvereinbarungsrechtlicher Anspruch auf diese Leistungen bestand, ist nicht notwendig. 20

Die Verschiebung des Bemessungszeitraums wegen der COVID-19-Pandemie muss ausdrücklich **beantragt** werden. 21

Glaubhaft gemacht werden muss erstens der Entgeltausfall und zweitens die Kausalität zur COVID-19-Pandemie. An die Glaubhaftmachung sind auf beiden Stufen keine hohen Hürden zu richten. 22

Zur Glaubhaftmachung des Entgeltausfalls genügt jede Form der Plausibilisierung. In der Regel werden dies Kopien der **Gehaltsabrechnung** sein. Nur bei objektiven Anhaltspunkten, an der Richtigkeit der vorgelegten Abrechnung zu zweifeln, wird die Elterngeldstelle weitere Nachweise oder Bestätigungen des Arbeitgebers verlangen dürfen. Sind diese nicht beizubringen, muss eine eidesstattliche Versicherung des Berechtigten genügen. 23

An die **Glaubhaftmachung der Kausalität** dürfen ebenfalls keine überspannten Anforderungen gerichtet werden. Die COVID-19-Pandemie muss nicht die alleinige Ursache sein. Bereits zuvor bestehende wirtschaftliche Schwierigkeiten im Unternehmen sind so lange unschädlich, wie nicht bereits Insolvenzreife bestand. 24

Bezüge von **Kurzarbeitergeld** in den unterschiedlichen Formen sind in der Entgeltabrechnung ausgewiesen. Die Vorlage der Entgeltabrechnung in Kopie genügt, hier die Kausalität glaubhaft zu machen. 25

---

38 Entschädigungsleistungen nach § 56 IfSG bleiben außer Betracht.

39 Hier wird es in der Regel an einem Entgeltausfall fehlen, denn das Betriebsrisiko trägt auch in der Pandemie allein der Arbeitgeber, § 615 Satz 3 BGB, anders hingegen BAG 13.10.2021 – 5 AZR 211/21. Gerät der Arbeitgeber hierdurch jedoch in erhebliche Zahlungsschwierigkeiten, genügen faktische Lohnausfälle für § 2b.

26 Beruht die Entgeltminderung auf einem Tarifvertrag oder einer Betriebsvereinbarung, so macht die **Vorlage des Tarifvertrages oder der Betriebsvereinbarung** die Kausalität glaubhaft. Aus dieser sollte textlich der pandemiespezifische Bezug der Entgeltreduktion oder des Arbeitskräfteabbaus ersichtlich sein. Dies ist in der Regel in der Präambel platziert. Die Vorlage weiterer Unterlagen ist hier nicht nötig.

27 Bei einseitigen Minderungen des Arbeitgebers (Beendigungskündigung, Änderungskündigung) kann zur Glaubhaftmachung der Kausalität die Elterngeldstelle eine **Bestätigung des Arbeitgebers** verlangen. Misslich ist, dass eine gesetzliche Verpflichtung des Arbeitgebers zur Mitwirkung nicht ausdrücklich normiert ist. Sie besteht jedoch über § 241 Abs. 2 BGB.

28 Bei einer einvernehmlichen Minderung des Entgelts oder Beendigung des Arbeitsverhältnisses sollte eine **übereinstimmende Bestätigung** des Arbeitgebers und des Arbeitnehmers zur Glaubhaftmachung der Kausalität vorgelegt werden. Auf diese arbeitgeberseitige Erklärung ist in der forensischen Praxis vor Abschluss eines Aufhebungsvertrages, einer Änderungsvereinbarungen oder eines gerichtlichen Vergleichs für den potentiellen Fall eines späteren Elterngeldbezuges gegenwärtig besonderes Augenmerk zu legen.

29 In vielen Fällen wird gegenwärtig **Kurzarbeitergeld** allein aufgrund eines **Anerkennungsbescheides** durch die zuständigen Agenturen für Arbeit ausgezahlt. Selbst im Antragsverfahren wird bloß ein **vorläufiger Bewilligungsbescheid** erlassen. Ob die Voraussetzungen für den Bezug von Kurzarbeitergeld endgültig vorlagen, wird in den meisten Fällen erst mit einem zeitlichen Versatz von 12 bis 24 Monaten entschieden (**endgültiger Bewilligungsbescheid).**[40] Ist Kurzarbeit durch eine arbeitsvertragliche Vereinbarung eingeführt oder enthält ein Tarifvertrag oder eine Betriebsvereinbarung eine unbedingte Verknüpfung zwischen Kurzarbeit und Kurzarbeitergeld,[41] führt ein ablehnender endgültiger Bewilligungsbescheid über das Kurzarbeitergeld nachträglich dazu, dass Kurzarbeit nicht wirksam eingeführt wurde. Dadurch fehlt es an einem Einkommensausfall. Dieselbe Rechtsfolge tritt ein, wenn von vornhinein die Rechtsgrundlage zur Einführung von Kurzarbeit unwirksam gestaltet ist.[42]

30 Elterngeldstellen dürfen deswegen das Elterngeld mit dem verschobenen Bezugszeitraum insoweit bloß **vorläufig bewilligen**. Dies hindert die Entstehung eines Vertrauenstatbestandes beim Berechtigten. Ist das Elterngeld – wie in der Praxis wohl zumeist – dennoch endgültig bewilligt worden, kann diese Bewilligung für die Zukunft stets durch eine **Aufhebung dieser Bewilligung** mit Wirkung für die Zukunft (§ 48 SGB X) – für die Vergangenheit

---

40 Näheres: Meyer/Wall, Kurzarbeit und Kurzarbeitergeld, Kap. B, Rn. 503 ff.

41 Näheres: Meyer/Wall, Kurzarbeit und Kurzarbeitergeld, Kap. A, Rn. 530 f.

42 Näheres: Meyer/Wall, Kurzarbeit und Kurzarbeitergeld, Kap. A, Rn. 303 ff.

jedoch unter Wahrung der strengen **Grundsätze des Vertrauensschutzes** (§ 45 SGB X) – zurückgenommen werden.

31 Erfasst ist der **Zeitraum** zwischen dem 1.3.2020 und dem 31.12.2021. In diesem Zeitraum muss wenigstens ein Tag mit einem Einkommensausfall wegen der COVID-19-Pandemie gelegen haben. Jeder Kalendermonat, in dem wenigstens ein Tag Einkommensausfall wegen der COVID-19-Pandemie auftrat, berechtigt zur Verschiebung des Bemessungszeitraums. Verschiebt sich der Bemessungszeitraum auf die Monate vor März 2020, ist eine weitere Geltendmachung eines Einkommensausfalls wegen der COVID-19-Pandemie für diese früheren Monate ausgeschlossen.

32 Zu **weiteren pandemiespezifischen Erleichterungen** vgl. die Kommentierung zu § 27.

3. Selbstständige Erwerbstätigkeit (Abs. 2)

33 Der **Bemessungszeitraum** für Einkommen aus selbstständiger Erwerbstätigkeit (§ 2d[43]) ist der Zeitraum, der in dem **letzten abgeschlossenen steuerlichen Veranlagungszeitraum** vor der Geburt[44] zur Ermittlung der Einkünfte herangezogen wurde (**Gewinnermittlungszeitraum**).[45] Die Einkommenssteuer ist eine Jahressteuer, sie wird immer für ein Kalenderjahr erhoben (§ 2 Abs. 7 Satz 1 und Satz 2 EStG). Dennoch können Einkünfte aus einem früheren Zeitraum dem Veranlagungszeitraum zuzurechnen sein, wenn der steuerliche Gewinnermittlungszeitraum anders definiert ist. **Wirtschaftsjahr** ist bloß ein **Synonym** für Gewinnermittlungszeitraum[46]. **Abgeschlossen** ist der Gewinnermittlungszeitraum mit Ablauf des letzten Tages des Zeitraums (Kalenderjahres/Wirtschaftsjahres).[47]

a) Kalenderjahr als Bemessungszeitraum (Satz 1)

34 Gewinnermittlungszeitraum **für Selbstständige** ist mangels normierter Abweichungsmöglichkeiten im EStG stets das Kalenderjahr. Dadurch kann

---

43 Der Begriff »selbstständige Erwerbstätigkeit« erfasst in § 2b anders als in § 2d auch negative Einkünfte, nicht bloß »Gewinneinkünfte«, BSG 27.10.2016 – B 10 EG 5/15 R, BSGE 122, 102 = SozR 4-7837 § 2b Nr. 3.

44 Dem gleichgestellt ist der Zeitpunkt der Annahme des Kindes oder Aufnahme in den Haushalt mit dem Ziel seiner Adoption.

45 Für die meisten Fälle sind somit »Gewinnermittlungszeitraum«, »letzter steuerlicher Veranlagungszeitraum«, »letztes Wirtschaftsjahr« und »Bemessungszeitraum« Synonyme.

46 Vgl. § 4a EStG.

47 Ebenso: BT-Drs. 17/9841, S. 20. »Abgeschlossen« ist vom Gesetzgeber unglücklich gewählt, da es ein umgangssprachlicher und insofern kein feststehender steuerrechtlicher Terminus ist.

dem letzten abgeschlossenen Veranlagungszeitraum als Gewinnermittlungszeitraum ausschließlich das zum Veranlagungszeitraum identische Kalenderjahr zugrunde liegen. Bemessungszeitrum für das Elterngeld ist somit immer das **letzte Kalenderjahr** vor der Geburt[48] des Kindes.

35 Für kleinere **Gewerbetreibende** ist in der Regel der Gewinnermittlungszeitraum auch das Kalenderjahr (§ 4a Abs. 1 Satz 2 Nr. 2 und 3 EStG), ein abweichender Gewinnermittlungszeitraum setzt u. a. eine Eintragung im Handelsregister voraus (§ 4a Abs. 1 Satz 2 Nr. 2 EStG).

36 Auch für Einkünfte von kleineren **Land- und Forstwirten** ist der Gewinnermittlungszeitraum zumeist das Kalenderjahr. Zwar legt § 4a Abs. 1 Satz 2 Nr. 1 EstG hiervon abweichend noch den Gewinnermittlungszeitraum auf den Zeitraum vom 1. Juli bis zum 30. Juni fest. Doch hat das Bundesministerium der Justiz und für Verbraucherschutz von der Verordnungsermächtigung (§ 4a Abs. 1 Satz 2 Nr. 1 Satz 2 EStG) großzügig Gebrauch gemacht. Nach § 8c Abs. 2 Satz 1 Einkommensteuer-Durchführungsverordnung (EStDV) können Land- und Forstwirte generell als Gewinnermittlungszeitraum (Wirtschaftsjahr) das Kalenderjahr festlegen.[49]

37 Eine **Diskrepanz zwischen Kalenderjahr und Gewinnermittlungszeitraum** kann nur noch dann bestehen, wenn ausschließlich Einkünfte aus einer solchen Land- oder Forstwirtschaft erzielt werden, oder für im Handelsregister eingetragene Gewerbetreibende, für die jeweils das Wirtschaftsjahr nicht das Kalenderjahr ist. Werden sowohl Einkünfte erzielt, für die der Gewinnermittlungszeitraum das Kalenderjahr ist als auch solche, für die ein abweichendes Wirtschaftsjahr besteht, so bleibt nach § 2b der steuerliche Gewinnermittlungszeitraum **das Kalenderjahr**. Die **Gewinne** des hiervon abweichenden Wirtschaftsjahres sind anhand der Kalenderjahresgrenzen **aufzuteilen** (§ 4a Abs. 2 EStG).[50]

---

48 Dem gleichgestellt ist der Zeitpunkt der Annahme des Kindes oder Aufnahme in den Haushalt mit dem Ziel seiner Adoption.

49 Treffen Land- oder Forstwirte keine eigene Festlegung, gilt in reinem Weinbau der Zeitraum vom 1. September bis 31. August, in reiner Forstwirtschaft der Zeitraum vom 1. Oktober bis 30. September und in Betrieben mit einem Futterbauanteil von 80 Prozent und mehr der Fläche der landwirtschaftlichen Nutzung der Zeitraum vom 1. Mai bis 30. April als Veranlagungszeitraum (Wirtschaftsjahr).

50 Unnötig kompliziert und nicht eindeutig erscheinen insofern: BT-Drs. 17/9841, S. 21; Brose/Weth/Volk/*Brose*, BEEG, § 2b Rn. 22; Lenz in Rancke (Hrsg.), BEEG, § 2b Rn. 10, die einen einheitlichen Bemessungszeitraum ablehnen wollen, dennoch zum selben Ergebnis gelangen; vermutlich wie hier: Richtlinien zum BEEG, BMFSFJ, 02/2021, Ziffer 2b.2.1.

b) Einkünfte im Bemessungszeitraum

Für den Bemessungszeitraum ist irrelevant, ob ein Steuerbescheid bereits vorliegt. Liegt er nicht vor, ändert sich lediglich der Weg der Einkünfteermittlung (§ 2d Abs. 3). 38

Auch dann, wenn der Berechtigte innerhalb des so gesetzlich festgelegten Bemessungszeitraums entweder **keine**[51] oder nur **negative**[52] **Einkünfte** aus einer Selbstständigkeit hatte, verbleibt es bei der Festlegung. Die Rechtsprechung des BSG ist in ihrer Argumentation irreführend, weil sie einen nicht gesetzlich normierten Zeitpunkt »vor der Geburt« bestimmt.[53] Stringenter wäre es zu prüfen, ob in einem nach Abs. 1 oder Abs. 2 gebildeten Bemessungszeitraum Einkommen jeweils aus selbstständiger oder nichtselbstständiger Erwerbstätigkeit erzielt worden ist. Ist dies nicht der Fall, ist lediglich der Mindestsatz des Elterngeldes zu gewähren. Das Ergebnis ist hiernach das Gleiche. 39

Es ist auch ohne und mit negativem Einkommen aus selbständiger Erwerbstätigkeit im Bemessungszeitraum nur unter den Voraussetzungen des Abs. 4 möglich, stattdessen auf den zwölfmonatigen Bemessungszeitraum zu wechseln.[54] Dies setzt ein Mischeinkommen voraus. Ungeschriebene **Härtefälle** sind § 2b Abs. 2 nicht zu entnehmen.[55] 40

c) Verschiebung des Bemessungszeitraums (Satz 2)

Auch Selbstständige haben die Möglichkeit, den Bemessungszeitraum zu verschieben (§ 2b Abs. 2 Satz 2). Hierdurch besteht die Möglichkeit, Monate ohne oder mit geringem Einkommen und damit einem negativen Einfluss auf das durchschnittliche Monatseinkommen zugunsten des Berechtigten unberücksichtigt zu lassen. 41

Ist im Bemessungszeitraum (Kalenderjahr) auch nur **an einem Tag** eine der Voraussetzungen des Abs. 1 Satz 2 Nr. 1–4 erfüllt, verschiebt sich der Bemessungszeitraum auf den vorangehenden Zeitraum der Gewinnermittlung. Dies ist im Regelfall das vorangehende Kalenderjahr. Verschiebungen nach Monaten sind nicht möglich. 42

Ist auch im verschobenen vorangehenden Kalenderjahr an nur einem einzigen Tag eine der Voraussetzungen des Abs. 1 Satz 2 Nr. 1–4 erfüllt, ver- 43

---

51 BSG 13.8.2019 – B 10 EG 8/19 B; beachte aber Abs. 4 n. F.

52 BSG 21.9.2020 – B 10 EG 1/20 B; BSG 28.3.2019 – B 10 EG 6/18 R, NZS 2019, 556.

53 »Erziele der Berechtigte vor der Geburt des Kindes allein Einkünfte aus selbstständiger Tätigkeit«, so führe dies zu Festlegung des Bemessungszeitraums für Selbstständige, BSG 13.8.2019 – B 10 EG 8/19 B.

54 BSG 13.8.2019 – B 10 EG 8/19 B.

55 BSG 16.11.2020 – B 10 EG 7/20 B; BSG 13.8.2019 – B 10 EG 8/19 B.

schiebt sich der Bemessungszeitraum erneut um ein volles Kalenderjahr. Dies gilt grundsätzlich unbeschränkt oft.

44 Auch der Selbstständige hat ein **Wahlrecht**, ob er von der Verschiebungsmöglichkeit Gebrauch machen möchte. Möchte er dies trotz der gesetzlichen Möglichkeiten nicht, so muss er dies bei der Antragstellung ausdrücklich angeben/ankreuzen, ansonsten tritt die Verschiebung ein. Er kann auch die Verschiebung um ein Jahr hinnehmen, die Verschiebung um ein weiteres Jahr bei erneutem Vorliegen der Voraussetzungen ablehnen.

d) COVID-19-Pandemie

45 Zum 1. 5. 2025 wurde der missglückte Verweis in Abs. 2 Satz 2 korrigiert. Nunmehr verweist Abs. 2 Satz 2 zutreffend auf Abs. 1 Satz 4. Somit ist klargestellt, dass auch Selbstständige von den pandemiespezifischen Erleichterungen partizipieren.[56] Dem Gesetzeswortlaut nach schien auch bisher das Wahlrecht eindeutig zu bestehen, denn Abs. 2 Satz 2 verwies ausdrücklich auf Abs. 1 Satz 3. Doch wurde der Verweis auf Abs. 1 Satz 3 in Abs. 2 Satz 2 hinzugenommen, um die **pandemiespezifischen Erleichterungen** Selbstständigen ebenso wie Arbeitnehmern zu gewähren.[57] 2021 wurden pandemiespezifische Besonderheiten in einem neuen Abs. 1 Satz 3 eingefügt.[58] Dies führte dazu, dass nach dem ausdrücklichen Gesetzeswortlaut bis zum 30. 4. 2025 Selbstständige seit dem 1. 9. 2021 nicht mehr an der pandemiespezifisch **erleichterten Verschiebung des Bemessungszeitraums** partizipieren dürften. Dies wurde bereits zuvor **als gesetzgeberisches Versehen** gewertet und ist nunmehr korrigiert.

4. Bemessungszeitraum bei Mischeinkommen (Abs. 3)

46 Hat der Berechtigte Einkommen sowohl aus selbstständiger als auch aus nichtselbstständiger Erwerbstätigkeit erzielt, wird der Bemessungszeitraum für Einkommen aus nichtselbstständiger Tätigkeit auf den für Einkommen aus selbstständiger Erwerbstätigkeit zu ermittelnden Bemessungszeitraum (vorangehendes Kalenderjahr, Rn. 34 ff.) verschoben.

56 BT-Drs. 20/11306, S. 117.

57 Gesetz für Maßnahmen im Elterngeld aus Anlass der COVID-19-Pandemie vom 20. 5. 2020, BGBl, Teil I, 2020, S. 1061.

58 Zweites Gesetz zur Änderung des Bundeselterngeld- und Elternzeitgesetzes vom 15. 2. 2021, BGBl, Teil I, 2021, S. 239.

a) Mischeinkommen

Es genügt, dass überhaupt an einem einzigen Tag Einkommen aus selbständiger Erwerbstätigkeit erzielt worden ist. Der Prüfzeitraum umfasst die zwölf Monate vor der Geburt und das vorangehende Kalenderjahr vollständig. Die Selbstständigkeit muss **nicht durchgehend** ausgeübt worden sein. Auch dann, wenn in der Summe ein **negatives Einkommen**[59] aus der Selbstständigkeit erzielt worden ist, findet Abs. 3 Anwendung.[60] Wurde hingegen die **Selbstständigkeit nur vorbereitet** und Ausgaben getätigt, evtl. ein Gewerbe angemeldet, ohne dass überhaupt Einkünfte erzielt wurden, so liegt kein Mischeinkommen vor. 47

Diese Verschiebung ist auch dann vorzunehmen, wenn der Berechtigte **nur im selben Kalenderjahr** in den Monaten vor der Geburt des Kindes Einkommen aus selbständiger Erwerbstätigkeit hatte. In diesen Fällen führt die Verschiebung des Bemessungszeitraums für Einkommen aus nichtselbstständiger Erwerbstätigkeit zu einer eher willkürlichen Veränderung des für das Elterngeld zu berücksichtigenden Einkommens, die Nichtberücksichtigung der Selbständigkeit ist nachteilig. 48

b) Bemessungszeitraum

Der Bemessungszeitraum für Einkommen aus selbständiger Erwerbstätigkeit ändert sich nicht. Für das gesamte Einkommen des Berechtigten wird so **ein einheitlicher Bemessungszeitraum** gebildet. Die Ermittlung des zu berücksichtigenden Einkommens folgt nach Einkommensart getrennt nach § 2c und § 2d. 49

Eine Verschiebung des Bemessungszeitraums ist nach den gleichen Grundsätzen wie für Selbstständige möglich. Die Verschiebung des Bemessungszeitraums erfolgt immer einheitlich für Einkommen aus selbstständiger und nichtselbstständiger Erwerbstätigkeit (Abs. 3 Satz 2). 50

Bei Mischeinkünften besteht hinsichtlich der Verschiebung neben dem **Wahlrecht** wie bei Selbstständigen (Rn. 41 ff.) ein weiteres nach Abs. 4. 51

Bei Mischeinkünften gelten die **pandemiespezifischen Erleichterungen** für die Verschiebung des Bemessungszeitraums. Hier tritt der gesetzgeberische Redaktionsfehler erneut zutage. Abs. 1 Satz 4 kann nur miterfasst sein, (Rn. 45). 52

---

59 Zur a. F. BSG 21.9.2020 – B 10 EG 1/20 B; es besteht jedoch die zusätzliche Möglichkeit, den Bemessungszeitraum auswechseln zu lassen, Abs. 4.

60 BSG 27.10.2016 – B 10 EG 5/15 R, m. Anm. von Koppenfels-Spies, NZS 2017, 272; BSG 28.3.2019 – B 10 EG 6/18 R, NZS 2019, 556.

53 Für die **wiederholte Verschiebung** des Bemessungszeitraums gelten die Grundsätze wie für Selbstständige (Rn. 41 ff.). Auch hier bleibt der Bemessungszeitraum stets einheitlich für beide Einkommensarten.

54 Ein vertikaler Verlustausgleich zwischen verschiedenen Einkunftsarten ist nicht statthaft.[61]

5. Bemessungszeitraum bei geringfügiger Selbstständigkeit (Abs. 4)

55 Hat der Berechtigte nur in einem untergeordneten Umfang Einkommen aus selbstständiger Erwerbstätigkeit erzielt, so kann er seit dem 1.9.2021 abweichend von Abs. 3 anstelle der Bildung eines einheitlichen Bemessungszeitraums nach den Grundsätzen für Selbstständige den **zwölfmonatigen Bemessungszeitraum** für Nichtselbstständige zugrunde legen lassen.

a) Antrag

56 Diese Auswechslung des Bemessungszeitraums ist von einem **Antrag** des Berechtigten abhängig. Soweit die Vordrucke der Elterngeldstellen Abfragen hierzu noch nicht enthalten, so muss der Berechtigte den Antrag gesondert stellen. Der Berechtigte ist an **seinen Antrag nach Erhalt des Bewilligungsbescheides gebunden**, auch wenn die Elterngeldstelle das zu berücksichtigende Einkommen abweichend von seiner Vorstellung berechnet.

57 Der Antrag nach Abs. 4 kann nur **einmal** bei der erstmaligen Beantragung des Elterngeldes für das Kind gestellt werden. Bei **späteren Veränderungen** des Elterngeldes (z. B. Wechsel zwischen Basiselterngeld und Elterngeld Plus) kann eine Veränderung des Bemessungszeitraums nicht mehr vorgenommen werden.

58 Liegen die Voraussetzungen für die Auswechslung des Bemessungszeitraums nach Abs. 4 vor, ist die Elterngeldstelle an den Antrag gebunden. Ihr steht **kein Ermessen** zu. In der Praxis wird die Elterngeldstelle den Berechtigten vor einer Bewilligung des Elterngeldes auf eine aus ihrer Sicht nachteilige Antragstellung **hinweisen**. In diesem Fall kann der Berechtigte seinen **Antrag noch zurückziehen**. Unterbleibt ein solcher Hinweis der Elterngeldstelle, löst dies keinerlei Schadensersatzansprüche oder Amtshaftungsansprüche gegenüber den Berechtigten aus, weil eine Hinweispflicht nicht gesetzlich normiert ist. Dies ist zu bedauern, weil Berechtigte angesichts der Vorschriften des BEEG kaum in der Lage sind, bei Mischeinkommen mit einer etwas diffizileren Zusammensetzung selbstständig und exakt das Elterngeld zu berechnen.

---

61 LSG Niedersachsen-Bremen 6.11.2019 – L 2 EG 6/19.

b) Zeitliche Anwendbarkeit

Abs. 4 ist zeitlich anwendbar, wenn das Kind **ab dem 1. 9. 2021** geboren wurde, als Kind angenommen oder mit dem Ziel der Adoption in den Haushalt aufgenommen wurde. 59

c) Geringfügige Selbstständigkeit

Abs. 4 ist nur anwendbar, wenn neben einer nichtselbstständigen Tätigkeit Einkünfte aus selbstständiger Erwerbstätigkeit im Prüfungszeitraum erzielt worden sind (**Mischeinkommen**). Die Einkünfte aus selbständiger Erwerbstätigkeit müssen zudem **geringfügig** sein. Dies ist der Fall, wenn Einkünfte aus Land- und Forstwirtschaft, aus einem Gewerbebetrieb oder einer selbständigen Tätigkeit[62] sowohl: 60

1. im Kalenderjahr[63] vor dem der Geburt des Kindes als auch
2. im Kalenderjahr[64] der Geburt des Kindes bis vor dem Geburtsmonat des Kindes

durchschnittlich niedriger als 35 € pro Kalendermonat waren.

Abs. 4 ist demnach anwendbar, wenn der Steuerbescheid einen Gewinn im Veranlagungszeitraum von **420 €** oder weniger ausweist und im Kalenderjahr der Geburt des Kindes weniger als 35 € Gewinn pro Kalendermonat erzielt wird.

Maßgeblich ist die **Summe aller Einkünfte** aus selbstständiger Tätigkeit. 61

Einkünfte bei Selbstständigen sind der Gewinn und nicht die Summe der Einnahmen. Gewinn ist der Unterschiedsbetrag zwischen dem Betriebsvermögen am Schluss des Wirtschaftsjahres und dem Betriebsvermögen am Schluss des vorangegangenen Wirtschaftsjahres (§ 4 Abs. 1 EStG ff.). 62

Wurden und werden mit einer Selbstständigkeit neben einer nichtselbstständigen Tätigkeit **negative Einkünfte** erzielt, ist Abs. 4 anwendbar. 63

Aus Gründen der Verwaltungsvereinfachung werden bei der Prüfung, ob die Einkünfte geringfügig sind, die **Angaben des Einkommensteuerbescheides** herangezogen (Abs. 4 Satz 3). Für das laufende Kalenderjahr und den Fall, dass ein Einkommensteuerbescheid noch nicht vorliegt, werden die Einkünfte entsprechend § 2d Abs. 3 ermittelt (Abs. 4 Satz 3). 64

Die Elterngeldstelle darf eine abschließende Entscheidung über die Geringfügigkeit der Einkünfte allein mit den ihr zum Zeitpunkt des Antrags auf Auswechslung des Bemessungszeitraums vorgelegten Nachweisen treffen 65

---

62 Legaldefinition in § 2 Abs. 1 Satz 1 Nr. 1–3 EstG; nicht hinzuzählen somit Einkünfte aus nichtselbstständiger Tätigkeit und aus Vermietung und Verpachtung, Kapital- und Zinserträge sowie sonstige Einkünfte im Sinne des § 22 EStG.

63 Zu Abweichungen zum Wirtschaftsjahr s. Rn. 37.

64 Zu Abweichungen zum Wirtschaftsjahr s. Rn. 37.

(Abs. 4 Satz 4). Diese Nachweise bilden den steuerlichen Gewinn, vor allem für das laufende Kalenderjahr, stets nur vorläufig ab.

66 Das Risiko einer nachträglichen Änderung und einer hierdurch bedingten nachteiligen Entscheidung über die Auswechslung des Bemessungszeitraums trägt der Berechtigte. Deswegen wäre es insofern gesetzgeberisch wünschenswert gewesen, bei nachträglichen Feststellungen zu Einkünften dem Berechtigten nachträglich das Antragsrecht oder das Recht, den Antrag zurückzunehmen, einzuräumen.

d) Rechtsfolge

67 Sind alle Voraussetzungen erfüllt, treten folgende Rechtsfolgen ein:
Es ist der Zwölfmonatszeitraum als Bemessungszeitraum zugrunde zu legen, Rn. 3.

68 Das Einkommen aus **selbstständiger Erwerbstätigkeit** bleibt vollständig **unberücksichtigt** (Abs. 4 Satz 2). Die Nichtberücksichtigung von Einkommen im Bemessungszeitraum ist für den Berechtigten nachteilig, doch ist dies hinnehmbar, weil der Berechtigte durch das Antragserfordernis selbstständig die günstigere Variante wählen kann.

69 Der Berechtigte hat kein Recht, **nachträglich** nach erstmaliger Bewilligung des Elterngeldes den Bemessungszeitraum erneut zu ändern, gleichgültig ob dies für ihn nachteilig oder gar eine unbillige Härte darstellt.

70 Wird ein Antrag nach Abs. 4 gestellt, kann wegen COVID-19-spezifischer Einkommenseinbußen in der Selbstständigkeit keine Verschiebung des Bemessungszeitraums erfolgen. Diese bleibt wegen Einkommenseinbußen in der nichtselbstständigen Tätigkeit möglich.

§ 2c Einkommen aus nichtselbstständiger Erwerbstätigkeit

(1) [1]Der monatlich durchschnittlich zu berücksichtigende Überschuss der Einnahmen aus nichtselbstständiger Arbeit in Geld oder Geldeswert über ein Zwölftel des Arbeitnehmer-Pauschbetrags, vermindert um die Abzüge für Steuern und Sozialabgaben nach den §§ 2e und 2f, ergibt das Einkommen aus nichtselbstständiger Erwerbstätigkeit. [2]Nicht berücksichtigt werden Einnahmen, die im Lohnsteuerabzugsverfahren nach den lohnsteuerlichen Vorgaben als sonstige Bezüge zu behandeln sind. [3]Die zeitliche Zuordnung von Einnahmen erfolgt nach den lohnsteuerlichen Vorgaben für das Lohnsteuerabzugsverfahren. [4]Maßgeblich ist der Arbeitnehmer-Pauschbetrag nach § 9a Satz 1 Nummer 1 Buchstabe a des Einkommensteuergesetzes in der am 1. Januar des Kalenderjahres vor der Geburt des Kindes für dieses Jahr geltenden Fassung.

(2) [1]Grundlage der Ermittlung der Einnahmen sind die Angaben in den für die maßgeblichen Kalendermonate erstellten Lohn- und Gehalts-

bescheinigungen des Arbeitgebers. [2]Die Richtigkeit und Vollständigkeit der Angaben in den maßgeblichen Lohn- und Gehaltsbescheinigungen wird vermutet.

(3) [1]Grundlage der Ermittlung der nach den §§ 2e und 2f erforderlichen Abzugsmerkmale für Steuern und Sozialabgaben sind die Angaben in der Lohn- und Gehaltsbescheinigung, die für den letzten Kalendermonat im Bemessungszeitraum mit Einnahmen nach Absatz 1 erstellt wurde. [2]Soweit sich in den Lohn- und Gehaltsbescheinigungen des Bemessungszeitraums eine Angabe zu einem Abzugsmerkmal geändert hat, ist die von der Angabe nach Satz 1 abweichende Angabe maßgeblich, wenn sie in der überwiegenden Zahl der Kalendermonate des Bemessungszeitraums gegolten hat. [3]§ 2c Absatz 2 Satz 2 gilt entsprechend.

(4) [1]Der anteilige Arbeitnehmer-Pauschbetrag nach Absatz 1 Satz 1 ist nicht zu berücksichtigen, wenn dem Ansässigkeitsstaat der berechtigten Person nach einem Abkommen zur Vermeidung der Doppelbesteuerung das Besteuerungsrecht für das Elterngeld zusteht und wenn das aus Deutschland gezahlte Elterngeld nach den maßgebenden Vorschriften des Ansässigkeitsstaats der Steuer unterliegt. [2]Unterliegt das Elterngeld im Ansässigkeitsstaat nach dessen maßgebenden Vorschriften nicht der Steuer, so ist der Arbeitnehmer-Pauschbetrag nach Absatz 1 entsprechend zu berücksichtigen.

Inhaltsübersicht

1. Allgemeines

§ 2c enthält die grundlegende Regelung zur Einkommensermittlung bei nichtselbständiger Arbeit. Die Vorschrift normiert eine identische Einkommensermittlung für Bemessungs- und Bezugszeitraum des Elterngeldes.[1] 1

Die Berücksichtigung von Einkommen im Bemessungszeitraum ist für den Berechtigten vorteilhaft, spiegelbildlich ist sie im Bezugszeitraum nachteilig.[2] 2

Kernpunkt der Vorschrift ist es, aus den Lohn- bzw. Gehaltsbescheinigungen des Arbeitsgebers im Bemessungszeitraum das laufende steuerpflichtige 3

1 BT-Drs. 17/9841, S. 21.

2 BSG 25.6.2020 – B 10 EG 2/19 R, NZS 2021, 38, m. Anm. *Plum*.

Bruttoeinkommen zu entnehmen, um daraus ein fiktives Nettoeinkommen zu errechnen.[3] Als Vorbild dient dabei die Berechnung des Arbeitslosengeldes nach § 153 SGB III[4] und des Wohngeldes.[5]

4 § 2c ist die **Ausgangsnorm** für die nichtselbständige Erwerbstätigkeit – die Konkretisierung erfolgt durch die §§ 2e und 2 f.

5 Abs. 1 Satz 2 und Abs. 2 enthalten Richtigkeits- und Vollständigkeitsvermutungen hinsichtlich der Lohn- und Gehaltsbescheinigungen des Arbeitgebers.[6] Abs. 3 verweist auf die Richtigkeits- und Vollständigkeitsvermutung des Abs. 2.

6 Durch das Zweite Gesetz zur Änderung des Bundeselterngeld- und Elternzeitgesetzes vom 15. Februar 2021 traten in § 2c allein redaktionelle Änderungen zum 1. 9. 2021 in Kraft. Zum 1. Mai 2025 wurde Abs. 4 neu eingefügt, der spiegelbildlich zu § 2e Abs. 7 übermäßige Belastungen im Elterngeld aus Doppelbesteuerungsabkommen abmildern soll.[7]

2. Grundlagen der Einkommensberechnung

a) Einkommensteuerliches Bruttoeinkommen

7 Einkommen im Sinne des § 2c ist nur das einkommensteuerrechtlich laufende Bruttoeinkommen.[8] Steuerfreie Einnahmen und Zuschläge bleiben hierdurch unberücksichtigt. Einkommen aus **mehreren Arbeitsverhältnissen** werden zusammengerechnet. In einem ersten Schritt ist die **Summe aller Einkünfte** aus nichtselbstständiger Tätigkeit zu bilden. Unberücksichtigt bleiben Bezugsmonate ohne Einkommen und Monate mit ausschließlich negativen Einkünften.[9]

8 Auch Einkommen aus mehreren **geringfügigen Beschäftigungen** und einer geringfügigen und einer sozialversicherungspflichtigen Beschäftigung werden nach § 2c addiert. Bei Minijobs ist diese Addition indes fast immer unsinnig, weil § 2e Abs. 2 Satz 2 nicht streng auf das nach § 2c ermittelte Einkommen, sondern eigenständig auf vom Arbeitnehmer zu versteuerndes Einkommen abstellt. Minijobs werden allein vom Arbeitgeber pauschal versteuert. Einkommen aus Minijobs bleiben folglich nach § 2e Abs. 2 ohnehin **unberücksichtigt**.

---

3 Richter, DStR 2012, 2285.

4 Richter, DStR 2012, 2285, 2286; Dau, jurisPR-SozR 20/2012 Anm. 1.

5 Schmidt, NWB 2012, 3448, 3449.

6 Mit dem Elterngeld Plus-Gesetz vom 18. 12. 2014 aufgenommen.

7 BT-Drs. 20/11306, S. 117.

8 Brose/Weth/Volk/*Brose*, BEEG, § 2c Rn. 3.

9 Andernfalls würde die Einkommensersatzfunktion des Elterngeldes abgeschwächt, so BSG 27. 10. 2022 – B 10 EG 4/20 R.

Seltener kommt eine solche Pauschalversteuerung mit Abwälzung der Pauschalsteuer (2 %) auf den Arbeitnehmer vor. Der pauschal besteuerte Arbeitslohn wird bei der Ermittlung des zu versteuernden Einkommens nicht berücksichtigt, § 40 Abs. 3 Satz 3 EStG. Einkommen aus Minijobs bleiben folglich nach § 2e Abs. 2 ohnehin zumeist unberücksichtigt. In Fällen, in denen von der Pauschalierungsmöglichkeit kein Gebrauch gemacht wird, zählt das Einkommen aus dem Minijob indes zum vom Arbeitnehmer zu versteuernden Einkommen und wird bei der Berechnung nach § 2c berücksichtigt. 9

Berücksichtigt werden alle Einnahmen aus nichtselbstständiger Tätigkeit in Geld oder **Geldeswert**. Damit knüpft die Vorschrift für die Frage, ob ein geldwerter Vorteil im Rahmen des Arbeitsverhältnisses gewährt worden ist (u. a. ein **Dienstwagen, E-Bike**, die auch zur privaten Nutzung überlassen werden, **Job-Tickets**, subventionierte Kantinenmahlzeiten, Geschenke, etc.), an die steuerrechtliche Regelung des § 8 Abs. 1 EStG an. 10

Nach Abs. 1 Satz 2 werden außerdem »**sonstige Bezüge**« im Lohnsteuerabzugsverfahren nicht als Einkommen berücksichtigt. 11

Kein »sonstiger Bezug« und damit **als Einkommen berücksichtigungspflichtig**[10] sind zudem: Eine Vergütung für **Mehrarbeit;**[11] als monatlich laufender Arbeitslohn gezahlte **Umsatzbeteiligungen** (Provisionen);[12] geldwerte Vorteile aus der Überlassung eines **Dienstwagens zur privaten Nutzung**, monatliche **Spendenbeträge**, die der Arbeitgeber im Auftrag des Arbeitnehmers **vom Arbeitslohn abzieht**,[13] Die Gutschrift auf einem **Arbeitszeit- oder Zeitwertkonto** anstelle der Auszahlung des Gehalts.[14] 12

Unter die »sonstigen Bezüge« fallen hingegen nach § 38a Abs. 1 Satz 3 und § 39b EStG: **Einmalzahlungen** wie z. B. Weihnachtsgeld;[15] Urlaubsgeld;[16] 13. Monatsgehalt; eine einmalige **Abfindung**; eine jährliche Leistungsprä- 13

---

10 BSG 25. 6. 2020 – B 10 EG 2/19 R, NZS 2021, 38, m. Anm. *Plum*.

11 Bayerisches LSG 16. 1. 2018 – L 9 EG 68/15.

12 BSG 14. 12. 2017 – B 10 EG 7/17 R, DStR 2018, 819; BSG 25. 6. 2020, B 10 EG 3/19 R, AuR 2020, 386, jedoch nur dann, wenn ihre Auszahlung tatsächlich lückenlos monatlich erfolgt.

13 LSG Niedersachsen-Bremen 15. 5. 2019 – L 2 EG 3/18; dies gilt nur, wenn rechtlich kein Verzicht des Arbeitnehmers auf den Lohn vorliegt; Zur Abgrenzung: BMF 14. 1. 2005, IV C 4-S 2223-48/05, FMNR020000005.

14 LSG Baden-Württemberg 18. 8. 2020 – L 11 EG 4175/19, NZS 2020, 957.

15 BSG 8. 3. 2018, B 10 EG 8/16 R, NZS 2019, 22.

16 BSG 8. 3. 2018, B 10 EG 8/16 R, NZS 2019, 22; anders für Urlaubsgeld, das der Arbeitgeber tageweise für jeden im jeweiligen Abrechnungsmonat in Anspruch genommenen Urlaubstag gewährt: LSG Niedersachsen-Bremen 15. 5. 2019 – L 2 EG 3/18, dieses Ergebnis ist nicht vertretbar und dürfte ein Einzelfall bleiben, ebenso: v. Koppenfels-Spies, NZS 2019, 675.

mie; Jubiläumszuwendungen;[17] Heiratsbeihilfen;[18] steuerfreie **Zuschläge** für Sonntags-, Feiertags- oder Nachtarbeit.[19] Sie alle bleiben bei der Einkommensermittlung außer Betracht und sind **nicht als Einkommen** zu berücksichtigen.[20]
Gleiches gilt für einen Auslandsverwendungszuschlag, den ein Soldat der Bundeswehr für die Dauer eines Auslandseinsatzes erhält, da dieser nicht zu den steuerpflichtigen Einnahmen gehört.[21] Nicht berücksichtigt werden darüber hinaus vom Arbeitgeber durch Gehaltsumwandlung steuerfrei gezahlte Beiträge zu einer **betrieblichen Altersversorgung** in Form einer Pensionskasse, Direktversicherung oder eines Pensionsfonds;[22] Prämienzahlungen des Arbeitgebers zu einer **Gruppenunfallversicherung**;[23] Vergütungen nach dem Arbeitnehmererfindungsgesetz;[24] Ausgleichszahlungen für vorzeitig beendete Altersteilzeitverhältnisse im Blockmodell;[25] der 20 %-ige Aufstockungsbetrag nach § 3 Abs. 1a) **Altersteilzeitgesetz** (ATG); die zusätzlichen Rentenversicherungsbeiträge nach § 3 Abs. 1b) ATG; entsprechende Beiträge für von der Rentenversicherungspflicht Befreite, § 4 Abs. 2 Satz 2 ATG; nicht als laufender Arbeitslohn gezahlte **Umsatzbeteiligungen** (Provisionen);[26] **Kurzarbeitergeld (KuG)**[27] (§ 95 SGB III, steuerfrei nach § 3 Nr. 2a) EStG, seine Progressionsschädlichkeit, § 32b Abs. 1 Satz 1 Nr. 1 EStG, ist insoweit unbeachtlich).[28] Bei **Zuschüssen des Arbeitgebers zum KuG** und zum Saison-KuG ist zu prüfen, ob sie im jeweiligen Zeitraum steuerfrei waren. Hier gab es temporäre Sonderregelungen.[29] So waren sie z. B. gem. § 3 Nr. 28a EstG steuerfrei, soweit sie zusammen mit dem KuG 80 % des Unterschiedsbetrages zwischen dem Soll-Entgelt und dem Ist-Entgelt nach § 106 Abs. 1 SGB III nicht überstiegen und sie für Lohnzahlungszeiträume, die nach dem 29. 2. 2020 begannen und vor dem 1. 1. 2022 endeten, geleistet wurden.

17 BT-Drs. 16/1889, S. 21; Ebener/Graue, S. 113.
18 BSG 8. 3. 2018 – B 10 EG 8/16 R, NZS 2019, 22.
19 BSG 5. 4. 2012 – B 10 EG 3/11 R.
20 BSG 25. 6. 2020 – B 10 EG 2/19 R, NZS 2021, 38, m. Anm. *Plum*.
21 LSG Bremen-Niedersachsen 21. 6. 2017 – L 2 EG 13/16.
22 BSG 25. 6. 2009 – B 10 EG 9/08 R.
23 BSG 13. 12. 2018 – B 10 EG 9/17 R, NZS 2019, 397.
24 R 39b.2 Abs. 2 Ziffer 6 LStR 2015.
25 R 39b.2 Abs. 2 Ziffer 9 LStR 2015.
26 So bei quartalsweiser Auszahlung: BSG 14. 12. 2017 – B 10 EG 7/17 R, DStR 2018, 819; »Geradezu abenteuerlich« sei die Begründung des BSG: Richter, NZS 2018, 669.
27 Ebenso: Geulen/Vogt, ArbRAktuell 2020, 181, 185.
28 Ist der Bezug von Kurzarbeitergeld eine Folge der COVID-19-Pandemie, kann dieser Zeitraum unberücksichtigt gelassen werden, § 2b Abs. 1 Satz 4.
29 Näheres: Meyer/Wall, Kurzarbeit und Kurzarbeitergeld, Kap. B. Rn. 827 ff.

b) Einkommensteuerrechtliches Zuflussprinzip

Der Zeitpunkt, zu dem Einkommen berücksichtigt wird, folgt streng der steuerrechtlichen Behandlung, Abs. 1 Satz 3.[30] Es gilt somit in § 2c ein strenges Zuflussprinzip.[31] **Gehaltsnachzahlungen** sind zu dem Zeitpunkt zu berücksichtigen, zu dem der Empfänger die Verfügungsmacht über sie erhalten hat, wenn die Nachzahlung oder die Vorauszahlung sich ausschließlich auf Lohnzahlungszeiträume beziehen, die **im Kalenderjahr der Zahlung enden**, oder Arbeitslohn für Lohnzahlungszeiträume des abgelaufenen Kalenderjahres **innerhalb der ersten drei Wochen des nachfolgenden Kalenderjahres** überwiesen oder ausgezahlt wird.[32] Es kommt deswegen auf den Zeitpunkt der Gutschrift auf dem Girokonto des Empfängers an. Gehaltsnachzahlungen, die diese Kriterien nicht erfüllen, sind **sonstige Bezüge** im Sinne des EStG.[33] Sonstige Bezüge bleiben bei der Ermittlung des Bruttoeinkommens vollständig außer Betracht (§ 2c Abs. 1 Satz 3). 14

Wird vor dem Bemessungs- oder Bezugszeitraum »verdienter« Arbeitslohn nachträglich und dadurch innerhalb des Zeitraums ausgezahlt, wird er als Einkommen berücksichtigt, sofern es sich nicht wegen der späten Nachzahlung um sonstige Bezüge handelt.[34] Dies gilt selbst dann, wenn der Arbeitgeber stets regelmäßige Zeitzuschläge in erheblichem Umfang versetzt um zwei Monate auszahlt. In diesem Fall führt die Begrenzung der Dreiwochenfrist in LStR 2023 R 39b.2 Abs. 2 Nr. 8 dazu, dass Nachzahlungen über den Jahreswechsel oft sonstige Bezüge werden.[35] 15

Zahlt der Arbeitgeber dem Arbeitnehmer schuldhaft den zustehenden Lohn oder andere Leistungen (z. B. Mutterschutzlohn) nicht fristgerecht, haftet er aus dem Gesichtspunkt des **Verzuges** (§ 286 BGB) für dem Arbeitnehmer **entgangenes Elterngeld**, wenn die verspätete Nachzahlung lohnsteuerrechtlich als sog. »sonstiger Bezug« eingeordnet wird und deshalb für die Berechnung des Elterngeldes nicht berücksichtigt wird.[36] Der durch den Schuldnerverzug ausgelöste Schaden erfasst auch die Kosten für die Einschaltung eines **Rechtsanwalts oder Steuerberaters**, soweit es sich um notwendige Rechtsverfolgungskosten handelt, wenn diese zur konkreten Rechtsverfol- 16

---

30 Dies ist seit dem 20.5.2020 der Fall. Der bisherige Rechtsstreit ist damit nur noch von historischem Interesse: BSG 27.6.2019 – B 10 EG 1/18 R, NJW 2019, 3669.

31 Bestätigt: BSG 27.6.2019 – B 10 EG 2/18 R.

32 R 39b.2 Abs. 1 Ziffer 6 und 7 Lohnsteuer-Richtlinien (LStR) 2015.

33 R 39b.2 Abs. 2 Ziffer 8 LStR 2015. Bestätigt BSG 27.6.2019 – B 10 EG 2/18 R.

34 BSG 27.6.2019 – B 10 EG 1/18 R, NJW 2019, 3669.

35 Bestätigend LSG BW 17.12.2024 – L 11 EG 272/24, es verbleibt bei der strengen lohnsteuerrechtlichen Akzessorietät.

36 LSG BW 22.3.2022 – L 11 EG 2121/21; LAG Nürnberg 20.1.2021 – 2 Sa 253/20; LAG Düsseldorf 27.5.2020 – 12 Sa 716/19.

gung erforderlich und zweckmäßig sind.[37] Der Berechtigte muss sich demgegenüber durch die verspätete Zahlung entstehende Steuervorteile im Wege eines Vorteilsausgleichs anrechnen lassen.[38]

c) Arbeitnehmer-Pauschbetrag (Abs. 1 Satz 1)

17 Das steuerrechtliche Bruttoeinkommen aus nichtselbständiger Arbeit wird in einem zweiten Schritt nach **Abs. 1 Satz 1** um **monatlich ein Zwölftel** des Arbeitnehmer-Pauschbetrags gemindert. Der Arbeitnehmer-Pauschbetrag, mit dem der Werbungskosten-Pauschbetrag gemäß § 9a Satz 1 Nummer 1 Buchstabe a des Einkommensteuergesetzes gemeint ist, der jedes Kalenderjahr zum 1. Januar neu festgelegt wird (vgl. **Abs. 1 Satz 4**), beträgt zurzeit (Stand 2025) kalenderjährlich 1230 €. Hiervon wird für jeden Monat des Bemessungszeitraums ein Zwölftel in Abzug gebracht, derzeit also 102,50 €. Eine Berücksichtigung individuell ggf. höherer oder niedrigerer Werbungskosten scheidet damit aus.

18 Die weiteren Abzüge für Steuern und Sozialversicherung sind den §§ 2e und 2f zu entnehmen.

3. Lohn- und Gehaltsbescheinigungen des Arbeitgebers (Abs. 2)

19 Nach **Abs. 2** richtet sich die Einkommensermittlung nach den Angaben, die den vom Arbeitgeber zu erstellenden Lohn- und Gehaltsbescheinigungen für die maßgeblichen Monate zu entnehmen sind. Den Lohn- und Gehaltsbescheinigungen kommen dabei sowohl eine Vollständigkeits- als auch eine Richtigkeitsvermutung zu.[39] Es handelt sich um eine Vermutung, weil der Arbeitgeber die Abrechnungen nach einheitlichen Vorgaben erstellt, die sich aus der Verordnung zur Erstellung einer Entgeltbescheinigung nach § 108 Abs. 3 Satz 1 der GewO ergeben.[40] Gleichwohl scheidet eine rechtliche Bindungswirkung aus, da sie lediglich die Sachverhaltsaufklärung durch die Elterngeldstellen erleichtern sollen.[41] Korrekturmeldungen in späteren Monaten, die sich auf die Monate des Bemessungszeitraums beziehen, sind möglich (§ 41c EStG) und zwar unabhängig davon, ob der Arbeitgeber eine neue Gehaltsbescheinigung ausstellt oder die Korrektur nur in einer

---

37 LAG Nürnberg 20.1.2021 – 2 Sa 253/20; LAG Düsseldorf 27.5.2020 – 12 Sa 716/19.

38 Voßberg, SPA 2021, 68.

39 BT-Drs. 17/9841, S. 22.

40 BT-Drs. 18/2583, S. 25.

41 BSG 13.12.2018 – B 10 EG 9/17 R, NZS 2019, 397.

späteren Abrechnung für einen oder mehrere vorangegangene Monate vornimmt.[42]
Eine Bindungswirkung kommt der Lohnsteueranmeldung (§ 41a EStG) zu, sobald diese »bestandskräftig«[43] ist[44] und bis ein Einkommensteuerbescheid ergeht.[45] In diesem Zeitraum binden auch unzutreffend abgerechnete Provisionen die Elterngeldstelle.[46] Außerhalb dieses Zeitraums muss die Elterngeldstelle selbstständig die zutreffende lohnsteuerliche Behandlung prüfen.[47]

4. Nachweis der Abzugsmerkmale (Abs. 3)

Um die pauschalen Abzüge nach § 2e und § 2f vornehmen zu können, 20
müssen Abzugsmerkmale bestimmt werden. Nach **Abs. 3 Satz 1** sind in der Regel die Angaben zu den Abzugsmerkmalen für Steuern und Sozialabgaben in den Lohn- oder Gehaltsbescheinigungen des **letzten Monats im Bemessungszeitraum** entscheidend. Zu den für die Einkommensermittlung notwendigen Abzugsmerkmalen für Steuern gehören die Steuerklasse, die Kirchensteuerpflicht, der Faktor nach § 39f EStG und die Freibeträge gemäß § 32 Abs. 6 EStG für jedes Kind. Sozialabgaben sind die Angaben zur Versicherungspflicht in der Renten-, Kranken-, Pflege- und Arbeitslosenversicherung.

Abs. 3 Satz 2 bezieht sich demgegenüber auf die Situation, dass sich eine An- 21
gabe zu einem oder mehreren Abzugsmerkmalen im Bemessungszeitraum geändert hat. Diese **Änderung** kann aber nur dann berücksichtigt werden, wenn sie in der überwiegenden Zahl der Monate des Bemessungszeitraums, d.h. **mindestens sieben Monate** vor der Geburt des Kindes,[48] gegolten hat. Insbesondere mit Blick auf den vom Bundessozialgericht ausdrücklich akzeptierten **Steuerklassenwechsel** verheirateter Eltern bzw. erstmaliger **Steuerklassenwahl** bei der Eheschließung zur Steigerung des Elterngeldes[49] muss deshalb von den Eltern zügig gehandelt werden: Wollen sie ein höheres Elterngeld beziehen, so ist der Steuerklassenwechsel in die günstigere Steuerklasse III oder IV für den Elternteil, der nach der Geburt des Kindes zu Hause bleiben will, rechtzeitig beim zuständigen Finanzamt des Wohn-

42 Jedenfalls für nach Ablauf der Frist des § 41c Abs. 3 Satz 1 EStG erstellte Nachberechnungen: BSG 13.12.2018 – B 10 EG 9/17 R, NZS 2019, 397.
43 Gemeint ist der Ablauf der Korrekturfrist, § 41c Abs. 3 Satz 1 EStG.
44 BSG 14.12.2017 – B 10 EG 7/17 R, DStR 2018, 819.
45 BSG 25.6.2020 – B 10 EG 2/19 R, NZS 2021, 38, m. Anm. *Plum*.
46 So für Provisionen: BSG 25.6.2020 – B 10 EG 2/19 R, NZS 2021, 38, m. Anm. *Plum*.
47 BSG 25.6.2020 – B 10 EG 2/19 R, NZS 2021, 38, m. Anm. *Plum*.
48 Schmidt, NWB 2012, 3448, 3451.
49 BSG 25.6.2009 – B 10 EG 3/08 R.

orts zu beantragen. Das bedeutet, dass der Steuerklassenwechsel bereits **in den ersten beiden Schwangerschaftsmonaten** stattgefunden haben muss – findet er später statt, so hat er keine Auswirkungen mehr auf die Höhe des Elterngeldes. Im Ergebnis bedarf es hier der vorausschauenden Elterngeldplanung, um durch niedrigere Steuern im Bemessungszeitraum zunächst ein höheres Nettoeinkommen und später ebenfalls ein höheres Elterngeld zu erzielen.[50] Dem gegenüberstehende potentielle Risiken für das zweiten Elternteil durch den für ihn entstehenden nachteiligen Wechsel im Zusammenhang mit Lohnersatzleistungen (ALG I, KuG, Krankengeld etc.) sollten im Einzelfall mit einem Steuerberater abgewogen werden.

22 Beim **mehrmaligen Wechsel** eines Abzugsmerkmals gilt die abweichende Angabe als überwiegend, wenn sie in mehr Monaten gegolten hat als jedes andere Merkmal für sich genommen. In mehr als der Hälfte der Monate des Bemessungszeitraums braucht sie nicht gegolten zu haben.[51]

23 Hinzuweisen ist an dieser Stelle auf die Regelung des **§ 2e Abs. 6**, demnach **Freibeträge** und **Pauschalen** beim Steuerabzug nur noch dann Berücksichtigung finden, wenn sie ohne weitere Voraussetzung jeder berechtigten Person zustehen. Diese Vorschrift führt zu einer finanziellen Schlechterstellung derjenigen Eltern, die in der Vergangenheit durch die Eintragung von Freibeträgen in ihrer Steuerkarte eine Minderung der Steuerlast und somit eine Steigerung des für die Elterngeldberechnung maßgeblichen Nettoeinkommens erreichen konnten.[52] Freibeträge, wie z. B. die für Pendler zwischen Wohnung und Arbeitsstätte oder für eine doppelte Haushaltsführung, spielen keine Rolle mehr.[53] Außer Betracht bleiben außerdem Freibeträge gemäß § 33b EStG für Eltern mit Behinderung oder aber mit einem behinderten Kind.

24 **Nach Abs. 3 Satz 3** gilt die Richtigkeits- und Vollständigkeitsvermutung der Lohn- und Gehaltsbescheinigungen auch bei der Ermittlung der Abzugsmerkmale für Steuern und Sozialabgaben.[54]

25 Mit dem durch das IV. Bürokratieentlastungsgesetz[55] zum 1. 5. 2025 neu eingefügten Abs. 4 sollen als ungerecht empfundene Belastungen von **Grenzgängern** abgemildert werden.

Wenn in Deutschland nichtselbständig Erwerbstätige ihren Wohnsitz im Ausland haben, mit dem ein Doppelbesteuerungsabkommen besteht, entscheidet der Ansässigkeitsstaat über die Besteuerung des Einkommens und

---

50 Ismer/Luft/Schachameyer, NZS 2013, 327, 332.
51 BSG 28. 3. 2019 – B 10 EG 8/17 R, NZS 2019, 714 mit Anm. *Filges*.
52 Schmidt, NWB 2012, 3448, 3450.
53 Schmidt, NWB 2012, 3448, 3450.
54 BT-Drs. 18/2583, S. 25.
55 BT-Drs. 20/11306, S. 117.

des deutschen Elterngeldes. In einigen Staaten wird das deutsche Elterngeld hierdurch als steuerpflichtiges Einkommen behandelt.
Der vorherige Abzug der Pauschbeträge zur Berechnung der Höhe des Elterngeldes durch deutsche Elterngeldstellen führte zu einer Benachteiligung dieses Personenkreises. Diese wurde beseitigt.
Ohne einer Steuerpflichtigkeit des deutschen Elterngeldes nach den Vorschriften des Ansässigkeitsstaates fehlt es hingegen an einer Benachteiligung. Deswegen bleibt es in diesen Fällen für Grenzgänger weiterhin bei einer rechnerischen Absetzung des deutschen Arbeitnehmer-Pauschbetrags bei Ermittlung des Überschusses der Einnahmen (Elterngeld-Brutto). Dies gilt unter anderem auch, wenn im Ansässigkeitsstaat das Doppelbesteuerungsabkommen selbst das Elterngeld von der Besteuerung vollständig freistellt.
Die zu § 2c Abs. 4 spiegelbildliche Regelung für den Umgang mit Abzügen im Bezugszeitraum enthält § 2e Abs. 7.

§ 2d Einkommen aus selbstständiger Erwerbstätigkeit

(1) Die monatlich durchschnittlich zu berücksichtigende Summe der positiven Einkünfte aus Land- und Forstwirtschaft, Gewerbebetrieb und selbstständiger Arbeit (Gewinneinkünfte), vermindert um die Abzüge für Steuern und Sozialabgaben nach den §§ 2e und 2f, ergibt das Einkommen aus selbstständiger Erwerbstätigkeit.

(2) [1]Bei der Ermittlung der im Bemessungszeitraum zu berücksichtigenden Gewinneinkünfte sind die entsprechenden im Einkommensteuerbescheid ausgewiesenen Gewinne anzusetzen. [2]Ist kein Einkommensteuerbescheid zu erstellen, werden die Gewinneinkünfte in entsprechender Anwendung des Absatzes 3 ermittelt.

(3) [1]Grundlage der Ermittlung der in den Bezugsmonaten zu berücksichtigenden Gewinneinkünfte ist eine Gewinnermittlung, die mindestens den Anforderungen des § 4 Absatz 3 des Einkommensteuergesetzes entspricht. [2]Als Betriebsausgaben sind 25 Prozent der zugrunde gelegten Einnahmen oder auf Antrag die damit zusammenhängenden tatsächlichen Betriebsausgaben anzusetzen.

(4) [1]Soweit nicht in § 2c Absatz 3 etwas anderes bestimmt ist, sind bei der Ermittlung der nach § 2e erforderlichen Abzugsmerkmale für Steuern die Angaben im Einkommensteuerbescheid maßgeblich. [2]§ 2c Absatz 3 Satz 2 gilt entsprechend.

(5) Die zeitliche Zuordnung von Einnahmen und Ausgaben erfolgt nach den einkommensteuerrechtlichen Grundsätzen.

Inhaltsübersicht

1. Allgemeines

1 Das Einkommen aus selbständiger Erwerbstätigkeit wird nach Maßgabe dieser Vorschrift ermittelt. § 2d ist wie § 2c für die nichtselbständige Arbeit als grundlegende Regelung ausgestaltet. Hier wie dort wird für die pauschalierten Abzüge für Steuern und Sozialabgaben auf die §§ 2e und 2f verwiesen. Somit stellt § 2d die Ausgangsnorm dar, die durch die Abzugsvorgaben in §§ 2e und 2f konkretisiert wird. Anders als bei nichtselbstständiger Tätigkeit unterscheidet § 2d bei der Einkommensermittlung zwischen dem Bemessungszeitraum (Abs. 2), dessen Ermittlung grundsätzlich auf der Basis des Einkommensteuerbescheids[1] erfolgt, und dem Bezugszeitraum (Abs. 3), weil hier im Allgemeinen noch kein Steuerbescheid vorliegt.[2] Darüber hinaus wird der Begriff der **Gewinneinkünfte** als die Summe der positiven Einkünfte aus Land- und Forstwirtschaft, Gewerbebetrieb und selbständiger Arbeit definiert.[3]

2 Die Berechnung des Einkommens Selbstständiger zur Berechnung des Elterngeldes ist ebenso wie bei Nichtselbstständigen zur Vereinfachung des Verwaltungsverfahrens fiktiv ausgestaltet.[4]

2. Einkommensteuerbescheid als Berechnungsgrundlage im Bemessungszeitraum

3 Gemäß **Abs. 2** bildet der Einkommensteuerbescheid des letzten abgeschlossenen steuerlichen Veranlagungszeitraums vor der Geburt des Kindes die Grundlage der Einkommensermittlung. Entscheidend sind die im Einkommensteuerbescheid ausgewiesenen **positiven Einkünfte**, die nach **Abs. 1** monatlich durchschnittlich zu berücksichtigen sind. **Negative Einkünfte** werden nach § 2 Abs. 1 Satz 3 mit 0 € angesetzt und schlagen deshalb nicht negativ zu Buche.[5] Liegt der Einkommensteuerbescheid bei der Stellung des Antrags auf Elterngeld noch nicht vor, kann das Einkommen der selbstän-

1 BT-Drs. 17/9841, S. 22.
2 Ismer/Luft/Schachameyer, NZS 2013, 327, 331.
3 BT-Drs. 17/9841, S. 22.
4 Richter, DStR 2012, 2285, 2286; Schmidt, NWB 2012, 3448, 3451.
5 BSG 27.10.2022 – B 10 EG 4/20 R; Richter, DStR 2012, 2285, 2286.

digen Elterngeldberechtigten durch andere Unterlagen glaubhaft gemacht werden. So kann der Nachweis z. B. über den letzten verfügbaren Einkommensteuerbescheid, eine Einnahmen-Überschussrechnung oder eine Bilanz geführt werden[6] mit der Folge, dass das Elterngeld zunächst nur vorläufig gezahlt wird, vgl. § 8 Abs. 3.[7] Erst dann, wenn der maßgebliche Einkommensteuerbescheid vorliegt, wird das Elterngeld endgültig berechnet, so dass es unter Umständen auch zu einer Rückzahlung des zu viel erhaltenen Elterngeldes kommen kann.[8]

Abs. 2 Satz 2 bezieht sich auf den Fall, dass kein Einkommensteuerbescheid zu erstellen ist. Diese Situation liegt vor, wenn zwar eine grundsätzliche steuerliche Veranlagungspflicht nach § 25 EStG besteht, jedoch für den Bemessungszeitraum kein geänderter Einkommensteuerbescheid wegen der fehlenden bzw. geringen Auswirkung auf die Höhe der festzusetzenden Steuern zu erlassen ist[9] oder aber vom Finanzamt ausnahmsweise eine sog. Nichtveranlagung bescheinigt wird.[10] 4

Nach Abs. 2 Satz 2 werden die beschriebenen Fälle nach Maßgabe des **Abs. 3** behandelt. Demnach wird die Berechnung des Elterngeldes aufgrund einer Gewinnermittlung der Gewinneinkünfte vorgenommen, die mindestens den Anforderungen des § 4 Abs. 3 EStG entspricht. Betriebsausgaben werden dabei mit einer Pauschale von 25 % angesetzt, Abs. 3 Satz 2. Die tatsächlichen Betriebsausgaben werden nur auf Antrag berücksichtigt (Abs. 3 Satz 2). 5

Nicht besetzt. 6

3. Gewinneinkünfte im Bezugszeitraum

Der Bezugszeitraum der Einkünfte liegt ebenso wie bei Nichtselbstständigen in den Lebensmonaten des Kindes. **Abs. 3** regelt hierfür die Ermittlung der **Gewinneinkünfte**[11], in der Regel kann hier noch kein Einkommensteuerbescheid erteilt worden sein. Die von Abs. 3 Satz 1 vorgesehene Gewinnermittlung muss mindestens den Anforderungen des § 4 Abs. 3 EStG entsprechen, d. h., es genügt eine Einnahmen-Überschussrechnung. Möglich ist aber auch eine Bilanz nach § 4 Abs. 1 i. V. m. § 5 Abs. 1 EStG. Dabei kann sich 7

---

6 BMFSFJ (Hrsg.), S. 21.

7 BT-Drs. 17/9841, S. 23.

8 Schmidt, NWB 2012, 3448, 3452.

9 BT-Drs. 17/9841, S. 23 nimmt dabei Bezug auf § 156 Abgabenordnung (AO).

10 Ismer/Luft/Schachameyer, NZS 2013, 327, 331 plädieren hier außerdem dafür, auch die sog. Freistellungsbescheide des Finanzamtes gleich zu behandeln, sofern sie eine Steuer von Null festsetzen.

11 Dieser Begriff ist nicht notwendig identisch mit dem nach § 2b ermittelten Einkommen, BSG 21. 9. 2020 – B 10 EG 1/20 B.

die Berechnung auf die Betriebseinnahmen beschränken, weil der Abzug für die Betriebsausgaben gemäß Abs. 3 Satz 2 pauschal vorgenommen wird.[12] Keine geeignete Grundlage ist die Ermittlung des Gewinns nach Durchschnittssätzen (**§ 13a EStG**).[13]

8 Da die Betriebsausgaben im Zeitraum des Elterngeldbezugs grundsätzlich pauschal mit 25 % der zugrunde gelegten Einnahmen angesetzt werden, bedarf es eines gesonderten **Antrags**, wenn die **tatsächlichen Betriebsausgaben** berücksichtigt werden sollen, § 2d Abs. 3 Satz 2 2. Halbsatz. Wird der Elterngeldstelle eine Einnahmen-Überschussrechnung übersendet, die höhere Betriebsausgaben als die Pauschale von 25 % verzeichnet, so kann darin gleichzeitig auch ein konkludenter, d. h. stillschweigender, Antrag auf Berücksichtigung der tatsächlichen Betriebsausgaben gesehen werden.[14] Auch Einnahmen aus dem Betrieb einer **Photovoltaikanlage**, die als (Mit-) Gesellschafter einer GbR erwirtschaftet werden, sind Einkünfte aus Gewerbebetrieb.[15]

4. Nachweis der Abzugsmerkmale

9 Aus **Abs. 4 Satz 1** folgt, dass im Allgemeinen die für den Steuerabzug im Sinne des § 2e erforderlichen Abzugsmerkmale aus dem Einkommensteuerbescheid hervorgehen, insbesondere die etwaige Kirchensteuerpflicht und Kinderfreibeträge gemäß § 32 Abs. 6 EStG. Hat der oder die Selbständige ein **Mischeinkommen**, d. h. Einnahmen aus selbständiger und nichtselbständiger Arbeit, so ist § 2c Abs. 3 anwendbar. Das bedeutet, dass die in den Lohn- und Gehaltsbescheinigungen des Arbeitgebers ausgewiesenen Abzugsmerkmale entscheidend sind und nicht die ggf. davon abweichenden Angaben im Einkommensteuerbescheid.[16] Darüber hinaus ermittelt die Elterngeldstelle nach § 20 SGB X solche Entgeltdaten von Amts wegen, die nicht in § 2c Abs. 2 und 3 sowie § 2d Abs. 2 bis 4 geregelt sind.[17] Beiträge für eine berufsständische Versorgung, wie sie u. a. von Ärzten oder Rechtsanwälten zu leisten sind, sind ggf. für die Ermittlung der Sozialabgaben, die Grundlage der steuerlichen Veranlagung gewesen sind, nachzuweisen.[18]

10 Nach **Abs. 4 Satz 2** gilt § 2c Abs. 3 Satz 2 entsprechend. Das bedeutet, dass **Änderungen an den Abzugsmerkmalen** innerhalb des Bemessungszeitraums nur dann maßgeblich sind, wenn sie auch in der überwiegenden Zahl

---

12 Ismer/Luft/Schachameyer, NZS 2013, 327, 331.
13 LSG Hessen 19. 5. 2020 – L 5 EG 7/18.
14 Ismer/Luft/Schachameyer, NZS 2013, 327, 331.
15 BSG 4. 11. 2020 – B 10 EG 4/20 B.
16 BT-Drs. 17/9841, S. 23.
17 BT-Drs. 17/9841, S. 23 f.
18 BT-Drs. 17/9841, S. 24.

der Monate im Bemessungszeitraum gegolten haben. »Überwiegend« heißt in diesem Zusammenhang, dass das jeweilige Abzugsmerkmal mindestens sieben Monate auf die elterngeldberechtigte Person anzuwenden gewesen sein muss.[19] Beim **mehrmaligen Wechsel** eines Abzugsmerkmals gilt die abweichende Angabe als überwiegend, wenn sie in mehr Monaten gegolten hat als jedes andere Merkmal für sich genommen; in mehr als der Hälfte der Monate des Bemessungs- oder Bezugszeitraums braucht sie nicht gegolten zu haben.[20]
Dies gilt jedoch nicht zum Steuerklassenwechsel, der bei Selbständigen mit einem sog. Mischeinkommen gemäß § 2e Abs. 3 Satz 2 nicht mehr möglich ist, da bei ihnen grundsätzlich die Steuerklasse IV ohne Berücksichtigung eines Faktors für den Steuerabzug entscheidend ist.[21]

5. Einkommensteuerrechtliches Zuflussprinzip

Der Zeitpunkt, zu dem Einkünfte berücksichtigt werden, folgt streng der steuerrechtlichen Behandlung, dies wird durch Abs. 5[22] klargestellt.[23] Dort gilt ein strenges Zuflussprinzip.[24] Nur soweit eine Bilanzierungspflicht besteht, gilt das Realisationsprinzip. Für den Bemessungszeitraum ergeben sich in der Praxis ohnehin keine Schwierigkeiten, weil in der Regel auf den letzten Steuerbescheid abgestellt wird. Im Bezugszeitraum ist nunmehr für die Frage, welche Einkünfte noch (elterngeldmindernd) zu berücksichtigen sind, zunächst **die Gewinnermittlungsart entscheidend**. Bei Erstellung einer Einnahme-Überschussrechnung ist der Zeitpunkt relevant, in dem der Empfänger die Verfügungsmacht über sie erhalten hat. Fällt ein **Zahlungseingang in den Bezugszeitraum**, obwohl die Tätigkeit des Selbstständigen hierfür vor dem Bezugszeitraum erbracht wurde, so ist sie als Einnahme **zu berücksichtigen**. Erfolgt ein **Zahlungseingang erst nach dem Bezugszeitraum**, jedoch für eine im Bezugszeitraum erbrachte Tätigkeit, so wird sie beim Elterngeld **nicht angerechnet**. 11
Soweit das Zuflussprinzip gilt, kommt es auf den Zeitpunkt der Gutschrift auf dem Girokonto des Empfängers an.

19 Vgl. Schmidt, NWB 2012, 3448, 3451.
20 Vgl. BSG 28.3.2019 – B 10 EG 8/17 R, NZS 2019, 714 mit Anm. *Filges*.
21 Dau, jurisPR-SozR 20/2012 Anm. 1.
22 Gilt für Geburten ab dem 20.5.2020, BGBl, Teil I, 2020, S. 1061.
23 Der bisherige Rechtsstreit ist damit ebenso wie bei Nichtselbstständigen nur noch von historischem Interesse: BSG 27.6.2019 – B 10 EG 1/18 R, NJW 2019, 3669.
24 Bestätigt: BSG 27.6.2019 – B 10 EG 2/18 R.

§ 2e Abzüge für Steuern

(1) [1]Als Abzüge für Steuern sind Beträge für die Einkommensteuer, den Solidaritätszuschlag und, wenn die berechtigte Person kirchensteuerpflichtig ist, die Kirchensteuer zu berücksichtigen. [2]Die Abzüge für Steuern werden einheitlich für Einkommen aus nichtselbstständiger und selbstständiger Erwerbstätigkeit auf Grundlage einer Berechnung anhand des am 1. Januar des Kalenderjahres vor der Geburt des Kindes für dieses Jahr geltenden Programmablaufplans für die maschinelle Berechnung der vom Arbeitslohn einzubehaltenden Lohnsteuer, des Solidaritätszuschlags und der Maßstabsteuer für die Kirchenlohnsteuer im Sinne von § 39b Absatz 6 des Einkommensteuergesetzes nach den Maßgaben der Absätze 2 bis 5 ermittelt.

(2) [1]Bemessungsgrundlage für die Ermittlung der Abzüge für Steuern ist die monatlich durchschnittlich zu berücksichtigende Summe der Einnahmen nach § 2c, soweit sie von der berechtigten Person zu versteuern sind, und der Gewinneinkünfte nach § 2d. [2]Bei der Ermittlung der Abzüge für Steuern nach Absatz 1 werden folgende Pauschalen berücksichtigt:

1. **der Arbeitnehmer-Pauschbetrag nach § 9a Satz 1 Nummer 1 Buchstabe a des Einkommensteuergesetzes, wenn die berechtigte Person von ihr zu versteuernde Einnahmen hat, die unter § 2c fallen, und**
2. **eine Vorsorgepauschale**
   a) **mit den Teilbeträgen nach § 39b Absatz 2 Satz 5 Nummer 3 Buchstabe b, c und e des Einkommensteuergesetzes, falls die berechtigte Person von ihr zu versteuernde Einnahmen nach § 2c hat, ohne in der gesetzlichen Rentenversicherung oder einer vergleichbaren Einrichtung versicherungspflichtig gewesen zu sein, oder**
   b) **mit den Teilbeträgen nach § 39b Absatz 2 Satz 5 Nummer 3 Buchstabe a bis c des Einkommensteuergesetzes in allen übrigen Fällen,**

wobei die Höhe der Teilbeträge ohne Berücksichtigung der besonderen Regelungen zur Berechnung der Beiträge nach § 55 Absatz 3 und § 58 Absatz 3 des Elften Buches Sozialgesetzbuch bestimmt wird.

(3) [1]Als Abzug für die Einkommensteuer ist der Betrag anzusetzen, der sich unter Berücksichtigung der Steuerklasse und des Faktors nach § 39f des Einkommensteuergesetzes nach § 2c Absatz 3 ergibt; die Steuerklasse VI bleibt unberücksichtigt. [2]War die berechtigte Person im Bemessungszeitraum nach § 2b in keine Steuerklasse eingereiht oder ist ihr nach § 2d zu berücksichtigender Gewinn höher als ihr nach § 2c zu berücksichtigender Überschuss der Einnahmen über ein Zwölftel des Arbeitnehmer-Pauschbetrags, ist als Abzug für die Einkommensteuer der

Betrag anzusetzen, der sich unter Berücksichtigung der Steuerklasse IV ohne Berücksichtigung eines Faktors nach § 39f des Einkommensteuergesetzes ergibt.

(4) [1]Als Abzug für den Solidaritätszuschlag ist der Betrag anzusetzen, der sich nach den Maßgaben des Solidaritätszuschlagsgesetzes 1995 für die Einkommensteuer nach Absatz 3 ergibt. [2]Freibeträge für Kinder werden nach den Maßgaben des § 3 Absatz 2a des Solidaritätszuschlagsgesetzes 1995 berücksichtigt.

(5) [1]Als Abzug für die Kirchensteuer ist der Betrag anzusetzen, der sich unter Anwendung eines Kirchensteuersatzes von 8 Prozent für die Einkommensteuer nach Absatz 3 ergibt. [2]Freibeträge für Kinder werden nach den Maßgaben des § 51a Absatz 2a des Einkommensteuergesetzes berücksichtigt.

(6) Vorbehaltlich der Absätze 2 bis 5 werden Freibeträge und Pauschalen nur berücksichtigt, wenn sie ohne weitere Voraussetzung jeder berechtigten Person zustehen.

(7) [1] Abzüge für Steuern nach Absatz 1 Satz 1 sind nicht zu berücksichtigen, wenn dem Ansässigkeitsstaat der berechtigten Person nach einem Abkommen zur Vermeidung der Doppelbesteuerung das Besteuerungsrecht für das Elterngeld zusteht und wenn das aus Deutschland gezahlte Elterngeld nach den maßgebenden Vorschriften des Ansässigkeitsstaats der Steuer unterliegt. [2]Unterliegt das Elterngeld im Ansässigkeitsstaat nach dessen maßgebenden Vorschriften nicht der Steuer, so sind die Abzüge für Steuern nach den Absätzen 1 bis 6 entsprechend zu berücksichtigen.

Inhaltsübersicht Rn.

1. Allgemeines

§ 2e legt fest, dass pauschal Steuern vom Einkommen aus nichtselbständiger 1
und selbständiger Arbeit abgezogen werden. Es handelt sich dabei um einen pauschalisierten (fiktiven) Steuerabzug, der auf der Basis des vom Bundesfinanzministerium herausgegebenen amtlichen Programmablaufplans für die maschinelle Berechnung der Lohnsteuer, des Solidaritätszuschlags und

ggf. der Kirchensteuer errechnet wird.[1] Als Vorbild dieser automatisierten Berechnungsmethode dienten dem Gesetzgeber die Berechnung des Arbeitslosengeldes und des Wohngeldes durch die Agenturen für Arbeit bzw. die Wohngeldämter.[2]

Mit Wirkung zum 1.1.2024 wurde durch das Jahressteuergesetz (JStG)[3] der Verweis in Abs. 2 Satz 2 Nr. 2 auf § 39b wegen einer dortigen Modifikation erweitert. Mit Wirkung zum 1.5.2025 wurde Abs. 7 neu eingefügt, der spiegelbildlich zu § 2c Abs. 4 übermäßige Belastungen im Elterngeld aus Doppelbesteuerungsabkommen abmildern soll.[4]

2. Abzüge für Steuern im Einzelnen

2 Von dem nach § 2c oder § 2d ermittelten Bruttoeinkommen bzw. den Gewinneinkünften werden gemäß **Abs. 1 Satz 1** die Einkommensteuer, der Solidaritätszuschlag und ggf. die Kirchensteuer abgezogen. **Abs. 1 Satz 2** bestimmt weiter, dass diese Abzüge für Steuern einheitlich sowohl für Einkommen aus nichtselbständiger als auch aus selbständiger Erwerbstätigkeit gelten. Die Vorschrift legt außerdem die Geltung des **Programmablaufplans** zur maschinellen Berechnung der vom Arbeitslohn einzubehaltenden Lohnsteuer,[5] des Solidaritätszuschlags und der Kirchensteuer fest. Entscheidend ist dabei der Programmablaufplan des Bundesfinanzministeriums, der am 1. Januar des Kalenderjahres vor der Geburt des Kindes für dieses Jahr in Kraft gewesen ist. Sollte sich der Programmablaufplan im Verlaufe des jeweils maßgeblichen Kalenderjahres ändern, so ist diese Änderung unbeachtlich.[6]

3 Die Regelung bezieht sich auf alle Einkünfte, die für die Elterngeldberechnung nach § 2c oder § 2d zu berücksichtigen sind, d.h., dass nicht nur die inländischen, sondern auch die im EU-Ausland oder in der EU gleichgestellten Staaten zu versteuernden Einnahmen herangezogen werden.[7] Im übrigen Ausland zu versteuernde Einnahmen bleiben unberücksichtigt, entsprechende Doppelbesteuerungsabkommen sind zu berücksichtigen. Mit der

---

1 Dau, jurisPR-SozR 20/2012 Anm. 1.

2 Schmidt, NWB 2012, 3448, 3449.

3 BGBl, Teil I, 2020, S. 3096, 3124.

4 BT-Drs. 20/11306, S. 117.

5 Mittels dieses Programmlaufs wird die prognostisch an der zum Ende des Kalenderjahres bestehenden Einkommensteuer- und Sozialabgabenpflicht ausgerichtete Höhe der Lohnsteuer ermittelt.

6 BT-Drs. 17/9841, S. 24; vgl. dazu auch LSG Bremen-Niedersachsen 6.4.2016 – L 2 EG 10/15, welches den einheitlichen Steuerabzug nach Maßgabe des § 2e unabhängig von der realen Steuerbelastung im EU-Ausland etc. für verfassungsgemäß hält.

7 BT-Drs. 17/9841, S. 24.

einheitlichen Festlegung der Bemessungsgrundlage wird schließlich nicht nur der steuerlichen Progression Rechnung getragen, sondern bei Mischeinkommen aus nichtselbständiger und selbständiger Arbeit auch die Notwendigkeit einer zweifachen Berechnung der Steuerabzüge verhindert.[8]

3. Bemessungsgrundlage der Steuerabzüge

Nach **Abs. 2 Satz 1** bildet bei Arbeitnehmern die **monatlich durchschnittlich** zu berücksichtigende Summe der Einnahmen nach § 2c, soweit sie zu versteuern sind,[9] die Bemessungsgrundlage für die Ermittlung des vorzunehmenden Steuerabzugs. Für Selbständige sind dies die nach § 2d ermittelten durchschnittlichen monatlichen **Gewinneinkünfte.**[10] Ergebnis dieser summarischen Betrachtung soll **ein einziger Wert** für das zu berücksichtigende Einkommen sein, der zur Berechnung des Elterngeldes herangezogen wird. Für den Bemessungszeitraum erscheint diese Verwaltungsvereinfachung überzeugend. Für den Bezugszeitraum hingegen nicht. Vor allem in Verbindung mit den zunehmenden **Flexibilisierungsmöglichkeiten von Elterngeld** und Teilzeittätigkeit führen nachträgliche Änderungen der Elterngeldplanung stets zu einer teils bloß lästigen, manchmal ärgerlichen, mitunter **unzumutbaren Neuberechnung und Rückforderung** bisher bezogenen Elterngeldes. Die Zufälligkeit der elterngeldlichen seismischen Bruchbildungen macht eine komplexere präzise Planung des Elterngeldbezuges für Eltern unmöglich. 4

Abs. 2 Satz 2 Nr. 1 bestimmt, dass bei der Ermittlung des Steuerabzugs nach Abs. 1 pauschal der **Arbeitnehmer-Pauschbetrag** im Sinne von § 9a Satz 1 Nr. 1 Buchstabe a EStG berücksichtigt wird.[11] Das bedeutet, dass vom Bruttoeinkommen aus nichtselbständiger Erwerbstätigkeit zunächst monatlich 102, 50 € (2025, kalenderjährlich zurzeit 1230 €) abgezogen werden und zwar unabhängig davon, ob die Werbungskosten des elterngeldberechtigten Arbeitnehmers tatsächlich höher oder niedriger gewesen sind. Dies mindert das Einkommen und in der Folge auch das Elterngeld.[12] Für Selbständige gilt dies nicht, da bei ihnen die dem Arbeitnehmer-Pauschbetrag entsprechenden Betriebsausgaben schon bei der Gewinnermittlung abgezogen werden (§ 2d Abs. 3).[13] Bei **Mischeinkommen** hingegen wird aus Gründen der Verwaltungsvereinfachung der Arbeitnehmer-Pauschbetrag **von der** 5

8 BT-Drs. 17/9841, S. 24.

9 Eine geringfügige Beschäftigung (sog. Minijob) ist hiervon ausgenommen, soweit der Minijob pauschal versteuert wird, § 40a EStG.

10 § 2d Rn. 5.

11 Diese Regelung ist eine Dublette zu § 2c Abs. 1 Satz 1; der Abzug des Arbeitnehmer-Pauschbetrages ist selbstverständlich nur einmal durchzuführen.

12 Dau, jurisPR-SozR 20/2012 Anm. 1.

13 BT-Drs. 17/9841, S. 25.

Summe der Einkünfte und damit auch von den Einkünften aus einer selbständigen Erwerbstätigkeit abgezogen – in voller Höhe.[14]

6 **Abs. 2 Satz 2 Nr. 2** bringt außerdem eine **Vorsorgepauschale** in Abzug vom Gesamtbruttoeinkommen. Sie gilt im Unterschied zum Arbeitnehmer-Pauschbetrag sowohl für Arbeitnehmer als auch für Selbständige.[15] Abgezogen werden dabei pauschale Teilbeträge für die Rentenversicherung und die gesetzliche Kranken- und Pflegeversicherung gemäß § 39b Abs. 2 Satz 5 Nummer 3 Buchstabe b und c EStG. Der Abzug für die Rentenversicherung entfällt jedoch bei Beamten, beherrschenden Geschäftsführern einer GmbH oder aber einem im Arbeitsverhältnis stehenden Bezieher einer vollen Altersrente, da dieser Personenkreis in der Rentenversicherung oder einer vergleichbaren Einrichtung[16] nicht (mehr) versicherungspflichtig ist.[17] Dies ergibt sich aus **Abs. 2 Satz 2 Nr. 2 Buchstabe a**. Demgegenüber werden nach **Abs. 2 Satz 2 Nr. 2 Buchstabe b** Aufwendungen, die nicht pflichtversicherte Selbständige für die Krankenversicherung und eine Altersversorgung haben, in Teilbeträgen entsprechend § 39b Abs. 2 Satz 5 Nr. 3 Buchstabe a bis c EStG berücksichtigt.[18] Nach §§ 55 Abs. 3 und 58 Abs. 3 SGB XI bleibt der Beitragszuschlag für Kinderlose in der Pflegeversicherung und der besondere Beitragssatz in der Pflegeversicherung des Bundeslandes Sachsen bei der Berechnung des Teilbetrags nach § 39b Abs. 2 Satz 5 Nr. 3 Buchstabe c EStG unberücksichtigt.[19]

7 **Ab dem 1.1.2024** werden auch Pauschalen für die Versicherung gegen **Arbeitslosigkeit** bei Arbeitnehmern erfasst, die in der Arbeitslosenversicherung versichert sind, in den Steuerklassen I bis V in Höhe des Betrags, der bezogen auf den Arbeitslohn unter Berücksichtigung der jeweiligen Beitragsbemessungsgrenze und den bundeseinheitlichen Beitragssatz dem Arbeitnehmeranteil eines pflichtversicherten Arbeitnehmers entspricht. Der Teilbetrag ist jedoch nur anzusetzen, soweit er zusammen mit den Teilbeträgen nach den § 39b Abs. 2 Satz 5 Nr. 3 Buchstaben a bis c und d EStG einen Betrag in Höhe von 1900 € nicht übersteigt. Die dortigen Modifikationen zum 1.1.2026 schlagen damit auch auf das Elterngeld durch.

4. Berücksichtigung der Steuerklasse (Abs. 3)

8 **Abs. 3** gibt Auskunft über die Steuerklasse, die dem von der Elterngeldstelle vorzunehmenden pauschalen Steuerabzug zugrunde zu legen ist. Sie

14 Richtlinien zum BEEG, BMFSFJ, 12/2024, Ziffer 2e.2.2.1.1.
15 Ismer/Luft/Schachameyer, NZS 2013, 327, 332.
16 Z.B. berufsständische Versorgungswerke der Ärzte, Rechtsanwälte etc.
17 Ismer/Luft/Schachameyer, NZS 2013, 327, 332.
18 BT-Drs. 17/9841, S. 25.
19 BT-Drs. 17/9841, S. 25.

gilt sowohl für die Einkommensermittlung im Bemessungs- als auch im Bezugszeitraum.[20] Maßgeblich ist demnach die von der elterngeldberechtigten Person gewählte und vom Finanzamt eingetragene Steuerklasse sowie der Faktor nach § 39f EStG. Der Gesetzgeber hat dabei ausdrücklich klargestellt, dass die Steuerklasse VI (z. B. bei einer Nebenbeschäftigung) keine Berücksichtigung findet, so dass es nur auf die Steuerklasse ankommt, die die elterngeldberechtigte Person neben der Steuerklasse VI hat.[21] Die Angaben zur Steuerklasse sind aus der letzten Lohn- und Gehaltsbescheinigung im Bemessungszeitraum zu entnehmen, bei Selbstständigen ist es pauschal die Steuerklasse IV, § 2c Abs. 3 Satz 1 und § 2d Abs. 4. Ein **Steuerklassenwechsel** der Ehegatten zur Steigerung des Elterngeldes muss im Übrigen nach § 2c Abs. 3 Satz 2 **mindestens sieben Monate vor der Geburt** des Kindes stattgefunden haben. Diese Vorschrift gilt entsprechend bei Selbständigen für die anderen Abzugsmerkmale, § 2d Abs. 4 Satz 2.

Abs. 3 Satz 2 hat schließlich die Personen im Blickfeld, die mit ihren Einkünften aus selbständiger Arbeit oder Arbeitsverhältnis in einem anderen Mitgliedstaat der Europäischen Union nicht dem deutschen Lohnsteuerabzugsverfahren unterliegen.[22] Deshalb liegt hier keine Einreihung in eine Steuerklasse vor. Darüber hinaus bezieht sich die Regelung auf die Personen, bei denen das Gesamteinkommen überwiegend durch das Einkommen aus selbständiger Erwerbstätigkeit geprägt ist und die Einkünfte aus einem Arbeitsverhältnis dahinter zurücktreten. In beiden Fällen wird dem Steuerabzug die Steuerklasse IV ohne den Faktor nach § 39f EStG zugrunde gelegt. Das BSG hat diese Regelung grundsätzlich als verfassungskonform angesehen.[23] Hintergrund bildete die Frage, ob die pauschale Versteuerung durch die Zuordnung zur Steuerklasse IV den Gleichbehandlungsgrundsatz aus Art. 3 GG verletzt, wenn sie nicht annähernd der Steuerpflicht eines Selbständigen gegenüber einer abhängig beschäftigten Person entspricht. Zu den Auswirkungen eines Steuerklassenwechsels vgl. § 2c Rn. 21 ff. 9

5. Solidaritätszuschlag (Abs. 4)

Mit der Regelung des **Abs. 4** wird klargestellt, dass sich der Abzug für den Solidaritätszuschlag nach dem Solidaritätszuschlagsgesetz 1995 richtet. Weil es sich um einen Rechtsgrundverweis handelt,[24] sind die zum 1.1.2021 eingeführten **Freigrenzen** (§ 3 Abs. 3, 4 und 5 SolZG) auch hier zu berücksichtigen. Auch für die Berechnung der Freigrenze ist auf das durchschnitt- 10

20 BT-Drs. 17/9841, S. 25.
21 BT-Drs. 17/9841, S. 25.
22 BT-Drs. 17/9841, S. 26.
23 BSG 16.12.2016 – B 10 EG 15/16 B.
24 BT-Drs. 17/9841, S. 26.

liche monatliche Einkommen des Bemessungs- oder Bezugszeitraums abzustellen.
Kinderfreibeträge werden dabei nach den Vorgaben des § 3 Abs. 2a Solidaritätszuschlagsgesetz behandelt. Auch für diese Kinderfreibeträge gilt, dass sie in der überwiegenden Zahl der Monate des Bemessungs- oder Bezugszeitraums gelten müssen und sich aus den Lohn- und Gehaltsbescheinigungen des Arbeitsgebers bzw. bei Selbständigen aus dem Einkommensteuerbescheid ergeben müssen.[25]

6. Kirchensteuer (Abs. 5)

11 Aus **Abs. 5** folgt, dass für den Kirchensteuerabzug ein Betrag anzusetzen ist, der sich unter Anwendung eines Kirchensteuersatzes in Höhe von 8 % für die nach **Abs. 3** ermittelte Einkommensteuer ergibt. Regionale Unterschiede im Hinblick auf die Höhe der Kirchensteuer werden mit diesem einheitlich festgelegten Kirchensteuersatz ausgeblendet.[26] Es handelt sich auch hier um eine Pauschalisierung. Kinderfreibeträge werden schließlich nach Maßgabe des § 51a Abs. 2a EStG berücksichtigt.

7. Berücksichtigung von Freibeträgen und Pauschalen (Abs. 5 und 6)

12 Nach **Abs. 6** werden Freibeträge und Pauschalen nur dann berücksichtigt, wenn sie ohne weitere Voraussetzung jeder berechtigten Person zustehen. Dadurch können erhebliche Nachteile auftreten, denn die vom Finanzamt eingetragenen Freibeträge für berufstätige Eltern mit Behinderung oder auf den Elternteil übertragene Freibeträge für eigene Kinder mit Behinderung gemäß § 33b EStG finden keine Berücksichtigung mehr – der damit verbundene geringere Steuerabzug mit der Folge des höheren Elterngeldes greift nicht.[27] Auch andere elterngeldberechtigte Personen werden belastet, denn eingetragene **individuelle Freibeträge** wie u. a. für Fahrten zwischen Wohnung und Arbeitsstätte (Pendlerpauschale) oder eine doppelte Haushaltsführung, für Sonderausgaben oder aber außergewöhnliche Belastungen bleiben unberücksichtigt.[28] Auch der Altersentlastungsbetrag gemäß § 24a EStG bleibt außer Betracht.[29] Der pauschale Steuerabzug sowie die Beseitigung der bisherigen Gestaltungsmöglichkeiten durch die Eintragung individueller steuerrechtlicher Freibeträge führen zu einem fiktiv verringer-

25 BT-Drs. 17/9841, S. 26.
26 Ismer/Luft/Schachameyer, NZS 2013, 327, 332.
27 Dau, jurisPR-SozR 20/2012 Anm. 1.
28 Schmidt, NWB 2012, 3448, 3450.
29 BT-Drs. 17/9841, S. 26.

ten Nettoeinkommen im Bemessungszeitraum. Eine mögliche verfassungsrechtliche Verletzung des Art. 3 Abs. 3 Satz 2 GG ist noch ungeklärt.[30]

8. Kinderfreibetrag bei gemeinsamer Veranlagung

Bei gemeinsam veranlagten Ehepartnern, die beide nicht selbstständig sind, führt die Aufteilung des Kinderfreibetrages beim Elterngeld zum identischen Abzug, wie bei der Lohnsteuer. Es kann die Lohnabrechnung herangezogen werden. 13

Bei gemeinsam veranlagten Ehepartnern, bei denen **einer oder beide selbstständig** sind, fehlt eine Regelung im BEEG, wie der Kinderfreibetrag zwischen beiden Berechtigten aufzuteilen ist. In diesem Fall ist § 2e Abs. 3 Satz 2 analog heranzuziehen: Der Kinderfreibetrag ist auf **beide Berechtigte hälftig aufzuteilen**.

Mit dem durch das IV. Bürokratieentlastungsgesetz[31] zum 1. 5. 2025 neu eingefügten Abs. 7 sollen als ungerecht empfundene Belastungen von **Grenzgängern** abgemildert werden. 14

Wenn in Deutschland nichtselbständig Erwerbstätige ihren Wohnsitz im Ausland haben, mit dem ein Doppelbesteuerungsabkommen besteht, entscheidet der Ansässigkeitsstaat über die Besteuerung des Einkommens und des deutschen Elterngeldes. In einigen Staaten wird das deutsche Elterngeld hierdurch als steuerpflichtiges Einkommen behandelt.

Der vorherige Abzug der Pauschbeträge zur Berechnung der Höhe des Elterngeldes durch deutsche Elterngeldstellen führte zu einer Benachteiligung dieses Personenkreises. Diese wurde beseitigt.

Ohne einer Steuerpflichtigkeit des deutschen Elterngeldes nach den Vorschriften des Ansässigkeitsstaates fehlt es hingegen an einer Benachteiligung. Deswegen bleibt es in diesen Fällen für Grenzgänger weiterhin bei einer rechnerischen Absetzung des deutschen Arbeitnehmer-Pauschbetrags bei Ermittlung des Überschusses der Einnahmen (Elterngeld-Brutto). Dies gilt unter anderem auch, wenn im Ansässigkeitsstaat das Doppelbesteuerungsabkommen selbst das Elterngeld von der Besteuerung vollständig freistellt.

Die zu § 2e Abs. 7 spiegelbildliche Regelung für den Abzug des Arbeitnehmer-Pauschbetrages enthält § 2c Abs. 4., s. dort Rn. 25.

30 Zweifelnd: Richter, DStR 2012, 2285, 2286.
31 BT-Drs. 20/11306, S. 117.

§ 2f Abzüge für Sozialabgaben

(1) [1]Als Abzüge für Sozialabgaben sind Beträge für die gesetzliche Sozialversicherung oder für eine vergleichbare Einrichtung sowie für die Arbeitsförderung zu berücksichtigen. [2]Die Abzüge für Sozialabgaben werden einheitlich für Einkommen aus nichtselbstständiger und selbstständiger Erwerbstätigkeit anhand folgender Beitragssatzpauschalen ermittelt:

1. 9 Prozent für die Kranken- und Pflegeversicherung, falls die berechtigte Person in der gesetzlichen Krankenversicherung nach § 5 Absatz 1 Nummer 1 bis 12 des Fünften Buches Sozialgesetzbuch versicherungspflichtig gewesen ist,

2. 10 Prozent für die Rentenversicherung, falls die berechtigte Person in der gesetzlichen Rentenversicherung oder einer vergleichbaren Einrichtung versicherungspflichtig gewesen ist, und

3. 2 Prozent für die Arbeitsförderung, falls die berechtigte Person nach dem Dritten Buch Sozialgesetzbuch versicherungspflichtig gewesen ist.

(2) [1]Bemessungsgrundlage für die Ermittlung der Abzüge für Sozialabgaben ist die monatlich durchschnittlich zu berücksichtigende Summe der Einnahmen nach § 2c und der Gewinneinkünfte nach § 2d. [2]Einnahmen aus Beschäftigungen im Sinne des § 8, des § 8a oder des § 20 Absatz 3 Satz 1 des Vierten Buches Sozialgesetzbuch werden nicht berücksichtigt. [3]Für Einnahmen aus Beschäftigungsverhältnissen im Sinne des § 20 Absatz 2 des Vierten Buches Sozialgesetzbuch ist der Betrag anzusetzen, der sich nach § 344 Absatz 4 des Dritten Buches Sozialgesetzbuch für diese Einnahmen ergibt, wobei der Faktor im Sinne des § 20 Absatz 2a Satz 2 des Vierten Buches Sozialgesetzbuch unter Zugrundelegung der Beitragssatzpauschalen nach Absatz 1 bestimmt wird.

(3) Andere Maßgaben zur Bestimmung der sozialversicherungsrechtlichen Beitragsbemessungsgrundlagen werden nicht berücksichtigt.

Inhaltsübersicht

1. Allgemeines

1 Regelungsziel des § 2e ist eine vereinfachte Einkommensermittlung durch eine fiktive Nettolohnberechnung. Sie wird neben der Pauschalierung des

Steuerabzugs auch durch die des Abzugs für Sozialabgaben erreicht.[1] Die Norm[2] bindet die Einkommensermittlung zur Berechnung des Elterngeldes sehr eng an das Einkommensteuerrecht an. Zum 1.5.2025 erfolgt eine rein redaktionelle Nachzeichnung einer der Formeln zum Übergangsbereich aus § 163 Abs. 10 SGB VI nach § 20 Abs. 2a SGB IV.

§ 2f gilt sowohl für die Berechnung des Einkommens im Bemessungs- als auch im Bezugszeitraum.[3] Ausgangspunkt der Abzüge für Sozialabgaben ist die Summe des Einkommens aus nichtselbstständiger (§ 2c) und die der Einkünfte aus selbstständiger Tätigkeit (§ 2d). **2**

Die in § 2f vorgesehenen Pauschalen für den Abzug sind abschließend (Abs. 3). Andere Maßgaben zur Bestimmung der sozialversicherungsrechtlichen Beitragsbemessungsgrundlagen als die in der Vorschrift genannten kann die Elterngeldstelle nicht akzeptieren.

2. Beitragssatzpauschalen im Einzelnen

Nach **Abs. 1 Satz 1** werden zunächst die verschiedenen Zweige der gesetzlichen Sozialversicherung für den Abzug der Sozialabgaben in Bezug genommen. Die von der Vorschrift erfassten Sozialversicherungszweige sind die **Krankenversicherung**, die **Pflegeversicherung**, die **Rentenversicherung** und die **Arbeitslosenversicherung.**[4] Darüber hinaus erwähnt die Vorschrift auch die der gesetzlichen Sozialversicherung vergleichbaren Einrichtungen. Zu den vergleichbaren Einrichtungen gehören insbesondere **berufsständische Versorgungswerke**, z. B. für Ärzte, Rechtsanwälte etc. und die **Alterssicherung der Landwirte.**[5] Ist eine elterngeldberechtigte Person freiwilliges Mitglied der gesetzlichen Kranken- und Pflegeversicherung, weil sie mit ihrem Einkommen die Versicherungspflichtgrenze in 2025 von 73 800 € Jahresbruttoeinkommen (6150 € monatlich) überschreitet, so findet bei ihr der Pauschalabzug für die Kranken- und Pflegeversicherung nicht statt. Das Gleiche gilt für privat versicherte Personen,[6] weil die Vorschrift ausdrücklich nur die gesetzliche Sozialversicherung erwähnt. **3**

1 BT-Drs. 17/9841, S. 13.

2 Zentral modifiziert mit dem Gesetz zur Vereinfachung des Elterngeldvollzugs vom 10.9.2012, BGBl. I, 1878.

3 BT-Drs. 17/9841, S. 26.

4 Die Unfallversicherung als weiterer klassischer Zweig der Sozialversicherung ist ausgeklammert, da die Beiträge zur Unfallversicherung gemäß §§ 150 ff. SGB VII ausschließlich durch die Arbeitgeber getragen werden und somit bei den Eltern bei der Berechnung des Elterngeldes nicht in Abzug gebracht werden können.

5 BT-Drs. 17/9841, S. 26.

6 Sie müssen während des Elterngeldbezuges in der Regel weiterhin nur wenig verminderte Beiträge leisten.

4 Bei Einkommen, das in einem anderen Mitgliedstaat der Europäischen Union oder aber einem gleichgestellten Staat sozialabgabenpflichtig ist, ist die Elterngeldstelle gehalten, das Bestehen der (ausländischen) Versicherungspflicht gemäß § 20 SGB X zu ermitteln.[7] Nach § 20 SGB X wird die Elterngeldstelle dabei von Amts wegen tätig, d.h. sie muss alle Umstände (günstige wie ungünstige Gesichtspunkte) bei der antragstellenden Person berücksichtigen. Gleichwohl ist der pauschale Abzug für Sozialversicherungsbeiträge verfassungskonform und nach bundesdeutschem Recht vorzunehmen und zwar unabhängig von anderweitig bestehenden tatsächlichen Abzügen für Sozialabgaben im Ausland.[8]

5 Für die **gesetzliche Kranken- und Pflegeversicherung** wird ein pauschaler Abzug von **9 Prozent** vorgenommen, **Abs. 1 Satz 2 Nr. 1.** Der Abzug für die gesetzliche **Rentenversicherung** beträgt darüber hinaus **10 Prozent, Abs. 1 Satz 2 Nr. 2.** Schließlich kommen für die **Arbeitslosenversicherung 2 Prozent** zum Abzug, **Abs. 1 Satz 2 Nr. 3**. Insgesamt ergibt dies einen pauschalen **Abzug in Höhe von 21 %.**

Diese Gesamtpauschale ist jedoch höher als die tatsächlichen Abzüge für die Sozialversicherung (2025 betrug der Arbeitnehmeranteil 19,7 %). Eine Schlechterstellung der berechtigten Person ist damit nicht notwendig verbunden, weil der höhere Pauschalabzug sich im Bezugszeitraum günstig für sie auswirkt.[9] In den Charakter des Elterngeldes als echte Entgeltersatzleistung[10] für das nach der Geburt des Kindes wegfallende Einkommen ist damit nicht eingegriffen worden.[11]

6 Die Abzugsvoraussetzungen sind für jeden Versicherungszweig isoliert zu bestimmen. Sie sind erfüllt, wenn die Abzugsvoraussetzungen im Bemessungs- oder Bezugszeitraum in der **überwiegenden Anzahl der Monate** erfüllt waren.[12] Bei Parität soll der letzte Monat des Betrachtungszeitraums den Ausschlag geben.[13]

Ausschlaggebend ist die **Versicherungspflicht** und nicht die Beitragspflicht in dem jeweiligen Sozialversicherungszweig.[14] Ob eine Befreiungsmöglichkeit von der Versicherungspflicht im jeweiligen Zweig der Sozialversicherung bestand, ist so lange ohne Bedeutung, wie kein Antrag auf Befreiung gestellt wurde (§ 6 Abs. 1b SGB VI für die Rentenversicherungspflicht geringfügig Beschäftigter).

---

7 BT-Drs. 17/9841, S. 26.

8 LSG Bremen-Niedersachsen 6.4.2016 – L 2 EG 10/15 – Rn. 38.

9 Anders: Schmidt, NWB 2012, 3448, 3450.

10 BT-Drs. 17/9841, S. 13.

11 Anders Schmidt, NWB 2012, 3448, 3452.

12 Richtlinien zum BEEG, BMFSFJ, 12/2024, Ziffer 2f.1.1.2.

13 Richtlinien zum BEEG, BMFSFJ, 12/2024, Ziffer 2f.1.1.2.

14 Richtlinien zum BEEG, BMFSFJ, 12/2024, Ziffer 2f.1.1.1.1.

3. Bemessungsgrundlage für die Beitragssatzpauschalen

Abs. 2 legt einheitlich die Bemessungsgrundlage für die Berechnung der Sozialabgaben fest. Die Summe des monatlich durchschnittlich zu berücksichtigenden Einkommens aus einem Arbeitsverhältnis gemäß § 2c und aus selbständiger Arbeit nach § 2d bildet dabei die Ausgangsbasis. 7

Die Beitragspauschalen werden auf das gesamte zu berücksichtigende Einkommen berechnet, eine Begrenzung auf sozialversicherungsrechtliche **Beitragsbemessungsgrenzen** findet nicht statt. Indes ist eine solche Begrenzung nur in wenigen Fällen möglich, weil Einkommen im Bemessungszeitraum nur bis zu einem Betrag von 2770 € berücksichtigt wird (§ 2 Abs. 3 Satz 2). Für Einkommen im Bezugszeitraum gilt diese Begrenzung nicht. Dies kann bei Gutverdienenden trotz Einkommenseinbußen das Elterngeld auf den Mindestbetrag absenken. 8

Die Beitragspauschalen werden auch dann von der Summe des zu berücksichtigenden Einkommens und der Einkünfte ermittelt, wenn die Abzugsvoraussetzungen nur für einen (untergeordneten) Teil des Einkommens erfüllt waren.[15] Dies gilt sowohl im Bemessungs- als auch im Bezugszeitraum, hierdurch kann es in Einzelfällen zu Vor- oder Nachteilen für Berechtigte kommen. 9

Für den Pauschalabzug unberücksichtigt bleiben jedoch Einnahmen aus einer **geringfügigen Beschäftigung** (sog. **Mini-Jobs**) im Sinne von § 8 SGB IV und aus einer geringfügigen Beschäftigung im Privathaushalt nach § 8a SGB IV, **Abs. 2 Satz 2.**[16] Dies gilt auch für **Ausbildungsvergütungen**, die 325 €[17] monatlich nicht überschreiten (§ 20 Abs. 3 Satz 1 Nr. 1 SGB IV)[18] und Vergütungen, die im Rahmen eines freiwilligen sozialen oder ökologischen Jahres nach dem Jugendfreiwilligendienstgesetz bzw. dem Bundesfreiwilligendienstgesetz als Entschädigung gezahlt werden (§ 20 Abs. 3 Satz 1 Nr. 2 SGB IV). Hintergrund ist, dass bei Mini-Jobs, den genannten Freiwilligendiensten und derart geringen Ausbildungsvergütungen keine Sozialabgaben 10

---

15 Richtlinien zum BEEG, BMFSFJ, 12/2024, Ziffer 2f.1.1.2; BT-Drs. 17/9841, S. 26f.

16 Anders verhält es sich aber bei Einnahmen aus geringfügiger selbständiger Tätigkeit – der Abzug für Sozialabgaben ist hier verfassungsrechtlich hinnehmbar, da es sich nur um eine verhältnismäßig kleine Gruppe innerhalb der geringfügig Erwerbstätigen handelt, vgl. BSG 29.6.2017 – B 10 EG 4/16 R – Rn. 28, 30.

17 Seit Inkrafttreten des § 17 BBiG zum 1.1.2020 i.V.m. Bekanntmachung zur Fortschreibung der Höhe der Mindestvergütung für Berufsausbildungen nach dem Berufsbildungsgesetz (2025) darf die Ausbildungsvergütung 682 € monatlich nicht unterschreiten.

18 Die Anpassung des § 20 Abs. 3 Satz 1 Nr. 1 SGB IV an § 17 BBiG n.F. ist vom Gesetzgeber bislang bedauerlicherweise versäumt worden. Überschreitet die Ausbildungsvergütung den Betrag von 325 € auch nur geringfügig, wird er insgesamt berücksichtigt.

gezahlt werden. Dies gilt nach der Gesetzesbegründung auch dann, wenn gegenüber dem Arbeitgeber auf die Rentenversicherungsfreiheit nach § 5 Abs. 2 Satz 2 SGB VI verzichtet worden ist,[19] also bei geringfügiger Beschäftigung in die Rentenversicherung eingezahlt wird.

11 **Abs. 2 Satz 3** bestimmt schließlich, dass bei Beschäftigungsverhältnissen nach § 20 Abs. 2 SGB IV, den sog. **Midi-Jobs** mit Einkommen in einem Übergangsbereich in Höhe von 556 € bis zu 2000 € monatlich, der gemäß § 344 Abs. 4 SGB III anzusetzende Betrag maßgeblich ist. **Mehrere Midi-Jobs** sowie ein Midi-Job mit einer Hauptbeschäftigung werden zusammengerechnet (§ 20 Abs. 2 Satz 2 SGB IV). Ein Mini-Job bleibt anrechnungsfrei (§ 20 Abs. 2 Satz 2 SGB IV).

§ 2f verweist auf § 20 Abs. 2a SGB IV. Hiernach ergibt sich für Midi-Jobs folgende Formel zur Berechnung des berücksichtigungspflichtigen Einkommens:

F × 556 + [(2000/(2000 – 556)) – (556/(2000 – 556)) × F] × (AE – 556)

AE ist das Bruttoarbeitsentgelt im Übergangsbereich.

F ist ein Faktor, der wie folgt berechnet wird: 30 / Gesamtsozialversicherungsbeitrag.[20]

Im Elterngeld wird dabei nicht der jährlich aktualisierte tatsächliche durchschnittliche Gesamtsozialversicherungsbeitragssatz verwendet.[21] Stattdessen werden auch hier die Beitragssatzpauschalen des § 2f herangezogen. Dies führt zu folgender Berechnung im BEEG:

F = 30 / (9+10+2)[22] x 2[23] = 30 / 42[24] = **0,7143.**[25]

Beispiel:

12 F verdient tatsächlich 600 € brutto monatlich. Beitragspflichtig für die Rentenversicherung ist bei ihr jedoch nicht das tatsächliche Arbeitsentgelt, sondern das nach der o. g. Formel elterngeldrechtsspezifisch[26] berechnete Entgelt in Höhe von 445, 99 €. Das auf diese Weise berechnete fiktive Arbeitsentgelt bildet die Bemessungsgrundlage für den Abzug der Sozialabgaben nach § 2f Abs. 1, d. h., F hat einen pauschalen Abzug in Höhe von 93, 66 € (=21 % von 445, 99 €) hinzunehmen.

---

19 BT-Drs. 17/9841, S. 27.

20 § 20 Abs. 2a SGB IV.

21 Das BMAS gibt jedes Jahr den durchschnittlichen Gesamtsozialversicherungsbeitragssatz und den Faktor F bekannt. Für 2025 beträgt der (allgemeine, nicht im BEEG) Faktor F 0,6683, BAnz 2024, 10. 12. 2020.

22 Dies sind die Pauschalen des § 2f Abs. 1.

23 Die Verdoppelung berücksichtigt den Arbeitgeber- und Arbeitnehmeranteil.

24 Einheit jeweils: %.

25 Das Ergebnis wird auf die vierte Nachkommastelle gerundet.

26 BT-Drs. 17/9841, S. 27.

4. Ausschluss anderer Faktoren

13 **Abs. 3** enthält lediglich die Klarstellung, dass die in § 2f getroffenen Festlegungen zur Bestimmung der Bemessungsgrundlage für den Sozialversicherungsabzug abschließend sind. Andere Bemessungsgrundlagen, z. B. solche für bestimmte Selbständigengruppen, spielen demnach keine Rolle.[27]

§ 3 Anrechnung von anderen Einnahmen

(1) [1]Auf das der berechtigten Person nach § 2 oder nach § 2 in Verbindung mit § 2a zustehende Elterngeld werden folgende Einnahmen angerechnet:

1. Mutterschaftsleistungen
   a) in Form des Mutterschaftsgeldes nach dem Fünften Buch Sozialgesetzbuch oder nach dem Zweiten Gesetz über die Krankenversicherung der Landwirte mit Ausnahme des Mutterschaftsgeldes nach § 19 Absatz 2 des Mutterschutzgesetzes oder
   b) in Form des Zuschusses zum Mutterschaftsgeld nach § 20 des Mutterschutzgesetzes, die der berechtigten Person für die Zeit ab dem Tag der Geburt des Kindes zustehen,

2. Dienst- und Anwärterbezüge sowie Zuschüsse, die der berechtigten Person nach beamten- oder soldatenrechtlichen Vorschriften für die Zeit eines Beschäftigungsverbots ab dem Tag der Geburt des Kindes zustehen,

3. dem Elterngeld oder den Mutterschaftsleistungen vergleichbare Leistungen, auf die eine nach § 1 berechtigte Person außerhalb Deutschlands oder gegenüber einer über- oder zwischenstaatlichen Einrichtung Anspruch hat,

4. Elterngeld, das der berechtigten Person für ein älteres Kind zusteht, oder dem Elterngeld oder den Mutterschaftsleistungen vergleichbare Leistungen für ein älteres Kind, auf die die berechtigte Person außerhalb Deutschlands oder gegenüber einer über- oder zwischenstaatlichen Einrichtung Anspruch hat,

5. Einnahmen, die der berechtigten Person als Ersatz für Erwerbseinkommen zustehen und
   a) die nicht bereits für die Berechnung des Elterngeldes nach § 2 berücksichtigt werden oder
   b) bei deren Berechnung das Elterngeld nicht berücksichtigt wird.

[2]Stehen der berechtigten Person die Einnahmen nur für einen Teil des Lebensmonats des Kindes zu, sind sie nur auf den entsprechenden Teil des Elterngeldes anzurechnen. [3]Für jeden Kalendermonat, in dem Ein-

---

27 BT-Drs. 17/9841, S. 27.

nahmen nach Satz 1 Nummer 4 oder Nummer 5 im Bemessungszeitraum bezogen worden sind, wird der Anrechnungsbetrag um ein Zwölftel gemindert. [4]Beginnt der Bezug von Einnahmen nach Satz 1 Nummer 5 nach der Geburt des Kindes und berechnen sich die anzurechnenden Einnahmen auf der Grundlage eines Einkommens, das geringer ist als das Einkommen aus Erwerbstätigkeit im Bemessungszeitraum, so ist der Teil des Elterngeldes in Höhe des nach § 2 Absatz 1 oder 2 maßgeblichen Prozentsatzes des Unterschiedsbetrages zwischen dem durchschnittlichen monatlichen Einkommen aus Erwerbstätigkeit im Bemessungszeitraum und dem durchschnittlichen monatlichen Bemessungseinkommen der anzurechnenden Einnahmen von der Anrechnung freigestellt.

(2) [1]Bis zu einem Betrag von 300 Euro ist das Elterngeld von der Anrechnung nach Absatz 1 frei, soweit nicht Einnahmen nach Absatz 1 Satz 1 Nummer 1 bis 3 auf das Elterngeld anzurechnen sind. [2]Dieser Betrag erhöht sich bei Mehrlingsgeburten um je 300 Euro für das zweite und jedes weitere Kind.

(3) Solange kein Antrag auf die in Absatz 1 Satz 1 Nummer 3 genannten vergleichbaren Leistungen gestellt wird, ruht der Anspruch auf Elterngeld bis zur möglichen Höhe der vergleichbaren Leistung.

Inhaltsübersicht Rn.

1. Allgemeines

a) Regelungsgegenstand

1 § 3 regelt vor allem die Anrechnung des Mutterschaftsgeldes und entsprechender Leistungen auf das Elterngeld. Dem liegt der Gedanke zugrunde, dass Einnahmen, die einen vergleichbaren sozialpolitischen Zweck verfolgen, nicht nebeneinander gezahlt werden sollen, um Doppelansprüche zu vermeiden.

b) Historie

Die ursprüngliche Fassung des § 3[1] wurde zunächst mit dem Elterngeld Plus-Gesetz vom 18.12.2014 in Abs. 1 Satz 1 Nr. 1 durch die Aufteilung in die Buchstaben a) und b) redaktionell klargestellt,[2] dass sowohl das Mutterschaftsgeld als auch der Arbeitgeberzuschuss auf den Elterngeldanspruch angerechnet werden.[3] 2

Mit dem Zweiten Gesetz zur Änderung des Bundeselterngeld- und Elternzeitgesetzes vom 15.2.2021 zum 1.9.2021[4] wurde neben der Streichung der Erwähnung des Betreuungsgeldes (Abs. 1 Nr. 3) in Abs. 1 ein neuer Satz 4 eingefügt, wonach ein sich verringerndes Einkommen im Bezugszeitraum gegenüber der Zeit vor der Geburt unberücksichtigt bleiben kann. Jüngst zum 1.5.2025 wurden Nr. 3 und Nr. 4 in Abs. 1 mittels des IV. Bürokratieentlastungsgesetzes[5] nur redaktionell erweitert.

2. Anrechnung von Mutterschaftsleistungen (Abs. 1 Nr. 1)

Das der Mutter ab dem Tag der Geburt zustehende **Mutterschaftsgeld** (Abs. 1 Nr. 1 Bucht. a) der gesetzlichen Krankenkasse nach dem SGB V und dem 2. KVLG, das **höchstens 13 € pro Kalendertag** beträgt (§ 24i Abs. 2 Satz 2 SGB V, § 14 2. KVLG; entspricht einem monatlichen Nettoeinkommen von 390 €), wird nach **Abs. 1 Nr. 1** grundsätzlich voll auf das Elterngeld angerechnet. Es kommt nicht auf tatsächlich geleistete Zahlungen an, es genügt das Bestehen eines Anspruchs. Erfolgt also keine Auszahlung z. B. wegen fehlender Antragstellung oder fehlerhafter Angaben zur Bankverbindung, hindert dies nicht die Anrechnung. Die Mutter muss sich somit rechtzeitig um die vorrangige Leistung Mutterschaftsgeld bemühen. 3

Mutterschaftsgeld wird in der Regel für acht Wochen, im Fall einer Früh- oder Mehrlingsgeburt oder der Geburt eines behinderten Kindes auf Antrag der Frau für zwölf Wochen nach der Geburt (§ 19 i. V. m. § 3 Abs. 2 Satz 1, 2 und 4 MuSchG) gezahlt. Eine Verlängerung der acht- bzw. zwölfwöchigen Mutterschutzfrist **nach der Geburt** erfolgt außerdem in den Fällen einer Frühgeburt und sonstigen vorzeitigen Entbindung um den Mutterschutzzeitraum, der **vor der Geburt** gemäß § 3 Abs. 1 MuSchG nicht in Anspruch genommen werden konnte (§ 3 Abs. 2 Satz 3 MuSchG). Das Bundessozialgericht hat ausdrücklich klargestellt, dass eine Anrechnung des in diesen Fäl- 4

1 Grundlegend neu gefasst mit dem Gesetz zur Vereinfachung des Elterngeldvollzugs vom 10.9.2012, BT-Drs. 17/9841, S. 27.
2 BT-Drs. 18/2583, S. 25.
3 Mit dem Gesetz zur Neuregelung des Mutterschutzrechts v. 23.5.2017, BGBl. I, 1228.
4 BGBl. Teil I, 2021, S. 239.
5 BT-Drs. 20/11306, S. 117.

len »verlängerten« Mutterschaftsgeldes und Arbeitgeberzuschusses nach § 3 Abs. 1 zur Vermeidung von Doppelleistungen zu erfolgen hat.[6] Das Gleiche gilt für Mutterschaftsgeld, das der Mutter im Bezugszeitraum des Elterngeldes für die Zeit vor dem Tag der Geburt eines weiteren Kindes zusteht. Anzurechnen auf das Elterngeld ist ebenfalls der **Zuschuss des Arbeitgebers zum Mutterschaftsgeld** (§ 20 MuSchG), **Abs. 1 Nr. 1 Buchst. b.**

5 Bei der Anrechnung ist zu berücksichtigen, dass das Elterngeld für Lebensmonate des Kindes gezahlt wird und das Mutterschaftsgeld jeweils für acht oder zwölf Wochen (ggf. auch länger wegen der Verlängerung nach § 3 Abs. 2 Satz 3 MuSchG) nach der Geburt des Kindes und zudem kalendertäglich festgesetzt und gezahlt wird. Besteht in Lebensmonaten nur für einen Teil der Tage Anspruch auf Mutterschaftsgeld, ergibt sich der anzurechnende Betrag durch die Multiplikation der Tage, an denen Anspruch auf Mutterschaftsgeld besteht, mit 13 € oder bei geringerem Mutterschaftsgeld mit dem geringeren Betrag. Soweit Mutterschaftsgeld nur für einen Teil des Lebensmonats des Kindes zusteht, verdrängt es das Elterngeld auch nur in dem entsprechenden Umfang. Damit findet eine taggenaue Berechnung statt.[7]

> **Beispiel:**
> Das Kind ist am errechneten Geburtstermin, dem 17. Juli, geboren. Mutterschaftsgeld ist für acht Wochen nach der Geburt, also zunächst für den vollen ersten Lebensmonat und bis zum 11. September zu zahlen. Die Kindesmutter hat einen pauschalierten Nettoverdienst in Höhe von 1200 € monatlich. Bei festen Monatsverdiensten ist der Monat nach §§ 47 Abs. 1 Satz 7, 223 Abs. 2 Satz 2 SGB V einheitlich mit 30 Kalendertagen anzusetzen (kein fester Monatsverdienst, dann tatsächliche Kalendertage ansetzbar). Es ist somit ein Mutterschaftsgeld für den ersten Monat bis 16. August in Höhe von 390 € (30 × 13 €) und für den zweiten Monat bis 11. September für 26 Tage, und zwar 338 € zu zahlen. Damit entfällt im ersten Lebensmonat und bis zum 11. September der Elterngeldanspruch. Für die restlichen Tage im zweiten Lebensmonat wird der Monatsbetrag des Elterngeldes um sechsundzwanzig Dreißigstel gekürzt.

6 Ausgenommen von der Anrechnung auf das Elterngeld ist das **Mutterschaftsgeld, das nach § 19 Abs. 2 MuSchG** vom Bundesversicherungsamt bis zu 210 € insgesamt für die Zeit der Schutzfristen vor und nach der Geburt für nicht in der gesetzlichen Krankenversicherung versicherte Frauen zu zahlen ist, wenn sie bei Beginn der Schutzfrist vor der Entbindung in einem Arbeitsverhältnis stehen oder in Heimarbeit beschäftigt sind oder deren Arbeitsverhältnis während ihrer Schwangerschaft vom Arbeitgeber zulässig aufgelöst worden ist (**Abs. 1 Nr. 1a**).

---

6 BSG 20.12.2012 – B 10 EG 19/11 R mit Anm. Marburger, jurisPR-SozR 12/2013 Anm.5.

7 BT-Drs. 17/9841, S. 29.

Bei Anspruch der Antragstellerin auf laufend zu zahlendes Mutterschaftsgeld muss diese eine **Bescheinigung der Krankenkasse** über das Mutterschaftsgeld ab der Geburt vorlegen. 7

3. Anrechnung von Dienst- und Anwärterbezügen (Abs. 1 Nr. 2)

Nach **Abs. 1 Nr. 2** sind **Dienst- und Anwärterbezüge**, die nach beamten- oder soldatenrechtlichen Vorschriften für die Zeit der Beschäftigungsverbote gezahlt werden, ebenfalls anzurechnen. Bei Anwärterbezügen handelt es sich um Bezüge, die Beamte auf Widerruf im Vorbereitungsdienst (z. B. Referendare) erhalten; Dienstbezüge erhalten alle übrigen Beamten, Richter und Soldaten. Anspruchstellerinnen, denen vorgenannte Bezüge zustehen, haben eine **Bescheinigung des Dienstherrn** über die zu zahlenden Bezüge oder Zuschüsse vorzulegen. Zu beachten ist noch, dass durch die Konkretisierung des in Art. 45 Vertrag über die Arbeitsweise der Europäischen Union (AEUV) verankerten Freizügigkeitsrechts der Arbeitnehmer aus den Mitgliedstaaten durch verschiedene europäische Verordnungen[8] auch vergleichbare Dienst- und Anwärterbezüge sowie Zuschüsse nach **beamten- oder soldatenrechtlichen Regelungen anderer Staaten** angerechnet werden.[9] 8

4. Anrechnung vergleichbarer ausländischer Familienleistungen (Abs. 1 Nr. 3)

Nach **Abs. 1 Nr. 3** sollen Doppelzahlungen in Fällen ausländischer Leistungen und Leistungen durch über- und zwischenstaatliche Einrichtungen (z. B. für Mitarbeiter der Europäischen Kommission, des Europäischen Parlaments etc.) vermieden werden. Ein dem Elterngeld oder den Mutterschaftsleistungen vergleichbarer Leistungsbezug im Ausland wird ebenso wie die Leistungen nach Abs. 1 Nr. 1, 2, 4 und 5 auf das Elterngeld oder Mutterschaftsleistungen angerechnet, allerdings nach Abs. 2 Satz 1 in **voller Höhe**. Festzustellen ist, ob aufgrund von Unterschiedsbeträgen Anspruch auf eine höhere Leistung nach deutschem Elterngeldrecht oder aber ausländischem Recht besteht und zu zahlen ist. Sind die Eltern in verschiedenen Mitgliedstaaten der EU, EWR oder der Schweiz tätig, so ist der Anspruch im **Beschäftigungsland**, in dem das Kind seinen Wohnsitz hat, **vorrangig**. Arbeitet nur ein Elternteil im europäischen Ausland und hat die Familie ihren 9

---

8 Vgl. Art. 5a Verordnung (EG) Nr. 883/2004 des Europäischen Parlaments und des Rates v. 29.4.2004 zur Koordinierung der Systeme der sozialen Sicherheit, geändert d. d. Verordnung (EG) Nr. 1368/2014 v. 17.12.2014, ABl.EG L 366, S. 15.

9 BT-Drs. 17/9841, S. 28.

Wohnsitz in einem anderen Mitgliedstaat, so hat der Anspruch auf die dem Elterngeld oder Betreuungsgeld vergleichbare Leistung des Beschäftigungslandes Vorrang.

Beispiel:
F arbeitet in Luxemburg, ihr Mann M in Deutschland. Sie wohnen zusammen mit ihrem im Juni 2025 geborenen Kind K in Deutschland. F unterbricht ihre Tätigkeit und erhält deutsches Elterngeld auf der Basis ihres luxemburgischen Gehalts. Sollte die vergleichbare luxemburgische Familienleistung höher sein, erhält sie aus Luxemburg den Unterschiedsbetrag. Es gilt das luxemburgische Verfahrensrecht.

Mit der Entscheidung des Europäischen Gerichtshofs in der Rechtssache Bosmann,[10] die sich auf die grenzüberschreitende Situation bei der Inanspruchnahme von Familienleistungen im Zuge der Arbeitnehmerfreizügigkeit aus Art. 45 AEUV bezieht, ist klargestellt, dass im Fall des Anspruchs auf Leistungen sowohl im Beschäftigungs- als auch im Wohnland die Anrechnungsregelung des Abs. 1 Nr. 3 zur Anwendung kommt.[11] Immerhin ist das Elterngeld eine Sozialleistung im Sinne der europäischen Verordnung 883/2004[12] – diese Verordnung konkretisiert das Freizügigkeitsrecht der Arbeitnehmer innerhalb der EU-Mitgliedstaaten und gewährleistet, dass durch die Mobilität der Arbeitnehmer innerhalb Europas Ansprüche auf Sozialleistungen, so auch Familienleistungen, nicht verloren gehen.
Die Anrechnung erfolgt auch dann, wenn nicht nur der berechtigten Person Leistungen zustehen, sondern auch der andere nach § 1 berechtigte Elternteil einen Anspruch auf solche Leistungen hat.[13]

10 Solange die Eltern den Antrag auf die ausländische Familienleistung noch nicht gestellt haben, **ruht** nach **Abs. 3** der Anspruch auf Elterngeld bis zur möglichen Höhe der vergleichbaren Leistung. Lässt sich im Einzelfall der konkrete anrechenbare ausländische Betrag noch nicht klären, wird die Elterngeldstelle bei der Berechnung des nachrangigen Elterngeldes vorläufig vom **fiktiven Höchstbetrag** der ausländischen Familienleistung ausgehen.

10 EuGH 20.5.2008 – Rs. C-352/06.
11 BT-Drs. 17/9841, S. 28.
12 Die Verordnung 883/2004 zur Koordinierung der Systeme der sozialen Sicherheit, ABl. EG Nr. L 116 v. 30.4.2004, S. 1 hat die Verordnung 1408/71 v. 14.7.1971, ABl. EG Nr. L 149, S. 1 abgelöst und ist seit dem 1.5.2010 mit Erlass der Durchführungsverordnung 987/2009 v. 16.9.2009, ABl. EG Nr. L 284, S. 1 in Kraft.
13 BT-Drs. 17/9841, S. 28.

5. Anrechnung des Elterngeldes für älteres Kind (Abs. 1 Nr. 4)

Haben Anspruchsberechtigte nach der Geburt des Kindes Elterngeld, Mutterschaftsleistungen oder vergleichbare Leistungen für ein älteres Kind erhalten, ist grundsätzlich davon auszugehen, dass bereits eine Hilfe zur Sicherung der Lebensgrundlage vorliegt (**Abs. 1 Nr. 4**). Deshalb ist dieses auch auf das Elterngeld anzurechnen, soweit es das Elterngeld in Höhe von 300 € übersteigt. In diesem Fall sind nach § 4 Abs. 3 Satz 3 Nr. 4 BEEG für den Fall der Inanspruchnahme von Elterngeld Plus die von der Anrechnung nach § 3 Abs. 2 BEEG in Höhe von 300 € freigestellten Elterngeldbeträge zu halbieren. 11

Das bedeutet, dass anderes Elterngeld dann nicht angerechnet wird, wenn ohnehin nur das Mindestelterngeld von 300 € bzw. 150 € gewährt wird.

Nach **Abs. 1 Nr. 4** wird lediglich das Elterngeld oder eine vergleichbare Leistung für ein **älteres Kind** auf das Elterngeld für das jüngere Kind angerechnet. Eine umgekehrte Anrechnung sieht die gesetzliche Regelung nicht vor.[14] 12

Beispiel:
F ist alleinerziehend mit ihrem Kind K 1, das im Januar 2025 geboren wurde. Sie arbeitet während der Elternzeit nicht und erhält für K 1 1300 € Elterngeld. Im Dezember 2025 wird K 2 geboren. Da die Monate des Elterngeldbezugs für K 1 für die Bestimmung des Bemessungszeitraums unberücksichtigt bleiben (§ 2b Abs. 1 Satz 2 Nr. 1), erhält sie unter Anrechnung des Elterngeldes für K 1 auf das Elterngeld für K 2 jetzt weiter 1300 € Elterngeld sowie einen Geschwisterbonus in Höhe von 10 % auf das Elterngeld, § 2a Abs. 1 Satz 1 Nr. 1. Sie erhält demnach ein Basiselterngeld in Höhe von insgesamt 1430 €.

Ist das Elterngeld keine Einkommensersatzleistung im Sinne des Abs. 1 Nr. 5, weil die berechtigte Person vor der Geburt des Kindes nicht erwerbstätig gewesen ist und deshalb nur das Mindestelterngeld von 300 € erhält, wird bei Geburt eines weiteren Kindes wie im o. g. Beispielsfall nur das Mindestelterngeld sowie der Mindest-Geschwisterbonus in Höhe von 75 € also 375 € insgesamt, bezogen. Dies halbiert sich, sofern anstatt des Basiselterngeldes ein Elterngeld Plus bezogen wird, vgl. § 4 Abs. 3 Satz 3 Nr. 1 und Nr. 2 BEEG. 13

6. Anrechnung anderer Entgeltersatzleistungen (Abs. 1 Nr. 5)

Haben Anspruchsberechtigte nach der Geburt des Kindes andere Entgeltersatzleistungen erhalten, die dem Ausgleich des wegfallenden Einkommens dienen, ist grundsätzlich davon auszugehen, dass bereits eine Hilfe 14

14 BT-Drs. 17/9841, S. 28.

zur Sicherung der Lebensgrundlage vorliegt (vgl. **Abs. 1 Nr. 4 bis 5**). Deshalb sind diese Einnahmen auch auf das Elterngeld anzurechnen, soweit sie das Elterngeld in Höhe von 300 € übersteigen. In diesem Fall sind nach § 4 Abs. 3 Satz 3 Nr. 4 BEEG für den Fall der Inanspruchnahme von Elterngeld Plus die von der Anrechnung nach § 3 Abs. 2 BEEG in Höhe von 300 € freigestellten Elterngeldbeträge zu halbieren.

Wird nach **Abs. 1 Nr. 5** eine Entgeltersatzleistung wie das **Arbeitslosengeld** bezogen, weil gleichzeitig erklärt wurde, die Erwerbstätigkeit wieder in vollem Umfang aufnehmen zu wollen, sobald eine Beschäftigung vermittelt wird, besteht grundsätzlich daneben nicht noch Anspruch auf Elterngeld in voller Höhe wegen desselben wegfallenden Erwerbseinkommens.[15] Dieses gilt ebenfalls bei Bezug von **Krankengeld**[16] während eines fortbestehenden Beschäftigungsverhältnisses oder etwa beim Bezug einer **Rente**.

Als weitere Beispiele für Entgeltersatzleistungen können u. a. Unterhalts- und Teilunterhaltsgeld für Arbeitnehmer bei beruflicher Weiterbildung, Gründungszuschuss, Übergangsgeld für behinderte Menschen, Kurzarbeitergeld, Insolvenzgeld und Winterausfallgeld in Frage kommen. Um aber auch diesen Eltern Unterstützung für die Betreuung ihres Kindes zu gewähren, wird die anderweitige Leistung nur auf den 300 € (bzw. 150 € bei Wahl des Elterngeld Plus) übersteigenden Teil des Elterngeldes angerechnet, da § 2 Abs. 4 Satz 1 ausdrücklich festlegt, dass ein Elterngeld in Höhe von mindestens 300 € (bzw. 150 € gemäß § 4 Abs. 3 Satz 3 Nr. 1 BEEG) zu gewähren ist und § 3 Abs. 2 Satz 1 im Übrigen die volle Anrechnung auf das Elterngeld nur bei Mutterschaftsgeld, Dienst- und Anwärterbezügen sowie vergleichbaren ausländischen Familienleistungen (vgl. Abs. 1 Nr. 1 bis 3) vorsieht. Das bedeutet, dass bei Entgeltersatzleistungen eine Anrechnung dann nicht stattfindet, wenn ohnehin nur das Mindestelterngeld von 300 € bzw. 150 € gewährt wird.

Beispiel 1:
F bezieht für Juni 2025 Elterngeld in Höhe von 500 € und für denselben Zeitraum noch Entgeltersatzeinkommen in Höhe von 420 €. Elterngeld wird nur auf den 300 € übersteigenden Teil angerechnet, also um 200 € gekürzt. Sie erhält folgende Zahlung: 300 € Elterngeld + 420 € Erwerbsersatzeinkommen = 720 €.

15 So Begründung zum Gesetzentwurf der Bundesregierung vom 14. 6. 2006 zu § 3, S. 53.

16 Der Gleichheitssatz des Art. 3 Abs. 1 GG wird durch die Anwendung der Anrechnungsregelung des § 3 Abs. 1 Satz 1 Nr. 5 BEEG auf Krankengeld für ausgefallenes nachgeburtliches Einkommen nicht verletzt, zumal es auch Konstellationen gibt, in denen sich die Berechnungsregelungen für den erkrankten Elterngeldberechtigten positiv auswirken, LSG Niedersachsen-Bremen 6. 11. 2019 – L 2 EG 6/19.

Ersetzen die anderen Einnahmen das Elterngeld nur teilweise, wird Elterngeld in Höhe des **Unterschiedsbetrages** gezahlt. Wurde in dem für die Ermittlung des Einkommens vor der Geburt maßgeblichen Bemessungszeitraum nach § 2b in den ersten sechs Monaten Erwerbseinkommen bezogen und in den letzten sechs Monaten vor der Geburt des Kindes z. B. eine Rente, wird allein das in diesem Zeitraum erzielte Erwerbseinkommen zur Einkommensermittlung herangezogen **(§ 2c)**. Durch **§ 3 Abs. 1 Satz 1 Nr. 5a** in Verbindung mit **Abs. 1 Satz 3** wird dabei klargestellt, dass sich der Anrechnungsbetrag für jeden Kalendermonat des Rentenbezugs oder einer anderen Entgeltersatzleistung im Bemessungszeitraum u**m ein Zwölftel reduziert**. Mit **Abs. 1 Satz 1 Nr. 5b** wird schließlich eine doppelte Anrechnung für Einkommensersatzleistungen verhindert, die schon bei der Berechnung des Elterngeldes berücksichtigt worden sind. Erfasst sind hiervon u. a. **Übergangsgebührnisse** und **Ausgleichsbezüge** nach §§ 11 und 11a des Gesetzes über die Versorgung für die ehemaligen Soldaten der Bundeswehr und ihre Hinterbliebenen (SVG), **Karenzentschädigungen** gemäß §§ 74 bis 75d Handelsgesetzbuch (HGB) und **Entschädigungen** gemäß § 15 Abs. 1 Nr. 6 in Verbindung mit § 18 des Gesetzes über die Vergütung von Sachverständigen, Dolmetscherinnen, Dolmetschern, Übersetzerinnen und Übersetzern sowie die Entschädigung von ehrenamtlichen Richterinnen, ehrenamtlichen Richtern, Zeuginnen, Zeugen und Dritten (JVEG).[17] 15

7. Anrechnungen bei Mehrlingsgeburten (Abs. 3 Satz 2)

Bei **Mehrlingsgeburten** wird der anrechnungsfreie Betrag von 300 € bei der anderen Leistung mit der entsprechenden Zahl der geborenen Kinder vervielfacht. Dies ergibt sich aus Abs. 2 Satz 2. Damit soll die besondere Belastung der Eltern bei Mehrlingsgeburten berücksichtigt werden. Auch hier gilt für die Wahl von Elterngeld Plus, dass sich der anrechnungsfreie Betrag halbiert, d. h. pro Mehrling gibt es einen anrechnungsfreien Betrag in Höhe von 150 €. 16

§ 4 Bezugsdauer, Anspruchsumfang

(1) [1]Elterngeld wird als Basiselterngeld oder als Elterngeld Plus gewährt. [2]Es kann ab dem Tag der Geburt bezogen werden. [3]Basiselterngeld kann bis zur Vollendung des 14. Lebensmonats des Kindes bezogen werden. [4]Elterngeld Plus kann bis zur Vollendung des 32. Lebensmonats bezogen werden, solange es ab dem 15. Lebensmonat in aufeinander folgenden Lebensmonaten von zumindest einem Elternteil in Anspruch genommen wird. [5]Für angenommene Kinder und Kinder im Sinne des § 1 Absatz 3

17 BT-Drs. 17/9841, S. 29.

Satz 1 Nummer 1 kann Elterngeld ab Aufnahme bei der berechtigten Person längstens bis zur Vollendung des achten Lebensjahres des Kindes bezogen werden.

(2) [1]Elterngeld wird in Monatsbeträgen für Lebensmonate des Kindes gezahlt. [2]Der Anspruch endet mit dem Ablauf des Lebensmonats, in dem eine Anspruchsvoraussetzung entfallen ist.

(3) [1]Die Eltern haben gemeinsam Anspruch auf zwölf Monatsbeträge Basiselterngeld. [2]Ist das Einkommen aus Erwerbstätigkeit eines Elternteils in zwei Lebensmonaten gemindert, haben die Eltern gemeinsam Anspruch auf zwei weitere Monate Basiselterngeld (Partnermonate). [3]Statt für einen Lebensmonat Basiselterngeld zu beanspruchen, kann die berechtigte Person jeweils zwei Lebensmonate Elterngeld Plus beziehen.

(4) [1]Ein Elternteil hat Anspruch auf höchstens zwölf Monatsbeträge Basiselterngeld zuzüglich der höchstens vier zustehenden Monatsbeträge Partnerschaftsbonus nach § 4b. [2]Ein Elternteil hat nur Anspruch auf Elterngeld, wenn er es mindestens für zwei Lebensmonate bezieht. [3]Lebensmonate des Kindes, in denen einem Elternteil nach § 3 Absatz 1 Satz 1 Nummer 1 bis 3 anzurechnende Leistungen oder nach § 192 Absatz 5 Satz 2 des Versicherungsvertragsgesetzes Versicherungsleistungen zustehen, gelten als Monate, für die dieser Elternteil Basiselterngeld nach § 4a Absatz 1 bezieht.

(5) [1]Abweichend von Absatz 3 Satz 1 beträgt der gemeinsame Anspruch der Eltern auf Basiselterngeld für ein Kind, das

1. **mindestens sechs Wochen vor dem voraussichtlichen Tag der Entbindung geboren wurde: 13 Monatsbeträge Basiselterngeld;**
2. **mindestens acht Wochen vor dem voraussichtlichen Tag der Entbindung geboren wurde: 14 Monatsbeträge Basiselterngeld;**
3. **mindestens zwölf Wochen vor dem voraussichtlichen Tag der Entbindung geboren wurde: 15 Monatsbeträge Basiselterngeld;**
4. **mindestens 16 Wochen vor dem voraussichtlichen Tag der Entbindung geboren wurde: 16 Monatsbeträge Basiselterngeld.**

[2]Für die Berechnung des Zeitraums zwischen dem voraussichtlichen Tag der Entbindung und dem tatsächlichen Tag der Geburt ist der voraussichtliche Tag der Entbindung maßgeblich, wie er sich aus dem ärztlichen Zeugnis oder dem Zeugnis einer Hebamme oder eines Entbindungspflegers ergibt. [3]Im Fall von

1. **Satz 1 Nummer 1**
   a) **hat ein Elternteil abweichend von Absatz 4 Satz 1 Anspruch auf höchstens 13 Monatsbeträge Basiselterngeld zuzüglich der höchstens vier zustehenden Monatsbeträge Partnerschaftsbonus nach § 4b,**

b) kann Basiselterngeld abweichend von Absatz 1 Satz 3 bis zur Vollendung des 15. Lebensmonats des Kindes bezogen werden und

c) kann Elterngeld Plus abweichend von Absatz 1 Satz 4 bis zur Vollendung des 32. Lebensmonats des Kindes bezogen werden, solange es ab dem 16. Lebensmonat in aufeinander folgenden Lebensmonaten von zumindest einem Elternteil in Anspruch genommen wird;

2. Satz 1 Nummer 2

a) hat ein Elternteil abweichend von Absatz 4 Satz 1 Anspruch auf höchstens 14 Monatsbeträge Basiselterngeld zuzüglich der höchstens vier zustehenden Monatsbeträge Partnerschaftsbonus nach § 4b,

b) kann Basiselterngeld abweichend von Absatz 1 Satz 3 bis zur Vollendung des 16. Lebensmonats des Kindes bezogen werden und

c) kann Elterngeld Plus abweichend von Absatz 1 Satz 4 bis zur Vollendung des 32. Lebensmonats des Kindes bezogen werden, solange es ab dem 17. Lebensmonat in aufeinander folgenden Lebensmonaten von zumindest einem Elternteil in Anspruch genommen wird;

3. Satz 1 Nummer 3

a) hat ein Elternteil abweichend von Absatz 4 Satz 1 Anspruch auf höchstens 15 Monatsbeträge Basiselterngeld zuzüglich der höchstens vier zustehenden Monatsbeträge Partnerschaftsbonus nach § 4b,

b) kann Basiselterngeld abweichend von Absatz 1 Satz 3 bis zur Vollendung des 17. Lebensmonats des Kindes bezogen werden und

c) kann Elterngeld Plus abweichend von Absatz 1 Satz 4 bis zur Vollendung des 32. Lebensmonats des Kindes bezogen werden, solange es ab dem 18. Lebensmonat in aufeinander folgenden Lebensmonaten von zumindest einem Elternteil in Anspruch genommen wird;

4. Satz 1 Nummer 4

a) hat ein Elternteil abweichend von Absatz 4 Satz 1 Anspruch auf höchstens 16 Monatsbeträge Basiselterngeld zuzüglich der höchstens vier zustehenden Monatsbeträge Partnerschaftsbonus nach § 4b,

b) kann Basiselterngeld abweichend von Absatz 1 Satz 3 bis zur Vollendung des 18. Lebensmonats des Kindes bezogen werden und

c) kann Elterngeld Plus abweichend von Absatz 1 Satz 4 bis zur Vollendung des 32. Lebensmonats des Kindes bezogen werden, solange es ab dem 19. Lebensmonat in aufeinander folgenden Lebensmonaten von zumindest einem Elternteil in Anspruch genommen wird.

(6) [1]Ein gleichzeitiger Bezug von Basiselterngeld beider Elternteile ist nur in einem der ersten zwölf Lebensmonate des Kindes möglich. [2]Bezieht einer der beiden Elternteile Elterngeld Plus, so kann dieser Elternteil das Elterngeld Plus gleichzeitig zum Bezug von Basiselterngeld oder von Elterngeld Plus des anderen Elternteils beziehen. [3]§ 4b bleibt unberührt. [4]Abweichend von Satz 1 können bei Mehrlingsgeburten und Frühgeburten im Sinne des Absatzes 5 sowie bei Kindern, bei denen eine Behinderung im Sinne von § 2 Absatz 1 Satz 1 des Neunten Buches Sozialgesetzbuch ärztlich festgestellt wird und bei Kindern, die einen Geschwisterbonus nach § 2a Absatz 1 in Verbindung mit Absatz 2 Satz 3 auslösen, beide Elternteile gleichzeitig Basiselterngeld beziehen.

Inhaltsübersicht Rn.

1. Allgemeines

a) Systematik des § 4

1 § 4 wurde ebenso wie die §§ 4aff. zum 1.9.2021 vollständig neu gefasst und neu strukturiert.[1] Hierdurch sind die Normen erheblich anwendungsfreundlicher geworden.

---

1 Zweites Gesetz zur Änderung des Bundeselterngeld- und Elternzeitgesetzes vom 15. Februar 2021, BGBl. Teil I, 2021, S. 239.

Abs. 1 Satz 1 definiert den Begriff Elterngeld als **Oberbegriff** für die beiden Formen Basiselterngeld und Elterngeld Plus.
Abs. 1 Satz 2 definiert den Beginn des Anspruchszeitraums für das Elterngeld **bei leiblichen Kindern** als den Tag der Geburt.
Abs. 1 Satz 3 begrenzt den Anspruchszeitraum (nur) für das **Basiselterngeld** auf die Vollendung des **14. Lebensmonats.**
Abs. 1 Satz 4 begrenzt den Anspruchszeitraum für das **Elterngeld Plus** auf die Vollendung des **32. Lebensmonats** und nennt weitere Voraussetzungen.
Abs. 1 Satz 5 definiert den Anspruchszeitraum für **aufgenommene und angenommene Kinder**.
Abs. 2 Satz 1 und Satz 2 legen fest, dass der Bezugszeitraum des Elterngeldes immer in **Lebensmonaten** des Kindes berechnet wird.
Abs. 2 Satz 3 rahmt die **Flexibilisierung** bei der Inanspruchnahme des Elterngeldes.
Abs. 3 Satz 1 begrenzt den **Gesamtumfang** des Anspruchs auf Basiselterngeld auf zwölf Monatsbeträge **pro Kind.**
Abs. 3 Satz 2 erweitert den Gesamtumfang nach Satz 1 um zwei weitere Monate (**Partnermonate**).
Abs. 3 Satz 3 stellt einen Monat Basiselterngeld zu zwei Monaten Elterngeld Plus **austauschbar** dar.
Abs. 4 Satz 1 begrenzt den **individuellen Anspruch** des Berechtigten auf zwölf Monatsbeträge Basiselterngeld zuzüglich weiterer vier (**Partnerschaftsbonusmonate**).
Abs. 4 Satz 2 verhindert die Inanspruchnahme eines einzelnen Monatsbetrages (Mindestanspruchsumfang).
Abs. 4 Satz 2 verhindert die Inanspruchnahme von Elterngeld für Zeiträume, in denen eine **gleichartige Leistung** bezogen wird.
Abs. 5 erweitert den Gesamtanspruch des Elterngeldes für **Frühgeburten.**
Abs. 6[2] enthält einen missglückten gesetzgeberischen Versuch, die frühere Rückkehr von Müttern in Teilzeit zu fördern, Rn. 36ff.

b) Grundbegriffe

Elterngeld ist der **Oberbegriff** für die beiden Formen Basiselterngeld und Elterngeld Plus, Abs. 1 Satz 1. Ist von Elterngeld im Gesetz oder hier die Rede, gilt die Aussage für beide Formen. 2

2 Eingefügt durch das Haushaltsfinanzierungsgesetz 2024, BGBl. Teil I, 2023, Nr. 412, S. 1 und neu gefasst durch das Zweite Haushaltsfinanzierungsgesetz 2024, BGBl. Teil I, 2024, Nr. 107, S. 4.

Der **Anspruchszeitraum** begrenzt den zeitlichen Korridor, innerhalb dessen Elterngeld in Anspruch genommen werden kann. Innerhalb des Anspruchszeitraums können Eltern die zeitliche Lage der Anspruchsmonate recht flexibel legen und die Form des Elterngeldes wählen können.

3 Innerhalb des Anspruchszeitraums steht Eltern nur ein begrenzter **Anspruchsumfang** zur Verfügung. Ist dieser ausgeschöpft, kann im Anspruchszeitraum kein weiteres Elterngeld in Anspruch genommen werden[3]. Der Anspruchsumfang ist in zweierlei Hinsicht begrenzt: Pro Kind und pro Berechtigtem. Beide Grenzen dürfen noch nicht ausgeschöpft sein. Die Anspruchsmonate müssen immer innerhalb des Anspruchszeitraums gelegt werden.

4 Der **Bezugszeitraum** ist der Zeitraum des tatsächlichen Bezuges, er hängt von der gewählten Form und der Verteilung der Monatsbeträge ab.

2. Anspruchszeitraum (Abs. 1)

a) Lage des Anspruchszeitraums

5 Der **Anspruchszeitraum** für das **Basiselterngeld** beginnt mit dem **Tag der Geburt** und endet **am Tag der Vollendung des 14. Lebensmonats** des Kindes. Bei mit dem Ziel der **Adoption** in den Haushalt aufgenommenen Kindern beginnt der Anspruchszeitraum hiervon abweichend mit dem Tag der Aufnahme in den Haushalt[4] und er endet am Tag der **Vollendung des achten Lebensjahres** des Kindes. Der Anspruchszeitraum ist hier erheblich länger als bei eigenen Kindern.[5]

6 Der Anspruchszeitraum für das **Elterngeld Plus** beginnt ebenfalls mit dem Tag der Geburt und **endet spätestens am Tag der Vollendung des 32. Lebensmonats** des Kindes. Bei mit dem Ziel der Adoption in den Haushalt aufgenommenen oder angenommenen Kindern ist der Anspruchszeitraum identisch wie beim Basiselterngeld. Der Anspruchszeitraum für das Elterngeld Plus **endet früher** als am Tag der Vollendung des 32. Lebensmonats, wenn **ab dem 15. Lebensmonat** in einem Lebensmonat kein Elternteil Elterngeld Plus[6] beansprucht.

---

3 Den Umgang mit Überschreitungen des Anspruchsumfangs im Elterngeldantrag regelt § 5 Abs. 2.

4 Diese Regelung wäre an sich überflüssig, weil diesen Grundsatz bereits § 1 Abs. 3 Satz 2 für alle Normen des BEEG festschreibt.

5 Dies ermöglicht lediglich den Bezug von Elterngeld für ältere angenommene oder mit dem Ziel der Adoption aufgenommene Kinder. Der Anspruchsumfang ist identisch wie bei leiblichen Kindern. Diese höhere Flexibilität ist demnach sachgerecht.

6 Basiselterngeld kann hier nicht mehr in Anspruch genommen werden, weil der Anspruchszeitraum mit Vollendung des 14. Lebensmonats endete.

b) Ende des Anspruchszeitraums

Ist der Anspruchszeitraum beendet, lebt er für dieses Kind nicht erneut wieder auf. Haben die Eltern ihren Anspruchsumfang noch **nicht ausgeschöpft, verfällt** der restliche Anspruch auf Elterngeld.[7] Beim Elterngeld Plus gilt dies unabhängig davon, ob der Anspruchszeitraum zum spätesten oder einem früheren Zeitpunkt endet. Für das Basiselterngeld kann der Anspruchszeitraum nicht früher als mit Vollendung des 14. Lebensmonats enden. 7

Bei **angenommenen Kindern** endet der Anspruchszeitraum spätestens am Tag der Vollendung des achten Lebensjahres. Auch hier muss Elterngeld Plus ab dem 15. Monat nach der Aufnahme in den Haushalt **durchgehend** beansprucht werden, um eine frühere Beendigung des Anspruchszeitraums zu verhindern. 8

3. Bezugszeitraum (Abs. 2)

Abs. 2 enthält einzelne Regelungen zur Gestaltung des Bezugszeitraums. Im Bezugszeitraum werden das Elterngeld und das Einkommen immer **in Lebensmonaten** des Kindes berechnet. Elterngeld wird deswegen immer nur für volle Lebensmonate des Kindes gewährt. Entfällt eine Bezugsvoraussetzung im Laufe eines Lebensmonats (z. B. Auszug aus dem Haushalt, § 1 Abs. 3 Satz 1 Nr. 1), so endet der Bezugszeitraum erst am Ende des Lebensmonats. 9

Ihren Bezugszeitraum müssen zwei berechtigte Eltern **nicht aufeinander abstimmen**. Solange das beanspruchte Elterngeld innerhalb des Anspruchszeitraums liegt und weder der individuelle noch der Anspruchsumfang pro Kind ausgeschöpft ist, können sie Form und Zeitpunkt des Elterngeldes **individuell festlegen**. 10

Der **Bezugszeitraum** in den ersten 14. Lebensmonaten[8] **kann Lücken aufweisen**. Lücken im Bezugszeitraum ab dem 15. Lebensmonat bei beiden Eltern führen zur vorzeitigen Beendigung des Anspruchszeitraums. 11

Hat das Elternteil bereits mindestens zwei Monate Elterngeld beansprucht, so können im Bezugszeitraum auch Monate einzeln und in monatlich abwechselnden Formen verplant werden.

Welche Form des Elterngeldes Eltern wählen, bleibt jedem Elternteil individuell überlassen. Gut gemeint eröffnet das BEEG Eltern mehr Flexibilisierungsmöglichkeiten, als sie in der Regel auszuschöpfen in der Lage sind. Eine sichere Prognose des Einkommens und der Arbeitszeit für die ersten 32. Lebensmonate aufzustellen, ist Eltern indes kaum möglich. Dem trägt 12

7 Dies gilt sowohl für das Basiselterngeld als auch für das Elterngeld Plus.

8 Sowohl beim Basiselterngeld als auch Elterngeld Plus können mithin Monate dabei sein, für die kein Elternteil Elterngeld beansprucht.

das BEEG Rechnung, indem es Eltern die Möglichkeit bietet, nachträglich den Bezugszeitraum großzügig zu modifizieren.[9]

4. Anspruchsumfang (Abs. 3)

13 Wie viele Monate ein Elternteil innerhalb des Anspruchszeitraums Elterngeld beziehen kann, hängt von seinem individuellen Anspruchsumfang und dem für das Kind ab.
Der **Mindestumfang** an Elterngeld, den jeder Berechtigte in Anspruch nehmen muss, der überhaupt Elterngeld beanspruchen will, beträgt **zwei Lebensmonate**, Abs. 4 Satz 2 (nicht Monatsbeträge). Nach dem zum 1.9.2021 veränderten Wortlaut (§ 4 Abs. 4 Satz 2) kommt es nunmehr auf den Bezug des Elterngeldes an. Später können auch einzelne Monate verplant werden. Dieser Mindestumfang gilt für Basiselterngeld und Elterngeld Plus unterschiedslos.

a) Basiselterngeld

14 Der **Gesamtanspruchsumfang** ist pro Kind[10] auf zwölf Monatsbeträge Basiselterngeld begrenzt, Abs. 3 Satz 1. Zusätzlich besteht **eine individuelle Begrenzung**[11] des Anspruchsumfangs pro Elternteil auf ebenfalls zwölf Monatsbeträge Basiselterngeld, Abs. 4 Satz 1.

15 Innerhalb des Gesamtanspruchsumfangs pro Kind können somit zwei Elternteile nur die **Summe von zwölf Monatsbeträgen Basiselterngeld** beanspruchen.[12] Wie sie diese Summe untereinander aufteilen, dazu macht ihnen das Gesetz wenig Vorgaben. Seit dem 1.4.2024 wurde die Gelegenheit beider Eltern, gleichzeitig Basiselterngeld zu beziehen, auf die ersten zwölf Monate eingeschränkt, im Übrigen gilt § 4b. Ziel ist es, die Arbeitsmarktintegration der Eltern zu fördern. Es kann ein Elternteil alle zwölf Monatsbeträge allein in Anspruch nehmen, es kann eine paritätische Verteilung von jeweils sechs Monatsbeträgen Basiselterngeld beansprucht werden und es kann jede andere Verteilung des Gesamtanspruchsumfangs auf die Berechtigten gewählt werden. Kommt **keine einvernehmliche Einigung** zustande, so greift die Vorrangregel, § 5 Abs. 3. Ein nicht sorgeberechtigtes Elternteil ist bei Diskrepanzen auf die Entscheidung des Sorgeberechtigten angewiesen.[13]

---

9 Vgl. § 7, rückwirkend gilt dies allerdings nur für die letzten drei Monate vor der Änderungsangabe, § 7 Abs. 2.
10 BT-Drs. 18/2583, S. 28.
11 BT-Drs. 18/2583, S. 28.
12 BT-Drs. 18/2583, S. 28.
13 § 5 Abs. 3.

Die Zustimmung zur Antragstellung benötigt ein nicht sorgeberechtigtes Elternteil jedoch nur, wenn er Berechtigter eines nicht eigenen Kindes ist.[14]

b) Partnermonate (Abs. 3 Satz 2)

Den Gesamtanspruchsumfang für das Kind können die Berechtigten von zwölf **auf vierzehn Monatsbeträge** erhöhen, wenn bei einem Elternteil des Kindes für **zwei Monate** eine **Minderung des Einkommens** aus Erwerbstätigkeit eintritt. Die zweimonatige Minderung muss vollständig innerhalb des Anspruchszeitraums liegen. Der Mindernde muss nicht Berechtigter im Sinne des § 1 sein. 16

Den Umfang der Minderung gibt das Gesetz nicht vor.[15] Nur dann, wenn der Mindernde zugleich Elterngeld in Anspruch nimmt, darf seine Wochenarbeitszeit nicht über 32 Stunden liegen. 17

Auch zur Person des Mindernden macht das Gesetz keine Vorgaben.[16] Der Mindernde muss nicht derjenige sein, der auch die Partnermonate in Anspruch nimmt. Doch weil der individuelle Anspruchsumfang dennoch auf zwölf Monate beschränkt bleibt (Abs. 4 Satz 1), können die zwei zusätzlichen Partnermonate nur durch den zweiten Partner beansprucht werden, wenn der andere 12 Monatsbeträge Basiselterngeld bereits bezogen hat. 18

Die Minderung zu ermitteln geschieht anhand eines Vergleichs des Durchschnittseinkommens im Bemessungszeitraum (bei nichtselbständiger Tätigkeit: zwölf Kalendermonate vor der Geburt, bei selbstständiger Tätigkeit: der letzte abgeschlossene Gewinnermittlungszeitraum vor der Geburt, vgl. § 2b) mit dem Zeitraum, der als Minderungszeitraum angegeben wird.[17] Der zweimonatige Minderungszeitraum ist zumeist gleichzeitig derjenige Zeitraum, in der dieser Elternteil selbst Elterngeld beansprucht (Bezugszeitraum). Zwingend ist dies nicht. 19

Ein Einkommen mindern kann nur derjenige, der zuvor (im Bemessungszeitraum) Einkünfte aus Erwerbstätigkeit[18] hatte. Wenn beide Eltern **nicht erwerbstätig sind**, können sie Einkommen nicht mindern und damit die Partnermonate nicht in Anspruch nehmen. Wer **negative Einkünfte** aus einer Selbstständigkeit im Bemessungszeitraum hatte, kann sein Einkommen 20

---

14 § 1 Abs. 3 und Abs. 4 i. V. m. § 4d Satz 2.

15 Ohne eine gesetzliche Anknüpfung verlangen die Richtlinien zum BEEG, BMFSFJ, 12/2024, Ziffer 4.3.2.1, eine Reduktion auf höchstens 32 Stunden, dies kann nur bei gleichzeitiger Inanspruchnahme von Elterngeld richtig sein.

16 Der Mindernde muss Elternteil des Kindes sein, nicht aber alle Voraussetzungen des Berechtigten nach § 1 erfüllen; so aber vermutlich die überwiegende Gegenansicht.

17 BSG 28. 3. 2019 – B 10 EG 6/18 R.

18 Dies gilt gleichermaßen für selbständige und nichtselbstständige Tätigkeit.

ebenfalls nicht mindern.[19] Dem eindeutigen Gesetzeswortlaut nach ist allein die tatsächliche Minderung des Einkommens aus Erwerbstätigkeit entscheidend. Irrelevant ist der Grund oder die Rechtsgrundlage hierfür.[20] Jede auch zufällige Minderung genügt. Eine **Verringerung der Arbeitszeit** muss mit der Verringerung des Einkommens nicht einhergehen.[21] Das Gesetz lässt eine andere Auslegung nicht zu, freilich wird die ursprüngliche Intention des Gesetzgebers verfehlt: Das Abstellen auf den Bemessungszeitraum und nicht die Zeit unmittelbar vor der selbst gewählten zweimonatigen Minderungszeit im Anspruchszeitraum und das Abstellen auf eine Minderung des Einkommens anstelle der Arbeitszeit verwässern den Bezug zur Betreuung des Kindes nahezu vollständig.[22]

Sind die Voraussetzungen der Partnermonate erfüllt, so wird der Gesamtanspruchsumfang der Monatsbeträge Basiselterngeld für das Kind auf 14 erhöht (Abs. 3 Satz 2).

21 Davon bleibt unberührt, dass erstens der **individuelle Anspruchsumfang** auf zwölf Monatsbeträge Basiselterngeld (Abs. 4 Satz 1) und zweitens der Anspruchszeitraum (für Basiselterngeld auf die ersten 14 Lebensmonate) **begrenzt bleiben**. Dies hat zur Folge, dass Berechtigte von den Partnermonaten **nur dann profitieren** können, wenn der zweite Berechtigte (zumeist der Vater) die zwei zusätzlich gewährten Monatsbeträge Basiselterngeld in Anspruch nimmt. Hierdurch fällt in der Praxis zumeist der Minderungszeitraum und der Bezugszeitraum der Partnermonate durch den Berechtigten zusammen. Doch zwingend ist dies nicht.

c) Elterngeld Plus

22 Das Elterngeld Plus als Form des Elterngeldes verfolgt das Ziel, die Attraktivität einer **Teilzeittätigkeit** neben Familienarbeit zu erhöhen.[23] Es enthält eine gegenüber dem Basiselterngeld für Berechtigte attraktivere Anrechnung von Einkommen im Bezugszeitraum. Dennoch muss nicht für Lebensmonate mit Teilzeittätigkeit Elterngeld Plus beantragt werden. Frei wählbar ist auch das Basiselterngeld für diese Monate, es ist nur für Teilzeittätigkeiten-Fälle kaum zu empfehlen.

---

19 BSG 28.3.2019 – B 10 EG 6/18 R.

20 Die Minderung muss rechtlich zulässig (wirksam) den Entgeltanspruch/die Einkünfte reduziert haben, so Richtlinien zum BEEG, BMFSFJ, 12/2024, Ziffer 4.3.2.1.

21 Brose/Weth/Volk/*Brose*, BEEG, § 4 Rn. 26. Anders: BEEG, BMFSFJ, 12/2024, Ziffer 4.3.2.1, die eine Höchstwochenarbeitszeit von 32 Stunden behaupten.

22 Zur Verfassungsmäßigkeit dieser Regelung: BSG 21.6.2016 – B 10 EG 8/15 R unter Erweiterung dieser Argumentation auf die Partnermonate: BSG 28.3.2019 – B 10 EG 6/18 R.

23 BT-Drs. 18/2583, 1.

Das Elterngeld Plus erhöht die Flexibilität des Elterngeldes für Berechtigte: »Doppelt so lang, maximal halb so hoch«,[24] ist ein zwar prägnanter Grundsatz, vor dem Hintergrund der attraktiveren Anrechnung von Teilzeiteinkommen aber missverständlich. Treffender wäre: **»Doppelt so lang, mindestens halb so hoch«**.[25] 23

Der **Gesamtanspruchsumfang** an Elterngeld Plus ist pro Kind[26] auf 24 Monatsbeträge Elterngeld Plus begrenzt. Zusätzlich besteht **eine individuelle Begrenzung** pro Berechtigtem des Anspruchsumfangs auf ebenfalls 24 Monatsbeträge.[27] 24

Den Anspruchsumfang begrenzt das Gesetz nicht unmittelbar. Die Inanspruchnahme zweier Monatsbeträge Elterngeld Plus entspricht der Inanspruchnahme eines Monatsbetrages Basiselterngeld (Abs. 3 Satz 3). Bei der Inanspruchnahme von Elterngeld Plus wird damit pro Lebensmonat des Kindes nur ein halber Monatsbetrag Basiselterngeld aufgebraucht.

Auch Elterngeld Plus kann nur innerhalb des Anspruchszeitraums (Rn. 9 ff.) beansprucht werden.

Zwei Berechtigte können ihren jeweiligen Anspruch auf Elterngeld Plus individuell festlegen und mit Basiselterngeld kombinieren. Es ist **keine einvernehmliche Antragstellung** erforderlich.[28] Ein **nicht sorgeberechtigtes Elternteil** ist bei Diskrepanzen auf die Entscheidung des Sorgeberechtigten angewiesen.[29] Die Zustimmung zur Antragstellung benötigt ein nicht sorgeberechtigtes Elternteil jedoch nur, wenn er Berechtigter eines nicht eigenen Kindes ist.[30] 25

Durch **Partnermonate** (Rn. 16 ff.) können Eltern (auch, wenn einer nicht Berechtigter nach § 1 ist, z. B., weil er zu viel arbeitet) den Gesamtanspruchsumfang von Elterngeld Plus für das Kind auf **28** Monate erhöhen. Der **individuelle Anspruchsumfang** bleibt auf 24 Monatsbeträge Elterngeld Plus beschränkt. Auch hier müssen sich Eltern die Beanspruchung des Elterngeld Plus teilen, um den Anspruchsumfang durch Partnermonate mit Elterngeld Plus ausschöpfen zu können, vgl. Rn. 21. 26

24 Röhl, jM 2015, 246, 248.

25 Dies liegt an der besonderen Formulierung des § 4a Abs. 2 Satz 2 mit dem hypothetischen Bezug auf ein **einkommensloses Basiselterngeld**.

26 BT-Drs. 18/2583, S. 28.

27 BT-Drs. 18/2583, S. 28.

28 Den Umgang mit Überschreitungen des Anspruchsumfangs im Elterngeldantrag regelt § 5 Abs. 2.

29 § 5 Abs. 3.

30 § 1 Abs. 3 und Abs. 4 i. V. m. § 4d Satz 2.

d) Partnerschaftsbonusmonate

27 Beim Elterngeld Plus haben Berechtigte die zusätzliche Möglichkeit, durch die Inanspruchnahme von Partnerschaftsbonusmonaten (§ 4b) den individuellen Anspruchsumfang um **vier Monatsbeträge** auf **28 Monatsbeträge Elterngeld Plus** zu erhöhen. Partnermonate und Partnerschaftsbonusmonate werden addiert, wenn die jeweiligen Voraussetzungen vorliegen. Die oft behauptete Erhöhung auf 32 Monatsbeträge Gesamtanspruchsumfang[31] Elterngeld Plus ist unzutreffend.[32]

Anders als bei den Partnermonaten, können Partnerschaftsbonusmonate nur in Anspruch genommen werden, wenn beide Elternteile Berechtigte im Sinne des § 1 sind (§ 4b Abs. 1 Nr. 2).

e) Planungslücken im Elterngeld Plus

28 Selbst mit der Kombination von Partnermonaten und den Partnerschaftsbonusmonaten können Eltern im Anspruchszeitraum bis zur Vollendung des 32. Lebensmonats des Kindes Elterngeld Plus **nicht durchgehend** in Anspruch nehmen.

Denn: Die ersten zwei Monate gelten in der Regel als Basiselterngeld durch die Mutter genommen.[33] Eine andere Verteilung kommt für Berechtigte in aller Regel nicht in Betracht. Übrig bleiben hiernach noch 12 Monatsbeträge Basiselterngeld im Gesamtanspruch für das Kind und 10 Monatsbeträge Basiselterngeld im individuellen Anspruch der Mutter, 12 beim Vater.

Dies entspricht in der Summe einem Anspruchsumfang von 20 Monatsbeträgen Elterngeld Plus für das Kind. Ihren individuellen Anspruchsumfang von 48 Monaten Elterngeld Plus können die Eltern deswegen ersichtlich bereits nicht ausschöpfen.

Wird nach den ersten zwei Lebensmonaten des Kindes durchgehend Elterngeld Plus von einem Elternteil in Anspruch genommen, ist der Anspruchsumfang für das Kind somit nach 22 Lebensmonaten ausgeschöpft. Den Anspruchszeitraum von 32 Lebensmonaten können die Eltern deswegen auch mit Elterngeld Plus nur durch eine **zehnmonatige vollständige Unterbrechung** des Elterngeldes ausschöpfen. Die Unterbrechung des Elterngeldbezuges durch beide Eltern muss vor dem 14. Lebensmonat des Kindes liegen, andernfalls würde der Anspruchszeitraum frühzeitig enden (Abs. 1 Satz 4). Auch dies ist eine wirklichkeitsfremde gesetzliche Vorgabe. Der Wiedereinstieg beider Eltern in eine volle Erwerbstätigkeit für 10 Monate vor dem 14. Lebensmonat des Kindes ist weder realistisch noch gewollt.

---

31 Vgl. nur BT-Drucks. 19/400, S. 4.

32 Brose/Weth/Volk/*Brose*, BEEG, § 4 Rn. 18.

33 § 3 Abs. 1 Satz 1 Nr. 1 i. V. m. § 4 Abs. 4 Satz 3.

Entgegen der Intention des Gesetzes können Eltern somit **nicht »bis zur Vollendung des 32. Lebensmonats«** Elterngeld Plus beanspruchen. Es bleibt ein Rätsel des Gesetzgebers, weswegen er Ansprüche kreiert, die in Anspruch zu nehmen rechtlich unmöglich ist.
Eine weitere Planungshürde beim Elterngeld Plus stellt die sog. **»Elterngeldfalle«** dar.[34] Kriegen Eltern während des Bezugs von Elterngeld Plus nach dem 14. Lebensmonat des ersten ein zweites Kind, wird beim zweiten Kind die Zeit des Elterngeldbezuges für das erste Kind im Bemessungszeitraum berücksichtigt.[35] Dies hat für Berechtigte die nachteilige Folge, dass allein das Teilzeiteinkommen als Einkommen berücksichtigt wird, dass Elterngeld Plus selbst hingegen nicht. In vielen Fällen führt dies dazu, dass für das zweite Kind nur der Mindestbetrag von 300 € (§ 2 Rn. 26) gewährt wird.

f) Vertrauensschutz bei Planungslücken

29 Ab dem 15. Lebensmonat des Kindes endet der Anspruchszeitraum für Elterngeld Plus vorzeitig, wenn für einen Monat Elterngeld von keinem Elternteil bezogen wird. Dies setzt voraus, dass nicht nur die Lebensmonate anfänglich lückenlos verplant wurden, sondern auch, dass tatsächlich die Bezugsvoraussetzungen des Elterngeldes lückenlos bei wenigstens einem Elternteil vorlagen.

30 Durch nachträgliche Berücksichtigung der tatsächlichen Arbeitszeit kam es in der Vergangenheit immer wieder dazu, dass nachträglich die Bezugsvoraussetzungen für Elterngeld Plus entfielen, z. B. dadurch, dass der Elterngeld Plus Beziehende tatsächlich 33 Stunden gearbeitet hatte. Vor allem die schwankende Arbeitszeit Selbstständiger erwies sich hier als Planungshindernis. Dies führte dazu, dass eine mehrjährige Elterngeldplanung mit Elterngeld Plus ad absurdum geführt wurde.
Um diesen Verlust zu mildern, hat der Gesetzgeber einen – versteckten – neuen **Vertrauenstatbestand** in § 4b Abs. 4, Rn. 12 ff., geschaffen.

5. Frühgeburten (Abs. 5)

31 Mit Wirkung zum 1. 9. 2021[36] wurden im BEEG vollständig neu Erweiterungen für Frühgeburten in einem neuen Abs. 5 aufgenommen.
Mit dieser Norm sollen zusätzliche Belastungen durch zu früh geborene Kinder für Eltern beim Elterngeld kompensiert werden.

---

34 *Röhl,* jM 2015, 246, 248.

35 Es findet keine Verschiebung des Bemessungszeitraums für nach dem 14. Lebensmonat bezogenes Elterngeld Plus statt, § 2b Rn. 10.

36 Durch das Zweite Gesetz zur Änderung des Bundeselterngeld- und Elternzeitgesetzes vom 15. Februar 2021, BGBl. Teil I, 2021, S. 239.

Um eine Frühgeburt handelt es sich, wenn zwischen dem **voraussichtlichen Tag der Entbindung**, wie er sich aus dem ärztlichen Zeugnis oder dem Zeugnis einer Hebamme oder eines Entbindungshelfers ergibt, und dem tatsächlichen Tag der Geburt **mindestens sechs Wochen** liegen (Abs. 5 Satz 2).

32 Liegt der Tag der Geburt **mindestens sechs Wochen** früher, so

- erhöht sich der Gesamtanspruchsumfang pro Kind auf 13 Monatsbeträge Basiselterngeld, zzgl. Partnermonate (Satz 1 Nr. 1),
- erhöht sich der individuelle Anspruchsumfang eines jeden Berechtigten auf 13 Monatsbeträge Basiselterngeld, zzgl. Partnerschaftsbonusmonate (Satz 3 Nr. 1 Buchst. a),
- verlängert sich der Anspruchszeitraum des Basiselterngeldes auf die Vollendung des 15. Lebensmonats des Kindes (Satz 3 Nr. 1 Buchst. b),
- endet der Anspruchszeitraum für Elterngeld Plus unverändert spätestens mit Vollendung des 32. Lebensmonats, doch muss erst ab dem 16. Lebensmonat Elterngeld Plus von wenigstens einem Berechtigten lückenlos beansprucht werden (Satz 3 Nr. 1 Buchst. c).

33 Liegt der Tag der Geburt **mindestens acht Wochen** früher, so

- erhöht sich der Gesamtanspruchsumfang pro Kind auf 14 Monatsbeträge Basiselterngeld, zzgl. Partnermonate (Satz 1 Nr. 2),
- erhöht sich der individuelle Anspruchsumfang eines jeden Berechtigten auf 14 Monatsbeträge Basiselterngeld, zzgl. Partnerschaftsbonusmonate (Satz 3 Nr. 2 Buchst. a),
- verlängert sich der Anspruchszeitraum des Basiselterngeldes auf die Vollendung des 16. Lebensmonats des Kindes (Satz 3 Nr. 2 Buchst. b),
- endet der Anspruchszeitraum für Elterngeld Plus unverändert spätestens mit Vollendung des 32. Lebensmonats, doch muss erst ab dem 17. Lebensmonat Elterngeld Plus von wenigstens einem Berechtigten lückenlos beansprucht werden (Satz 3 Nr. 2 Buchst. c).

34 Liegt der Tag der Geburt **mindestens zwölf Wochen** früher, so

- erhöht sich der Gesamtanspruchsumfang pro Kind auf 15 Monatsbeträge Basiselterngeld, zzgl. Partnermonate (Satz 1 Nr. 3),
- erhöht sich der individuelle Anspruchsumfang eines jeden Berechtigten auf 15 Monatsbeträge Basiselterngeld, zzgl. Partnerschaftsbonusmonate (Satz 3 Nr. 3 Buchst. a),
- verlängert sich der Anspruchszeitraum des Basiselterngeldes auf die Vollendung des 17. Lebensmonats des Kindes (Satz 3 Nr. 3 Buchst. b),
- endet der Anspruchszeitraum für Elterngeld Plus unverändert spätestens mit Vollendung des 32. Lebensmonats, doch muss erst ab dem 18. Lebensmonat Elterngeld Plus von wenigstens einem Berechtigten lückenlos beansprucht werden (Satz 3 Nr. 3 Buchst. c).

35 Liegt der Tag der Geburt **mindestens sechzehn Wochen** früher, so

- erhöht sich der Gesamtanspruchsumfang pro Kind auf 16 Monatsbeträge Basiselterngeld, zzgl. Partnermonate (Satz 1 Nr. 4),
- erhöht sich der individuelle Anspruchsumfang eines jeden Berechtigten auf 16 Monatsbeträge Basiselterngeld, zzgl. Partnerschaftsbonusmonate (Satz 3 Nr. 4 Buchst. a),
- verlängert sich der Anspruchszeitraum des Basiselterngeldes auf die Vollendung des 18. Lebensmonats des Kindes (Satz 3 Nr. 4 Buchst. b),
- endet der Anspruchszeitraum für Elterngeld Plus unverändert spätestens mit Vollendung des 32. Lebensmonats, doch muss erst ab dem 19. Lebensmonat Elterngeld Plus von wenigstens einem Berechtigten lückenlos beansprucht werden (Satz 3 Nr. 3 Buchst. c).

6. Verhältnis Basiselterngeld zu Elterngeld Plus (Abs. 6)

Nach Abs. 6 Satz 1 wird für Geburten ab dem 1. 4. 2024 nicht nur die ohnehin kaum in Anspruch genommene Möglichkeit ausgeschlossen, Basiselterngeld erst ab dem 13. Lebensmonat in Anspruch zu nehmen, sondern der **gleichzeitige Bezug von Basiselterngeld** beider Elternteile **auf einen Monat begrenzt**. In der Praxis ist dies zumeist der erste Lebensmonat. Monate, in denen die Mutter Anspruch auf Mutterschaftsleistungen hat, gelten nach wie vor als Basiselterngeldmonate der Mutter. Die auch in den Gesetzgebungsmaterialien nicht niedergelegte Idee ist wohl, Müttern den Bezug von Elterngeld Plus und damit frühere Teilzeittätigkeiten attraktiver zu machen. Der Zweck, die Integration in den Arbeitsmarkt zu fördern, wird bereits deswegen nicht erreicht, weil nur der Leistungsbezug ausgeschlossen ist, nicht hingegen der Arbeitszeitanspruch ausgebaut wurde. Beide Systeme stehen in keiner Korrelation zueinander. Die Beschränkung wird insofern ins Leere laufen, sie verhindert lediglich eine gemeinsame mehrmonatige »Familienstartzeit«. 36

Satz 2 wiederholt im Kern nur umständlich den Ausschluss des gleichzeitigen Bezugs von Basiselterngeld, indem er unterstreicht, dass diese Einschränkung nicht für das Elterngeld Plus gilt. 37

Nach Satz 3 gelten für das Entstehen und die Inanspruchnahme des Partnerschaftsbonus unverändert die in § 4b genannten Voraussetzungen. 38

Satz 4 nimmt Mehrlingsgeburten (§ 2a Abs. 4 BEEG), Frühgeburten (Abs. 5), Kinder mit Behinderung (§ 2 Abs. 1 SGB IX) sowie Kinder mit einem Geschwisterbonus nach § 2a BEEG aus den Restriktionen der Sätze 1 und 2 aus. Hier können Eltern weiterhin gleichzeitig mehrere Monate Basiselterngeld beziehen. 39

§ 4a Berechnung von Basiselterngeld und Elterngeld Plus

(1) Basiselterngeld wird allein nach den Vorgaben der §§ 2 bis 3 ermittelt.

(2) [1]Elterngeld Plus wird nach den Vorgaben der §§ 2 bis 3 und den zusätzlichen Vorgaben der Sätze 2 und 3 ermittelt. [2]Das Elterngeld Plus beträgt monatlich höchstens die Hälfte des Basiselterngeldes, das der berechtigten Person zustünde, wenn sie während des Elterngeldbezugs keine Einnahmen im Sinne des § 2 oder des § 3 hätte oder hat. [3]Für die Berechnung des Elterngeldes Plus halbieren sich:

1. **der Mindestbetrag für das Elterngeld nach § 2 Absatz 4 Satz 1,**
2. **der Mindestbetrag des Geschwisterbonus nach § 2a Absatz 1 Satz 1,**
3. **der Mehrlingszuschlag nach § 2a Absatz 4 sowie**
4. **die von der Anrechnung freigestellten Elterngeldbeträge nach § 3 Absatz 2.**

Inhaltsübersicht Rn.

1. Allgemeines

1 §§ 4a ff. wurden zum 1.9.2021 vollständig neu gefasst und neu strukturiert.[1] Hierdurch sind die Normen erheblich anwendungsfreundlicher geworden. Materielle Änderungen an der Berechnung des Elterngeldes sind nicht eingetreten.

2 § 4a ist als neue Grundnorm für die Berechnung beider Formen des Elterngeldes, Basiselterngeld und Elterngeld Plus, konzipiert.

3 Die Höhe des Elterngeldes folgt aus §§ 2, 2a.
Anspruchszeitraum, Anspruchsumfang und Bezugszeitraum des Elterngeldes folgen aus §§ 4a, 4d.
Abweichungen bei nur einem Berechtigten für das Elterngeld sind § 4c zu entnehmen.
Die Berechnung des berücksichtigungspflichtigen Einkommens erfolgt auf der Grundlage der §§ 2a bis 2f und § 3.

---

1 Zweites Gesetz zur Änderung des Bundeselterngeld- und Elternzeitgesetzes vom 15. Februar 2021, BGBl. Teil I, 2021, S. 239.

Ob Basiselterngeld oder Elterngeld Plus, die **Berechnung** ist identisch, sie erfolgt **fünfstufig**: 4

1. Bestimmen des Bemessungszeitraums (§ 2b).
2. Ermitteln der Bruttoeinkünfte im Bemessungszeitraum (für nicht selbstständige Tätigkeit § 2c, für selbstständige Tätigkeit § 2d).
3. Pauschalen abziehen für Steuern und Sozialversicherung (§§ 2e und 2f).
4. Anrechnen von Einkommen im Bezugszeitraum (§§ 2c, 2d).
5. Quotierung des Elterngeldes anhand des einschlägigen Prozentwertes (§§ 2, 2a), für Elterngeld Plus zusätzliche Höchstbegrenzung (§ 4a Abs. 2 Satz 2).

2. Berechnung des Basiselterngeldes (Abs. 1)

Abs. 1 soll eine Verweisnorm für die Berechnung des Basiselterngeldes darstellen, ohne eine eigene eigenständige Regelung zu treffen. Die rechtstechnische Nützlichkeit der Norm mag zweifelhaft sein, sie verhilft jedoch zur Übersichtlichkeit. 5

Im Übrigen ist zur Berechnung des Basiselterngeldes das o.g. fünfstufige Modell heranzuziehen. Um die Berechnungsschritte durchführen zu können, muss der Anspruchsteller zusätzlich Berechtigter (§ 1) sein und der Anspruchsumfang muss bestehen (§ 4). Zu den fünf Stufen vgl. jeweilige Kommentierung dort.

3. Berechnung des Elterngeld Plus (Abs. 2)

a) Allgemeines

Abs. 2 Satz 1 soll eine Verweisnorm für die Berechnung des Elterngeld Plus darstellen, ohne eine eigene eigenständige Regelung zu treffen. Die rechtstechnische Nützlichkeit der Norm mag zweifelhaft sein, sie verhilft zur Übersichtlichkeit. 6

Zur Berechnung des Elterngeld Plus ist das fünfstufige Modell (Rn. 4) heranzuziehen. Um die Berechnungsschritte durchführen zu können, muss der Anspruchsteller zusätzlich Berechtigter (§ 1) sein und der Anspruchsumfang muss bestehen (§ 4). Zu den fünf Stufen vgl. jeweilige Kommentierung dort.

b) Höchstbegrenzung

Eine materielle Abweichung von der Berechnung des Basiselterngeldes enthält Abs. 2 Satz 2. Hiernach erfährt das Elterngeld Plus in Abweichung vom Basiselterngeld eine zusätzliche Höchstbegrenzung. 7

Nachdem das fünfstufige Berechnungsmodell durchlaufen ist, ist zu prüfen, ob das Elterngeld Plus höher ist als die Hälfte des Basiselterngeldes, dass dem Berechtigten ohne Einkommen im Bezugszeitraum zustünde.
Hierfür muss zunächst die Höhe des Basiselterngeldes hypothetisch berechnet werden.
Hierzu ist die Basiselterngeldberechnung mit dem tatsächlichen Einkommen im Bezugszeitraum, jedoch unter Ausblendung jeglichen Einkommens im Bemessungszeitraum, durchzuführen.

8 **Beispiel:**
R hat vor der Geburt seines Sohnes M (im Bemessungszeitraum durchschnittlich) 2500€ netto (rund 3934,39€ brutto) verdient. R möchte im dritten und vierten Lebensmonat von M zwei Monate Basiselterngeld nehmen und anschließend 10 Monate halbtags arbeiten und Elterngeld Plus beziehen.
R's Basiselterngeldquotient beträgt 65% (§ 2 Abs. 2 Satz 2), dies sind 1625€.[2]
R's Elterngeld Plus-Höhe wird wie folgt ermittelt: Einkommen halbtags 1967,20€ brutto = 1412,82€ netto.
Differenz im Netto zwischen Bemessungs- und Bezugszeitraum: 1087,18€. Der Elterngeldprozentsatz beträgt hierzu 67%, dies entspricht 728€.
Sodann ist eine Höchstbegrenzung durchzuführen.
R's Basiselterngeldhöhe beträgt ohne Einkommen 1625€ (s. o.).
Die Hälfte hiervon sind 812,5€.
Die Höhe des Elterngeld Plus liegt darunter, der Wert ist somit nicht zu begrenzen.
R stehen doppelt so viele Monate Elterngeld Plus wie Basiselterngeld zur Verfügung.

Basiselterngeld oder Elterngeld Plus bei Teilzeit?

Beispiel:
R hat vor der Geburt seines Sohnes M (im Bemessungszeitraum durchschnittlich) 2500€ netto verdient.
Im zweiten und dritten Monat nimmt er Elternzeit ohne Einkommen. Ab dem vierten Monat will er wieder halbtags arbeiten.

Variante A:
R beantragt vom zweiten bis zum 12. Lebensmonat von M Basiselterngeld.
R's Basiselterngeldquotient ist 65% (§ 2 Abs. 2 Satz 2), Basiselterngeld steht ihm somit i. H. v. 1625€ zu.[3] Dies ist sein Anspruch im zweiten und dritten Monat ohne Einkommen.
Ab dem 4. Monat arbeitet R halbtags, er hat damit ein Einkommen von 1967,20€ brutto = **1412,82€ netto.**
Differenz im Netto zwischen Bemessungs- und Bezugszeitraum: 1087,18€. Der Elterngeldquotient beträgt hierzu 67%.

---

2 Der tatsächliche Wert wird wegen der Pauschalierung des Netto etwas geringer sein, vgl. §§ 2e, 2f.

3 Der tatsächliche Wert wird wegen der Pauschalierung des Netto etwas geringer sein, vgl. §§ 2e, 2f.

Sein Basiselterngeldanspruch beträgt somit **728,41 €** ab dem 4. Monat. Nach 12 Bezugsmonaten ist der Anspruch auf Elterngeld aufgebraucht.
R's **Monatseinkommen mit Halbtagstätigkeit** in den Monaten 4.–12. beträgt 728,41 € + 1412,82 € = **2141,23 €** (ggü. 2500 € in Vollzeit).

Variante B:
R beantragt Basiselterngeld nur für den 3. und 4. Monat. Für die Monate 7–12 beantragt er Elterngeld Plus.

R's Basiselterngeldquotient beträgt 65 % (§ 2 Abs. 2 Satz 2) seines Einkommens, dies sind unverändert 1625 €.[4] Dies ist sein Anspruch im zweiten und dritten Monat ohne Einkommen.
R's Elterngeld Plus:
Ab dem 4. Monat arbeitet R halbtags, er hat damit ein Einkommen von 1967,20 € brutto = 1412,82 € netto.
Differenz im Netto zwischen Bemessungs- und Bezugszeitraum: 1087,18 €. Der Elterngeldquotient beträgt hierzu 67 %.
Sein Elterngeldanspruch beträgt 728,41 € ab dem 4. Monat.
Sodann ist eine Höchstbegrenzung für das Elterngeld Plus durchzuführen:
R's Basiselterngeldhöhe betrüge ohne Einkommen 1625 € (s. o.).
Die Hälfte hiervon sind 812,5 €.
Die Höhe des Elterngeld Plus liegt bereits darunter, es muss nicht begrenzt werden.
R stehen für die Monate 7–12 **728,41 € Elterngeld Plus** zu.
R's **Monatseinkommen mit Halbtagstätigkeit** liegt in den Monaten 4. – 12. unverändert bei 728,41 € + 1412,82 € = **2141,23 €.**
Das **Elterngeld Plus ist hier folglich nicht halb so hoch wie das Basiselterngeld**, es ist **genauso hoch**. Es kann jedoch für 24 Monate in Anspruch genommen werden und auf den Anspruchszeitraum bis zur Vollendung des 32. Lebensmonats verteilt werden.
In den meisten Fällen hat zusätzlich die Mutter des Kindes aufgrund des Bezugs von Mutterschaftsgeld und Arbeitgeberzuschuss in den ersten acht Wochen nach der Geburt bereits zwei Monatsbeträge Basiselterngeld verbraucht (§ 4 Abs. 4 Satz 3). Der Gesamtanspruchsumfang pro Kind kann von den meisten Eltern nur in Höhe von 10 Monatsbeträgen Basiselterngeld (20 Elterngeld Plus) frei verteilt werden.

Bei **Halbtagstätigkeit** im Bezugszeitraum mit halbem Einkommen gegenüber dem Bemessungszeitraum unterscheiden sich die Höhe des Basiselterngeldes und des Elterngeld Plus in der Regel nur noch wenig. In diesen Fällen gibt es **wenig sachliche Gründe, dennoch Basiselterngeld** mit dem geringeren Anspruchsumfang in Anspruch zu nehmen. 9
Je geringer die Einkommensreduktion ist, desto weniger fällt die Höchstbegrenzung des Elterngeld Plus auf die Hälfte des Basiselterngeldes ohne Einkommen ins Gewicht.

4 Der tatsächliche Wert wird wegen der Pauschalierung des Netto etwas geringer sein, vgl. §§ 2e, 2 f.

10 Erst bei einer **Einkommensreduktion von ca. 75 %** und mehr lohnt sich eine genauere rechnerische Gegenüberstellung von Basiselterngeld und Elterngeld Plus im Verhältnis von Leistungshöhe und Anspruchsumfang.

c) Halbierung von Mindestsätzen und Zuschlägen

11 Abs. 2 Satz 3 stellt sicher, dass für Monate mit Elterngeld Plus die Mindestsätze nur in halber Höhe gezahlt werden. Die Aufzählung ist abschließend.[5]

12 Der **Mindestbetrag** für das Elterngeld nach § 2 Abs. 4 Satz 1 reduziert sich von 300 auf **150 €.** Im Übrigen ist der einzige Unterschied in der Berechnung der Leistungshöhe zwischen Basiselterngeld und Elterngeld Plus die Höchstbetragsbegrenzung, Rn. 7 f.

13 Der Mindestbetrag des **Geschwisterbonus'** (§ 2a Abs. 1 Satz 1) beträgt statt 75 € **37,50 €.** Die prozentuale Erhöhung von 10 % als Geschwisterbonus verbleibt jedoch unverändert, sie reduziert sich nicht auf 5 %.

Der **Mehrlingszuschlag** (§ 2a Abs. 4) reduziert sich von 300 € auf **150 €** pro Mehrling.

Der **Anrechnungsfreibetrag für Einkommen** (§ 3 Abs. 2 Satz 1) und der Steigerungsbetrag pro Mehrling (§ 3 Abs. 2 Satz 2) reduzieren sich jeweils von 300 € auf **150 €.**

§ 4b Partnerschaftsbonus

(1) Wenn beide Elternteile

1. nicht weniger als 24 und nicht mehr als 32 Wochenstunden im Durchschnitt des Lebensmonats erwerbstätig sind und

2. die Voraussetzungen des § 1 erfüllen,

hat jeder Elternteil für diesen Lebensmonat Anspruch auf einen zusätzlichen Monatsbetrag Elterngeld Plus (Partnerschaftsbonus).

(2) [1]Die Eltern haben je Elternteil Anspruch auf höchstens vier Monatsbeträge Partnerschaftsbonus. [2]Sie können den Partnerschaftsbonus nur beziehen, wenn sie ihn jeweils für mindestens zwei Lebensmonate in Anspruch nehmen.

(3) Die Eltern können den Partnerschaftsbonus nur gleichzeitig und in aufeinander folgenden Lebensmonaten beziehen.

(4) Treten während des Bezugs des Partnerschaftsbonus die Voraussetzungen für einen alleinigen Bezug nach § 4c Absatz 1 Nummer 1 bis 3 ein, so kann der Bezug durch einen Elternteil nach § 4c Absatz 2 fortgeführt werden.

---

5 Brose/Weth/Volk/*Brose*, BEEG, § 4 Rn. 23.

(5) Das Erfordernis des Bezugs in aufeinander folgenden Lebensmonaten nach Absatz 3 und § 4 Absatz 1 Satz 4 gilt auch dann als erfüllt, wenn sich während des Bezugs oder nach dem Ende des Bezugs herausstellt, dass die Voraussetzungen für den Partnerschaftsbonus nicht in allen Lebensmonaten, für die der Partnerschaftsbonus beantragt wurde, vorliegen oder vorlagen.

Inhaltsübersicht Rn.

1. Allgemeines

a) Historie

§§ 4b wurde zum 1.9.2021 vollständig neu gefasst und neu strukturiert.[1] 1
Inhaltlich entspricht er dem § 4 Abs. 4 a. F.

Für seit dem 1.9.2021 geborene Kinder gilt die Aufweitung des Korridors zulässiger Arbeitszeit von 25 bis 30 Stunden auf **24 bis 32 Wochenstunden**. Zusätzlich besteht seitdem mit Abs. 5 ein **Vertrauensschutz** vor nachträglichen Neuberechnungen zugunsten der Berechtigten und die Partnerschaftsbonusmonate können nunmehr **aufgeteilt** und **unterbrochen** werden.

b) Systematik des § 4b

§ 4b enthält nunmehr zusammengefasst die Voraussetzungen für Partner- 2
schaftsbonusmonate.

Abs. 1 normiert, dass Berechtigte (§ 1) in der Zeit, in der sie zwischen 24 und 32 Wochenstunden im Durchschnitt des Lebensmonats erwerbstätig sind, einen zusätzlichen Monatsbetrag Elterngeld Plus erwerben (Partnerschaftsbonusmonat).

1 Zweites Gesetz zur Änderung des Bundeselterngeld- und Elternzeitgesetzes vom 15. Februar 2021, BGBl. Teil I, 2021, S. 239.

Abs. 2 Satz 1 begrenzt die Anzahl der Partnerschaftsbonusmonate auf höchstens vier je Elternteil (8 pro Kind).
Abs. 2 Satz 2 statuiert, dass die Voraussetzungen des Abs. 1 jeweils für zwei Monate erfüllt sein müssen.
Abs. 3 stellt klar, dass Partnerschaftsbonusmonate nur von beiden Elternteilen gemeinsam in Anspruch genommen werden können.
Abs. 4 verhindert Verluste für Alleinerziehende während der Partnerschaftsbonusmonate.
Abs. 5 normiert einen neuen **Vertrauenstatbestand** zugunsten der Berechtigten bei anfänglich erfüllten Voraussetzungen für Partnerschaftsbonusmonate aber nicht lückenloser Inanspruchnahme des Elterngeldes ab dem 15. Lebensmonat.

c) Regelungsziel

3 Die mit Einführung der Partnerschaftsbonusmonate im Jahr 2015[2] verbundenen Erwartungen des Gesetzgebers wurden durch ihre geringe tatsächliche Inanspruchnahme sehr enttäuscht. Nur 1,98 % der Elterngeldbezieher im Kalenderjahr 2024 beanspruchten auch Partnerschaftsbonusmonate.[3] Dieser Wert steigt seit Jahren trotz erheblicher legislatorischer Nachbesserungen in den letzten Jahren nur sehr langsam. Die Sorge, die Voraussetzungen für den Partnerschaftsbonus nicht erfüllen zu können und so möglichen Rückforderungen ausgesetzt zu sein, hält nach wie vor viele Eltern davon ab, sich für den Partnerschaftsbonus zu entscheiden.[4]

2. Berechtigte (Abs. 1 Nr. 2)

4 Damit ein Anspruch auf Partnerschaftsbonusmonate zuwachsen kann, müssen zwei Elternteile Berechtigte im Sinne des § 1 sein. Sie müssen während der fraglichen Monate gleichzeitig alle in § 1 normierten Voraussetzungen erfüllen. Partnerschaftsbonusmonate können damit nicht nur für eigene Kinder, sondern auch für angenommene und in den Haushalt dem Ziel der Adoption aufgenommene Kinder beansprucht werden.

2 BGBl Teil I, 2014, S. 2325.

3 Statistisches Bundesamt, *https://www.destatis.de/DE/Themen/Gesellschaft-Umwelt/Soziales/Elterngeld/Tabellen/liste-leistungsbezuege-elterngeld-jahre.html*, zuletzt abgerufen am 11.5.2025. 8,6 % der Elterngeld Plus Beziehenden, die ihrerseits einen Anteil von 29,6 % der Elterngeldbeziehenden darstellten, gaben in der Planung für 2024 Partnerschaftsbonusmonate an.

4 BReg, Bericht BEEG, S. 14.

3. Arbeitszeitkorridor (Abs. 1 Nr. 1)

Strenger als in § 1 Abs. 6 darf die Wochenarbeitszeit nicht nur **32 Stunden**[5] 5
nicht überschreiten, sie darf zusätzlich **24 Stunden**[6] **nicht unterschreiten**. Maßgeblich ist der Durchschnitt des Lebensmonats des Kindes, nicht der Kalendermonat. Zur damit verbundenen Planungsschwierigkeiten vgl. den Vertrauensschutz, Abs. 5 Rn. 15 ff. Der Arbeitszeitkorridor muss isoliert in jedem Lebensmonat berechnet in wenigstens zwei aufeinanderfolgenden Anspruchsmonaten[7] eingehalten werden. Eine Erfüllung im Durchschnitt der vier Monate genügt nicht.[8]

Die Über- oder Unterschreitung durch einen der Berechtigten in einem einzigen Monat führt dazu, dass beiden Berechtigten die Partnerschaftsbonusmonate für diesen Monat nicht zuwachsen, ein Zusammenhang von zwei Monaten kann hierdurch unterbrochen werden und damit können weitere zwei Monate für die Eltern verloren gehen.[9]

Anders als bei den Partnermonaten (§ 4 Rn. 16 ff.), muss **keine Minderung** 6
des Einkommens eintreten. Zulässig ist es deswegen, wenn Berechtigte eine arbeitsvertragliche Änderungsvereinbarung für vier Monate unterzeichnen, nach welcher sie ihre vertragliche Arbeitszeit auf 32 Wochenstunden bei vollem Bruttolohnausgleich reduzieren. Allerdings wird ohne Einkommenseinbußen zwischen Bemessungs- und Bezugszeitraum nur der Mindestbetrag von 150 € Elterngeld Plus gewährt werden können.

Der Nachweis der Arbeitszeit ist identisch wie bei § 1; vgl. § 8 Rn. 6 ff. und 7
§ 9 Rn. 3 ff.

4. Lage der Partnerschaftsbonusmonate (Abs. 3)

An die Lage der Partnerschaftsbonusmonate richtet das Gesetz keine An- 8
forderungen. Sie sind grundsätzlich innerhalb des Anspruchszeitraums des Elterngeld Plus (§ 4 Rn. 6 f.) frei wählbar. Die Inanspruchnahme von Elternzeit (§ 15) währenddessen ist keine Voraussetzung.

Weil Eltern Partnerschaftsbonusmonate nur erwerben, wenn beide Berechtigte die Voraussetzungen erfüllen, ist eine abgestimmte Antragstellung zu empfehlen, doch rechtlich erforderlich ist sie nicht.

---

5 Zum Arbeitszeitbegriff s. § 1 Rn. 40; 30 Stunden für vor dem 1. 9. 2021 geborene Kinder.

6 25 Stunden für vor dem 1. 9. 2021 geborene Kinder.

7 Durchgehend in vier aufeinanderfolgenden Lebensmonaten für vor dem 1. 9. 2021 geborene Kinder (§ 4 Abs. 4 Satz 3 i. d. F. v. 1. 1. 2018).

8 BSG 24. 4. 2023 – B 10 EG 1/23 B.

9 Der gesamte bisher zugewachsene Anspruch der Partnerschaftsbonusmonate ging bei einer Unterbrechung für beide Berechtigte verloren für vor dem 1. 9. 2021 geborene Kinder (§ 4 Abs. 4 Satz 3 i. d. F. v. 1. 1. 2018).

Es ist auch möglich, in denselben zwei Monaten gleichzeitig den Anspruch auf Partnermonate und Partnerschaftsbonusmonate zu erwerben.

9 In der Regel werden die Partnerschaftsbonusmonate in Lebensmonaten erworben, in denen **beide Elternteile zugleich Elterngeld Plus** beanspruchen. Rechtlich zwingend ist dies nicht. Doch dürfte es für einen Berechtigten kaum sachliche Gründe geben, mit einer Teilzeittätigkeit von nicht weniger als 24 Wochenstunden anstelle des Elterngeld Plus Basiselterngeld zu beanspruchen.

10 Beansprucht werden müssen immer **zwei zusammenhängende Partnerschaftsbonusmonate.**[10]

5. Anspruchsumfang (Abs. 2)

11 Partnerschaftsbonusmonate müssen **nicht beantragt** werden. Sind alle Voraussetzungen erfüllt, wächst jedem Elternteil ein zusätzlicher Monatsbetrag Elterngeld Plus zu. Hier können zwei Monatsbeträge Elterngeld Plus nicht in einen Monat Basiselterngeld umgerechnet werden.
Die Anzahl an Partnerschaftsbonusmonaten ist auf **vier je Berechtigtem** begrenzt. Der Anspruchsumfang pro Kind erhöht sich damit um acht Monatsbeträge Elterngeld Plus.
Partnerschaftsbonusmonate können mit Partnermonaten kombiniert werden. Sind die jeweiligen Voraussetzungen erfüllt, sind die Ansprüche zu addieren.

6. Nachträglicher Wegfall der Voraussetzungen

12 Ein häufiges Problem im Elterngeldbezug – der mit dem Wegfall der Voraussetzungen während der vier Partnerschaftsbonusmonate verbundene Rückzahlungsanspruch der Elterngeldstelle – wurde in mehrerer Hinsicht abgemildert. Die vielfach kritisierten Rechtsfolgen des nachträglichen Wegfalls der Voraussetzungen bei einem Berechtigten wurden zum 1.9.2021 erheblich abgemildert und gelten seitdem nur noch abgemildert für die ununterbrochen zu nehmenden zwei Monate fort.[11]

---

10 Für seit dem 1.9.2021 geborene Kinder entfällt somit die Voraussetzung, dass alle vier Partnerschaftsbonusmonate lückenlos hintereinander liegen müssen. Vor allem diese Voraussetzung hatte in der Vergangenheit zu strenger Kritik in der rechtswissenschaftlichen Literatur und der marginalen Inanspruchnahme unter Eltern geführt. Diese Voraussetzung ist zu Recht flexibilisiert worden.

11 Dies gilt nur für ab dem 1.9.2021 geborene Kinder.

a) Ausfall eines Elternteils (Abs. 4)

Fällt ein Elternteil während der Monate, für die Partnerschaftsbonusmonate geplant waren, aus, so bleiben beiden Berechtigten die **bisher erfüllten Partnerschaftsbonusmonate erhalten.**[12] War bislang nur ein Partnerschaftsbonusmonat erfüllt, gilt dies nur dann, wenn der andere Berechtigte die Voraussetzungen für einen zweiten Monat erfüllt. Waren bereits drei Partnerschaftsbonusmonate erfüllt, so bleiben alle drei Monate beiden Berechtigten erhalten. 13

Zusätzlich kann der andere Elternteil allein weitere (bis zur Anzahl von vier) Partnerschaftsbonusmonate erwerben. Dem ausgefallenen Elternteil wachsen die Partnerschaftsbonusmonate jedoch nicht zusätzlich zu. 14

Der Monat, in dem der **Ausfall eintritt**, gilt für den Ausgefallenen nicht mehr als Partnerschaftsbonusmonat. Das Elterngeld Plus wird für ihn insoweit zurückzuzahlen sein.

Als Ausfall, der zur alleinigen Fortführung der Partnerschaftsbonusmonate berechtigt, kommen alle Tatbestände des § 4c Abs. 1 Nr. 1–3 in Betracht: Trennung der Eltern und Alleinerziehung durch einen Berechtigten (Nr. 1), Feststellung einer Kindeswohlgefährdung durch den anderen Berechtigten (Nr. 2) und vor allem schwere Krankheiten oder schwere Behinderungen, die zur Unmöglichkeit führen, das Kind mit zu betreuen (Nr. 3).

b) Änderung der Arbeitszeit (Abs. 5)

Fällt eine Voraussetzung für den Erwerb von Partnerschaftsbonusmonaten weg, z. B. dadurch, dass ein Elternteil seine Arbeitszeit so verändert, dass sie außerhalb des Zeitkorridors von 24–32 Wochenstunden pro Lebensmonat des Kindes liegt, bleiben beiden Berechtigten die bisher erworbenen Partnerschaftsbonusmonate erhalten. Es müssen jedoch mindestens zwei hintereinanderliegende Monate erfüllt gewesen sein. Waren bereits drei Partnerschaftsbonusmonate erfüllt, bleiben alle drei erhalten. 15

Kein nachträglicher Wegfall einer Voraussetzung durch **Unterschreitung des Zeitkorridors** von mindestens 24 Wochenstunden pro Lebensmonat 16

12 Die Erleichterungen dieses Absatzes gelten nur für ab dem 1.9.2021 geborene Kinder.

liegt vor, soweit der Berechtigte (Arbeitnehmer, Beamte[13] oder Selbstständige[14])

1. **arbeitsunfähig erkrankt** oder wegen Inanspruchnahme einer Rehabilitationsmaßnahme oder Maßnahme zur medizinischen Vorsorge an der tatsächlichen Arbeitsleistung verhindert[15] war und soweit er deswegen einen Anspruch auf **Entgeltfortzahlung** im Krankheitsfall (§ 3 EFZG) oder Krankengeld hat,[16]
2. wegen der Erkrankung eines Kindes an der tatsächlichen Arbeitsleistung gehindert war und Anspruch auf Krankengeld bei Erkrankung eines Kindes, sog. **Kinderkrangengeld** hat (§ 45 Abs. 2 SGB V)[17],
3. wegen notwendiger Betreuung des Kindes einen **pandemiebedingten Entschädigungsanspruch** hat (§ 56 Abs. 1a IfSG),
4. aufgrund eines Beschäftigungsverbots nach **§ 3 MuSchG** wegen einer späteren Schwangerschaft die tatsächliche Arbeitszeit nicht erfüllen konnte,[18]
5. wegen seines gesetzlichen, tariflichen, betriebsverfassungsrechtlichen oder arbeitsrechtlichen **Urlaubanspruchs** mit Urlaubsentgelt tatsächlich nicht zu arbeiten brauchte,[19] ein Sabbatical o. ä. (Freistellung über mehr als einen Monat ohne Entgeltzahlungsanspruch) führte hingegen zur Unterbrechung,
6. im Rahmen eines Aufhebungsvertrags oder eines gerichtlichen Vergleichs bis zur rechtlichen Beendigung von der Arbeitsleistung **bezahlt freigestellt** wurde,
7. sich in **Kurzarbeit**[20] befand,

13 Bei ihnen genügt eine eigene Erklärung nicht, sie haben Bezügemitteilungen des Dienstherrn oder vergleichbare Unterlagen vorzulegen, so LSG NRW 25.5.2023 – L 13 EG 4/22, kritisch zum Gesetzesstand insoweit: Koppenfels-Spies, NZS 2024, 234, weil bei höheren Beamten oder Richtern oftmals keinerlei dienstliche Nachweise ihrer Arbeitszeit existierten.

14 So nunmehr auch BSG 7.9.2023 – B 10 EG 2/22 R; ablehnend noch SG Hamburg 12.2.2020 – S 35 EG 4/19.

15 BSG 7.9.2023 – B 10 EG 2/22 R; Organista, NZS 2021, 171, 172.

16 BSG 7.9.2023 – B 10 EG 2/22 R. Hier muss der Antragsteller weiterhin Berechtigter sein, d.h. sich trotz Erkrankung an der Betreuung und Erziehung des Kindes beteiligen können, § 1 Abs. 1 BEEG. Nunmehr ebenso RL zum BEEG, BMFSFJ, 12/2024, Ziffer 4b.1.1.

17 BSG 7.9.2023 – B 10 EG 2/22 R; Organista, NZS 2021, 171, 173.

18 RL zum BEEG, BMFSFJ, 12/2024, Ziffer 4b.1.1.

19 Richtlinien zum BEEG, BMFSFJ, 12/2024, Ziffer 4b.1.1. Auch für andere Formen der unbezahlten Freistellung nach dem PflegeZG oder dem FamilienPflegeZG gilt dies nicht.

20 Dies gilt unabhängig von den Besonderheiten der COVID-19-Pandemie und den Voraussetzungen des § 27 stets im Falle von Kurzarbeit.

8. anderweitig, z. B. wegen einer Betriebsschließung, aufgrund der COVID-19-Pandemie an der tatsächlichen Arbeitsleistung gehindert war (§ 27) oder
9. tatsächlich nicht gearbeitet hat, weil er in diesem Zeitraum ein **Arbeitszeitkonto** in Anspruch genommen, **Überstunden** abgebaut[21] oder Freizeitausgleich nach § 37 Abs. 3 BetrVG für außerhalb der Arbeitszeit liegende **Betriebsratstätigkeit** erhalten hat.

Scheitert die Aufnahme der Erwerbstätigkeit vollständig oder im vorgeschriebenen Umfang von mind. 24 Stunden daran, dass kein Betreuungsplatz für das Kind zur Verfügung steht, so fehlt es an der Voraussetzung für den Partnerschaftsbonusmonat.[22]

Der Lebensmonat, in dem eine der Voraussetzungen wegfällt, wird für beide Berechtigte nicht als Partnerschaftsbonusmonat hinzuerworben. Nur unter den zusätzlichen Voraussetzungen des Abs. 4 kann ein Elternteil seinen Anspruch fortführen. Der Wegfall der Voraussetzung (Änderung der Arbeitszeit gegenüber der früheren Planung) muss nicht zufällig oder unverschuldet eingetreten sein. **17**

Berechtigte haben nunmehr die Möglichkeit, **bewusst** den Erwerb der Partnerschaftsbonusmonate **zu unterbrechen** und später wieder aufzunehmen. **18**

Zu erwarten ist eine Rechtsprechung, nach welcher die Unterbrechung nur ein oder zwei Monate wird betragen dürfen.[23] Bei **längeren Unterbrechungen** müssen erneut mindestens zwei Partnerschaftsbonusmonate hintereinander erfüllt werden. Bereits erworbene Partnerschaftsbonusmonate (mindestens zwei) bleiben auch bei längeren Unterbrechungen beiden Berechtigten erhalten.

7. Alleinerziehende

Auch Alleinerziehende haben die Möglichkeit, Partnerschaftsbonusmonate zu erwerben, vgl. § 4c Abs. 2. **19**

21 Organista, NZS 2021, 171, 175.

22 BSG 26.10.2023 – B 10 EG 1/23 R. Das BSG verneinte eine analoge Anwendung der Ausnahmeregelungen für den Alleinbezug des Partnerschaftsbonus und verwies auf einen (im streitgegenständlichen Fall ebenfalls verneinten) Amtshaftungsanspruch.

23 Weder der Gesetzestext noch die Gesetzesbegründung sehen eine solche Begrenzung vor, doch lässt sie sich aus dem Zweck der Regelung herleiten: Eltern sollen auf gegenüber der ursprünglichen Planung nachträglich veränderte Umstände flexibel reagieren können, ohne die Rückzahlung des Elterngeldes für zurückliegende Partnerschaftsbonusmonate befürchten zu müssen.

§ 4c Alleiniger Bezug durch einen Elternteil

(1) Ein Elternteil kann abweichend von § 4 Absatz 4 Satz 1 zusätzlich auch das Elterngeld für die Partnermonate nach § 4 Absatz 3 Satz 2 beziehen, wenn das Einkommen aus Erwerbstätigkeit für zwei Lebensmonate gemindert ist und

1. bei diesem Elternteil die Voraussetzungen für den Entlastungsbetrag für Alleinerziehende nach § 24b Absatz 1 und 3 des Einkommensteuergesetzes vorliegen und der andere Elternteil weder mit ihm noch mit dem Kind in einer Wohnung lebt,

2. mit der Betreuung durch den anderen Elternteil eine Gefährdung des Kindeswohls im Sinne von § 1666 Absatz 1 und 2 des Bürgerlichen Gesetzbuchs verbunden wäre oder

3. die Betreuung durch den anderen Elternteil unmöglich ist, insbesondere, weil er wegen einer schweren Krankheit oder einer Schwerbehinderung sein Kind nicht betreuen kann; für die Feststellung der Unmöglichkeit der Betreuung bleiben wirtschaftliche Gründe und Gründe einer Verhinderung wegen anderweitiger Tätigkeiten außer Betracht.

(2) [1]Liegt eine der Voraussetzungen des Absatzes 1 Nummer 1 bis 3 vor, so hat ein Elternteil, der in mindestens zwei bis höchstens vier aufeinander folgenden Lebensmonaten nicht weniger als 24 und nicht mehr als 32 Wochenstunden im Durchschnitt des Lebensmonats erwerbstätig ist, für diese Lebensmonate Anspruch auf zusätzliche Monatsbeträge Elterngeld Plus. [2]§ 4b Absatz 5 gilt entsprechend.

Inhaltsübersicht

1. Allgemeines

a) Historie

1 § 4c wurde zum 1.9.2021 vollständig neu gefasst und neu strukturiert.[1] In der Norm wurden die Ansprüche eines Alleinerziehenden auf Partnermonate und Partnerschaftsbonusmonate zusammengefasst. Inhaltlich entspricht sie dem § 4 Abs. 6 a.F. Überfällige Verbesserungen für Alleinerziehende wurden leider nicht umgesetzt. Es wurden lediglich die für gemeinsam Erziehende eingeführte Flexibilisierungen nachgezeichnet. Zum 1.5.2025 wurden einzelne Redaktionsfehler in Abs. 1 Satz 1 Einls. und Abs. 2 durch Einfügung eines Verweises auf § 4b Abs. 5 bereinigt,[2] zahlreiche andere blieben erhalten.

b) Redaktionsfehler in § 4c

2 Die Norm enthält in Ansehung ihrer textlichen Kürze bestürzend viele redaktionelle Ungeschicklichkeiten. Missverständlich ist der Wortlaut von Abs. 1 Satz 1, die »Abweichung« von § 4 Abs. 4 Satz 1. Die materielle Abweichung könnte § 4c allenfalls von § 4b normieren, nicht von § 4 Abs. 4 Satz 1.[3] Doch liegt auch von § 4b für Alleinerziehende keine »Abweichung« vor: Partnermonate erhöhen den Anspruchsumfang pro Kind um zwei Monate, wenn ein Elternteil sein Einkommen mindert. Diese Voraussetzungen gelten unterschiedslos für Allein- wie für Gemeinsamerziehende.

3 Fehlgehend war bis zum 30.4.2025 in Abs. 1 Satz 1 der Verweis auf § 4 Abs. 3 Satz 3. Gemeint ist offensichtlich ein Verweis auf § 4 Abs. 3 **Satz 2**, die Partnermonate.

4 Abs. 1 Nr. 2 enthält einen doppelt unzutreffenden Verweis auf § 1666 BGB: Erstens genügt es, wenn die Schwelle des § 8a SGB VIII überschritten ist; zweitens ist der Verweis auf § 1666 Abs. 2 BGB fehlgehend, Rn. 19 ff.

5 Auch Abs. 2 weist das Potenzial auf, falsch verstanden zu werden. Während es zutreffend ist, dass in »mindestens zwei« aufeinanderfolgenden Lebensmonaten der Arbeitszeitkorridor eingehalten werden muss, wäre es unzutreffend anzunehmen, dass dies in »höchstens vier« aufeinander folgenden Lebensmonaten der Fall sein dürfte. Begrenzt ist nicht die Anzahl der Monate mit gemindertem Einkommen, sondern die Anzahl der Partnerschaftsbonusmonate, die infolge der Minderung hinzuwachsen können.

---

1 Zweites Gesetz zur Änderung des Bundeselterngeld- und Elternzeitgesetzes vom 15. Februar 2021, BGBl. Teil I, 2021, S. 239.

2 Art. 57 Nr. 7 Viertes Bürokratieentlastungsgesetz, BGBl. Teil I, Nr. 323 S. 25 ff.

3 Die Verweiskette ist lediglich eine Fortschreibung der bisherigen, bislang in § 4 Abs. 6 Satz 1 enthaltenen.

Es fehlt zudem der Verweis auf § 1, auch Alleinerziehende müssen alle Voraussetzungen eines Berechtigten erfüllen.

6 Die **Nichteinbeziehung** des für gemeinsam Erziehende eingeführten **Vertrauensschutzes** in § 4b Abs. 5 wurde als Redaktionsversehen zum 1. 5. 2025 beseitigt, sie konnte auch für die Zeit bis dahin nicht als bewusster Ausschluss Alleinerziehender aus dem Vertrauensschutz gedeutet werden.[4]

c) Systematik

7 Abs. 1 enthält die Bezugsvoraussetzungen der Partnermonate für dauerhaft oder vorübergehend allein ihr Kind Betreuende und definiert den Kreis der hierzu Berechtigten. Abs. 2 regelt die Bezugsvoraussetzungen der Partnerschaftsbonusmonate für ihr Kind allein Betreuende nach Satz 1.

2. Ihr Kind allein Betreuende

8 Grundsätzlich haben ihr Kind allein Betreuende unterschiedslos zu gemeinsam Erziehenden Anspruch auf Elterngeld. Es gelten die allgemeinen Erweiterungen für angenommene, mit dem Ziel der Annahme in den Haushalt aufgenommene Kinder und noch-nicht Väter (§ 1 Abs. 3) sowie vertretungsweise betreuende Verwandte (§ 1 Abs. 4).

9 Im Anspruchsumfang oder der Berechnung des Elterngeldes bestehen keine Unterschiede. Das Einkommen von Partnern wird bei gemeinsam Erziehenden nicht angerechnet. Ihr Anspruch auf Elterngeld richtet sich, sind sie Berechtigte im Sinne des § 1, nach der Differenz des Einkommens zwischen Bemessungs- und Bezugszeitraum nach den allgemeinen Vorschriften der §§ 2 ff.

10 Um allein Betreuende nicht zu benachteiligen, können sie auch diejenigen Gewährungen in Anspruch nehmen, die speziell eine gemeinsame Kindererziehung beider Elternteile fördern sollen, Partnermonate und Partnerbonusmonate. Um eine allgemeine, zweckverfehlende Inanspruchnahme zu verhindern, ist der Kreis der Berechtigten mittels zusätzlicher Voraussetzungen beschränkt. Es muss eine der Buchstaben **a) bis c) alternativ** erfüllt sein, **zusätzlich** müssen die jeweiligen Voraussetzungen der Gewährung[5] hinzutreten. Der Kreis der insofern Berechtigten wird abschließend von § 4c selbst definiert.[6]

---

4 Für einen gewollten Ausschluss Alleinerziehender aus dem neu geschaffenen Vertrauensschutz, bieten die Gesetzesmaterialien keinen Anhaltspunkt, BT-Drs. 19/26242.

5 Für Partnermonate (Rn. 26) oder Partnerschaftsbonusmonate (Rn. 27 f.) nach dieser Norm.

6 Es gilt nicht das Begriffsverständnis aus § 21 SGB II.

a) Alleinerziehende (Nr. 1)

Bei dem Berechtigten sind die Voraussetzungen für den Entlastungsbetrag für alleinstehende Steuerpflichtige nach § 24b Abs. 1 EStG[7] erfüllt (Alleinerziehend). Dieser Verweis ist notwendig, weil eine allgemeingültige Definition darüber nicht existiert, wer alleinerziehend ist. Das BEEG folgt auch hier konsequent dem Konzept der Steuerakzessorietät. 11

Alleinstehend ist insofern, wer allein mit einem **Kind in einem Haushalt lebt**.

Es wird unwiderleglich vermutet, dass das Kind im selben Haushalt lebt, wenn es nur beim Alleinerziehenden **gemeldet** ist (§ 24b Abs. 1 Satz 2 EStG).[8] Ein Sorgerecht ist nicht Voraussetzung. Ist das Kind **nicht nur beim Berechtigten**, sondern auch bei einem weiteren Steuerpflichtigen gemeldet, steht der Entlastungsbetrag demjenigen Alleinstehenden zu, der die Voraussetzungen auf Auszahlung des Kindergeldes (§ 64 Abs. 2 Satz 1 EStG) oder den Kinderfreibetrag erfüllt (§ 32 Abs. 6 EStG).

Ist das **Kind nicht beim Berechtigten** gemeldet, so kann die Voraussetzung, dass das Kind zum Haushalt des Berechtigten gehört, auf andere Weise gegenüber dem Finanzamt glaubhaft gemacht werden (Abgabe von Erklärungen, eidesstattlichen Versicherungen etc.). Nur wenn das Kind beim Alleinerziehenden nicht gemeldet ist, muss die Glaubhaftmachung die Vermutung umfassen, dass das Kind sich mindestens zu einem Drittel beim Alleinerziehenden aufhält.[9] 12

Das Kind darf auch **nicht bei seinem zweiten Elternteil** in der Wohnung wohnen. Dies ist der Fall, wenn es sich dort zu mindestens einem Drittel der Zeit aufhält.[10] Der alleinerziehende Berechtigte muss somit wenigstens doppelt so viel Betreuungszeit aufwenden wie der andere Elternteil. Zum Nachweis genügt eine plausible Aufstellung der Betreuungszeiten des Kindes. 13

Unschädlich ist die **Betreuung durch andere Personen**, die nicht Elternteil sind, neben dem Berechtigten. An dem Betreuungsumfang des Berechtigten richtet das BEEG keine Anforderungen. Ist das Kind beim Alleinerziehenden gemeldet, genügt dies in diesen Fällen als Nachweis. 14

Für das Kind muss eine **Identifikationsnummer** vergeben worden sein (§ 139b AO). Die Identifikationsnummer kann auch nachträglich vergeben werden. Dies ist der Regelfall bei der Beantragung des Elterngeldes. Für 15

---

7 Der Zusatz »und Abs. 3« ist überflüssig, weil Abs. 3 bloß eine Legaldefinition enthält, wer »alleinstehend« i.S.d. § 24b Abs. 1 EStG ist.

8 »Unwiderlegliche Vermutung« bedeutet, dass die Meldung als einzige Voraussetzung für das »Leben im selben Haushalt« genügt. Das Kind kann eine eigene Wohnung haben und dort seinen Lebensmittelpunkt haben, dies ist unschädlich: BFH 5.2.2015 – III R 9/13, DStR 2015, 1499.

9 BT-Drs. 18/3086, S. 11.

10 BT-Drs. 18/3086, S. 11.

nicht im Inland steuerpflichtige Kinder sind andere Nachweise möglich (§ 24b Abs. 1 Satz 5 EStG).

16 Allein mit dem Kind lebt, wer nicht verheiratet ist und nicht mit weiteren anderen **volljährigen Personen** eine Haushaltsgemeinschaft bildet. Weitere Kinder oder andere minderjährige Haushaltsmitglieder bleiben außer Betracht. Eine Haushaltsgemeinschaft wird (widerleglich) vermutet, wenn ein volljähriger Steuerpflichtiger mit Haupt- oder Nebenwohnsitz beim Berechtigten gemeldet ist (§ 24b Abs. 3 Satz 2).

17 Der Berechtigte muss, wenn er noch verheiratet oder verpartnert (LPartG) ist, dauernd **getrennt lebend** im Sinne des § 26 Abs. 1 Satz 1 Nr. 2 EStG sein.

Mit dem **zweiten Elternteil** des Kindes genügt die Trennung der Haushaltsgemeinschaft nicht. Beide müssen **in getrennten Wohnungen** leben (§ 4c Abs. 1. Nr. 1). Das familienrechtliche und steuerrechtliche **Trennungsjahr** kann für das Elterngeld somit nicht innerhalb der Wohnung durch die »Trennung von Tisch und Bett« erfolgen. Es müssen getrennte Wohnungen bewohnt werden. Der Nachweis kann durch Vorlage von Mietverträgen erfolgen.

18 **Minderjährige Eltern**, die mit ihrem Kind zusammenleben, sind somit auch dann alleinstehend, wenn sie mit einem minderjährigen Partner, der nicht Elternteil des Kindes ist, zusammenleben.

b) Kindeswohlgefährdung (Nr. 2)

19 Wenn mit der Betreuung durch den anderen Elternteil eine Kindeswohlgefährdung verbunden ist, gilt der Berechtigte als sein Kind allein betreuend.

Das Kindeswohl ist gefährdet, wenn das körperliche, geistige oder seelische Wohl des Kindes oder sein Vermögen gefährdet sind und die Eltern nicht gewillt oder nicht in der Lage sind, die Gefahr abzuwenden (§ 1666 Abs. 1 BGB). Ob eine Kindeswohlgefährdung vorliegt, richtet sich wesentlich nach dem Alter des Kindes und seinen Lebensumständen (Milieu).[11] Die Feststellung des Kindeswohls geschieht in der Praxis wesentlich häufiger durch das **Jugendamt** als durch das Familiengericht. Das Jugendamt aber trifft keine Feststellungen über § 1666 Abs. 1 BGB, dies bleibt dem Familiengericht vorbehalten. An das Jugendamt ist ein öffentlich-rechtlicher Schutzauftrag bei Vorliegen einer Kindeswohlgefährdung gerichtet, § 8a SGB VIII.[12] Die »gewichtigen Anhaltspunkte für die Gefährdung des Wohls eines Kindes« (§ 8a Abs. 1 SGB VIII) bilden eine erheblich niedrigere

11 HK-BGB/*Kemper*, 10. Aufl. 2019, BGB § 1666 Rn. 2.

12 Ob die Voraussetzungen des § 8a SGB VIII erfüllt sind, entscheiden im Streitfall die Verwaltungsgerichte (Arg. e. § 51 SGG).

Eingriffsschwelle[13] als diejenige des § 1666 Abs. 1 BGB. Denn das Jugendamt trifft in der Rechtsfolge eine abgestufte Pflicht zum unmittelbaren und umgehenden Tätigwerden, die gerade nicht eine abschließende Feststellung abwarten kann, ob eine Kindeswohlgefährdung tatsächlich vorlag. Weil die Praxis der Elterngeldstellen sich stets mit den Feststellungen des Jugendamtes begnügt hat, muss der explizite Verweis in § 4c auf § 1666 BGB als bedauernswerterweise nicht korrigierter Redaktionsfehler gewertet werden.[14]

Der zweite Redaktionsfehler liegt in der Einbeziehung des § 1666 Abs. 2 BGB. **20**
Die Verletzung der Unterhaltspflichten oder der Vermögenssorge des Kindes berechtigt isoliert auch das Familiengericht nicht zur Einschränkung des tatsächlichen Umgangsrechts und ist im BEEG deswegen ohne Bedeutung.

Andere Nachweise als die Bescheinigung des Jugendamtes[15] sind zwar **21**
möglich, jedoch kaum denkbar. Weder ist vorstellbar, dass die Elterngeldstelle ohne Anhörung des Jugendamts die Entscheidung über das Vorliegen einer Kindeswohlgefährdung, noch eine vom Jugendamt abweichende Entscheidung trifft.

c) Unmöglichkeit der Betreuung (Nr. 3)

Ist der andere Teil des Kindes wegen einer schweren Krankheit, einer **22**
Schwerbehinderung oder ähnlichen Gründen (wichtiger Grund) an der Betreuung verhindert, gilt der Berechtigte als sein Kind alleinerziehend.

Die Aufzählung ist wegen des »insbesondere« im Gesetzestext nicht abschließend gemeint.

Krankheit ist zunächst jede pathologische Abweichung des Ist- vom Normal- **23**
zustand. Der Begriff Schwerbehinderung ist im Sinne des § 2 Abs. 2 SGB IX zu verstehen. Nötig ist die Feststellung der Schwerbehinderung oder eine Gleichstellung (§ 2 Abs. 3 SGB IX). Ähnliche Gründe sind das Verbüßen einer Freiheitsstrafe[16] oder ein längerer Krankenhausaufenthalt[17], nicht aber der Tod eines Elternteils.[18] Der wichtige Grund allein genügt nicht.

---

13 Dies gilt nicht hinsichtlich der materiellen Intensität der Gefährdung, sondern allein hinsichtlich der Wahrscheinlichkeit ihres objektiven Vorhandenseins.

14 Der Gesetzgeber hat, trotz des damals bereits insoweit unveränderten Wortlauts des § 8a SGB VIII, allein auf die vorrangige Entscheidungskompetenz des Familiengerichts abgestellt und die Eingriffsschwelle des Jugendamtes wohl schlicht übersehen, BT-Drs. 16/1889, S. 24.

15 Oder die Feststellung des Familiengerichts nach § 1666 BGB.

16 BT-Drs. 16/1889, S. 23.

17 So bei § 1: BT-Drs. 10/3792, S. 15.

18 Anders als in § 1 Abs. 4 fehlt hier dessen Nennung. Materiell braucht es diese Erweiterung nicht, weil insoweit auf die Voraussetzungen der Nr. 1 zurückgegriffen werden sollte und die dort genannten Voraussetzungen nicht unterlaufen

Der wichtige Grund muss kausal dafür sein, das Kind nicht betreuen zu können.

24 Die Voraussetzung wird nur in Lebensmonaten als erfüllt betrachtet werden können, in denen der wichtige Grund an wenigstens **der Hälfte der Tage** vorlag. Anders als in § 1 Abs. 5 kommen deswegen auch periodisch oder zyklisch verlaufende Krankheitsverläufe oder solche in Schüben (Multiple Sklerose) in Betracht.

25 **Wirtschaftliche Gründe** wie der drohende Verlust des Arbeitsplatzes oder der wirtschaftlichen Existenz durch die Selbstständigkeit genügen nach dem Wortlaut nicht. **Anderweitige Tätigkeiten** sind solche, die der eigenen Steuerbarkeit unterliegen, auf eine Verantwortlichkeit kommt es nicht an. Nicht genügend sind deswegen Verhinderungen durch die Pflege eines schwerkranken Geschwisterkindes, der eigenen Eltern[19] oder Dritter.

3. Partnermonate

26 Beim allein Betreuenden (Rn. 8 ff.) muss zusätzlich eine Minderung seines Einkommens aus Erwerbstätigkeit zwischen Bemessungs- und Bezugszeitraum für zwei Lebensmonate eingetreten sein. Die Voraussetzungen sind identisch zu § 4 Abs. 3 Satz 2 (dort Rn. 16 ff.). An dieser Voraussetzung scheitern Ansprüche in der Praxis zu oft, weil Alleinerziehende oft auch vor der Geburt kein oder nur ein geringes Einkommen aus Erwerbstätigkeit hatten. Die Gleichbehandlung (Partnermonate) von Ungleichem (ihr Kind gemeinsam und allein Betreuende) verdeutlicht die Fortsetzung der Benachteiligung für Alleinerziehende: Während das Gesetz bei gemeinsam Erziehenden mit den Partnermonaten einen Anreiz für die Reduktion der Arbeitszeit (durch Väter) setzen will, wäre diese Anreizsetzung für Alleinerziehende absurd. Weil der bei gemeinsam Erziehenden verfolgte Anreiz bei Alleinerziehenden gerade nicht auch erreicht werden soll, wäre es rechtspolitisch stringenter gewesen, »Partnermonate« ihr Kind allein Betreuenden ohne die Minderung ihres Einkommens zuzuerkennen.

27 Die Rechtsfolgen der Partnermonate sind nach § 4c überwiegend identisch zu § 4, mit der Besonderheit, dass Partnermonate nach § 4c nicht nur den Gesamtanspruchsumfang pro Kind, sondern auch den individuellen Anspruch des Berechtigten gleichermaßen um zwei Monatsbeträge Basiselterngeld (entspricht vier Monatsbeträgen Elterngeld Plus) erhöhen.

---

werden sollten. Anders: Knickrehm/Roßbach/Waltermann/*von Koppenfels-Spies*, KomSozR, § 4 BEEG Rn. 29.

19 BSG 26.3.2014 – B 10 EG 6/13 R.

4. Partnerschaftsbonusmonate

Auch dem alleinerziehend Berechtigten (§ 1)[20] können vier Partnerschaftsbonusmonate Elterngeld Plus zuwachsen. Hierfür muss er in mindestens zwei, aber nicht »höchstens vier« aufeinanderfolgenden Lebensmonaten mindestens 24 und nicht mehr als 32 Wochenstunden im Durchschnitt des Lebensmonats erwerbstätig sein. **28**

Gemeinsam Erziehende, die erst während der Partnerschaftsbonusmonate alleinerziehend werden, haben für ab dem 1.9.2021 geborene Kinder die Möglichkeit, **bereits erworbene Partnerschaftsbonusmonate** zu behalten (§ 4b Rn. 13 ff.). **29**

Auch für ihr Kind allein Betreuende gilt der **Vertrauensschutz**, § 4b Abs. 5 (dort. Rn. 12 ff.) und die dort normierten Möglichkeiten, Partnerschaftsbonusmonate zu unterbrechen und aufzuteilen. **30**

Die Benachteiligung Alleinerziehender ist bei den Partnerschaftsbonusmonaten weniger ausgeprägt als bei den Partnermonaten. Dies liegt daran, dass Zweck der Partnerschaftsbonusmonate ist, einen Anreiz zur Erwerbstätigkeit in Teilzeit eines Elternteils (meist der Mutter) zu setzen. Dieser Anreiz entfaltet auch für Alleinerziehende seine Berechtigung. Er ist für sie indes erheblich schwerer zu realisieren. Für eine in Teilzeit von 24 Wochenstunden tätige Alleinerziehende ist es erheblich schwerer, die Kinderbetreuung sicherzustellen als für zwei gemeinsam Erziehende mit jeweils einer Wochenstundenzahl von 24. Rechtspolitisch begrüßenswert wäre es deswegen, den Teilzeitkorridor für Alleinerziehende auf 20 Wochenstunden abzusenken. **31**

Der Anspruchsumfang ist identisch zu gemeinsam Erziehenden (§ 4b Rn. 11), er ist auf vier Monatsbeträge Elterngeld Plus begrenzt. **32**

§ 4d Weitere Berechtigte

[1]Die §§ 4 bis 4c gelten in den Fällen des § 1 Absatz 3 und 4 entsprechend. [2]Der Bezug von Elterngeld durch nicht sorgeberechtigte Elternteile und durch Personen, die nach § 1 Absatz 3 Satz 1 Nummer 2 und 3 Anspruch auf Elterngeld haben, bedarf der Zustimmung des sorgeberechtigten Elternteils.

Inhaltsübersicht

20 Der fehlende Verweis im Gesetzestext ist seit dem 1.5.2025 enthalten.

1. Allgemeines

1 § 4d wurde zum 1.9.2021 vollständig neu gefasst.[1] In der Norm werden die Ansprüche der weiteren Berechtigten deklaratorisch erwähnt und von der Zustimmung des Sorgeberechtigten abhängig gemacht. § 4d entspricht inhaltlich weitestgehend dem § 4 Abs. 7 a. F.

2. Nicht für ein eigenes Kind Berechtigte

2 Satz 1 stellt klar, dass die § 4 bis § 4c auch für diejenigen gelten, die nicht für ihr eigenes Kind nach § 1 Elterngeld berechtigt sind. Die Norm wird für erforderlich gehalten, weil in den §§ 4ff. nicht von Berechtigten, sondern von Eltern/Elternteil die Rede ist.[2] Die Ansprüche auf Elterngeld sind umfassend einbezogen, einschließlich der Partnermonate und Partnerschaftsbonusmonate.

3. Sorgeberechtigte

3 Als Ausgestaltung des verfassungsrechtlichen Auftrags des Schutzes der Familie (Art. 6 Abs. 1 2. Var. GG) wird dabei dem Sorgeberechtigten ein Verfahrensvorrang eingeräumt. Elterngeld kann nur mit Zustimmung des Sorgeberechtigten bezogen werden. Satz 2 gilt auch bei einem eigenen Kind für den nicht sorgeberechtigten Elternteil.

4 Der Sorgeberechtigte ist zur Zustimmung nicht verpflichtet. Die Zustimmung ist widerruflich und kann befristet abgegeben werden.[3] Weigert sich der Sorgeberechtigte überhaupt eine Erklärung abzugeben, oder gelingt eine Kontaktaufnahme nicht, so scheidet ein Elterngeldbezug aus.

5 Der Anspruch erlischt mit Ablauf des Lebensmonats, in dem die Zustimmung entzogen wurde.[4]

3. Annahme als Kind

6 Keiner Zustimmung bedarf, wer ein Kind bereits angenommen hat (Adoption). In diesem Fall treten die Adoptiveltern rechtlich in die Stelle der leiblichen Eltern. Mit ihrer Elterneigenschaft im Rechtssinne verlieren die leiblichen Eltern auch die Personensorge.

7 Ebenfalls keiner Zustimmung des Sorgeberechtigten bedarf derjenige, der ein Kind in einer **Adoptionspflege** nach § 1744 BGB aufgenommen hat;

1 Zweites Gesetz zur Änderung des Bundeselterngeld- und Elternzeitgesetzes vom 15. Februar 2021, BGBl. Teil I, 2021, S. 239.
2 Brose/Weth/Volk/*Brose*, BEEG, § 4 Rn. 49.
3 Brose/Weth/Volk/*Brose*, BEEG, § 4 Rn. 50.
4 Lenz in Rancke (Hrsg.), BEEG, § 4 Rn. 34.

§ 1 Abs. 3 Satz 1 Nr. 1 ist von § 4d Satz 2 ausdrücklich nicht umfasst. Die leibliche Mutter/Vater kann indes ihre Einwilligung zur Adoptionspflege widerrufen. In diesem Fall endet der Elterngeldanspruch (§ 1 Rn. 30) mit Ablauf des Lebensmonats.

Abschnitt 2
Verfahren und Organisation

§ 5 Zusammentreffen von Ansprüchen

(1) Erfüllen beide Elternteile die Anspruchsvoraussetzungen, bestimmen sie, wer von ihnen die Monatsbeträge für welche Lebensmonate des Kindes in Anspruch nimmt.

(2) [1]Beanspruchen beide Elternteile zusammen mehr als die ihnen nach § 4 Absatz 3 und § 4b oder nach § 4 Absatz 3 und § 4b in Verbindung mit § 4d zustehenden Monatsbeträge, so besteht der Anspruch eines Elternteils, der nicht über die Hälfte der zustehenden Monatsbeträge hinausgeht, ungekürzt; der Anspruch des anderen Elternteils wird gekürzt auf die vom Gesamtanspruch verbleibenden Monatsbeträge. [2]Beansprucht jeder der beiden Elternteile mehr als die Hälfte der ihm zustehenden Monatsbeträge, steht jedem Elternteil die Hälfte des Gesamtanspruchs der Monatsbeträge zu.

(3) [1]Die Absätze 1 und 2 gelten in den Fällen des § 1 Absatz 3 und 4 entsprechend. [2]Wird eine Einigung mit einem nicht sorgeberechtigten Elternteil oder einer Person, die nach § 1 Absatz 3 Satz 1 Nummer 2 und 3 Anspruch auf Elterngeld hat, nicht erzielt, so kommt es abweichend von Absatz 2 allein auf die Entscheidung des sorgeberechtigten Elternteils an.

Inhaltsübersicht

1. Zweck

Mit dieser Vorschrift ist beabsichtigt, Rechtsstreitigkeiten über die **Anspruchsberechtigung** und **Doppelleistungen** zu vermeiden. Es gilt grundsätzlich, dass Eltern eine **einvernehmliche Entscheidung** über die Inan- 1 spruchnahme des Elterngeldes treffen sollen.[1] Einen gemeinsamen Antrag der Eltern sieht § 5 jedoch nicht vor, auch wenn Eltern das Formular der Elterngeldstelle gemeinsam ausfüllen. Wollen Eltern die Flexibilisierungsmöglichkeiten des Elterngeldes ausschöpfen, so ist zu gemeinsamer und abgestimmter Antragsstellung zu raten. Rechtlich handelt es sich dennoch um zwei individuelle Anträge.[2] Zu beachten ist jedoch, dass mit dem gleichzeitigen Bezug von Elterngeld durch Mutter und Vater immer ein **doppelter Anspruchsverbrauch** verbunden ist,[3] der sowohl bei der Inanspruchnahme von Basiselterngeld als auch bei Elterngeld Plus zum Tragen kommt. So kann sich der maximale Bezugszeitraum von 14 Monaten für das Basiselterngeld unter Berücksichtigung der zwei Partnermonate auf 7 Monate bei gleichzeitiger Inanspruchnahme reduzieren.

2. Bestimmung des Anspruchsberechtigten (Abs. 1)

2 Erfüllen beide Elternteile die Voraussetzungen für den Bezug von Elterngeld, sollen sie nach **Abs. 1** die Entscheidung grundsätzlich einvernehmlich treffen, wer von ihnen die jeweilige Leistung erhalten soll. Sie sollen also entscheiden, wer anspruchsberechtigt sein soll und für wie lange Elterngeld bezogen werden soll.

3. Fehlende Einigung der berechtigten Eltern (Abs. 2)

3 **Abs. 2** regelt sowohl den **Ausnahmefall**, dass die Eltern kein Einvernehmen erzielen, als auch, wie das Elterngeld auf beide Elternteile aufzuteilen ist, wenn jeder von ihnen **noch innerhalb seines individuellen Anspruchsumfangs** bleibt, der **Gesamtanspruch pro Kind** mit dem Antrag aber **überschritten** wird. Die Norm erfasst Überschreitungen des Gesamtanspruchs pro Kind in allen Formen: Basiselterngeld, Elterngeld Plus, Partnermonate und Partnerschaftsbonusmonate.

Es wird sichergestellt, dass keinem Elternteil die Möglichkeit genommen werden kann, **bis zur Hälfte** des Gesamtanspruchsumfangs pro Kind für sich zu beanspruchen (**Abs. 2 Satz 1**). Weil anstelle des Basiselterngeldes das Elterngeld Plus für einen doppelt so langen Zeitraum gewählt werden kann, muss die Elterngeldstelle bei ihrer Prüfung, ob ein Elternteil mehr als die Hälfte der ihm gemeinsam mit dem anderen Elternteil zustehenden Monatsbeträge beantragt hat, unter Umständen zwei Monatsbeträge Elterngeld Plus in einen Monatsbetrag Basiselterngeld umrechnen.[4]

---

1 BT-Drs. 17/9917, S. 12.
2 Wersig in Vereinbarkeit von Familie und Beruf, Kap. 6.5, § 5 Rn. 2.
3 LSG Baden-Württemberg 14.12.2010 – L 11 EG 3952/10.
4 BT-Drs. 18/2583, S. 31.

Beispiel 1:
M beansprucht Basiselterngeld für vier und F für 10 Monate ab dem 3. Lebensmonat ihres Kindes. M erhält für die beantragten vier Monate das Basiselterngeld ungekürzt, während der Anspruch von F um den von M beanspruchten Teil gekürzt wird – F kann noch Elterngeld für acht Monate beziehen (insgesamt 12 Monate Regelbezugsdauer des Basiselterngeldes bestehend aus 2 Partnermonaten Basiselterngeld und 10 weiteren Monaten Basiselterngeld; die Anrechnung gemäß § 3 Abs. 1 Satz 1 Nr. 1 ist zu beachten).

Beanspruchen beide Elternteile Elterngeld für mehr als die Hälfte des Gesamtanspruchsumfangs pro Kind, steht ihnen jeweils nur die Hälfte der Monatsbeträge hiervon zu (**Abs. 2 Satz 2**). 4

Beispiel 2:
F beansprucht Basiselterngeld für acht und M für 10 Monate ab dem 3. Lebensmonat des Kindes. Der Anspruch beider Eltern geht über die ihnen jeweils zustehende Hälfte hinaus, weshalb beide Basiselterngeld für jeweils sechs Monate erhalten (Regelbezugsdauer des Basiselterngeldes). Würden beide die Monatsbeträge als Elterngeld Plus beantragen, nämlich F 16 und M 20 Monate, dann würden beide jeweils 12 Monatsbeträge Elterngeld Plus bekommen.

Die Aufteilung ist vorgeschrieben für Fälle einer fehlenden Einigung. Damit wird sichergestellt, dass die Leistung in unmittelbarem zeitlichem Zusammenhang mit der tatsächlichen Betreuung und Erziehung des Kindes gewährt und Verzögerungen bei der Auszahlung des Elterngeldes zum Nachteil des Kindes vermieden werden. Mit dieser Regelung wird berücksichtigt, dass grundsätzlich beide Eltern gleichermaßen für die Betreuung und Erziehung des Kindes verantwortlich sind. Machen Eltern Ansprüche geltend und erfüllen die Anspruchsvoraussetzungen, sollen ihnen die Zahlungsansprüche in gleicher Weise zugeordnet werden. 5

Die Entscheidungsbefugnis der Eltern wird mit dieser Regelung nicht berührt. Vielmehr wird aus Gründen der Praktikabilität in der Rechtsanwendung und Verwaltungsökonomie – in erster Linie zum Wohl des Kindes – von Gesetzes wegen eine Bestimmung des Anspruchsberechtigten getroffen. 6

Minderjährige können mit Vollendung des fünfzehnten Lebensjahres nach § 36 Abs. 1 SGB I selbst Elterngeld beantragen und die Bestimmung treffen, wer Anspruchsberechtigter sein soll. Ihre Handlungsfähigkeit kann jedoch von dem gesetzlichen Vertreter (§ 36 Abs. 2 SGB I) beschränkt werden. 7

4. Keine Einigung mit dem nicht Sorgeberechtigten (Abs. 3)

Die vorstehend erörterten Regelungen gelten nach **Abs. 3** nicht nur für Elternteile, sondern **auch für Berechtigte nach § 1 Abs. 3 und 4** (vgl. § 1). **Abs. 3 Satz 2** stellt ferner sicher, dass ein Elternteil, der Inhaber des **allei-** 8

nigen Sorgerechts ist, für die Inanspruchnahme von Elterngeld nicht auf die Zustimmung eines anderen Berechtigten angewiesen ist. Der andere Berechtigte kann allerdings nur mit Zustimmung des Sorgerechtsinhabers Elterngeld beziehen (vgl. § 4d Satz 2). Für die Zustimmung ist ausreichend, dass der Berechtigte den Antrag, in dem der Nichtsorgeberechtigte zum Berechtigten des Elterngeldbezuges bestimmt wird, mit unterzeichnet.

§ 6 Auszahlung

Elterngeld wird im Laufe des Lebensmonats gezahlt, für den es bestimmt ist.

1 Zum 1.9.2021[1] wurde die Norm rein redaktionell überarbeitet, das nicht existente Betreuungsgeld ist textlich gestrichen worden.

2 § 6 regelt nur noch die Auszahlung des Elterngeldes. Danach soll das Elterngeld im Laufe des Lebensmonats (nicht Kalendermonat) gezahlt werden, für den es bestimmt ist.[2] Mit Vorliegen der gesetzlichen Voraussetzungen entsteht der Anspruch (§ 40 Abs. 1 SGB I); er wird mit Ablauf des Monats fällig (§ 41 SGB I), in dem die Anspruchsvoraussetzungen vorliegen und ein vollständiger Antrag gestellt ist. § 6 ist lex specialis zu den allgemeinen Normen des SGB I,[3] sie werden insoweit verdrängt. Eine Auszahlung am Anfang des Kalendermonats ist nicht vorgesehen, weil die Inkongruenz von Lebensmonaten und Kalendermonaten zu erheblichen Nachberechnungen und kleinteiligen Rückforderungen führen würde.[4]

3 Die **erste Auszahlung** muss spätestens am Ende des Lebensmonats erfolgen, der dem Lebensmonat folgt, in dem der Antrag vollständig eingegangen ist.[5] Zum Anspruch für die **Vergangenheit** vgl. § 7 Rn. 12 ff.

4 Nach Ablauf eines weiteren Monats ist der Betrag grundsätzlich mit 4 % zu verzinsen (§ 44 SGB I). Durch eine Zahlung unter Vorbehalt kann dieses vermieden werden. Steht fest, dass der Leistungsanspruch dem Grunde nach besteht, die Feststellung der Höhe aber voraussichtlich längere Zeit erfordert, könnte auch die Gewährung eines Vorschusses in Betracht kommen. Hinsichtlich der Auszahlung gilt § 47 SGB I, wonach Geldleistungen kostenfrei auf ein Konto des Empfängers bei einer Bank zu überweisen sind oder, wenn der Empfänger es verlangt, kostenfrei an seinen Wohnsitz zu übermitteln sind.[6]

---

1 Zweites Gesetz zur Änderung des Bundeselterngeld- und Elternzeitgesetzes vom 15. Februar 2021, BGBl. Teil I, 2021, S. 239.
2 Brose/Weth/Volk/*Schmitt*, MuschG/BEEG, 2020, § 6 Rn. 3.
3 Brose/Weth/Volk/*Schmitt*, MuschG/BEEG, 2020, § 6 Rn. 3.
4 BT-Drs. 16/1889, S. 25.
5 Brose/Weth/Volk/*Schmitt*, MuschG/BEEG, 2020, § 6 Rn. 4.
6 Brose/Weth/Volk/*Schmitt*, MuschG/BEEG, 2020, § 6 Rn. 7.

§7 Antragstellung

(1) [1]Elterngeld ist schriftlich zu beantragen. [2]Es wird rückwirkend nur für die letzten drei Lebensmonate vor Beginn des Lebensmonats geleistet, in dem der Antrag auf Elterngeld eingegangen ist. [3]Im Antrag ist anzugeben, für welche Lebensmonate Basiselterngeld, für welche Lebensmonate Elterngeld Plus oder für welche Lebensmonate Partnerschaftsbonus beantragt wird.

(2) [1]Die im Antrag getroffenen Entscheidungen können bis zum Ende des Bezugszeitraums geändert werden. [2]Eine Änderung kann rückwirkend nur für die letzten drei Lebensmonate vor Beginn des Lebensmonats verlangt werden, in dem der Änderungsantrag eingegangen ist. [3]Sie ist außer in den Fällen besonderer Härte unzulässig, soweit Monatsbeträge bereits ausgezahlt sind. [4]Abweichend von den Sätzen 2 und 3 kann für einen Lebensmonat, in dem bereits Elterngeld Plus bezogen wurde, nachträglich Basiselterngeld beantragt werden. [5]Im Übrigen finden die für die Antragstellung geltenden Vorschriften auch auf den Änderungsantrag Anwendung.

(3) [1]Der Antrag ist, außer im Fall des § 4c und der Antragstellung durch eine allein sorgeberechtigte Person, zu unterschreiben von der Person, die ihn stellt, und zur Bestätigung der Kenntnisnahme auch von der anderen berechtigten Person. [2]Die andere berechtigte Person kann gleichzeitig

1. einen Antrag auf Elterngeld stellen oder

2. der Behörde anzeigen, wie viele Monatsbeträge sie beansprucht, wenn mit ihrem Anspruch die Höchstgrenzen nach § 4 Absatz 3 in Verbindung mit § 4b überschritten würden.

[3]Liegt der Behörde von der anderen berechtigten Person weder ein Antrag auf Elterngeld noch eine Anzeige nach Satz 2 vor, so werden sämtliche Monatsbeträge der berechtigten Person ausgezahlt, die den Antrag gestellt hat; die andere berechtigte Person kann bei einem späteren Antrag abweichend von § 5 Absatz 2 nur die unter Berücksichtigung von § 4 Absatz 3 in Verbindung mit § 4b vom Gesamtanspruch verbleibenden Monatsbeträge erhalten.

Inhaltsübersicht Rn.

1. Allgemeines

1 § 7 wurde zum 1. 9. 2021[1] nur redaktionell um das nicht existente Betreuungsgeld bereinigt und textlich leicht geglättet. Materielle Änderungen an der Norm waren damit nicht verbunden.
Abs. 1 Satz 1 enthält das Schriftformerfordernis des Antrags auf Elterngeld.
Abs. 1. Satz 2 klärt die Reichweite der rückwirkenden Inanspruchnahme des Elterngeldes.
Nach Abs. 1 Satz 3 muss der Antrag erkennen lassen, ob Basiselterngeld oder Elterngeld Plus beantragt wird. Zusätzlich soll auch die Beanspruchung von Partnerschaftsbonusmonaten angegeben werden.[2]
Abs. 2 enthält Reichweite und Begrenzungen, unter denen Berechtigte nachträglich ihren Antrag modifizieren dürfen.
Abs. 3 klärt in Ergänzung zu § 5, wie zwei Berechtigte ihren Gesamtanspruchsumfang geltend machen.

2. Antragserfordernis (Abs. 1 Satz 1)

2 Voraussetzung für die Zahlung des Elterngeldes ist ein **schriftlicher Antrag, Abs. 1 Satz 1**. Für jeden Berechtigten ist ein **eigener Antrag** auf Elterngeld zu stellen.[3] Wenn beide Elternteile in einem gemeinsamen Antragsvordruck ihre Anträge stellen, gelten sie dennoch als zwei Anträge im Sinne von § 7.[4]

3 Dem Antrag sollten beigefügt werden: **Geburtsurkunde** des Kindes oder ein Auszug aus dem Familienstammbuch sowie Nachweise über die **Höhe des Einkommens**, z. B. Bescheinigung des Arbeitgebers bzw. Kopie des letzten Einkommensteuerbescheides. War die Mutter vor der Geburt des Kindes berufstätig, ist eine Bestätigung der Krankenkasse über die Höhe und **Bezugsdauer des Mutterschaftsgeldes** sowie eine Bescheinigung des Arbeitgebers über den Arbeitgeberzuschuss beizufügen; eine **Arbeitszeitbestätigung** durch den Arbeitgeber ist dann erforderlich, wenn während des Elterngeldbezugs in Teilzeit gearbeitet wird. Zusätzlich bedarf es der Unterschrift des zweiten Berechtigten für dasselbe Kind, Abs. 3.

4 Der Antrag ist gemäß § 12 bei der **zuständigen Behörde** zu stellen. Grundsätzlich muss es sich zwar um die zuständige Behörde handeln. Der Antrag

---

1 Zweites Gesetz zur Änderung des Bundeselterngeld- und Elternzeitgesetzes vom 15. Februar 2021, BGBl. Teil I, 2021, S. 239.

2 Diese Anforderung dient nur der Verwaltungsvereinfachung der Elterngeldstelle. An sich hat sie die Voraussetzungen der Partnerschaftsbonusmonate selbstständig zu prüfen.

3 Richtlinien zum BEEG, BMFSFJ, 02/2021, Ziffer 7.1.

4 Richtlinien zum BEEG, BMFSFJ, 02/2021, Ziffer 5.1.

kann gemäß § 16 Abs. 1 Satz 1 SGB I aber auch bei anderen Leistungsträgern, bei allen Gemeinden und bei Personen, die sich im Ausland aufhalten, auch vor den amtlichen Vertretungen von Deutschland gestellt werden und ist dann an die jeweils zuständige Stelle weiterzuleiten (§ 16 Abs. 2 SGB I). Der Antrag gilt als zu dem Zeitpunkt gestellt, in dem er bei einer der vorgenannten Stellen eingegangen ist.

Nach § 60 Abs. 2 SGB I »sollen« im Übrigen für die Anträge die vorgesehenen **Vordrucke** verwendet werden. Wurden von den zuständigen Behörden Formulare eingeführt, besteht dennoch keine Verpflichtung, diese zu benutzen,[5] die Bearbeitung der Anträge wird indes in der Regel beschleunigt. Verwendet der Antragsteller die vorgesehenen Vordrucke, so genießt er bei ihrem vollständigen Ausfüllen Vertrauensschutz, alle erforderlichen Angaben getätigt zu haben.[6] Einige Behörden haben die Formulare im **Internet** veröffentlicht und somit allgemein zugänglich gemacht. 5

Der Antrag muss **zwingend schriftlich** gestellt werden (Abs. 1 Satz 1 und Abs. 3 Satz 1). Nach § 126 Abs. 1 BGB[7] (und Abs. 3 Satz 1) setzt die Schriftform eine eigenhändige Unterschrift oder ein notariell beglaubigtes Handzeichen voraus. Eine Paraphe oder ein Namenskürzel **genügen nicht**. Eine Antragstellung per E-Mail oder eine übermittelte pdf-Datei mit eingescannter Unterschrift[8] oder Telefon genügen ebenso wenig. 6

Es genügt aber eine E-Mail mit qualifizierter elektronischer Signatur (§ 126a BGB), die unmittelbare elektronische Abgabe eines elektronischen Formulars mit Authentifizierung (z. B. mittels des elektronischen Personalausweises) im Internet, soweit die Elterngeldstelle dies bereitstellt (§ 36a Abs. 2a Nr. 1 SGB I), die Versendung des Antrags mittels einer **DE-E-Mail**, wenn die Elterngeldstelle sie empfangen kann (§ 36a Abs. 2a Nr. 2 Buchst. d) SGB I). Andere Behörden und Beratungsstellen können für Berechtigte den Antrag über das Behördenpostfach (**beBPo**), Anwälte über das besondere elektronische Anwaltspostfach (**beA**), erhalten, § 36a Abs. 2a Nr. 2 SGB I. 7

Erhält die Elterngeldstelle den Antrag auf einem Weg, auf dem sie ihn nicht verarbeiten kann, so hat sie den Antragsteller hierüber zu informieren (§ 36a Abs. 3 SGB I). 8

Die fehlende Unterschrift des **zweiten Berechtigten** (Abs. 3) ist keine Wirksamkeitsvoraussetzung des Antrags.[9]

---

5 KassKomm/*Spellbrink*, 114. EL Mai 2021, SGB I, § 60 Rn. 31.

6 BSG 22.6.1989 – 4 RA 44/88, BSGE 65, 160 = SozR1200 § 44 SGB 1 Nr. 24.

7 Für eine entsprechende Anwendbarkeit: Brose/Weth/Volk/*Schmitt*, BEEG, § 7 Rn. 6.

8 Anders insoweit: Brose/Weth/Volk/*Schmitt*, BEEG, § 7 Rn. 7.

9 Brose/Weth/Volk/*Schmitt*, BEEG, § 7 Rn. 9; a. A. für Erstantrag: Knickrehm/Roßbach/Waltermann/*von Koppenfels-Spies*, KomSozR, § 7 BEEG Rn. 9.

9 Sind **Angaben unvollständig**, so hat die Behörde den Sachverhalt ggf. unter Mitwirkung des Antragstellers von Amts wegen zu ermitteln (§ 20 SGB X), unverzüglich auf klare und sachdienliche Anträge sowie darauf hinzuwirken, dass die Angaben vollständig erfolgen (§ 16 Abs. 3 SGB I). Vor dem elektronischen Versand des Antrags muss dem Berechtigten die Möglichkeit gewährt werden, den Antrag auf Vollständigkeit und Richtigkeit zu prüfen (§ 36a Abs. 2b SGB I). Kann die Behörde den elektronisch eingereichten Antrag nicht verarbeiten, so muss sie dies den Antragstellern unverzüglich mitteilen und über die geltenden rechtlichen und technischen Rahmenbedingungen der elektronischen Antragstellung aufklären, § 36a Abs. 3. Fehlt die zweite Unterschrift des Berechtigten, so hat die Behörde darauf hinzuweisen.[10]

10 Für **Ausländer** gilt grundsätzlich, dass sie den Antrag nicht in einer Fremdsprache, sondern in deutscher Sprache einzureichen haben (§ 19 SGB X). Bei Eingang eines Antrages in einer fremden oder unverständlichen Sprache soll die Behörde von dem Antragsteller eine Übersetzung innerhalb einer angemessenen Frist verlangen. Geht diese nicht fristgerecht ein oder kann sie dem Antragsteller das Erfordernis der Übersetzung nicht verständlich machen, kann sie den Antrag auch auf Kosten des Antragstellers übersetzen lassen. Die Abwälzung der Übersetzungskosten für Angehörige aus der Europäischen Union kommt aus Gründen des Diskriminierungsverbots und der Gleichstellung, insbesondere aus Art. 18 und 45 des Vertrags über die Arbeitsweise der EU (AEUV) sowie der dazu ergangenen Verordnungen, nicht in Betracht.

11 Antragsberechtigt sind auch **Minderjährige**, die das 15. Lebensjahr vollendet haben (vgl. § 36 Abs. 1 SGB I – Sonderregelung zu den §§ 104 ff. BGB). Die Handlungsfähigkeit kann jedoch gemäß § 36 Abs. 2 SGB I vom gesetzlichen Vertreter eingeschränkt werden. Daher wird die Bewilligungsbehörde den gesetzlichen Vertreter über den Antragseingang unterrichten und innerhalb der gesetzten Frist evtl. Einwendungen entgegennehmen. Für Geschäftsunfähige, soweit diese die Anspruchsvoraussetzungen erfüllen, kann nur der gesetzliche Vertreter rechtswirksam den Antrag stellen.

3. Rückwirkung (Abs. 1 Satz 2)

12 Die **Rückwirkung** eines gestellten Antrages ist auf die letzten **drei Lebensmonate** vor Antragseingang begrenzt. Der Antrag muss in die Verfügungsgewalt der Behörde gelangt sein; auf die Kenntnisnahme kommt es nicht an (§ 130 BGB analog für öffentlich-rechtliche, empfangsbedürftige Willenserklärungen).[11] Damit wird eine Auszahlung im zeitlichen Zusammenhang

---

10 Brose/Weth/Volk/*Schmitt*, BEEG, § 7 Rn. 9.

11 Brose/Weth/Volk/*Schmitt*, BEEG, § 7 Rn. 9.

mit dem Grund der Leistung, insbesondere dem wegfallenden Einkommen, gewährleistet.[12]

13 Bei der Rückrechnung ist nicht auf § 26 Abs. 1 SGB X i. V. m. §§ 188 Abs. 1, 1. Alt., 187 Abs. 1 BGB abzustellen.[13] Die **rückwirkende Fristberechnung** ist **allein Abs. 2 Satz 2** zu entnehmen. Der Antrag kann rückwirkend für drei volle Lebensmonate gestellt werden, die vor dem Lebensmonat des Kindes liegen, in dem der Antrag bei der Behörde eingegangen ist.

14 **Beispiel:**

Geburt des Kindes: 10.5.2025
Eingang des Antrags bei der Elterngeldstelle: 11.11.2025
Reichweite der Rückwirkung:
Eingang erfolgt im siebten Lebensmonat des Kindes.
Rückwirkung für die Lebensmonate: vier, fünf und sechs.
Elterngeld kann rückwirkend ab Beginn des vierten Lebensmonats, **ab dem 10.8.2025** beantragt werden.

Variante:

Geburt des Kindes: 10.5.2025
Eingang des Antrags bei der Elterngeldstelle: 9.11.2025
Eingang erfolgt hier im sechsten Lebensmonat des Kindes.
Rückwirkung für die Lebensmonate: drei, vier und fünf.
Elterngeld kann rückwirkend ab Beginn des dritten Lebensmonats, **ab dem 10.7.2025** beantragt werden.

15 Bei der Antragstellung ist eine Erweiterung der Rückwirkung wegen besonderer Härte oder aus anderen Gründen ausgeschlossen.[14] Für länger zurückliegende Lebensmonate ist der Anspruch auf Elterngeld erloschen.[15]

16 Auch bei einer Antragsänderung ist die Rückwirkung auf die letzten drei Monate begrenzt, **Abs. 2 Satz 2.** Zur Berechnung der Reichweite der Rückwirkung gilt das dort Gesagte. Zur Vermeidung von Rückabwicklungen **bereits ausgezahlter** Monatsbeträge Elterngeld sind Lebensmonate, die schon ausgezahlt worden sind, von der Änderungsmöglichkeit ausgenommen.[16] Eine Ausnahme besteht nach **Abs. 2 Satz 3** nur für Fälle, in denen das Festhalten am ursprünglichen Elterngeldantrag eine besondere Härte bedeutete, z. B. bei dem Eintritt einer schweren Erkrankung, einer Schwerbehinderung

---

12 Vgl. dazu auch BSG 26.9.2014 – B 10 EG 4/14 B; LSG Hamburg 29.5.2019 – L 2 EG 3/19.

13 Anders als hier: Brose/Weth/Volk/*Schmitt*, BEEG, § 7 Rn. 14; Lenz in Rancke (Hrsg.), BEEG, § 7 Rn. 11, beide jedoch im Ergebnis identisch.

14 LSG Hamburg 29.5.2019 – L 2 EG 3/19.

15 LSG Hamburg 29.5.2019 – L 2 EG 3/19.

16 BR-Drs. 341/08, S. 8.

oder Tod eines Elternteiles sowie erheblicher Gefährdung der wirtschaftlichen Existenz der Eltern.[17]

17 Die Abmilderung durch eine besondere Härte kann bei einer Antragsänderung **nicht** zu einer **längeren** als dreimonatigen Rückwirkung führen, sondern nur zur Änderung bereits ausgezahlter Monatsbeträge.

18 Eine **längere als dreimonatige Rückwirkung,** sowohl bei der Antragsstellung als auch bei Änderungsanträgen, kommt dann in Betracht, wenn der Berechtigte **ohne sein Verschulden** daran gehindert war, den Antrag zu stellen. Dann ist ihm **Wiedereinsetzung in den vorigen Stand** zu gewähren, dies ergibt sich aus § 27 Abs. 5 SGB X. Ein anderes Ergebnis müsste im BEEG normiert sein. Dies ist nicht der Fall.[18] An das Verschulden ist ein strenger Maßstab anzulegen. Eine rechtliche oder tatsächliche Unkenntnis genügt nicht. Eine so erhebliche Gesundheitsbeeinträchtigung, die die Klärung eigener Angelegenheiten unmöglich macht, in der Regel in Verbindung mit einem stationären Krankenhausaufenthalt, kann genügen. Der Antrag ist dann innerhalb von zwei Wochen nach Wegfall des Hindernisses zu stellen (§ 27 Abs. 2 Satz 1 SGB X). Daneben kommt auch eine längere Rückwirkung über den sozialrechtlichen Herstellungsanspruch in Betracht. Dieser setzt voraus, dass die Elterngeldstelle die Berechtigten falsch beraten hat und diese daraufhin kausal eine Antragstellung unterlassen oder verspätet einreichen. Verstoßen hingegen die Berechtigten erheblich gegen ihre Mitwirkungspflichten, so scheidet ein sozialrechtlicher Herstellungsanspruch aus.[19]

19 Abweichend von den Sätzen 2 und 3 können bereits ausgezahlte Monatsbeträge Elterngeld Plus in Lebensmonaten, in denen bereits Elterngeld Plus bezogen worden ist, nachträglich in Basiselterngeld umgewandelt werden. Diese Situation kann u. a. eintreten, wenn die elterngeldberechtigte Person früher als ursprünglich geplant wieder in die Vollzeitberufstätigkeit zurückkehrt und dementsprechend die Elterngeldberechtigung verliert.[20] In den Monaten, in denen bereits Elterngeld Plus bezogen worden ist, kann nach Abs. 2 Satz 4 beantragt werden, jeweils zwei Monate Elterngeld Plus in einen Monat Basiselterngeld umzuwandeln. Mögliche Differenzbeträge zwischen Basiselterngeld und Elterngeld Plus sind dabei ggf. auszuzahlen.[21]

20 Die Rückwirkungsfrist beginnt bei Eingang eines **fremdsprachigen Antrages**, wenn die Behörde in der Lage war, den Elterngeldantrag zu verstehen. Bei unverständlichem Eingang beginnt die Frist erst mit dem Eingang der Übersetzung, sofern auf diese Rechtsfolge bei der Fristsetzung für die

17 Wersig in Vereinbarkeit von Familie und Beruf, Kap. 6.7, § 7 Rn. 10.
18 Instruktiv hierzu: Brose/Weth/Volk/*Schmitt*, BEEG, § 7 Rn. 15 ff.
19 SG Marburg 7. 8. 2024 – S 4 EG 1/20.
20 BT-Drs. 18/2583, S. 32.
21 BT-Drs. 18/2583, S. 32.

Beibringung der Übersetzung hingewiesen worden ist (§ 19 Abs. 4 SGB X). Auf **Unionsbürger** ist diese Vorschrift aus Gründen des Diskriminierungsverbots nicht anwendbar, für von ihnen gestellte Anträge gilt der gleiche Zugangszeitpunkt wie für deutschsprachige Anträge.

Nicht besetzt. 21–22

4. Nachträgliche Änderung (Abs. 2)

Nach **Abs. 2 Satz 1** können die im Antrag getroffenen Entscheidungen **bis zum Ende des Bezugszeitraums geändert** werden. Dies bedeutet gleichzeitig, dass **nach Ablauf des Bezugszeitraums** von Elterngeld insgesamt kein Antrag auf Änderung des Bezugszeitraums mehr gestellt werden kann.[22] 23

Eltern können ihren Elterngeldantrag ohne Angabe von Gründen **beliebig oft ändern**. Dabei können sie zwischen Basiselterngeld und Elterngeld Plus wechseln, die individuelle Aufteilung der Monatsbeträge, die zeitliche Lage des Anspruchszeitraums und jedwede andere zulässige Form wählen. Für Selbständige führt die Flexibilisierung der Bezugsmonate, insbesondere im Hinblick auf das Elterngeld, dazu, dass sie Lebensmonate des Kindes, in denen bei der Antragstellung zunächst unerwartet hohe Geldbeträge absehbar auf dem Konto eingehen, in Monate umändern können, in denen der Geldzufluss ausbleibt.[23] 24

Grundsätzlich gilt bei nachträglichen Änderungen die gleiche **dreimonatige** Grenze der **Rückwirkung** wie bei der erstmaligen Antragstellung (Abs. 2 Satz 2). 25

Eine zusätzliche Begrenzung findet die rückwirkende nachträgliche Änderungsmöglichkeit für bereits **ausgezahlte Monatsbeträge** (Abs. 2 Satz 3).[24] Entscheidend ist allein die behördeninterne maschinelle Anweisung zur Auszahlung des Elterngeldes[25], irrelevant ist der Zahlungseingang auf dem Konto des Empfängers[26] oder Modalitäten seiner Bewilligung, ob das Elterngeld vorläufig, unter Vorbehalt oder endgültig bewilligt wurde. 26

Ausnahmsweise können ausgezahlte Monatsbeträge dann rückwirkend geändert werden, wenn das Festhalten am ursprünglichen Antrag für einen Berechtigten nach Abs. 2 Satz 3 einen **Härtefall** darstellte. Ein Fall besonderer Härte liegt beispielsweise bei Eintritt einer schweren Erkrankung, einer Schwerbehinderung oder Tod eines Elternteiles sowie einer erheblichen Ge- 27

---

22 LSG Baden-Württemberg 25. 4. 2023 – L 11 EG 1050/21; SG Marburg 7. 8. 2024 – S 4 EG 1/20.

23 Richter, DStR 2012, 2285, 2287.

24 BR-Drs. 341/08, S. 8.

25 Richtlinien zum BEEG, BMFSFJ, 12/2024, Ziffer 7.2.2.

26 Richtlinien zum BEEG, BMFSFJ, 122/2022, Ziffer 7.2.2.

fährdung der wirtschaftlichen Existenz der Eltern, vor. Weitere vergleichbare Fälle sind denkbar.

28 Der Begriff »Härtefall« ist ein unbestimmter Rechtsbegriff, der der vollen gerichtlichen Überprüfung zugänglich ist, ein überprüfungsfreier Beurteilungsspielraum der Verwaltung besteht nicht.[27]

29 Eine weitere erleichterte Rückwirkung ist beim **Wechsel** von Elterngeld Plus **zu Basiselterngeld** möglich: Solange der Anspruchsumfang pro Kind auf Basiselterngeld nicht erschöpft ist, können Lebensmonate mit Elterngeld Plus-Bezug aus der Vergangenheit grundsätzlich ohne weitere Voraussetzungen in Monatsbeträge Basiselterngeld umgewandelt werden. Diese Umwandlung behält das Verhältnis von einem Monatsbetrag Basiselterngeld zu zwei Monatsbeträgen Elterngeld Plus bei. Das bedeutet, dass ein sechsmonatiger Bezug von Elterngeld Plus in drei Monatsbeträge Basiselterngeld umgewandelt wird. Ungerade Monatsbeträge Elterngeld Plus sind auszuzahlen.[28] Auch anderweitig mögliche Differenzbeträge zwischen Basiselterngeld und Elterngeld Plus sind dabei ggf. auszuzahlen.[29]

30 Eine Umwandlung kann dann vorteilhaft sein, wenn die elterngeldberechtigte Person früher als ursprünglich geplant wieder in die Vollzeitberufstätigkeit zurückkehrt und dementsprechend die Elterngeldberechtigung verliert.[30]

31 Es müssen für den jeweiligen Monat der Umwandlung die Bezugsvoraussetzungen für Basiselterngeld erfüllt sein. Dies setzt auch voraus, dass die Umwandlung innerhalb des Anspruchszeitraums des Basiselterngeldes liegt, dies sind mit Partnermonaten die **ersten 14 Lebensmonate** des Kindes (§ 4 Abs. 1 Satz 3).

5. Antragsinhalt (Abs. 3)

32 **Abs. 3** ist durch das Elterngeld Plus-Gesetz an den neugefassten § 4 angepasst worden.[31] **Abs. 3 Satz 1** bezieht sich auf die Anspruchsberechtigung beider Elternteile und nimmt die in § 4c genannten Personen, u. a. Alleinerziehende, von der Anwendung aus. Danach muss der Antrag **eigenhändig** von der Person, die den Antrag stellt und der anderen berechtigten Person **unterschrieben** werden (zur Schriftform vgl. Rn. 6 ff.). Die Unterschrift der zweiten berechtigten Person ist bei Berechtigten, die das alleinige Sorgerecht innehaben und im Anwendungsbereich des § 4c, nicht erforderlich.

27 Brose/Weth/Volk/*Schmitt*, BEEG, § 7 Rn. 30.
28 BT-Drs. 18/2583, S. 32.
29 BT-Drs. 18/2583, S. 32.
30 BT-Drs. 18/2583, S. 32.
31 BT-Drs. 18/2583, S. 32.

Damit wird gewährleistet, dass beide gegenseitig Kenntnis von den von der anderen Person erhobenen Ansprüchen haben. Sicher zu stellen ist, dass durch die Bewilligung von Elterngeld für eine berechtigte Person nicht Nachteile zu Lasten einer anderen berechtigten Person entstehen. Dies gilt insbesondere dann, wenn im Antrag im Sinne von § 5 Abs. 2 mehr als die Hälfte der insgesamt zustehenden Monatsbeträge begehrt werden.

Nach **Abs. 3 Satz 2**, der ebenfalls im Zuge der Einführung des Elterngeld **33**
Plus an § 4 BEEG angepasst worden ist,[32] kann die andere berechtigte Person bei der Behörde gleichzeitig entweder einen Antrag auf Elterngeld stellen oder aber anzeigen, für welche Monate sie selbst Elterngeld beanspruchen will. Die **Anzeige** an die Behörde stellt lediglich eine **Absichtserklärung** dar – offen bleiben kann deshalb, für welche und wie viele Lebensmonate des Kindes tatsächlich die Leistung in Anspruch genommen werden soll.[33] Beantragen beide Elternteile Elterngeld, so müssen sie die Monate innerhalb des gesamten Bezugszeitraums aufteilen, denn nur so kann die Behörde prüfen, ob die Höchstgrenzen für den Bezug (§ 4 Abs. 3 und § 4b) überschritten werden.

Stellt der andere Berechtigte keinen Antrag oder keine Anzeige, erhält der **34**
Antragsteller die Monatsbeträge gemäß seinem Antrag ausbezahlt, **Abs. 3 Satz 3**. Stellt die andere berechtigte Person später einen Antrag, reduziert sich ihr individueller Anspruchsumfang auf diejenigen Monate, die mit Ablauf des Lebensmonats, in dem der Antrag eingeht, von der ersten berechtigten Person noch nicht aufgebraucht worden sind.[34]

§ 8 Auskunftspflicht, Nebenbestimmungen

(1) Soweit im Antrag auf Elterngeld Angaben zum voraussichtlichen Einkommen aus Erwerbstätigkeit gemacht wurden, ist nach Ablauf des Bezugszeitraums für diese Zeit das tatsächliche Einkommen aus Erwerbstätigkeit nachzuweisen.

(1a) [1]Die Mitwirkungspflichten nach § 60 des Ersten Buches Sozialgesetzbuch gelten

1. **im Falle des § 1 Absatz 8 Satz 2 auch für die andere Person im Sinne des § 1 Absatz 8 Satz 2 und**
2. **im Falle des § 4b oder des § 4b in Verbindung mit § 4d Satz 1 für beide Personen, die den Partnerschaftsbonus beantragt haben.**

[2]§ 65 Absatz 1 und 3 des Ersten Buches Sozialgesetzbuch gilt entsprechend.

32 BT-Drs. 18/2583, S. 32.

33 Wersig in Vereinbarkeit von Familie und Beruf, Kap. 6.7, § 7 Rn. 8.

34 BT-Drs. 18/2583, S. 32.

(2) [1]Elterngeld wird in den Fällen, in denen die berechtigte Person nach ihren Angaben im Antrag im Bezugszeitraum voraussichtlich kein Einkommen aus Erwerbstätigkeit haben wird, unter dem Vorbehalt des Widerrufs für den Fall gezahlt, dass sie entgegen ihren Angaben im Antrag Einkommen aus Erwerbstätigkeit hat. [2]In den Fällen, in denen zum Zeitpunkt der Antragstellung der Steuerbescheid für den letzten abgeschlossenen steuerlichen Veranlagungszeitraum vor der Geburt des Kindes nicht vorliegt und nach den Angaben im Antrag die Beträge nach § 1 Absatz 8 voraussichtlich nicht überschritten werden, wird das Elterngeld unter dem Vorbehalt des Widerrufs für den Fall gezahlt, dass entgegen den Angaben im Antrag die Beträge nach § 1 Absatz 8 überschritten werden.

(3) Über die Höhe des Elterngeldes wird bis zum Nachweis der jeweils erforderlichen Angaben vorläufig unter Berücksichtigung der glaubhaft gemachten Angaben entschieden, wenn

1. **zum Zeitpunkt der Antragstellung der Steuerbescheid für den letzten abgeschlossenen Veranlagungszeitraum vor der Geburt des Kindes nicht vorliegt und noch nicht angegeben werden kann, ob die Beträge nach § 1 Absatz 8 überschritten werden,**
2. **das Einkommen aus Erwerbstätigkeit vor der Geburt nicht ermittelt werden kann oder**
3. **die berechtigte Person nach den Angaben im Antrag auf Elterngeld im Bezugszeitraum voraussichtlich Einkommen aus Erwerbstätigkeit hat.**

Inhaltsübersicht Rn.

1. Allgemeines

1 § 8 wurde zum 1.9.2021[1] redaktionell um das nicht existente Betreuungsgeld bereinigt. Seitdem muss neben dem Einkommen die **Arbeitszeit nicht** mehr nachgewiesen werden (Rn. 6). Zum 1.5.2025 wurde Abs. 3 Ein-

1 Zweites Gesetz zur Änderung des Bundeselterngeld- und Elternzeitgesetzes vom 15. Februar 2021, BGBl. Teil I, 2021, S. 239.

leitungssatz rechtlich auf seine Natur als Bewilligung dem Grunde nach präzisiert.[2]
Abs. 1 begründet eine Nachweispflicht des **tatsächlichen Einkommens**, soweit voraussichtliches Einkommen im Bezugszeitraum von der Elterngeldstelle zugrunde gelegt wurde.
Abs. 1a erstreckt allgemeine Mitwirkungspflichten auf **Nichtberechtigte.**
Abs. 2 ordnet zum Zwecke der schnellen Auszahlung die widerrufliche Bewilligung des Mindestbetrages des Elterngeldes ohne Nachweisprüfung an.
Abs. 3 ordnet die Bewilligung unter Vorbehalt vor allem für Selbstständige – allgemeiner: für die Fälle, in denen tatsächliche Einkünfte erst zu einem erheblich späteren Zeitpunkt nachgewiesen werden können – an.

2. Nachweis des Einkommens (Abs. 1)

Die Höhe des Elterngeldes ist in der Regel abhängig sowohl vom Einkommen aus Erwerbstätigkeit sowohl während des Bemessungs- (§ 2b) als auch während des Bezugszeitraumes (§ 4). Der Bezugszeitraum liegt aus Sicht des Zeitpunktes der Antragstellung außer in den Fällen der Rückwirkung stets in der Zukunft. Um die gesetzliche Verpflichtung erfüllen zu können, Elterngeld in dem Lebensmonat auszuzahlen, für den es bestimmt ist (§ 6), kann die Auszahlung nur auf einer Prognose beruhen. Im Nachhinein kann sich die Prognose als unzutreffend erweisen. Daher ist der Berechtigte nach **Abs. 1** verpflichtet, nachträglich Auskunft über das Einkommen im Bezugszeitraum zu erteilen. Der Grund dafür kann sein, dass Berechtigte abweichend von ihrem ursprünglichen Plan in geringerem oder größerem Umfange erwerbstätig wurden. Es ist daher das **tatsächliche Einkommen aus Erwerbstätigkeit** während des Bezugszeitraumes nachzuweisen. Dieser Nachweis ist auch dann notwendig, wenn der Betrag des voraussichtlichen und des danach tatsächlichen Einkommens identisch sind.[3] 2

Erbracht werden kann der Nachweis durch Vorlage der **Entgeltbescheinigungen** des Arbeitgebers. Ebenso könnten aber auch andere Nachweise, wie z. B. die Steuerkarte bzw. elektronische Lohnsteuerbescheinigung oder eine Bescheinigung der Krankenkasse als Einzugsstelle für die Sozialversicherungsbeiträge nach § 28h SGB IV vorgelegt werden. 3

2 Art. 57 Ziffer 8 Viertes Gesetz zur Entlastung der Bürgerinnen und Bürger, der Wirtschaft sowie der Verwaltung von Bürokratie (Viertes Bürokratieentlastungsgesetz (BEG IV)), BGBl. Teil I, Nr. 323 S. 25 ff.

3 Brose/Weth/Volk/*Schmitt*, BEEG, § 8 Rn. 7.

4 Haben Berechtigte während des Bezugszeitraumes **kein Erwerbseinkommen** erzielt, kommen sie ihrer Auskunftspflicht in der Regel mit einer entsprechenden **Erklärung** nach.[4]

5 Bei schuldhaften Verstößen gegen diese Auskunftspflicht droht nach § 14 Abs. 1 Nr. 1 ein **Bußgeld**.

6 Die mit der Einführung des Elterngeld Plus[5] zwischenzeitlich eingeführte Nachweispflicht über die tatsächliche **Arbeitszeit** gilt für seit dem 1. 9. 2021 geborene Kinder **nicht mehr**.[6] Damit wird eine sehr umständliche Hürde des Verwaltungsverfahrens erfreulicherweise beseitigt. Der Fortfall der Nachweispflicht der Arbeitszeit gilt für Arbeitnehmer und Selbstständige gleichermaßen. Vor allem für Selbstständige stellte der Nachweis ihrer tatsächlichen Arbeitszeit je nach Verwaltungspraxis der Elterngeldstelle eine enorme Hürde dar. Davon bleibt unberührt, dass die jeweiligen Korridore der zulässigen Arbeitszeit erfüllt sein müssen. Elterngeldberechtigt ist nur, wessen Wochenarbeitszeit im Durchschnitt eines Lebensmonats **32 Stunden** nicht überschreitet (§ 1 Abs. 6).

7 Partnerschaftsbonusmonate können nur beansprucht werden, wenn Berechtigte nicht weniger als 24 und nicht mehr als 32 Wochenstunden im Durchschnitt eines Lebensmonats erwerbstätig sind (§ 4b).[7]

8 Einen Nachweis über die tatsächliche Arbeitszeit darf die Elterngeldstelle zukünftig nur noch dann fordern, wenn Anhaltspunkte bestehen, dass die tatsächliche Arbeitszeit außerhalb des zulässigen Korridors liegt. Im Übrigen ist auf die Angaben und Nachweise zum Zeitpunkt der Antragstellung abzustellen.[8] Während Arbeitnehmer im Zweifel auch eine Arbeitszeitbescheinigung unproblematisch vom Arbeitgeber erhalten können (§ 9), wird Selbstständigen auch zukünftig zu raten sein, ihre tatsächliche Arbeitszeit auf den Tag genau und inhaltlich stichpunktartig zu protokollieren.

3. Mitwirkungspflichten Nichtberechtigter (Abs. 1a)

9 § 8[9] enthält eine Mitwirkungspflicht Nichtberechtigter. Mit dieser Regelung sind die Mitwirkungspflichten aus § 60 SGB I gegenüber der Elterngeldstelle erweitert worden,[10] denn grundsätzlich trifft diese Pflicht nur die Person, die die jeweilige Leistung beantragt oder erhält. **Abs. 1a Satz 1** bezieht jedoch auch die andere Person mit ein, die weder Elterngeld beantragt hat

---

4 BT-Drs. 16/1889, S. 25.
5 BGBl. I, S. 2325.
6 BT-Drs. 20/559 S. 15.
7 Zusätzlich ist der Ausgleichszeitraum flexibler gestaltet, vgl. § 4b Rn. 8 f.
8 BT-Drs. 20/559 S. 15.
9 Eingeführt mit Gesetz zur Einführung des Elterngeld Plus mit Partnerschaftsbonus und einer flexibleren Elternzeit im BEEG vom 18. 12. 2014, BGBl. I, S. 2325.
10 Lenz in Rancke (Hrsg.), BEEG, § 8 Rn. 3.

noch erhält. Für die Elterngeldstellen wird auf diese Weise gewährleistet, dass sie die für die Prüfung notwendigen Informationen erhalten: Ob die Voraussetzungen nach § 1 Abs. 8 (Spitzenverdiener haben danach keinen Elterngeldanspruch) und des Partnerschaftsbonusmonate gemäß § 4b vorliegen.[11]

Die Mitwirkungspflicht trifft jeden, dessen Einkommen bei der Prüfung der Bewilligungsvoraussetzungen des Elterngeldes des Berechtigten relevant sein kann. Die Mitwirkungsverpflichtung umfasst aber keine Tätigkeit des Nichtberechtigten zur Klärung, ob sein Einkommen Berücksichtigung bei der Berechnung des Elterngeldanspruchs des Berechtigten findet. Dies glaubhaft zu machen, ist nur der Berechtigte im Rahmen seiner allgemeinen Mitwirkungspflicht nach § 60 SGB I im Zusammenspiel mit dem behördlichen Untersuchungsgrundsatz (§ 20 SGB X) verpflichtet. Liegt zum Zeitpunkt der Antragstellung kein Steuerbescheid des anderen Elternteils vor, so muss dieser im Zusammenhang mit der Bewilligung des Elterngeldes für den Berechtigten im Rahmen der Mitwirkungspflicht vorgelegt werden (**Abs. 1a Satz 1 Nr. 1**).[12] 10

Gleiches gilt hinsichtlich der Partnerschaftsbonusmonate, denn auch hier müssen beide Elternteile gemeinsam nicht nur die allgemeinen Voraussetzungen für den Elterngeldanspruch erfüllen, sondern auch eine zeitgleiche Teilzeitarbeit im Umfang von 24 bis 32 Wochenstunden im Monatsdurchschnitt leisten (§ 4b). Erfasst sind hiervon ebenfalls Adoptiveltern, Stiefeltern, nichteheliche Väter und Verwandte bis zum dritten Grad im Sinne des § 1 Abs. 3 und 4. Die Mitwirkungspflicht ist im Zusammenhang mit dem Partnerschaftsbonus insbesondere auf den Nachweis der Arbeitszeit bei der Antragstellung durch beide Eltern zugeschnitten **(Abs. 1a Satz 1 Nr. 2)**. 11

Abs. 1a Satz 2 begrenzt die Mitwirkungspflichten im Sinne des § 65 SGB I, d.h. in besonderen Situationen kann ausnahmsweise auf die Mitwirkung des anderen Elternteils durch die Elterngeldstelle verzichtet werden, wenn dem Betroffenen z.B. die Erfüllung aus einem wichtigen Grund unzumutbar ist oder sich die Elterngeldstelle durch einen geringeren Aufwand die erforderlichen Kenntnisse selbst beschaffen kann etc. Das **Mitwirkungsverweigerungsrecht** nach Abs. 1a S. 2 muss der Berechtigte geltend machen.[13] 12

4. Vorbehalt des Widerrufs (Abs. 2)

Mit der Regelung in **Abs. 2 Satz 1** wird einem verwaltungsrechtlichen nachträglichen Korrekturbedarf Rechnung getragen für den Fall, dass Berechtigte entgegen der bei Antragstellung erklärten Absicht während des Bezuges des 13

11 BT-Drs. 18/2583, S. 33.
12 BT-Drs. 18/2583, S. 33.
13 Brose/Weth/Volk/*Schmitt*, BEEG, § 8 Rn. 17.

Elterngeldes eine Erwerbstätigkeit aufnehmen. Jeder Bewilligungsbescheid ist daher von der Elterngeldstelle mit dem Vorbehalt des Widerrufs zu versehen, wenn voraussichtlich kein Einkommen erzielt werden wird. Grundsätzlich gilt in den hier genannten Fällen zwar die Aufhebung für die Zukunft. In den hier relevanten Fällen wirkt sie aber nach § 48 Abs. 1 Satz 2 Nr. 3 SGB X rückwirkend für den Zeitpunkt der Änderung.[14] Über den Anspruch ist dann aufgrund geänderter Verhältnisse erneut zu entscheiden und zu viel gezahlte Beträge müssen über § 50 SGB X zurückerstattet werden. Das Elterngeld muss allerdings unter dem Vorbehalt des Widerrufs gezahlt worden sein.

14 Werden Einkommensgrenzen voraussichtlich nicht erreicht, so stellt **Abs. 2 Satz 2** klar, dass die jeweilige Leistung nur unter dem Vorbehalt des Widerrufs zu zahlen ist. Ein möglicher Anspruchsausschluss wird beim Elterngeld aufgrund des zu versteuernden Einkommens, das die Person im letzten abgeschlossenen Veranlagungszeitraum vor der Geburt des Kindes gehabt hat, überprüft.[15]

5. Vorläufige Bewilligung

15 § 8 Abs. 3 ist mit dem Elterngeld Plus-Gesetz neu gefasst[16] und zum 1.5.2025 redaktionell präzisiert worden.[17] Die Vorschrift legt fest, dass Elterngeld bis zum Nachweis der jeweils erforderlichen Angaben vorläufig unter Berücksichtigung der glaubhaft gemachten Angaben bewilligt und gezahlt werden kann.

16 **Abs. 3 Satz 1** regelt die Fälle, in denen das für die Berechnung des Elterngeldes maßgebliche Einkommen nicht verlässlich ermittelt werden kann. Nur in diesen Fällen darf die Elterngeldstelle die Bewilligung des Elterngeldes für insoweit vorläufig erklären. Alle Voraussetzungen für den Bezug des Elterngeldes mit Ausnahme der Einkommensanrechnungen werden hierin verbindlich festgestellt.[18] Will die Elterngeldstelle gezahltes Elterngeld aus anderen Gründen als der vorläufig in Ansatz gebrachten Einkommensanrechnung ändern, so hat sie die allgemeinen Voraussetzungen der § 44 SGB X einzuhalten und insbesondere Vertrauensschutz zu gewähren, §§ 45, 48 SGB X.[19]

17 Nach **Nr. 1** ist dies u. a. dann der Fall, wenn zum Zeitpunkt der Antragstellung der Steuerbescheid für den letzten abgeschlossenen Veranlagungs-

---

14 Brose/Weth/Volk/*Schmitt*, BEEG, § 8 Rn. 22.
15 BT-Drs. 17/9917, S. 13.
16 BT-Drs. 18/2583, S. 33.
17 Art. 57 Ziffer 8 BEG IV, BGBl. Teil I, Nr. 323 S. 25 ff; BT-Drs. 20/11306, S. 119.
18 Brose/Weth/Volk/*Schmitt*, BEEG, § 8 Rn. 42.
19 Brose/Weth/Volk/*Schmitt*, BEEG, § 8 Rn. 42.

zeitraum vor der Geburt des Kindes nicht vorliegt und noch nicht angegeben werden kann, ob die in § 1 Abs. 8 für Spitzenverdiener genannten Beträge überschritten werden.

Nr. 2 bezieht sich auf den Fall, dass das Einkommen aus Erwerbstätigkeit vor der Geburt nicht ermittelt werden kann. 18

Nr. 3 erfasst alle Fälle, in denen die elterngeldberechtigte Person während des Elterngeldbezugs voraussichtlich Einkommen aus Erwerbstätigkeit haben wird. Hier darf die Bewilligung insoweit stets vorläufig erklärt werden. 19

Für vor dem 1.9.2021 geborene Kinder durfte nach **Nr. 4** a.F. Elterngeld auch dann nur vorläufig bewilligt werden, wenn Partnerschaftsbonusmonate beantragt wurden. 20

Zu beachten ist noch, dass für eine vorläufige Bewilligung und Zahlung das **glaubhaft gemachte Erwerbseinkommen** reicht. Erst wenn ein Nachweis über das maßgebliche Einkommen vorliegt, ist eine abschließende Entscheidung möglich. Elterngeld, das nach der endgültig festgestellten Berechnung zu viel gezahlt wurde, ist (nur) nach § 50 SGB X zu erstatten.[20] 21

6. Verstöße gegen die Mitwirkungspflicht

Die Nachweispflichten des Berechtigten nach § 8 Abs. 1 und die Mitwirkungspflichten der Nichtberechtigten nach § 8 Abs. 1a bestehen bereits nach dem Gesetz. Es bedarf keiner vorherigen Aufforderung zur Mitwirkung durch die Elterngeldstelle.[21] In der Praxis ermahnen Elterngeldstellen die nach § 8 Verpflichteten zweimal zur jeweiligen Mitwirkung.[22] Spätestens bei der zweiten Mahnung weist die Elterngeldstelle auf die Folgen der fehlenden Mitwirkung hin.[23] Wirken Berechtigte nach § 8 Abs. 1 oder Nichtberechtigte nach § 8 Abs. 1a nicht hinreichend mit, so setzt die Elterngeldstelle den Mindestbetrag je nach Antrag entweder des Basiselterngeldes (300 €) oder des Elterngeld Plus (150 €) fest, sofern alle Voraussetzungen des Bezuges erfüllt und hinreichend glaubhaft gemacht oder nachgewiesen sind.[24] 22

Stellt die Elterngeldstelle hierdurch einen geringeren Betrag fest, als er vorläufig ausgezahlt wurde, so werden bereits ausgezahlte Leistungen zurückgefordert (§ 26 BEEG i.V.m. § 328 Abs. 3 SGB III). Dies gilt allerdings nur dann, wenn der auf Grundlage einer Glaubhaftmachung nur vorläufig bewilligte Leistungsanspruch gerade wegen derselben aufgrund fehlender Mitwirkung nicht nachgewiesener Tatsachen geringer ausfällt.[25] Zusätzlich 23

---

20 Brose/Weth/Volk/*Schmitt*, BEEG, § 8 Rn. 42.
21 Brose/Weth/Volk/*Schmitt*, BEEG, § 8 Rn. 12.
22 Richtlinien zum BEEG, BMFSFJ, 12/2024, Ziffer 8.1.
23 Richtlinien zum BEEG, BMFSFJ, 12/2024, Ziffer 8.1.
24 Richtlinien zum BEEG, BMFSFJ, 12/2024, Ziffer 8.1.
25 Richtlinien zum BEEG, BMFSFJ, 12/2024, Ziffer 8.1.

droht bei schuldhaften Verstößen gegen die Mitwirkungspflicht ein Bußgeld nach § 14.

§ 9 Einkommens- und Arbeitszeitnachweis, Auskunftspflicht des Arbeitgebers

(1) [1]Soweit es zum Nachweis des Einkommens aus Erwerbstätigkeit oder der wöchentlichen Arbeitszeit erforderlich ist, hat der Arbeitgeber der nach § 12 zuständigen Behörde für bei ihm Beschäftigte das Arbeitsentgelt, die für die Ermittlung der nach den §§ 2e und 2f erforderlichen Abzugsmerkmale für Steuern und Sozialabgaben sowie die Arbeitszeit auf Verlangen zu bescheinigen; das Gleiche gilt für ehemalige Arbeitgeber. [2]Für die in Heimarbeit Beschäftigten und die ihnen Gleichgestellten (§ 1 Absatz 1 und 2 des Heimarbeitsgesetzes) tritt an die Stelle des Arbeitgebers der Auftraggeber oder Zwischenmeister.

(2) [1]Für den Nachweis des Einkommens aus Erwerbstätigkeit kann die nach § 12 Absatz 1 zuständige Behörde auch das in § 108a Absatz 1 des Vierten Buches Sozialgesetzbuch vorgesehene Verfahren zur elektronischen Abfrage und Übermittlung von Entgeltbescheinigungsdaten nutzen. [2]Sie darf dieses Verfahren nur nutzen, wenn die betroffene Arbeitnehmerin oder der betroffene Arbeitnehmer zuvor in dessen Nutzung eingewilligt hat. [3]Wenn der betroffene Arbeitgeber ein systemgeprüftes Entgeltabrechnungsprogramm nutzt, ist er verpflichtet, die jeweiligen Entgeltbescheinigungsdaten mit dem in § 108a Absatz 1 des Vierten Buches Sozialgesetzbuch vorgesehenen Verfahren zu übermitteln.

Inhaltsübersicht Rn.

1. Allgemeines

1 § 9 normiert die Mitwirkungspflicht des Arbeitgebers und formt diese aus.

Abs. 1 begründet eine allgemeine Mitwirkungspflicht des Arbeitgebers zum Nachweis des Einkommens. Der zum 10.12.2020 neu eingefügte Abs. 2[1]

1 Gesetz zur Digitalisierung von Verwaltungsverfahren bei der Gewährung von Familienleistungen, BGBl, 2020, Teil I, S. 2668.

gestaltet die elektronische Abfrage und Übermittlung von Entgeltbescheinigungsdaten aus.

2. Allgemeine Auskunftspflicht (Abs. 1)

a) Inhalt der Auskunftspflicht

Diese Vorschrift begründet die Verpflichtung des Arbeitgebers, der Elterngeldstelle gegenüber auf ihre Aufforderung hin die für die Ermittlung der nach den §§ 2e und 2f erforderlichen **Abzugsmerkmale für Steuern und Sozialabgaben** und die **Arbeitszeit** zu bescheinigen. 2

Zu bescheinigen sind insbesondere die Steuerklasse, der Faktor nach § 39f EStG, die Freibeträge nach § 32 Abs. 6 EStG, die ggf. bestehende Kirchensteuerpflicht und die Versicherungspflicht in den verschiedenen Zweigen der Sozialversicherung, die Versicherungspflicht für die Arbeitsförderung durch den Arbeitgeber[2] und die Ausweisung des Entgelts als sonstige Bezüge im Sinne des § 38a Abs. 1 EStG. Die Elterngeldstelle darf jedoch nicht generell einen Einkommens- oder Arbeitszeitnachweis vom Arbeitgeber einfordern.[3] Dies ist deswegen nicht erforderlich, weil die Elterngeldstelle diese Angaben beim Berechtigten einfordern kann und soll. Nur bei fehlender Mitwirkung der Berechtigten kommt die Anforderung eines Einkommens- oder Arbeitszeitnachweis beim Arbeitgeber subsidiär in Betracht.[4] 3

Mit diesem Nachweis wird die Fürsorgepflicht des Arbeitgebers konkretisiert. Die **Bescheinigung der Abzugsmerkmale** ist erforderlich, wenn ein Arbeitnehmer seine voraussichtlichen Einkünfte aus nichtselbstständiger Arbeit angibt oder z. B. bei der Frage, ob ein Antragsteller eine Teilzeittätigkeit ausübt, die für den Elterngeldbezug nach § 1 Abs. 6 unschädlich ist. Auch ist sie erforderlich, wenn die vorliegenden Einkommensnachweise nicht ausreichen oder diese dem Anspruchsberechtigten nicht mehr vorliegen. Benötigt werden die Einkommensnachweise nach § 2 Abs. 1 im Bemessungszeitraum gemäß § 2b vor der Geburt des Kindes und nach § 2 Abs. 3 sowie § 8 für den Fall der (Teilzeit-) Beschäftigung während des Elterngeldbezuges. 4

Eine Bescheinigung über die Arbeitszeit ist für den Fall der Erwerbstätigkeit während des Elterngeldbezuges im Hinblick auf die Anspruchsvoraussetzungen nach § 1 Abs. 1 Nr. 4 in Verbindung mit Abs. 6 nur dann erforderlich, wenn die **Arbeitszeit schwankt** und die Vorlage einer arbeitsvertraglichen Vereinbarung insofern nicht hinreichend aussagekräftig ist. 5

---

2 BT-Drs. 17/9941, S. 30.
3 Richtlinien zum BEEG, BMFSFJ, 12/2024, § 9.
4 Richtlinien zum BEEG, BMFSFJ, 12/2024, § 9.

b) Adressat der Auskunftspflicht

6 Die Verpflichtung trifft zunächst den **Arbeitgeber**. Es gilt der bürgerrechtliche Arbeitgeberbegriff des § 611a BGB.[5] Die Verpflichtung gilt für **ehemalige Arbeitgeber** gleichermaßen. Ehemaliger Arbeitgeber ist jeder, der innerhalb des Bemessungszeitraums eines Antragstellers dessen Arbeitgeber war. Zeitliche Lage und Dauer sind irrelevant.

7 Bei in **Heimarbeit Beschäftigten** und den ihnen Gleichgestellten (§ 1 Abs. 1 und 2 des Heimarbeitsgesetzes – HAG) tritt an die Stelle des Arbeitgebers der Auftraggeber oder Zwischenmeister.

8 Bei **selbstständiger** oder **freiberuflicher** Erwerbstätigkeit ist hinsichtlich der Arbeitszeit statt einer Bescheinigung eine eigene Erklärung des Berechtigten erforderlich aber auch ausreichend.[6] Selbstständige (Gewerbetreibende oder Freiberufler) müssen Nachweise oder Bestätigungen Dritter nicht vorlegen.

c) Verstöße gegen die Auskunftspflicht

9 Verletzt der zur Auskunft Verpflichtete (Arbeitgeber) seine Pflichten nach dieser Vorschrift, so handelt es sich um eine mit Geldbuße in Höhe von bis zu 2000 € belegte Ordnungswidrigkeit (§ 14 Abs. 1 Nr. 2 und Abs. 2), die von der Elterngeldstelle verhängt werden kann.

10 Berechtigte, die einen Nachweis nicht erbringen können, weil der Arbeitgeber seiner Auskunftspflicht nicht nachkommt, müssen keine Ablehnung ihres Elterngeldantrags befürchten. In diesem Fall ist die **Elterngeldstelle** aufgrund des Amtsermittlungsgrundsatzes aus § 20 SGB X in Verbindung mit § 9 **verpflichtet**, die erforderlichen Informationen vom Arbeitgeber einzuholen und im Fall der Weigerung die Verpflichtung mit den allgemeinen Mitteln des Verwaltungszwangs zu vollstrecken.

11 Den Arbeitgeber trifft eine eigene Verpflichtung, die Angaben sorgfältig zu tätigen, d.h. sie insbesondere richtig und vollständig abzugeben. Eine schuldhafte Verletzung dieser Pflicht ist bußgeldbewehrt (§ 14 Abs. 1 Nr. 2). Verweigert der Arbeitgeber beharrlich, geforderte Auskünfte zu erteilen und lässt von der Elterngeldstelle gesetzte Fristen fruchtlos verstreichen, so kann die für den Berechtigten zuständige Elterngeldstelle ihr Auskunftsverlangen mit den Mitteln des Verwaltungszwangs durchsetzen.[7] Die Verfahrensvorschriften hierzu richten sich nach dem Verwaltungsvollstreckungsgesetz des Bundeslandes der Elterngeldstelle.

---

5 Brose/Weth/Volk/*Schmitt*, BEEG, § 9 Rn. 9.
6 BT-Drs. 16/1889, S. 26.
7 LSG Baden-Württemberg 23.10.2013 – L 4 R 4066/13 ER-B.

3. Elektronische Auskunftspflicht; rvBEA (Abs. 2)

Für den Nachweis des Einkommens (nicht der Arbeitszeit) kann die Elterngeldstelle ein elektronisches Verfahren zur Abfrage und Übermittlung von Entgeltbescheinigungsdaten nutzen (rvBEA). Hiernach kann die Datenstelle der Rentenversicherung im Auftrag der zuständigen Elterngeldstelle beim Arbeitgeber die erforderlichen Daten elektronisch mittels rvBEA abfragen. Abfrage und Übermittlung der Daten geschehen in einem standardisierten und verschlüsselten Verfahren. Entgeltabrechnungssoftware kann für den Einsatz in diesem Verfahren (DXAR für die Anfrage und DXEB für die Antwort) zertifiziert werden. 12

Die Abfrage im Auftrag der Elterngeldstelle über rvBEA setzt stets eine **Einwilligung des Arbeitnehmers** (Abs. 2 Satz 2) voraus. Die Formblätter auf Antrag des Elterngelds sehen in der Regel die Abfrage zur Einwilligung der Nutzung von rvBEA vor. 13

Der **Pilotbetrieb** von rvBEA mit dem »Anwendungsfall BEEG« (Bescheinigung zum Antrag auf Elterngeld) begann am **1. Juli 2021**. Praxiserfahrungen zur Funktionalität werden noch evaluiert. 14

Jeder Arbeitgeber ist bereits seit dem 1. 6. 2021 verpflichtet,[8] mindestens **einmal pro Woche** beim Kommunikationsserver der Rentenversicherung elektronisch abzufragen, ob Daten/Abfragen zur Abholung bereitstehen und diese abzuholen (§ 96 Abs. 2 Satz 1 SGB IV). 15

Im **Regelbetrieb** seit dem **1. Januar 2022** (§ 124 SGB IV) ist jeder Arbeitgeber **verpflichtet**, rvBEA-Abfragen im »Anwendungsfall BEEG« elektronisch zu beantworten. Die Einschränkung auf diejenigen Arbeitgeber, die ein zertifiziertes Entgeltabrechnungsprogramm verwenden, ist seitdem obsolet (Abs. 2 Satz 3). 16

Die Details der elektronischen Anforderung und Ausgestaltung der vom Arbeitgeber elektronisch zu erstellenden standardisierten Bescheinigung nach rvBEA sind als untergesetzliche Norm in Form von Grundsätzen beschlossen. Rechtsgrundlage dieser Grundsätze sind die §§ 108 Abs. 2 Satz 6 SGB IV und 108a Abs. 2 Satz 1 SGB IV. Die Grundsätze in der jeweils gültigen Fassung werden von der Rentenversicherung unter *www.rvbea.de* veröffentlicht. 17

Eine **Frist** zur Beantwortung von rvBEA-Anfragen fehlt im § 9 bedauerlicherweise. Insofern gilt die allgemeine Frist des § 108a Abs. 1 Satz 2 SGB IV: die Übermittlung hat **unverzüglich**, spätestens mit der nächsten Entgeltabrechnung zu erfolgen. 18

Weil die Abfrage von rvBEA-Abfragen nach der gegenwärtigen Gesetzeslage ausnahmslos von einer ausdrücklichen Einwilligung des Arbeitnehmers ab- 19

8 Sofern kein Befreiungstatbestand vorliegt, vgl. § 96 Abs. 2 Satz 1 SGB IV in Verbindung mit § 28a Abs. 6a und Abs. 7 SGB IV.

hängt, darf die Elterngeldstelle eine rvBEA-Abfrage zu § 9 nur dann durchführen, wenn ihr diese Einwilligung vorliegt. Erhält der Arbeitgeber eine rvBEA-Abfrage, trifft ihn keine eigenständige Verpflichtung, eine vorhandene **Einwilligung zu überprüfen**. Insoweit darf er auf die Rechtmäßigkeit des Verwaltungshandelns vertrauen.

20 Unverständlich ist, dass nicht gleichzeitig der gesamte Kommunikationsbedarf auch mit den Krankenkassen gemeinsam über bislang papierne Auskünfte zu Elterngeld und Elternzeit der Elterngeldstellen und der Arbeitgeber über rvBEA zum 1.1.2022 abgebildet wurde. Dies hätte eine erhebliche Verfahrensbeschleunigung vor allem bei Abweichungen in der Inanspruchnahme zwischen Elterngeld und Elternzeit geführt. Die mit der gegenwärtig teilweise digitalisierten Kommunikation zu erwartenden Verwaltungsvereinfachungen dürften dessen ungeachtet bereits die Verfahrensdauern zugunsten der Berechtigten verkürzen. Auch eine bundesweit einheitliche elektronische Antragstellung des Elterngeldes durch Berechtigte wird seit langem schmerzlich vermisst.

§ 10 Verhältnis zu anderen Sozialleistungen

(1) Das Elterngeld und vergleichbare Leistungen der Länder sowie die nach § 3 auf die Leistung angerechneten Einnahmen oder Leistungen bleiben bei Sozialleistungen, deren Zahlung von anderen Einkommen abhängig ist, bis zu einer Höhe von insgesamt 300 Euro im Monat als Einkommen unberücksichtigt.

(2) Das Elterngeld und vergleichbare Leistungen der Länder sowie die nach § 3 auf die Leistung angerechneten Einnahmen oder Leistungen dürfen bis zu einer Höhe von insgesamt 300 Euro nicht dafür herangezogen werden, um auf Rechtsvorschriften beruhende Leistungen anderer, auf die kein Anspruch besteht, zu versagen.

(3) Soweit die berechtigte Person Elterngeld Plus bezieht, bleibt das Elterngeld nur bis zur Hälfte des Anrechnungsfreibetrags, der nach Abzug der anderen nach Absatz 1 nicht zu berücksichtigenden Einnahmen für das Elterngeld verbleibt, als Einkommen unberücksichtigt und darf nur bis zu dieser Höhe nicht dafür herangezogen werden, um auf Rechtsvorschriften beruhende Leistungen anderer, auf die kein Anspruch besteht, zu versagen.

(4) Die nach den Absätzen 1 bis 3 nicht zu berücksichtigenden oder nicht heranzuziehenden Beträge vervielfachen sich bei Mehrlingsgeburten mit der Zahl der geborenen Kinder.

(5) [1]Die Absätze 1 bis 4 gelten nicht bei Leistungen nach dem Zweiten Buch Sozialgesetzbuch, dem Zwölften Buch Sozialgesetzbuch, § 6a des Bundeskindergeldgesetzes und dem Asylbewerberleistungsgesetz. [2]Bei den in Satz 1 bezeichneten Leistungen bleiben das Elterngeld und ver-

gleichbare Leistungen der Länder sowie die nach § 3 auf das Elterngeld angerechneten Einnahmen in Höhe des nach § 2 Absatz 1 berücksichtigten Einkommens aus Erwerbstätigkeit vor der Geburt bis zu 300 Euro im Monat als Einkommen unberücksichtigt. [3]Soweit die berechtigte Person Elterngeld Plus bezieht, verringern sich die Beträge nach Satz 2 um die Hälfte. [4]Abweichend von Satz 2 bleibt Mutterschaftsgeld gemäß § 19 des Mutterschutzgesetzes in voller Höhe unberücksichtigt.

(6) Die Absätze 1 bis 4 gelten entsprechend, soweit für eine Sozialleistung ein Kostenbeitrag erhoben werden kann, der einkommensabhängig ist.

Inhaltsübersicht Rn.

1. Bezug von Sozialleistungen (Abs. 1)

Diese Vorschrift hat zum Ziel sicherzustellen, dass bei der Zahlung von 1
Elterngeld oder vergleichbarer Leistungen nach landesrechtlichen Vorschriften **andere** einkommensabhängige **Sozialleistungen** bei der Berechnung bis zu einer Höhe von insgesamt 300 € im Monat **unberücksichtigt** bleiben (**Abs. 1**). Nach Abs. 5 gilt die Anrechnungsfreiheit nicht für Bezieher von Arbeitslosengeld II nach dem SGB II, Empfänger von Sozialhilfe nach dem SGB XII, Kinderzuschlag gemäß § 6a BKKG, für Leistungen nach dem Asylbewerberleistungsgesetz[1] und seit dem 1. 1. 2023[2] auch für das Mutterschaftsgeld, Abs. 5 Satz 4. Das (Mindest-) Elterngeld und vergleichbare Leistungen der Länder (sog. Landeserziehungsgelder) haben zwar Vorrang bei der Auszahlung, werden aber in voller Höhe auf die o. g. Sozialleistungen angerechnet, so dass diese im Ergebnis gekürzt werden.

---

1 Eingefügt m. W. v. 1. 9. 2021 durch das Zweite Gesetz zur Änderung des Bundeselterngeld- und Elternzeitgesetzes vom 15. Februar 2021, BGBl. Teil I, 2021, S. 239.

2 Eingefügt mittels des Zwölften Gesetz zur Änderung des Zweiten Buches Sozialgesetzbuch und anderer Gesetze – Einführung eines Bürgergeldes (Bürgergeld-Gesetz) vom 16. Dezember 2022, BGBl Teil I, 2022 Nr. 51, S. 2328.

2. Anrechnungsfreie Leistungen

2 Die **Eigenständigkeit des Elterngeldes** mit Ausnahme des Abs. 5 kommt dadurch zum Ausdruck, dass es bis zu der Höhe von monatlich insgesamt 300 € als nicht anrechenbares Einkommen behandelt wird. Von Bedeutung ist dies, wenn andere Sozialleistungen auf die Bedürftigkeit der Personen und damit dessen Einkommensverhältnisse abstellen. Elterngeld und Landeserziehungsgelder im Sinne von **Abs. 1 Satz 1** würden zu einer Minderung oder Versagung bedarfsabhängiger Sozialleistungen führen, würden sie als einkommenssteigernd angesehen. Damit würde letztlich das Ziel des Gesetzes, mit Elterngeld zu einer besseren wirtschaftlichen Existenz beizutragen, vielfach nicht erreicht.

3 **Landeserziehungsgelder** existieren nur noch in den Bundesländern Bayern und Sachsen. Landeserziehungsgelder werden erst gewährt, wenn der Anspruch auf Elterngeld entfällt. In **Bayern** gibt es seit dem 1.8.2018 ein einkommensunabhängiges **Familiengeld**. Dieses hat das frühere einkommensabhängige Erziehungsgeld abgelöst und bleibt anrechnungsfrei[3].

Sachsen gewährt einkommensabhängig **Landeserziehungsgeld** für die Dauer von neun Monaten ab dem 3. Lebensjahr des Kindes für das 1. und 2. Kind, ab dem 3. Kind für die Dauer von zwölf Monaten[4]. Wird das Landeserziehungsgeld in Sachsen bereits ab dem 2. Lebensjahr des Kindes in Anspruch genommen, so wird es für das 1. Kind fünf Monate, für das 2. Kind sechs Monate und ab dem 3. Kind für die Dauer von sieben Monaten gezahlt.

Die Leistungen in beiden Bundesländern übersteigen das Mindestelterngeld nach dem BEEG in Höhe von 300 € monatlich. Sie differenzieren jedoch nach der Anzahl der Kinder. Bei der Berechnung anderer einkommensabhängiger Sozialleistungen bleiben sie unberücksichtigt.

4 Zu den einkommensabhängigen Leistungen gehören vor allem das **Wohngeld** (§ 2 Wohngeldgesetz), Leistungen der **Ausbildungsförderung** (§§ 11 ff. BAföG), **Arbeitslosengeld** (§§ 136 ff. SGB III), das **Kindergeld** nach dem Bundeskindergeldgesetz, Leistungen der Jugendhilfe nach dem SGB VIII und die Prozesskostenhilfe (**PKH**, § 115 ZPO)[5].

Andere einkommensabhängige Sozialleistungen wie die Sozialhilfe nach dem SGB XII, der Kinderzuschlag (§ 6a BKKG) und das Arbeitslosengeld II

---

3 Inzident bestätigt: BGH 20.5.2020 – XII ZB 538/19; ebenso: Giers, NZFam 2021, 59, 60.

4 Dies gilt jeweils nur dann, wenn für dieses Kind seit seinem vollendeten 14. Lebensmonat kein mit staatlichen Mitteln geförderter Platz in einer Kindertageseinrichtung in Anspruch genommen wird. Andernfalls gelten kürzere Zeiträume.

5 Als »allgemeine Meinung« dargestellt in OLG Bamberg 31.3.2021 – 2 WF 44/21, ebenso: BGH 20.5.2020 – XII ZB 537/19, NJW-RR 2020, 882.

(Hartz IV) nach dem SGB II wurden mit **§ 10 Abs. 5 Satz 1** von der Anrechnungsfreiheit auf das Elterngeld ausgenommen.
Wurde Elterngeld nicht bezogen, weil in dem betreffenden Zeitraum Leistungen nach § 3 (u. a. Entgeltersatzleistungen, ausländische Familienleistungen) anzurechnen waren, muss die Anrechnungsfreiheit aus **Abs. 1** auch auf diese Leistungen erstreckt werden. Entsprechendes gilt für andere freiwillig oder nur nach Ermessen zu zahlende Sozialleistungen. Für das **Mutterschaftsgeld** ist die Anrechnungsfreiheit in Abs. 5 Satz 4 deklaratorisch erwähnt.
Der Bezug des Elterngeldes wird jedoch über dem Mindestelterngeld sowohl beim Berechtigten als auch dessen Ehepartner bei der Berechnung des **pfändungsfreien Einkommens** mitgerechnet.[6]

3. Ermessensleistungen (Abs. 2)

Abs. 2 bestimmt, dass Elterngeld und Landeserziehungsgelder bis zum Be- 5
trag von 300 € auch nicht im Rahmen einer Ermessensentscheidung zur Ablehnung einer Leistung, die vom Ermessen des jeweiligen Sozialleistungsträgers im Sinne des § 39 SGB I abhängig ist, herangezogen werden darf. Ermessen wird in der Regel ausgeübt durch Formulierungen wie »kann« oder »darf«. Erfasst von dieser Vorschrift sind vor allen Dingen Leistungen, die als sog. Mehrleistungen aufgrund von Satzungen der Versicherungsträger erbracht werden,[7] wie z. B. Vorsorgekuren für Mütter und Väter durch die Krankenkassen (vgl. § 24 SGB V).

4. Freibetrag beim Elterngeld Plus (Abs. 3)

Durch das Elterngeld Plus-Gesetz ist die ursprüngliche Verlängerungs- 6
möglichkeit aus § 6 Satz 2 gestrichen worden. Stattdessen gibt es für ab dem 1.7.2015 geborene Kinder ein Elterngeld Plus, welches in der Höhe mindestens 150 € beträgt, § 4 Abs. 3 Satz 3 Nr. 1. Es handelt sich hierbei um das halbierte Mindestelterngeldes nach § 2 Abs. 4. Nehmen Berechtigte das Elterngeld Plus in Anspruch, dann ist auch nur ein hälftiger Anrechnungsfreibetrag (150 €) nach den Absätzen 1 und 2 geschützt (**Abs. 3**). Die Halbierung des Mindestelterngeldbetrages gilt im Übrigen für den gesamten Bezugszeitraum von Elterngeld Plus. Auf die in Bayern und Sachsen gezahlten Landeserziehungsgelder/Familiengelder sowie die nach § 3 auf das Elterngeld anzurechnenden Einnahmen findet Abs. 3 dagegen keine Anwendung,

---

6 BGH Beschluss vom 23.2.2022 – VII ZB 41/21; für vollständige Anrechnung noch: LG Landshut 7.7.2021 – 34 T 1673/21.

7 BT-Drs. 10/3792, S. 18.

da die Auszahlungszeiträume für diese Leistungen nicht verlängert werden können.[8]

5. Mehrlingsgeburten (Abs. 4)

7 **Abs. 4** gewährleistet, dass den Eltern bei **Mehrlingsgeburten** der nach § 2a Abs. 4 vorgesehene **Erhöhungsbetrag** des Elterngeldes zusätzlich verbleibt, wenn sie andere einkommensabhängige Sozialleistungen oder Ermessensleistungen erhalten. Eltern von Zwillingen haben folglich neben anderen Sozialleistungen – z. B. neben Wohngeld oder BaföG – oder neben Ermessensleistungen mindestens 600 € oder bei Inanspruchnahme von Elterngeld Plus bis zu 28 Monate 300 € Elterngeld. Auch Landeserziehungsgelder sind von Abs. 4 erfasst, da sie durch die Regelung mit der Formulierung »nach den Absätzen 1 bis 3 nicht zu berücksichtigende oder nicht heranzuziehende Beträge« ausdrücklich in Bezug genommen worden sind. Der Geschwisterbonus in Höhe von mindestens 75 €, § 2a Abs. 1 bis 3, wird durch Abs. 4 nicht anrechnungsfrei gestellt, weil der finanzielle Bedarf der betroffenen Familien dem Gesetzgeber zufolge durch andere Sozialleistungen gewährleistet wird.[9]

6. Ausnahme bei Leistungen nach SGB II, Sozialhilfe und Kinderzuschlag (Abs. 5)

8 Die Vorschrift des **Abs. 5** ist seit dem 1. 1. 2011 in Kraft[10] und wurde zuletzt um Satz 4 erweitert.[11] Nach **Abs. 5 Satz 1** werden Elterngeld und das jeweilige Landeserziehungsgeld in voller Höhe auf das Bürgergeld nach dem SGB II, auf Sozialhilfe nach dem SGB XII, auf den Kinderzuschlag nach dem BKKG und auf Leistungen nach dem Asylbewerberleistungsgesetz angerechnet. Die hilfebedürftigen Eltern erhalten damit ein gekürztes Bürgergeld, Sozialhilfe etc., denn ihr Bedarf ist z. B. durch die Regelsätze beim Arbeitslosengeld II, die Übernahme der Kosten der Unterkunft und Leistungen für etwaige Mehrbedarfe gedeckt.[12]

9 Von der Anrechnung auf das Bürgergeld, die Sozialhilfe, den Kinderzuschlag und das Asylbewerberleistungsgesetz sind jedoch die berechtigten Eltern ausgenommen, die **vor der Geburt** des Kindes erwerbstätig gewesen sind.

---

8 BT-Drs. 17/9941, S. 30.
9 BT-Drs. 17/9841, S. 30.
10 Vgl. Rn. 1, 4.
11 Eingefügt mittels Bürgergeld-Gesetz vom 16. Dezember 2022, BGBl Teil I, 2022 Nr. 51, S. 2328.
12 BMFSFJ (Hrsg.), Elterngeld und Elternzeit, S. 33.

Sie erhalten gemäß **Abs. 5 Satz 2** einen **Elterngeld- bzw. Landeserziehungsgeldfreibetrag** in Höhe von bis zu 300 €.

> **Beispiel:**
> F hatte vor der Geburt ihres Kindes ein maßgebliches Nettoeinkommen in Höhe von 650 €. Nach der Geburt kümmert sie sich ausschließlich um ihr Kind und erhält ein Elterngeld in Höhe von 549,25 €, da sie die die erhöhte Ersatzrate (§ 2 Abs. 2) von 84,5 % für das nach der Geburt wegfallende Erwerbseinkommen beanspruchen kann. Die Familie erhält Aufstockungsleistungen nach dem SGB II – es bleiben 300 € Elterngeld von der Anrechnung auf das Arbeitslosengeld II ausgenommen; die verbleibenden 249,25 € Elterngeld werden dagegen angerechnet.[13]
> Hätte F vor der Geburt ihres Kindes z.B. als geringfügig Beschäftigte nur 250 € netto verdient, so würde sie das Mindestelterngeld in Höhe von 300 € ausgezahlt erhalten. Sie müsste jedoch eine Anrechnung von 50 € (Differenz zu 300 €) auf ihr Bürgergeld hinnehmen.[14]

Verschiedene Gerichte der Sozialgerichtsbarkeit haben die Verfassungsgemäßheit dieser Regelung anerkannt.[15] Immerhin liegt in der Differenzierung zwischen Eltern, die vor der Geburt des Kindes erwerbstätig gewesen sind (Abs. 5 Satz 2) und Eltern, die schon vor der Geburt keiner Beschäftigung nachgegangen sind (Abs. 5 Satz 1) eine Ungleichbehandlung, die einen Verstoß gegen Art. 3 Abs. 1 GG darstellen könnte. Das Bundesverfassungsgericht hat jedoch schon am 11. 3. 2010[16] klargestellt, dass es die Anrechnung von Kindergeld auf Leistungen nach dem SGB II für verfassungsgemäß hält. Dies wird auch im Nichtannahmebeschluss des Bundesverfassungsgerichts vom 5. 12. 2012[17] speziell zum nahtlosen Inkrafttreten der Vorschrift am 1. 1. 2011 deutlich – die Verfassungsmäßigkeit des § 10 Abs. 5 wird hier dagegen nur am Rand thematisiert. Im Ergebnis ist damit sowohl die Anrechnung nach Abs. 5 Satz 1 als auch der Anrechnungsfreibetrag gemäß Abs. 5 Satz 2 verfassungskonform.[18] 10

Abs. 5 Satz 3 dient der Klarstellung, dass bei der Inanspruchnahme von **Elterngeld Plus** auch der Anrechnungsfreibetrag nach Abs. 5 Satz 2 halbiert wird.[19] 11

---

13 Beispiel nach BMFSFJ (Hrsg.), Elterngeld und Elternzeit, S. 34.

14 BMFSFJ (Hrsg.), Elterngeld und Elternzeit, S. 34.

15 Exemplarisch SG Landshut 7. 12. 2011 – S 10 AS 484/11 mit Anm. Dau, jurisPR-SozR2/2012, Anm. 2; LSG Berlin-Potsdam 22. 10. 2012 – L 14 AS 1607/12 NZB; LSG Hessen 1. 2. 2013 – L 6 AS 817/12 B; LSG Nordrhein-Westfalen 19. 4. 2013 – L 2 AS 99/13 B.

16 BVerfG 11. 3. 2010 – 1 BvR 3163/09.

17 BVerfG 5. 12. 2012 – 1 BvL 20/12.

18 Zur Kritik ausführlich Dau, jurisPR-SozR 7/2013 Anm. 5.

19 Dies galt bereits zuvor, so LSG Hamburg 20. 7. 2023 – L 4 AS 200/16.

12 **Abs. 5. Satz 4** erwähnt seit dem 1. 1. 2023 lediglich deklaratorisch die Anrechnungsfreiheit des Mutterschaftsgeldes.

7. Kostenbeitrag

13 Nach Abs. 6 gelten die Abs. 1 bis 4 entsprechend, wenn für eine Sozialleistung ein Kostenbeitrag vorgesehen ist. Das bedeutet, dass bis zu 300 € (bei Mehrlingsgeburten entsprechend mehr) von der Anrechnung auf Kostenbeiträge frei sind. Kostenbeiträge der Eltern entstehen z. B. bei der Unterbringung des Kindes in einer Kindertagespflege gemäß § 91 Abs. 2 SGB VIII.[20]

§ 11 Unterhaltspflichten

[1]Unterhaltsverpflichtungen werden durch die Zahlung des Elterngeldes und vergleichbarer Leistungen der Länder nur insoweit berührt, als die Zahlung 300 Euro monatlich übersteigt. [2]Soweit die berechtigte Person Elterngeld Plus bezieht, werden die Unterhaltspflichten insoweit berührt, als die Zahlung 150 Euro übersteigt. [3]Die in den Sätzen 1 und 2 genannten Beträge vervielfachen sich bei Mehrlingsgeburten mit der Zahl der geborenen Kinder. [3]Die Sätze 1 bis 3 gelten nicht in den Fällen des § 1361 Absatz 3, der §§ 1579, 1603 Absatz 2 und des § 1611 Absatz 1 des Bürgerlichen Gesetzbuches.

Inhaltsübersicht Rn.

1. Freibetragsregelung

1 Zum 1. 9. 2021[1] wurde die Norm rein redaktionell überarbeitet, das nicht existente Betreuungsgeld ist textlich gestrichen worden.
Mit dieser Regelung wird der Zweck verfolgt, dem Elterngeldberechtigten das Elterngeld bis zum Betrag von 300 € bzw. 150 € Elterngeld Plus[2] auch dann zukommen zu lassen, wenn er Unterhaltsempfänger ist. Lediglich bis zu dieser Höhe ist ein unterhaltsrechtlich neutrales Einkommen gegeben. Das bedeutet, dass der Unterhaltsverpflichtete grundsätzlich nicht berech-

20 BT-Drs. 17/9941, S. 30.

1 Zweites Gesetz zur Änderung des Bundeselterngeld- und Elternzeitgesetzes vom 15. Februar 2021, BGBl. Teil I, 2021, S. 239.

2 Durch das Elterngeld Plus-Gesetz ist die bisherige Verlängerungsmöglichkeit des Elterngeldes aus § 6 Satz 2 durch die Einführung des Elterngeld Plus ersetzt worden. § 11 Satz 2 ist demnach eine Folgeänderung, vgl. BT-Drs. 18/2583, S. 34.

tigt ist, innerhalb dieser Grenzen Unterhaltszahlungen wegen des Elterngeldes zu kürzen oder einzustellen. Dieses gilt für Unterhaltsverpflichtungen jeglicher Art, unabhängig davon, ob sie auf Gesetz, Gerichtsurteil, Vertrag o. a. beruhen.
In der Rechtsprechung ist umstritten, ob der Corona-Kinderbonus auf den Kindesunterhaltsbarbedarf eines minderjährigen Kindes eines Elterngeldberechtigten zu dessen Lasten zu berücksichtigen ist.[3]

Die Unterhaltszahlung steht nach Ansicht des Gesetzgebers in besonderem Maße unter dem Gebot der Billigkeit und es könnte zu groben Ungerechtigkeiten führen, wenn das Elterngeld bei der Bemessung des Unterhalts unberücksichtigt bliebe.[4] 2

Bei **Mehrlingsgeburten** werden die obigen Beträge nach **Satz 3** mit der Zahl der Geburten vervielfacht. So wird für die betroffenen Eltern sichergestellt, dass ihnen im Ergebnis ein Betrag in Höhe des Mindestbetrages des Elterngeldes nach § 2 Abs. 4 zuzüglich des Erhöhungsbetrages nach § 2a Abs. 4 verbleibt. 3

2. Ausnahmen

Bei den in **Satz 4** aufgeführten Ausnahmen handelt es sich zum einen um Fälle der Versagung, Herabsetzung oder Begrenzung eines Unterhaltsanspruchs bei grober Unbilligkeit zwischen getrennt lebenden und geschiedenen Ehegatten sowie um den Unterhaltsanspruch eines minderjährigen Kindes oder Beschränkung oder Wegfall der Unterhaltsverpflichtung gegenüber Verwandten in gerader Linie bei einem Fehlverhalten des Unterhaltsberechtigten (§§ 1361 Abs. 3, 1579, 1611 Abs. 1 BGB). Hintergrund ist, dass der aufgrund eines erheblichen Fehlverhaltens herabgesetzte Unterhaltsanspruch auch keine Privilegierung beim Elterngeld oder Landeserziehungsgeld nach sich ziehen soll.[5] Sowohl das Elterngeld als auch das Landeserziehungsgeld werden in diesen Fällen **voll als Einkommen berücksichtigt**, so dass der Unterhaltsanspruch weiter absinkt und damit eine doppelte Sanktion für den Unterhaltsberechtigten verbunden ist.[6] Zum anderen wird mit der Ausnahmeregelung des Satzes 4 auf die Begrenzung der Unterhaltsverpflichtung abgestellt, denn Eltern müssen im Rahmen der gesteigerten Unterhaltsverpflichtung im Sinne des § 1603 Abs. 2 BGB auch das Elterngeld und das ggf. zu zahlende Landeserziehungsgeld zum Einsatz 4

---

3 Verneinend: OLG Koblenz 8.3.2021 – 7 UF 613/20, für eine hälftige Anrechnung: OLG Koblenz 1.12.2020 – 13 UF 375/20.

4 BT.-Drs. 10/3792, S. 19.

5 Wersig in Vereinbarkeit von Familie und Beruf, Kap. 6.11, § 11 Rn. 4.

6 Zur Kritik Wersig in Vereinbarkeit von Familie und Beruf, Kap. 6.11, § 11 Rn. 4 m. w. N.

bringen. Die Vorschrift in Satz 4 führt dazu, dass bei gemindertem Unterhaltsanspruch das Elterngeld und Landeserziehungsgeld die Bedürftigkeit des Unterhaltsberechtigten weiter herabsetzt.[7]

§ 12 Zuständigkeit; Bewirtschaftung der Mittel

(1) [1]Die Landesregierungen oder die von ihnen beauftragten Stellen bestimmen die für die Ausführung dieses Gesetzes zuständigen Behörden. [2]Zuständig ist die von den Ländern für die Durchführung dieses Gesetzes bestimmte Behörde des Bezirks, in dem das Kind, für das Elterngeld beansprucht wird, zum Zeitpunkt der ersten Antragstellung seinen inländischen Wohnsitz hat. [3]Hat das Kind, für das Elterngeld beansprucht wird, in den Fällen des § 1 Absatz 2 zum Zeitpunkt der ersten Antragstellung keinen inländischen Wohnsitz, so ist die von den Ländern für die Durchführung dieses Gesetzes bestimmte Behörde des Bezirks zuständig, in dem die berechtigte Person ihren letzten inländischen Wohnsitz hatte; hilfsweise ist die Behörde des Bezirks zuständig, in dem der entsendende Dienstherr oder Arbeitgeber der berechtigten Person oder der Arbeitgeber des Ehegatten oder der Ehegattin der berechtigten Person den inländischen Sitz hat.

(2) Den nach Absatz 1 zuständigen Behörden obliegt auch die Beratung zur Elternzeit.

(3) [1]Der Bund trägt die Ausgaben für das Elterngeld. [2]Die damit zusammenhängenden Einnahmen sind an den Bund abzuführen. [3]Für die Ausgaben und die mit ihnen zusammenhängenden Einnahmen sind die Vorschriften über das Haushaltsrecht des Bundes einschließlich der Verwaltungsvorschriften anzuwenden.

Inhaltsübersicht Rn.

7 OLG Brandenburg 23.12.2010 – 9 UF 79/10; FamRZ, 2011, Brose/Weth/Volk/*Schmitt*, BEEG, § 11 Rn. 14.

1. Allgemeines

§ 12 wurde zum 1.9.2021[1] redaktionell überarbeitet und textlich nachgeschärft. Das nicht existente Betreuungsgeld ist gestrichen worden 1
Zum 1.1.2023 trat in einem neuen Abs. 3 Satz 2 zusätzlich eine Abführungspflicht der Länder der Einnahmen an den Bund in Kraft.
Abs. 1 regelt die örtliche Zuständigkeit der Elterngeldstellen.
Abs. 2 erweitert die Aufgabenverpflichtung der nach Abs. 2 zuständigen Elterngeldstelle um die Beratung zur Elternzeit.
Abs. 3 legt dem Bund die Finanzierungspflicht des Elterngeldes und den Ländern eine Abführungsverpflichtung der Einnahmen aus diesem auf.

2. Zuständigkeit

Die **Zuständigkeit der Länder** für die Durchführung dieses Gesetzes leitet sich aus Art. 83 GG i.V.m. § 12 BEEG ab. Ihnen steht damit das Bestimmungsrecht darüber zu, welche Behörde für die Ausführung des Gesetzes zuständig ist. Damit ist auch das Recht der Länder verbunden, die für die Durchführung des Gesetzes notwendigen Verwaltungsanweisungen zu erlassen. 2

3. Fachliche Zuständigkeit

Die einzelnen Bundesländer haben folgende Behörden als **fachlich zuständig** bestimmt:[2] 3

Baden-Württemberg:	Landeskreditbank Baden-Württemberg, Karlsruhe *Aufsichtsbehörde:* Ministerium für Soziales und Integration in Stuttgart, Tel.: 0711/1230
Bayern:	Zentrum Bayern Familie und Soziales (ZBFS) mit seinen Regionalstellen in Augsburg, Bayreuth, Landshut, München, Nürnberg, Regensburg, Würzburg *Aufsichtsbehörden:* ZBFS in Bayreuth, Tel.: 09 21/605 03
Berlin:	Bezirksämter (Jugendämter) *Aufsichtsbehörde:* Senatsverwaltung für Bildung, Jugend und Familie, Tel.: 0 30/902 2756 11

1 Zweites Gesetz zur Änderung des Bundeselterngeld- und Elternzeitgesetzes vom 15. Februar 2021, BGBl. Teil I, 2021, S. 239.

2 Eine Übersicht befindet sich unter: *https://familienportal.de/familienportal/rechner-antraege/antragsformulare.*

Brandenburg:	Landkreise und kreisfreie Städte *Aufsichtsbehörde:* Ministerium für Arbeit, Soziales, Gesundheit, Frauen und Familie des Landes Brandenburg in Potsdam, Tel.: 03 31/8660
Bremen – Bremerhaven: – Stadtgemeinde:	 Amt für Jugend, Familie und Frauen Amt für Soziale Dienste *Aufsichtsbehörde:* Senatorin für Soziales, Kinder, Jugend und Frauen Abteilung Junge Menschen und Familie in Bremen-Stadt, Tel.: 0421/3612450 Amt für Familie und Jugend in Bremerhaven, Tel.: 0471/5 90 2027
Hamburg:	Bezirksämter *Aufsichtsbehörde:* Behörde für Arbeit, Soziales, Familie und Integration der Freien und Hansestadt Hamburg, Referat Familienpolitik, Tel.: 040/428630
Hessen:	Ämter für Versorgung und Soziales in Darmstadt, Frankfurt a. M., Fulda, Gießen, Kassel, Wiesbaden *Aufsichtsbehörde:* Regierungspräsidium Gießen, Abt. VI Landesversorgungsamt Hessen, Tel.: 0641/3030
Mecklenburg-Vorpommern:	Landesamt für Gesundheit und Soziales Abteilung Soziales/Versorgungsamt in Neubrandenburg, Rostock, Schwerin, Stralsund *Aufsichtsbehörden:* Landesamt für Gesundheit und Soziales Mecklenburg-Vorpommern, Dezernat 40 Zentrale Aufgaben in Rostock, Tel.: 03 81/3315 9000
Niedersachsen:	Landkreise und große Städte *Aufsichtsbehörde:* Niedersächsisches Ministerium für Soziales, Gesundheit und Gleichstellung in Hannover, Tel.: 05 11/1200
Nordrhein-Westfalen:	Kreise und kreisfreie Städte *Aufsichtsbehörden:* Bezirksregierung Münster, Dezernat 28 Fachaufsicht BEEG, Tel.: 0251/4110
Rheinland-Pfalz:	Jugendämter der Kreis- und Stadtverwaltungen *Aufsichtsbehörden:* Landesamt für Soziales, Jugend und Versorgung Rheinland-Pfalz – Landesjugendamt in Mainz, Tel.: 0 6131/9670

Saarland:	Landesamt für Soziales, Elterngeldstelle in Saarbrücken *Aufsichtsbehörde:* Ministerium für Soziales, Gesundheit, Frauen und Familie in Saarbrücken, Tel.: 0681/5 0100{m}
Sachsen:	Landkreise und kreisfreie Städte *Aufsichtsbehörde:* Kommunaler Sozialverband Sachsen, Außenstelle Chemnitz, Tel.: 03 71/5770{m}
Sachsen-Anhalt:	Landesverwaltungsämter der Landkreise und kreisfreien Städte *Aufsichtsbehörden:* Landesverwaltungsamt, Referat 609 in Halle, Tel.: 0345/5140{m}
Schleswig-Holstein:	Außenstellen des Landesamtes für soziale Dienste Schleswig-Holstein in Heide, Neumünster, Lübeck, Schleswig *Aufsichtsbehörden:* Landesamt für soziale Dienste Schleswig-Holstein in Neumünster, Tel.: 043 21/91 35{m}
Thüringen:	Landratsämter – Jugendämter – der Landkreise und größeren Städte *Aufsichtsbehörden:* Thüringer Landesverwaltungsamt, Sachgebiet Elterngeld in Suhl, Tel.: 03681/573315147

4. Örtliche Zuständigkeit

Örtlich zuständig (Abs. 1 Satz 2) für den Antrag ist das Amt, in dessen Bezirk das Kind, für das Elterngeld beantragt wird, **zum Zeitpunkt der ersten Antragstellung** seinen Wohnsitz oder gewöhnlichen Aufenthalt hat. Bei mehreren Wohnsitzen kann der Berechtigte selbst entscheiden, bei welchem Amt er den Antrag stellt. Hinsichtlich der Zuständigkeit in den Fällen des § 1 Abs. 2 (z. B. **Entsendung,** Binnenschiffern und Seeleuten) ist die Behörde des Bezirks zuständig, in dem die berechtigte Person ihren letzten inländischen Wohnsitz hatte; hilfsweise ist die Behörde des Bezirks zuständig, in dem der entsendende Dienstherr oder Arbeitgeber der berechtigten Person oder der Arbeitgeber des Ehegatten oder der Ehegattin der berechtigten Person den inländischen Sitz hat (Abs. 1 Satz 3). 4

5. Beratung (Abs. 2)

5 Zu den **Aufgaben** der in Rn. 2 genannten Behörden gehört es insbesondere, die Berechtigten zu beraten, ihre Anträge entgegenzunehmen, einen Bescheid zu erteilen und das Elterngeld nach Maßgabe der §§ 1 bis 11 dieses Gesetzes zu bewilligen und auszuzahlen. Es gehört z. B. der Hinweis dazu, dass der Antrag schriftlich bei der in Rn. 2 f. genannten Behörde (nach Wohnsitz) gestellt werden muss und ein mündlicher Antrag, z. B. durch Telefonanruf, nicht ausreicht (vgl. auch § 7 Rn. 1).

6 In den meisten Bundesländern ist zwischenzeitlich möglich, den Antrag entweder **vollständig digital** einzureichen oder wenigstens elektronisch in pdf-Formularen auszufüllen, zu speichern und ausgedruckt und unterschrieben per Post einzusenden.

7 **Abs. 2** legt ausdrücklich fest, dass zu den Aufgaben der zuständigen Behörden **auch die Beratung zur Elternzeit** gehört. Aufgrund dieser Aufgabenzuweisung müssen sie die anspruchsberechtigten Arbeitnehmer, die zur Berufsausbildung Beschäftigten, in Heimarbeit Beschäftigte sowie betroffene Arbeitgeber bzw. Auftraggeber über deren Rechte nach den §§ 15 bis 21 BEEG beraten. Dies beinhaltet eine Reihe von arbeits- und sozialrechtlichen Fragen, die zu der Beratung über das Elterngeld hinzukommen.

8 Unter Abs. 2 fällt außerdem die Information der Öffentlichkeit. Dies umfasst die Aufklärung der Bevölkerung über ihre sozialen Rechte und Pflichten (§ 13 SGB I), was durch Hinweise in den Medien sowie die Herausgabe und Verbreitung von Broschüren, Merkblättern, öffentliche Veranstaltungen, Internetseiten etc. wahrgenommen wird.[3]

6. Kostentragung

9 Gemäß **Abs. 2** trägt der Bund die **Ausgaben für das Eltern- und Betreuungsgeld**; das Eltern- und Betreuungsgeld, das die in § 12 Rn. 2 genannten Landesbehörden auszahlen, wird den Ländern vom Bund erstattet.

10 Die Länder führen das BEEG im Wege der Auftragsverwaltung für den Bund durch.[4] Die den Ländern bei der Durchführung des BEEG entstehenden **Verwaltungskosten** braucht der Bund den Ländern jedoch nicht zu erstatten (Art. 104a Abs. 5 GG).

11 Bei **Abs. 3 Satz 2** handelt es sich um eine Konkretisierung zu Satz 1.[5] Bußgelder und Gerichtsvollzieherkosten bleiben hiervon unberührt.[6] Die Regelung legt fest, dass für die Bewirtschaftung der Ausgaben für das Elterngeld

3 Zur Übersicht aller zuständigen Elterngeldstellen: *https://familienportal.de/familienportal/rechner-antraege/antragsformulare*.

4 Wersig in Vereinbarkeit von Familie und Beruf, Kap. 6.12, § 12 Rn. 5.

5 BT-Drs. 19/24438, S. 35.

6 BT-Drs. 19/24438, S. 35.

und der damit zusammenhängenden Einnahmen die Vorschriften über das Haushaltsrecht des Bundes gelten. Die Neuregelung dient lediglich der Verwaltungsvereinheitlichung.

Darüber hinaus bedienen sich die Elterngeldstellen bei der Bewirtschaftung der Haushaltsmittel des Bundes sowie zur Buchung der Geldforderungen des Bundes des in der Bundesverwaltung eingeführten automatisierten Verfahrens. Die Buchungen der Elterngeldstellen in diesem Verfahren erfolgten früher nicht einheitlich, solange für die Elterngeldstellen noch nicht die Vorschriften über das Haushaltsrecht des Bundes galten.[7] 12

§ 13 Rechtsweg

(1) [1]Über öffentlich-rechtliche Streitigkeiten in Angelegenheiten der §§ 1 bis 12 entscheiden die Gerichte der Sozialgerichtsbarkeit. [2]§ 85 Absatz 2 Nummer 2 des Sozialgerichtsgesetzes gilt mit der Maßgabe, dass die zuständige Stelle nach § 12 bestimmt wird.

(2) Widerspruch und Anfechtungsklage haben keine aufschiebende Wirkung.

Inhaltsübersicht

1. Allgemeines

Abs. 1 normiert die Zuständigkeit der Sozialgerichte in öffentlich-rechtlichen Streitigkeiten in Angelegenheiten der §§ 1 bis 12. Diese sind ein besonderer Teil des Sozialgesetzbuchs (vgl. § 68 Nr. 15 SGB I). 1

Durch die Eingrenzung auf die §§ 1 bis 12 wird klargestellt, dass nur die das **Elterngeld** betreffenden Streitigkeiten der Sozialgerichtsbarkeit zugewiesen sind. 2

Bei Streitigkeiten über die übrigen Vorschriften des BEEG (z. B. Elternzeit) bleibt es bei der üblichen Rechtswegzuweisung. Sind im Zusammenhang mit der Elternzeit zwischen Arbeitnehmer und Arbeitgeber z. B. die Voraussetzungen streitig, sind die **Arbeitsgerichte** zuständig, § 2 Abs. 1 Nr. 3 b) ArbGG. Die Zuständigkeit der **Verwaltungsgerichte** besteht darüber hinaus bei der Frage, ob die oberste Landesbehörde zu Unrecht die Kündigung des Arbeitnehmers während der Elternzeit gemäß § 18 Abs. 1 Satz 2 und 3 zugelassen oder verweigert hat. Die Zuständigkeit der **Zivilgerichte** ist im 3

7 BT-Drs. 19/24438, S. 35.

Übrigen gegeben, wenn es um eine Schadenersatzpflicht des Arbeitgebers gegenüber der Behörde wegen Verletzung der Mitwirkungspflicht gemäß § 9 geht. Einsprüche gegen Bußgeldbescheide gemäß § 14 werden vor der **Strafkammer** des **Amtsgerichts** behandelt.[1] Vor der **Zivilkammer** des **Amtsgerichts** werden **privatrechtliche Streitigkeiten** z. B. über die Berücksichtigung des Elterngeldes im Zusammenhang mit **Unterhaltsverpflichtungen** geführt.[2] Der Streit um den **Progressionsvorbehalt** und andere steuerrechtliche Behandlungen des Elterngeldes sind vor den **Finanzgerichten** zu führen.[3]

2. Widerspruchsverfahren

4 Dem Antragsteller ist ein formeller **Bescheid** zu erteilen, wenn sich die zuständige Elternstelle weigert, das Elterngeld ganz oder teilweise zu zahlen. Gegen diesen Bescheid kann jedoch nicht sofort vor dem Sozialgericht geklagt werden, sondern es ist zunächst das in den §§ 77 bis 86 SGG geregelte **Vorverfahren** einzuleiten. Nach Bekanntgabe des Bescheides muss innerhalb eines Monats **Widerspruch** gegenüber der zuständigen Behörde erhoben werden (§§ 83 und 84 SGG). Wird der Widerspruch als begründet angesehen, kann ihm abgeholfen werden, es ergeht ein **Abhilfebescheid**. Wird dem Widerspruch nicht abgeholfen, so erlässt nach **§ 85 Abs. 2 Nr. 2 SGG i. V. m. § 13 Satz 2** die nach § 12 nach Landesrecht bestimmte zuständige Widerspruchsstelle einen schriftlich begründeten **Widerspruchsbescheid**.

Gegen eine **vorläufige Zahlungseinstellung** sind Widerspruch und Anfechtungsklage nicht statthaft, weil es sich insofern nicht um einen Verwaltungsakt handelt. Hier ist unmittelbar eine isolierte Leistungsklage zu erheben.[4]

3. Klage

5 Gegen den Widerspruchsbescheid kann gemäß § 87 SGG binnen eines Monats nach Zustellung schriftlich oder zur Niederschrift des Urkundsbeamten der Geschäftsstelle **Klage** vor dem zuständigen Sozialgericht erhoben werden. **Örtlich zuständig** ist grundsätzlich das Sozialgericht, in dessen Bezirk das **Kind zum Zeitpunkt der ersten Antragstellung** auf Elterngeld seinen **Wohnsitz** oder Aufenthaltsort hatte. Es gilt § 12 entsprechend.

1 Wersig in Vereinbarkeit von Familie und Beruf, Kap. 6.13, § 13 Rn. 1.
2 Brose/Weth/Volk/*Schmitt*, BEEG, § 13 Rn. 8.
3 Brose/Weth/Volk/*Schmitt*, BEEG, § 13 Rn. 9.
4 Knickrehm/Roßbach/Waltermann/*von Koppenfels-Spies*, KomSozR, § 13 BEEG Rn. 3.

4. Keine aufschiebende Wirkung (Abs. 2)

Abs. 2 regelt, dass Widerspruch und Anfechtungsklage entgegen 6
§ 86a Abs. 1 SGG keine aufschiebende Wirkung haben. Das bedeutet, dass die Zahlung des Elterngeldes unmittelbar nach Zugang des Bescheides eingestellt oder nur noch in Höhe des im Bescheid ausgewiesenen Elterngeldbetrages ausgezahlt wird. Die aufschiebende Wirkung ist zwar der Regelfall, sofern ein Rechtsbehelf eingelegt wird. Sie ist aber zulässigerweise durch § 13 Abs. 2 i. V. m. § 86a Abs. 2 Nr. 4 SGG ausdrücklich aufgehoben. Die Verwaltung kann jedoch die sofortige Vollziehung auf Antrag des berechtigten Elternteils oder von Amts wegen nach pflichtgemäßem Ermessen aussetzen (§ 86a Abs. 3 SGG).[5] Auch das Sozialgericht kann nach § 86b Abs. 1 Nr. 2 SGG auf Antrag die aufschiebende Wirkung anordnen.

In dringenden Fällen kann das Sozialgericht auf Antrag einstweilige An- 7
ordnungen erlassen (§ 86b Abs. 2 SGG), mit denen ein Recht des Berechtigten gesichert wird oder eine vorläufige Regelung getroffen wird. Dies muss zur Abwendung wesentlicher Nachteile nötig erscheinen. Zuständig für einstweilige Anordnungen ist das erstinstanzliche Sozialgericht der Hauptsache.

§ 14 Bußgeldvorschriften

(1) Ordnungswidrig handelt, wer vorsätzlich oder fahrlässig

1. **entgegen § 8 Absatz 1 einen Nachweis nicht, nicht richtig, nicht vollständig oder nicht rechtzeitig erbringt,**
2. **entgegen § 9 Absatz 1 eine dort genannte Angabe nicht, nicht richtig, nicht vollständig oder nicht rechtzeitig bescheinigt,**
3. **entgegen § 60 Absatz 1 Satz 1 Nummer 1 des Ersten Buches Sozialgesetzbuch, auch in Verbindung mit § 8 Absatz 1a Satz 1, eine Angabe nicht, nicht richtig, nicht vollständig oder nicht rechtzeitig macht,**
4. **entgegen § 60 Absatz 1 Satz 1 Nummer 2 des Ersten Buches Sozialgesetzbuch, auch in Verbindung mit § 8 Absatz 1a Satz 1, eine Mitteilung nicht, nicht richtig, nicht vollständig oder nicht rechtzeitig macht oder**
5. **entgegen § 60 Absatz 1 Satz 1 Nummer 3 des Ersten Buches Sozialgesetzbuch, auch in Verbindung mit § 8 Absatz 1a Satz 1, eine Beweisurkunde nicht, nicht richtig, nicht vollständig oder nicht rechtzeitig vorlegt.**

(2) Die Ordnungswidrigkeit kann mit einer Geldbuße von bis zu zweitausend Euro geahndet werden.

5 Wersig in Vereinbarkeit von Familie und Beruf, Kap. 6.13, § 13 Rn. 5.

(3) Verwaltungsbehörden im Sinne des § 36 Absatz 1 Nummer 1 des Gesetzes über Ordnungswidrigkeiten sind die in § 12 Absatz 1 genannten Behörden.

Inhaltsübersicht Rn.

1. Allgemeines

1 Am 1.9.2021[1] wurde die Norm rein redaktionell überarbeitet, die aktuelle Aufteilung des § 12 wurde in § 14 Abs. 3 nachvollzogen.

In **Abs. 1** sind die Ordnungswidrigkeitentatbestände abschließend aufgeführt. Erfasst sind dabei sowohl Verstöße des Arbeitgebers bei fehlender Mitwirkung gemäß § 9 als auch Verstöße des Antragstellers.[2] Änderungen wurden durch das Gesetz zur Einführung des Elterngeld Plus mit Partnerschaftsbonus und einer flexibleren Elternzeit im BEEG[3] durchgeführt, indem die Vorschrift um die Neuregelungen in § 8 ergänzt und redaktionell überarbeitet worden ist.[4] Danach können nicht nur die elterngeldberechtigten Personen, die Elterngeld beziehen, ordnungswidrig handeln, sondern auch der andere Elternteil, der kein Elterngeld bezieht, aber seinen Mitwirkungspflichten nach § 8 Abs. 1a nicht nachkommt. Dies ist nach Ansicht des Gesetzgebers auch angemessen, da die Elterngeldansprüche (Basiselterngeld, Elterngeld Plus, Partnermonate und Partnerschaftsbonusmonate) **gemeinsame Ansprüche der Eltern** sind, die ein Bußgeld für den anderen Elternteil rechtfertigen.[5]

2. Berechtigter Elternteil

2 Die Regelungen in **Abs. 1 Nr. 1** sowie **Nr. 3 bis 5** beziehen sich auf die elterngeldberechtigten Personen, die Elterngeld beantragt haben oder erhalten, und deren Ehegatten oder Lebenspartner bzw. Partner in eheähnlicher Gemeinschaft handeln ordnungswidrig, wenn sie

1 Zweites Gesetz zur Änderung des Bundeselterngeld- und Elternzeitgesetzes vom 15. Februar 2021, BGBl. Teil I, 2021, S. 239.

2 Wersig in Vereinbarkeit von Familie und Beruf, Kap. 6.14, § 14 Rn. 1.

3 BGBl. I, S. 2325.

4 BT-Drs. 18/2583, S. 34.

5 BT-Drs. 18/2583, S. 34.

- nach **Nr. 1** nach Ablauf des Elterngeldbezuges den Nachweis über das tatsächliche Einkommen aus Erwerbstätigkeit und die Arbeitszeit nicht, nicht richtig, nicht vollständig oder nicht rechtzeitig erbringen,
- nach **Nr. 3** die für die jeweilige Leistung erheblichen Tatsachen nicht, nicht richtig, nicht vollständig oder nicht rechtzeitig mitteilen (§ 60 Abs. 1 Nr. 1 SGB I),
- nach **Nr. 4** Änderungen in den Verhältnissen (z. B. Einkommen, elterngeldschädliche Arbeitszeiterhöhung i. S. v. § 1 Abs. 6, Betreuung des Kindes in einer öffentlich geförderten Kita etc.) nicht, nicht richtig, nicht vollständig oder nicht rechtzeitig mitteilen (§ 60 Abs. 1 Nr. 2 SGB I),
- nach **Nr. 5** Beweismittel (z. B. Zeugen) nicht bezeichnen oder geforderte Beweisurkunden nicht vorlegen oder ihrer Vorlage nicht zustimmen (§ 60 Abs. 1 Nr. 3 SGB I).

Mit dem Elterngeld Plus-Gesetz ist auch der andere Elternteil, der selbst kein Elterngeld bezieht und der seinen Mitwirkungspflichten aus § 60 SGB I nicht nachkommt, bußgeldbewehrt. § 8 Abs. 1a, der von § 14 Abs. 1 Nr. 3 bis 5 ausdrücklich in Bezug genommen wird, weicht von der regelmäßigen Mitwirkungspflicht der Leistungsempfänger im Sinne des § 60 SGB I ab, rechtfertigt sich aber vor dem Hintergrund, dass die Elterngeldansprüche aus § 4 Abs. 4 gemeinsame Ansprüche der Eltern sind.[6] **3**

3. Arbeitgeber

Arbeitgeber handeln nach **Abs. 1 Nr. 2 i. V. m. § 9** ordnungswidrig, wenn sie die Bescheinigung über das Arbeitsentgelt, die Abzugsmerkmale nach §§ 2e und 2f und die geleistete Arbeitszeit nicht oder nicht rechtzeitig erteilen, darin unvollständige oder unrichtige Angaben bestätigen oder die verlangte schriftliche Erklärung über die Elternzeit oder eine eventuelle Teilzeittätigkeit unterlassen oder unrichtig abgeben. **4**

4. Ordnungswidrigkeiten

Jede rechtswidrige Handlung nach Abs. 1, die vorsätzlich oder fahrlässig begangen wird, kann als Ordnungswidrigkeit geahndet werden. **Vorsatz** bedeutet in diesem Zusammenhang das Wissen und Wollen der Tatbestandsverwirklichung.[7] **Fahrlässig** handelt derjenige, der entweder die Sorgfalt außer Acht lässt, zu der er nach den Umständen oder seinen persönlichen Verhältnissen verpflichtet und fähig ist oder wer zwar die Verwirklichung eines Verstoßes (hier gegen die in Abs. 1 Nr. 1 bis 5 aufgeführten Tatbestände) für möglich hält, jedoch darauf vertraut, dass es schon gut gehen **5**

---

6 Vgl. Rn. 1.

7 Lackner, StGB, § 15 Rn. 3.

werde.[8] Hier spielt die Kenntnis von dem Bundeselterngeld- und Elternzeitgesetz, Verordnungen u.Ä. eine entscheidende Rolle. In der Regel ist aber insbesondere vom einzelnen Arbeitgeber zu erwarten, dass er über die arbeitsrechtlichen Gesetze informiert oder in der Lage ist, sich anderenfalls beim Gewerbeaufsichtsamt/Amt für Arbeitsschutz oder beim Arbeitgeberverband entsprechende Informationen einzuholen.[9]

6 Schließlich muss sowohl die vorsätzliche als auch die fahrlässige Begehung der Tat rechtswidrig und schuldhaft nach allgemeinen strafrechtlichen Grundsätzen sein.

7 **Rechtswidrigkeit** bedeutet hier, dass kein Rechtfertigungsgrund für das Verhalten des Arbeitgebers zu finden ist. **Verschulden** als weitere Voraussetzung beinhaltet im Rahmen der Ordnungswidrigkeiten gemäß § 1 Abs. 1 OWiG die Vorwerfbarkeit der Tat, im Übrigen bei den Strafrechtstatbeständen die Frage nach dem Vorliegen von Entschuldigungsgründen, z.B. § 20 StGB (Schuldunfähigkeit wegen seelischer Störungen) oder § 21 StGB, der die verminderte Schuldfähigkeit des Täters behandelt.

8 **Irrt** z.B. der Arbeitgeber über das Vorliegen einer bestimmten Voraussetzung der jeweiligen Ordnungswidrigkeit, ist ein Vorsatz ausgeschlossen (sog. **Tatbestandsirrtum**). Hat der Arbeitgeber im Rahmen seines Verhaltens nicht das Bewusstsein, dass er etwas »Unrechtes« macht, liegt ein sog. **Verbotsirrtum** vor, der im Allgemeinen aber vermeidbar ist. Ihm ist in der Regel zumutbar, sich über die Vorschriften des Bundeselterngeld- und Elternzeitgesetzes zu informieren.

5. Geldbuße

9 Nach **Abs. 2** kann die Ordnungswidrigkeit mit einer Geldbuße von bis zu 2000 € geahndet werden. Die Höhe hängt ab von der Bedeutung der Ordnungswidrigkeit und dem den Täter treffenden Vorwurf. Liegt Fahrlässigkeit vor, so ist nach § 17 Abs. 2 OWiG lediglich die Hälfte der gesetzlich vorgesehenen Geldbuße zu verhängen. Auch kommt es bei der Bemessung der Geldbuße auf die wirtschaftlichen Verhältnisse und auf den wirtschaftlichen Vorteil aus der Ordnungswidrigkeit an, § 17 Abs. 3 Satz 2 OWiG.[10]

6. Zuständigkeit

10 Zuständig für die Verfolgung und Ahndung im Sinne des § 36 Abs. 1 OWiG sind die nach § 12 bestimmten Behörden (**Abs. 3**). In ihrem pflichtgemäßen Ermessen liegt die Einleitung und Durchführung eines Bußgeldverfahrens

8 Lackner, StGB, § 15 Rn. 35.
9 Meisel/Sowka, § 21 Rn. 21.
10 Wersig in Vereinbarkeit von Familie und Beruf, Kap. 6.14, § 14 Rn. 4.

(§ 47 Abs. 1 OWiG). Inhalt und Form des Bußgeldbescheides richten sich nach § 66 OWiG. Nach § 67 OWiG kann gegen den Bußgeldbescheid innerhalb von zwei Wochen Einspruch eingelegt werden, über den das Amtsgericht entscheidet (§ 68 OWiG).

Abschnitt 3
Elternzeit für Arbeitnehmerinnen und Arbeitnehmer

§ 15 Anspruch auf Elternzeit

(1) [1]Arbeitnehmerinnen und Arbeitnehmer haben Anspruch auf Elternzeit, wenn sie
a) mit ihrem Kind,
b) mit einem Kind, für das sie die Anspruchsvoraussetzungen nach § 1 Absatz 3 oder 4 erfüllen, oder
c) mit einem Kind, das sie in Vollzeitpflege nach § 33 des Achten Buches Sozialgesetzbuch aufgenommen haben,
1. in einem Haushalt leben und
2. dieses Kind selbst betreuen und erziehen.

[2]Nicht sorgeberechtigte Elternteile und Personen, die nach Satz 1 Nummer 1 Buchstabe b und c Elternzeit nehmen können, bedürfen der Zustimmung des sorgeberechtigten Elternteils.

(1a) [1]Anspruch auf Elternzeit haben Arbeitnehmerinnen und Arbeitnehmer auch, wenn sie mit ihrem Enkelkind in einem Haushalt leben und dieses Kind selbst betreuen und erziehen und
1. ein Elternteil des Kindes minderjährig ist oder
2. ein Elternteil des Kindes sich in einer Ausbildung befindet, die vor Vollendung des 18. Lebensjahres begonnen wurde und die Arbeitskraft des Elternteils im Allgemeinen voll in Anspruch nimmt.

[2]Der Anspruch besteht nur für Zeiten, in denen keiner der Elternteile des Kindes selbst Elternzeit beansprucht.

(2) [1]Der Anspruch auf Elternzeit besteht bis zur Vollendung des dritten Lebensjahres eines Kindes. [2]Ein Anteil von bis zu 24 Monaten kann zwischen dem dritten Geburtstag und dem vollendeten achten Lebensjahr des Kindes in Anspruch genommen werden. [3]Die Zeit der Mutterschutzfrist nach § 3 Absatz 2 und 3 des Mutterschutzgesetzes wird für die Elternzeit der Mutter auf die Begrenzung nach den Sätzen 1 und 2 angerechnet. [4]Bei mehreren Kindern besteht der Anspruch auf Elternzeit für jedes Kind, auch wenn sich die Zeiträume im Sinne der Sätze 1 und 2 überschneiden. [5]Bei einem angenommenen Kind und bei einem Kind in Vollzeit- oder Adoptionspflege kann Elternzeit von insgesamt bis zu drei

Jahren ab der Aufnahme bei der berechtigten Person, längstens bis zur Vollendung des achten Lebensjahres des Kindes genommen werden; die Sätze 2 und 4 sind entsprechend anwendbar, soweit sie die zeitliche Aufteilung regeln. Der Anspruch kann nicht durch Vertrag ausgeschlossen oder beschränkt werden.

(3) [1]Die Elternzeit kann, auch anteilig, von jedem Elternteil allein oder von beiden Elternteilen gemeinsam genommen werden. [2]Satz 1 gilt in den Fällen des Absatzes 1 Satz 1 Nummer 1 Buchstabe b und c entsprechend.

(4) [1]Die Arbeitnehmerin oder der Arbeitnehmer darf während der Elternzeit nicht mehr als 32 Wochenstunden im Durchschnitt des Monats erwerbstätig sein. [2]Die Beschränkung auf 32 Wochenstunden im Durchschnitt des Monats gilt nicht für die Tätigkeit einer im Sinne der §§ 23 und 43 des Achten Buches Sozialgesetzbuch geeigneten Kindertagespflegeperson. [3]Die Ausübung einer Teilzeitarbeit bei einem anderen Arbeitgeber oder einer selbständigen Erwerbstätigkeit nach Satz 1 bedürfen der Zustimmung des Arbeitgebers. [4]Dieser kann seine Zustimmung nur innerhalb von vier Wochen nach der Beantragung aus dringenden betrieblichen Gründen in Textform verweigern.

(5) [1]Der Arbeitnehmer oder die Arbeitnehmerin kann eine Verringerung der Arbeitszeit und ihre Verteilung beantragen. [2]Der Antrag kann mit der Mitteilung nach Absatz 7 Satz 1 Nummer 5 in Textform verbunden werden. [3]Über den Antrag sollen sich der Arbeitgeber und der Arbeitnehmer oder die Arbeitnehmerin innerhalb von vier Wochen einigen. [4]Lehnt der Arbeitgeber den Antrag ab, so hat er dies dem Arbeitnehmer oder der Arbeitnehmerin innerhalb der Frist nach Satz 3 mit einer Begründung mitzuteilen. [5]Unberührt bleibt das Recht, sowohl die vor der Elternzeit bestehende Teilzeitarbeit unverändert während der Elternzeit fortzusetzen, soweit Absatz 4 beachtet ist, als auch nach der Elternzeit zu der Arbeitszeit zurückzukehren, die vor Beginn der Elternzeit vereinbart war.

(6) Der Arbeitnehmer oder die Arbeitnehmerin kann gegenüber dem Arbeitgeber, soweit eine Einigung nach Absatz 5 nicht möglich ist, unter den Voraussetzungen des Absatzes 7 während der Gesamtdauer der Elternzeit zweimal eine Verringerung seiner oder ihrer Arbeitszeit beanspruchen.

(7) [1]Für den Anspruch auf Verringerung der Arbeitszeit gelten folgende Voraussetzungen:

1. Der Arbeitgeber beschäftigt, unabhängig von der Anzahl der Personen in Berufsbildung, in der Regel mehr als 15 Arbeitnehmer und Arbeitnehmerinnen,
2. das Arbeitsverhältnis in demselben Betrieb oder Unternehmen besteht ohne Unterbrechung länger als sechs Monate,

3. die vertraglich vereinbarte regelmäßige Arbeitszeit soll für mindestens zwei Monate auf einen Umfang von nicht weniger als 15 und nicht mehr als 32 Wochenstunden im Durchschnitt des Monats verringert werden,
4. dem Anspruch stehen keine dringenden betrieblichen Gründe entgegen und
5. der Anspruch auf Teilzeit wurde dem Arbeitgeber
   a) für den Zeitraum bis zum vollendeten dritten Lebensjahr des Kindes sieben Wochen und
   b) für den Zeitraum zwischen dem dritten Geburtstag und dem vollendeten achten Lebensjahr des Kindes 13 Wochen

   vor der Tätigkeit in Textform mitgeteilt.

[2]Der Antrag muss den Beginn und den Umfang der verringerten Arbeitszeit enthalten. [3]Die gewünschte Verteilung der verringerten Arbeitszeit soll im Antrag angegeben werden. [4]Falls der Arbeitgeber die beanspruchte Verringerung oder Verteilung der Arbeitszeit ablehnt, muss die Ablehnung innerhalb der in Satz 5 genannten Frist und mit Begründung in Textform erfolgen. [5]Hat ein Arbeitgeber die Verringerung der Arbeitszeit

1. in einer Elternzeit zwischen der Geburt und dem vollendeten dritten Lebensjahr des Kindes nicht spätestens vier Wochen nach Zugang des Antrags oder
2. in einer Elternzeit zwischen dem dritten Geburtstag und dem vollendeten achten Lebensjahr des Kindes nicht spätestens acht Wochen nach Zugang des Antrags

in Textform abgelehnt, gilt die Zustimmung als erteilt und die Verringerung der Arbeitszeit entsprechend den Wünschen der Arbeitnehmerin oder des Arbeitnehmers als festgelegt. [6]Haben Arbeitgeber und Arbeitnehmerin oder Arbeitnehmer über die Verteilung der Arbeitszeit kein Einvernehmen nach Absatz 5 Satz 2 erzielt und hat der Arbeitgeber nicht innerhalb der in Satz 5 genannten Fristen die gewünschte Verteilung in Textform abgelehnt, gilt die Verteilung der Arbeitszeit entsprechend den Wünschen der Arbeitnehmerin oder des Arbeitnehmers als festgelegt. [7]Soweit der Arbeitgeber den Antrag auf Verringerung oder Verteilung der Arbeitszeit rechtzeitig ablehnt, kann die Arbeitnehmerin oder der Arbeitnehmer Klage vor dem Gericht für Arbeitssachen erheben.

Inhaltsübersicht

1. Normzweck und Geltungsbereich

1 Zum 1.1.2001 wurde im Rahmen von Neuregelungen im BErzGG der Begriff Erziehungsurlaub durch Elternzeit ersetzt. Dieses diente der Klarstellung, dass Kindererziehung kein »Urlaub« ist. Den Begriff hat das am 1.1.2007 in Kraft getretenen BEEG übernommen. Als Elternzeit wird der gesetzliche Anspruch der Eltern gegenüber ihrem Arbeitgeber auf unbezahlte (Teil-)Freistellung von der Arbeit aus Anlass der Geburt und zum Zweck

der Betreuung des Kindes bezeichnet.[1] Zweck der Elternzeit ist es, berufstätigen Eltern zu ermöglichen, ihr Kind in den ersten Lebensjahren persönlich zu betreuen und zu erziehen, ohne dass dieses zu einer Gefährdung oder zum Verlust des Arbeitsplatzes führt (bessere Vereinbarkeit von Beruf und Familie, BT-Drs. 14/3553 S. 11). Dieses Recht steht unter bestimmten Voraussetzungen auch den Großeltern zu (Rn. 6). Der Anspruch auf Elternzeit nach dem BEEG ist unabhängig von dem Anspruch auf Elterngeld.

Die Vorschriften der §§ 15 ff. BEEG gelten seit Inkrafttreten für Arbeitneh- 2
merinnen und Arbeitnehmer, die die Voraussetzungen für die Inanspruchnahme von Elternzeit nach diesem Gesetz erfüllen, unabhängig davon, ob ihr Kind vor dem 1. 1. 2007 oder danach geboren ist. Gemäß der Übergangsvorschrift in § 28 BEEG gilt die neueste Fassung der Elternzeitvorschriften jedoch nur für Kinder, die ab dem 1. 9. 2021 geboren oder mit dem Ziel der Adoption aufgenommen worden sind. Für die bis einschließlich 31. 8. 2021 geborenen oder mit dem Ziel der Adoption aufgenommenen Kinder ist das BEEG in der bis zum 31. 8. 2021 geltenden Fassung weiter anzuwenden (§ 28 Abs. 1).

Die Elterngeldreform 2021 hat in § 1 Abs. 6 eine neue zulässige Arbeitszeitgrenze von 32 Wochenstunden (bisher: 30 Wochenstunden) eingeführt.

Mit der Änderung in Abs. 4 Satz 1 und Satz 2 wird in Anlehnung an die Neuregelung in § 1 Abs. 6 auch während der Elternzeit eine neue zulässige Arbeitszeitgrenze von 32 bis 39 Wochenstunden festgelegt. Damit ist der Gesetzgeber dem Wunsch von Eltern mit kleinen Kindern nach einer stärkeren Förderung der partnerschaftlichen Aufteilung von Berufsarbeit und Kinderbetreuung nachgekommen. Mit der Erhöhung der zulässigen Wochenarbeitszeit während der Elternzeit von 30 Stunden auf 32 Stunden soll mehr Teilzeitbeschäftigung während des Elterngeldbezugs ermöglicht werden.

2. Anspruchsberechtigte

Voraussetzung für den Anspruch auf Elternzeit ist, dass ein **Arbeitsverhält-** 3
nis besteht. Dies folgt sowohl aus dem Wortlaut des **Abs. 1** Satz 1, wonach nur **Arbeitnehmerinnen und Arbeitnehmer** Anspruch haben, als auch aus dem Begriff und Wesen der Elternzeit als arbeitsrechtlicher Anspruch gegen den Arbeitgeber auf unbezahlte Freistellung von der Arbeit zur Betreuung und Erziehung von Kindern. Erfasst werden sowohl das ruhende wie das faktische Arbeitsverhältnis, Voll- wie auch Teilzeitbeschäftigungen und auch befristete Arbeitsverhältnisse. Bei befristeten Arbeitsverhältnissen erstreckt die Elternzeit sich jedoch nur auf den Befristungszeitraum. Durch die Elternzeit wird das befristete Arbeitsverhältnis nicht verlängert. Bestehen

---

1 Vgl. auch ErfK/Gallner, BEEG, § 15 Rn. 2.

mehrere Arbeitsverhältnisse (zur zulässigen Teilzeitarbeit vgl. Rn. 11 ff.), so kann die Elternzeit in allen Arbeitsverhältnissen oder auch nur in einzelnen geltend gemacht werden. Auch die zur Berufsbildung Beschäftigten – die Minderjährigen benötigen allerdings die Zustimmung der Eltern – sowie die in Heimarbeit Beschäftigten und die ihnen Gleichgestellten haben unter den Voraussetzungen des § 20 Anspruch auf Elternzeit. Für **Beamte, Richter und Soldaten**, die nicht in einem Arbeits-, sondern in einem Dienstverhältnis stehen, gelten vergleichbare bundes- bzw. landesrechtliche Regelungen (vgl. Anhang 2 und 3 Seiten 251 und 256).

4 Das Arbeitsverhältnis muss in Deutschland bestehen oder die deutschen arbeitsrechtlichen Vorschriften müssen Anwendung finden. Danach können alle Arbeitnehmer, unabhängig von ihrer Staatsangehörigkeit und unabhängig davon, in welchem EU-/EWR-Gebiet oder welchem Nachbarstaat sie ihren Wohnsitz haben (**Grenzgänger**), bei Bestehen eines Arbeitsverhältnisses in Deutschland einen Anspruch auf Elternzeit haben. Auch ein Arbeitnehmer, der von seinem inländischen Arbeitgeber zur vorübergehenden Dienstleistung **ins Ausland entsandt** wurde, kann Elternzeit in Anspruch nehmen, wenn er weiterhin dem deutschen Sozialversicherungsrecht unterliegt.

5 Der **Kreis der Berechtigten** ist in **Abs. 1** weitgehend übereinstimmend wie bei der Elterngeldberechtigung nach § 1 geregelt (vgl. dazu die Ausführungen unter § 1 Rn. 29). Anspruchsberechtigt sind Arbeitnehmer und Arbeitnehmerinnen für das Kind, für das ihnen die Personensorge zusteht, das des Ehegatten oder Lebenspartners oder das, das sie mit dem Ziel der Annahme als Kind in ihre Obhut aufgenommen haben und mit dem sie in einem Haushalt leben. Die Tatsache der Vaterschaft und der elterlichen Sorge oder wenn es sich um ein leibliches Kind des nichtsorgeberechtigten Antragstellers handelt und der sorgeberechtigte Elternteil die Zustimmung erteilt hat, berechtigen ebenfalls zum Anspruch, wenn sie mit dem Kind in einem Haushalt leben und es selbst betreuen und erziehen. Für Verwandte bis zum dritten Grad besteht bei schwerer Krankheit, Schwerbehinderung oder Tod beider Eltern Anspruch unter den vorgenannten weiteren Voraussetzungen. Andere Härtefälle – vor allem wirtschaftliche – werden nicht mehr berücksichtigt (vgl. § 1 Rn. 39) Zu den Verwandten dritten Grades gehören Großeltern, Tanten, Onkel und Geschwister des Kindes. Auch bei Aufnahme eines Kindes in Vollzeitpflege i. S. d. § 33 SGB VIII haben Beschäftigte Anspruch auf Elternzeit.

6 Geregelt ist ebenfalls die Berechtigung von Arbeitnehmerinnen und Arbeitnehmern Elternzeit zu beanspruchen, damit sie in bestimmten Fällen ihre **Enkelkinder** betreuen und erziehen können (Abs. 1a). Für den Freistellungsanspruch müssen auch bei den **Großeltern** die unter Rn. 5 aufgeführten Voraussetzungen, und zwar insbesondere auch das Leben mit dem Enkelkind in dem Haushalt vorliegen. Zweck der Regelung ist die Unterstützung von jungen Eltern bei der Betreuung und Erziehung ihres Kindes

durch die Großeltern, damit sie ihre Schul- oder Berufsausbildung abschließen können. Die Regelung hat einen engen Anwendungsbereich und ist an folgende Voraussetzungen geknüpft:

- Ein Elternteil ist minderjährig oder besucht als junger Volljähriger die Schule bzw. absolviert eine Ausbildung. Anspruchsvoraussetzung ist die Minderjährigkeit bzw. dass die Ausbildung vor der Vollendung des 18. Lebensjahres des Elternteils begonnen worden ist. Seit der letzten Änderung des BEEG vom 18. 12. 2014 kommt es für die Großelternzeit hingegen nicht mehr auf den Ausbildungsstand der Eltern an. Großelternzeit kann mithin bereits im 1. Ausbildungsjahr in Anspruch genommen werden.
- Eine vor Vollendung des 18. Lebensjahres begonnene schulische oder berufliche Ausbildung kann so ohne erhebliche Verzögerung fortgesetzt oder abgeschlossen werden, um eine wesentliche Voraussetzung für den Einstieg ins Berufsleben und damit eine Sicherung der Existenz in den Folgejahren zu schaffen.
- Kein Elternteil des Kindes selbst beansprucht Elternzeit, etwa als Auszubildender gem. § 20 Abs. 1 BEEG.

  Großeltern haben einen Anspruch auf Elternteilzeit nach Abs. 7, sofern die dort genannten Voraussetzungen vorliegen. Überdies unterfallen sie dem Anwendungsbereich des Kündigungsverbots nach § 18 Abs. 1 und Abs. 2 Nr. 1.[2]

Die Regelung des Abs. 1a ist ausdrücklich auf den Anspruch auf Eltern**zeit** beschränkt und gilt nicht für den Anspruch auf Elterngeld. Ein Anspruch auf Eltern**geld** besteht für Großeltern nicht. Vermutlich wird damit eine Inanspruchnahme der Elternzeit durch die Großeltern nur sehr eingeschränkt erfolgen, zumal die sozialrechtlichen Regelungen in Bezug auf Arbeitslosenversicherung und Kranken-/Pflegeversicherung nicht ausdrücklich geklärt sind. So ist die beitragsfreie Mitgliedschaft in der gesetzlichen Krankenversicherung an den Bezug von Elterngeld geknüpft und auch die rentenrechtliche Zeit gilt nach dem Wortlaut des § 56 SGB VI nur für Eltern.

Ebenso wie beim Elterngeldanspruch gehört zu den persönlichen Voraus- **7**
setzungen für den Anspruch auf Elternzeit, dass der Elternzeitberechtigte mit dem Kind in einem **gemeinsamen Haushalt** lebt und ein **Betreuungs- und Erziehungsverhältnis** zum Kind besteht. Die Mithilfe Dritter bei der Betreuung wie etwa von Familienangehörigen oder Au-pair-Bediensteter schließt den Anspruch dabei ebenso wenig aus wie eine Unterbrechung der Betreuung und Erziehung von geringfügiger Dauer bis zu drei Monaten z. B. durch stationäre Krankenhausaufenthalte oder Rehabilitations- oder Kuraufenthalte. (vgl. dazu die Ausführungen unter § 1 Rn. 36). Der Anspruch auf Elternzeit ist nicht abhängig vom Anspruch auf Elterngeld.

---

2 Vgl. auch Brose/Weth/Volk/*Schneider*, BEEG, § 15 Rn. 16.

3. Anspruchsdauer, Verteilung auf mehrere Zeitabschnitte, Übertragung

8 Auf Elternzeit besteht grundsätzlich Anspruch bis zur **Vollendung des dritten Lebensjahres** des Kindes (**Abs. 2 Satz 1**). Der Zeitraum endet nicht an dem dritten Geburtstag des Kindes, sondern am Tag vor diesem Geburtstag.[3] Die Elternzeit des Vaters kann mit der Geburt des Kindes, also bereits während der acht- bzw. zwölfwöchigen Mutterschutzfrist für die Mutter beginnen. Für die Mutter gilt nach der Geburt das Beschäftigungsverbot nach § 3 Abs. 2 MuSchG, so dass für sie für diesen Zeitraum ein Anspruch auf Elternzeit ausscheidet. Es verkürzt sich für sie also die effektive Zeit der Freistellung gemäß Satz 2 um die Zeit der Mutterschutzfrist (acht Wochen sowie bei Früh- und Mehrlingsgeburten oder ärztlicher Feststellung einer Behinderung des Kindes nach § 2 Abs. 1 Satz 1 SGB IX zwölf Wochen), weil die Mutterschutzfrist gem. Satz 3 auf die insgesamt dreijährige Begrenzung der Elternzeit der Mutter angerechnet wird.

9 Ein Anteil von bis zu 24 Monaten kann auf die Zeit zwischen dem dritten Geburtstag und dem vollendeten achten Lebensjahr des Kindes übertragen werden. Diese Regelung wurde mit der zum 1.1.2015 in Kraft getretenen Gesetzesänderung eingeführt und gilt für die ab dem 1.7.2015 geborenen Kinder.[4] Nach der bis dahin geltenden Fassung ist bezüglich der bis zum 3.6.2015 geborenen Kinder die Übertragung von Elternzeit zwischen dem dritten und achten Lebensjahr nur für die Dauer von maximal zwölf Monaten möglich. Ferner ist die Übertragung von Elternzeit an die **Zustimmung des Arbeitgebers** gebunden. Dieser Zustimmung bedarf es nun nicht mehr. Das bedeutet für die Eltern eine erhebliche Verbesserung und Flexibilisierung ihrer Elternzeit. Ihnen wird es erleichtert, die Elternzeit zu nehmen, wenn das Kind größer ist, z.B. für eine Betreuung zum Schuleintritt. Dadurch, dass das Zustimmungserfordernis des Arbeitgebers entfällt, müssen Eltern nicht mehr Sorge haben, dass Elternzeit verfällt. Die Ausweitung des Zeitabschnittes von 12 auf 24 Monate ermöglicht zudem den früheren Wiedereinstieg der Elternzeitberechtigten in das Erwerbsleben.[5]

10 Der Gesetzgeber geht nicht davon aus, dass Dauer und Zeitpunkt der Inanspruchnahme des übertragenen Anspruchs zum Zeitpunkt der Vereinbarung mit dem Arbeitgeber bereits festliegen. Für die Zeit zwischen dem dritten und achten Geburtstag des Kindes kann ein Zeitraum von bis zu 24 Monaten noch genommen werden, ohne den Zeitpunkt genauer festzulegen. Auch ist eine **Ankündigungserklärung** des Elternzeitberechtigten

---

3 Reineke, FA 2001, 10; Buchner/Becker, § 15 BEEG Rn. 11.

4 Artikel 1 Gesetz zur Einführung des Elterngeld Plus mit Partnerschaftsbonus und einer flexibleren Elternzeit im BEEG v. 18.12.2014, BGBl. I S. 254.

5 BT-Drs. 18/2583, S. 35.

über die Absicht, ab dem dritten Geburtstag des Kindes Elternzeit nehmen zu wollen, nicht erforderlich.[6]

Für **angenommene Kinder** und für Kinder in **Adoptionspflege** kann Elternzeit ebenfalls von insgesamt drei Jahren genommen werden, längstens jedoch bis zur Vollendung des 8. Lebensjahres des Kindes. Vor dem Hintergrund, dass angenommene Kinder oder Kinder in Vollzeit- oder Adoptionspflege häufig erst nach der Geburt in die aufnehmende Familie gelangen, beginnt der Anspruch ab der Aufnahme des Kindes, unabhängig davon, ob das Kind vor Vollendung des dritten Lebensjahres oder danach in die Familie gekommen ist. 11

Bei **mehreren Kindern** besteht Anspruch auf Elternzeit für jedes Kind. Die Zeiträume können sich allerdings überschneiden. Diesen Anspruch haben nicht nur die leiblichen Eltern, sondern auch die Anspruchsberechtigten gem. Abs. 1 Satz 1 Nr. 1 Ziff. b und c. Dieses stellt Abs. 2 Satz 5, 2. Halbsatz bezüglich der zeitlichen Aufteilung klar. Für die Eltern ergeben sich hieraus Gestaltungsmöglichkeiten. 12

Beispiel:
Im Juli 2020 wurde Kind 1 geboren, für das die Mutter drei Jahre Elternzeit beantragt hatte. Im Juli 2022 wurde Kind 2 geboren. Für Kind 1 endete die Elternzeit somit im Juli 2023. Für Kind 2 nimmt sie Elternzeit ab Juli 2023 (Ablauf der Elternzeit von Kind 1). Die Mutter könnte nun noch bis zur Vollendung des dritten Lebensjahres von Kind 2 Elternzeit nehmen und die bis zu diesem Zeitpunkt nicht ausgeschöpften Monate (max. 24 Monate) nach Maßgabe des Abs. 2 Satz 2 im späteren Zeitraum zwischen dem dritten Geburtstag und dem vollendeten achten Lebensjahr von Kind 2 in Anspruch nehmen.

Jedes Elternteil kann gem. § 16 Abs. 1 Satz 6 für die ab dem 1.1.2015 geborenen Kinder seine Elternzeit anstatt auf zwei nunmehr auf **drei Zeitabschnitte** verteilen (vgl. § 16 Rn. 10), ohne dass dieses der Zustimmung des Arbeitgebers bedarf (§ 16 Abs. 1 Satz 1 und 2). Der Arbeitgeber kann die Inanspruchnahme eines dritten Abschnitts innerhalb von acht Wochen nach Zugang des Antrags aus dringenden betrieblichen Gründen (vgl. zu den dringenden betrieblichen Gründen Rn. 36 und § 16 Rn. 11) ablehnen, sofern dieser Abschnitt im Zeitraum zwischen dem dritten Geburtstag und dem vollendeten achten Lebensjahr liegen soll (§ 16 Abs. 1 Satz 7). 13

4. Aufteilung der Elternzeit

Nach **Abs. 3** ist es möglich, dass sowohl anteilig von jedem Elternteil als auch von beiden Eltern **gemeinsam Elternzeit** genommen wird. Die Elternzeit 14

6 Wie vor.

steht beiden Elternteilen unabhängig voneinander zu, also ohne gegenseitige Anrechnung auch gemeinsam oder im Wechsel.

5. Unabdingbarkeit

15 Gemäß Abs. 2 Satz 6 kann der **Anspruch auf Elternzeit nicht** durch Vertrag **ausgeschlossen oder beschränkt werden.** Entgegenstehende Vereinbarungen sind gem. § 134 BGB nichtig. Die gesetzliche Vorschrift ist zwingend. Abweichungen in Einzelverträgen, aber auch in Betriebsvereinbarungen oder Tarifverträgen sind daher allein zugunsten der Arbeitnehmer zulässig.[7] Dieses gesetzliche Benachteiligungsverbot verbietet aber nicht nur Regelungen, die den Anspruch auf Elternzeit unmittelbar einschränken, sondern auch solche, die sich auf die arbeitsrechtliche Stellung der Arbeitnehmer vor oder nach der Elternzeit, sei es auch nur mittelbar, nachteilig auswirken. Abs. 2 Satz 6 steht darum allen Regelungen entgegen, die die von Art. 6 GG geschützte Freiheit, sich für die Elternzeit zu entscheiden, um Familie und Beruf vereinbaren zu können, beeinträchtigen, sofern sich der Nachteil nicht allein aus der gesetzlichen Ausgestaltung der Elternzeit als ruhendes Arbeitsverhältnis ergibt.[8]

6. Varianten der Erwerbstätigkeit während der Elternzeit

16 Während der Elternzeit ist gem. Abs. 4 Satz 1 eine Erwerbstätigkeit (zum Begriff Erwerbstätigkeit vgl. § 1 Rn. 41) grundsätzlich zulässig, wenn die wöchentliche Arbeitszeit für jeden Elternteil die Dauer der gesetzlich festgelegten Wochenarbeitszeit nicht übersteigt.[9] Damit ist eine Teilzeittätigkeit während der Elternzeit zulässig. Allerdings soll der Umfang der Teilzeittätigkeit auf ein Maß beschränkt bleiben, das mit der Betreuung und Erziehung des Kindes für vereinbar gehalten wird. Die dafür relevante Grenze lag bis zur Reform durch das 3. BErzGGÄndG v. 12.10.2000 (BGBl. I S. 1426) bei 19 Stunden in der Woche und wurde dann auf eine wöchentliche Arbeitszeit von 30 Stunden angehoben. Diese Grenze ist mit der Änderung des Abs. 4 Satz 1 durch das Gesetz zur Vereinfachung des Elterngeldvollzugs vom 10.9.2012 flexibler ausgestaltet worden.[10] Danach ist darauf abzustellen, dass die Erwerbstätigkeit »im Durchschnitt des Monats« die gesetzlich festgelegte Wochenarbeitszeit nicht übersteigt. Da es nicht auf die wöchentliche, sondern die monatliche Arbeitszeit ankommt, sind Schwankungen der

7 Zmarzlik/Zipperer/Viethen, § 15 Rn. 35.

8 BAG 12.4.2016 – 6 AZR 731/13, NZA 2016, 833; LAG Berlin-Brandenburg 15.11.2018 – 14 Sa 654/18.

9 Eine Ausnahme ist in Abs. 4 Satz 2 geregelt.

10 BGBl. I S. 1878, 1882.

Arbeitszeit, z. B. durch Mehrarbeit und Überstunden zulässig, sofern die Höchstgrenze von 30 Wochenstunden im Durchschnitt des Monats nicht überschritten wird. Mit der Elterngeldreform 2021 ist die Wochenarbeitszeit von 30 Wochenstunden auf **32 Wochenstunden** angehoben worden. Die Begrenzung der Wochenarbeitszeit gilt für jeden Elternteil unabhängig davon, ob die Elternzeit von einem oder von beiden Elternteilen gemeinsam in Anspruch genommen wird. Die zulässige Höchstarbeitszeit beträgt damit für beide Elternteile zusammen 64 Stunden, darf jedoch nicht die für jeden Elternteil zulässige 32-Stunden-Obergrenze überschreiten. Damit ist eine anderweitige Aufteilung der Höchstarbeitszeit z. B. ein Elternteil arbeitet 38 Stunden wöchentlich, der andere Elternteil 26 Stunden wöchentlich, unzulässig.[11]

Von der wöchentlichen Höchstarbeitszeit ausgenommen ist eine Tagespflegeperson, die bis zu fünf Kinder in Tagespflege betreut. Hier darf auch die wöchentliche Betreuungszeit 32 Stunden übersteigen (Abs. 4 Satz 2). Die Erwerbstätigkeit während der Elternzeit kann **in Teilzeitarbeit** beim **eigenen** (Abs. 4 Satz 1) oder bei einem **anderen Arbeitgeber**, aber auch als **Selbständiger** (Abs. 4 Satz 3) ausgeübt werden.

a) Unveränderte Fortsetzung der Teilzeitbeschäftigung beim bisherigen Arbeitgeber

Sofern die regelmäßige Wochenarbeitszeit bereits vor der Elternzeit durch- **17**
schnittlich maximal 32 Stunden betrug, kann dieses T**eilzeitarbeitsverhältnis** unverändert **fortgesetzt** werden (**Abs. 5 Satz 4**). Allerdings ist bei Inanspruchnahme von Elternzeit dem Arbeitgeber gem. § 16 Abs. 1 Satz 1 vorher mitzuteilen, dass der Anspruch auf Elternzeit unter Fortführung der bisherigen Teilzeittätigkeit geltend gemacht wird. Dieses ist erforderlich, weil der Gesetzgeber die völlige Freistellung als Regelfall ansieht und demzufolge, wenn gerade keine völlige Freistellung erfolgen soll, eine Mitteilung, über den Umfang der Arbeitszeit erfolgen muss, auch wenn die bisherige Teilzeittätigkeit unverändert fortgesetzt werden soll.[12]

»Unverändert fortsetzen« bedeutet nicht, dass die bisherige Teilzeitbeschäftigung unmittelbar an die Mutterschutzfrist anschließen muss. Der Arbeitnehmer kann auch die Elternzeit in der Weise zu verlangen, dass er zunächst einige Monate vollständig von der Arbeitspflicht freigestellt wird und sich daran die Fortsetzung der bisherigen Teilzeitarbeit während der restlichen Dauer der Elternzeit anschließen soll. Auch für dieses Verlangen gelten die in § 16 geregelten Fristen und Förmlichkeiten.[13] Insbesondere muss die

---

11 Vgl. BT-Drs. 14/3553, 21.

12 Rancke in Rancke/Pepping (Hrsg.), BEEG, § 15, Rn. 63 m. w. N.

13 BAG 27. 4. 2004 – 9 AZR 21/04, 2004, 1039 ff.

Festlegung der Zeiten der Freistellung und der Teilzeitbeschäftigung vor Beginn der Elternzeit gem. § 16 Abs. 1 Satz 1 geltend gemacht werden.[14] Höchstrichterlich unentschieden ist die Frage, ob ein Arbeitnehmer sein Recht auf Fortsetzung einer Teilzeittätigkeit auch *nach* Antritt der Elternzeit geltend machen kann. Das BAG vertritt hierzu wohl die Auffassung, dass eine Inanspruchnahme nach Beginn der Elternzeit nicht den Fallgestaltungen, für die der Gesetzgeber die Fortsetzung des Arbeitsverhältnisses zu den alten Bedingungen neben der Elternzeit unberührt gelassen hat, entspricht und daher ein Anspruch auf Teilzeittätigkeit nur besteht, wenn die Voraussetzungen für die Verringerung der Arbeitszeit gem. Abs. 6 und Abs. 7 vorliegen.[15]

b) Verringerung und neue Verteilung der Arbeitszeit beim bisherigen Arbeitgeber

18 Neben dem Recht auf unveränderte Fortführung seiner bisherigen Teilzeitarbeit während der Elternzeit (siehe Rn. 17) besteht gem. **Abs. 5 bis Abs. 7** der **Anspruch auf Verringerung und neue Verteilung der Arbeitszeit** im Umfang zwischen 15 und 32 Wochenstunden im Monatsdurchschnitt für mindestens zwei Monate während der Elternzeit. Unerheblich ist dabei, ob der Arbeitnehmer bisher in Vollzeit oder bereits in Teilzeit tätig war und seine schon verringerte Wochenarbeitszeit weiter verringern möchte.
Der Arbeitnehmer kann seine Elternteilzeitbeschäftigung nicht durch einseitige Erklärung durchsetzen. Das Gesetz sieht für die Geltendmachung des Anspruchs zwei Verfahrensstufen vor. Zunächst muss der Arbeitnehmer die Verringerung der Arbeitszeit und ihre Verteilung beim Arbeitgeber beantragen (siehe hierzu Rn. 26). Arbeitgeber und Arbeitnehmer sollen auf dieser ersten Stufe, im sog. Konsensverfahren, hierüber eine einvernehmliche Regelung treffen (Abs. 5 Satz 2). Ist eine Einigung nicht möglich, hat der Arbeitnehmer gemäß Abs. 6 unter den Voraussetzungen des Abs. 7 zweimal Anspruch auf Verringerung der Arbeitszeit. Diesen Anspruch kann er im sog. Anspruchsverfahren durchsetzen (siehe hierzu auch Rn. 25 ff.).
Der Arbeitnehmer kann bei Vorliegen der in Abs. 7 genannten Voraussetzungen auch im Laufe der Elternzeit einen Anspruch gegenüber seinem Arbeitgeber auf eine Verringerung der Arbeitszeit geltend machen. Dieses ist selbst dann möglich, wenn er zunächst die völlige Freistellung von der vertraglichen Arbeit (Elternzeit) in Anspruch genommen und keine Ver-

---

14 So auch Rancke in Rancke/Pepping (Hrsg.), § 15 Rn. 64; Brose/Weth/Volk/*Schneider*, BEEG, § 15 Rn. 38.

15 Vgl. BAG 27.4.2004 – 9 AZR 21/04 unter Ziff. II. 1. der Gründe, NZA 2004, 1039 ff.

ringerung (Elternteilzeit) beantragt hatte.[16] Der Anspruch auf Arbeitszeitverringerung ist weder durch die bereits genommene Elternzeit von vornherein ausgeschlossen noch bedeutet er gar, dass die genommene Elternzeit beendet werden soll.[17]

Nach Ende der Elternzeit leben die suspendierten gegenseitigen Hauptpflichten wieder auf und der Arbeitnehmer kann dann zu der früheren Arbeitszeit (z. B. Vollzeit) zurückkehren. Das **Rückkehrrecht** des **Abs. 5 Satz 4** gibt dem Arbeitnehmer aber keinen (wahlweise geltend zu machenden) Anspruch auf Beibehaltung der Teilzeitbeschäftigung nach Ende der Elternzeit.[18] 19

Der **Betriebsrat** hat ein **Mitbestimmungsrecht nach §§ 99, 100 BetrVG** 20 bei der Teilzeitbeschäftigung von Arbeitnehmern in der Elternzeit, die zuvor vollzeitbeschäftigt waren.[19] Dies gilt insbesondere dann, wenn mit der Änderung der Arbeitszeit eine Änderung der Arbeitsumstände einhergeht, was der Fall sein könnte bei veränderten Arbeitsabläufen, organisatorischen Einbindungen, sich aber auch in einer wesentlichen Änderung der Lebensumstände (Notwendigkeit anderer Verkehrsmittel, Probleme hinsichtlich der Kinderbetreuung) äußert.[20] Denn nach Auffassung des BAG[21] kommt eine Einstellung nicht nur bei der erstmaligen Eingliederung in den Betrieb in Betracht, vielmehr kommt nach Sinn und Zweck eine erneute Beteiligung des Betriebsrats dann in Betracht, wenn sich die Umstände der Beschäftigung grundlegend ändern. Hierdurch könnten nämlich Zustimmungsverweigerungsgründe erwachsen, die bei der Ersteinstellung nicht voraussehbar waren. Für die Elternzeit kann nichts anderes gelten.[22]

c) Selbständige Tätigkeit oder Teilzeittätigkeit bei einem anderen Arbeitgeber

Die Aufnahme einer Teilzeitarbeit von maximal 32 Wochenstunden bei 21 einem anderen Arbeitgeber oder die Aufnahme einer selbständigen Tätigkeit bedarf der **Zustimmung des Arbeitgebers (Abs. 4 Satz 3)**. Es besteht schließlich die Gefahr, dass diese Tätigkeit gegen das Wettbewerbsverbot oder etwaige Verschwiegenheitspflichten verstößt. Damit der Arbeitgeber dieses prüfen kann, muss der Arbeitnehmer in seinem Antrag darlegen, welche konkrete Tätigkeit mit welchem Inhalt er unter Einhaltung der

16 BAG 9.5.2006 – 9 AZR 278/05.
17 Joussen, NZA 2005, 336.
18 Vgl. auch Brose/Weth/Volk/*Schneider*, BEEG, § 15 Rn. 38 m.w.N.
19 LAG Köln 18.4.2012 – 3 TaBV 92/11; Lerch, ArbRAktuell 2012, 464.
20 S.a. DKW-Wenckebach, § 99 Rn. 103 m.w.N. und vgl. weitere Ausführungen unter Rn. 42af.
21 BAG 28.4.1998 – 1 ABR 63/97, NZA 1998, 1353 zur Teilzeitbeschäftigung während des Erziehungsurlaubs nach BErzGG.
22 Ebenso Fitting, BetrVG, 26. Aufl., § 99 Rn. 45; ErfK/Kania, BetrVG, § 99 Rn. 6.

32 Wochenstundengrenze ausüben will. Sofern er ein Arbeitsverhältnis bei einem anderen Arbeitgeber aufnehmen möchte, sollte er diesen benennen.[23] Der Antrag kann zwar formlos, also auch mündlich, gestellt werden, aus Beweisgründen empfiehlt sich aber die schriftlich Antragstellung bzw. bei Beantragung in Textform eine Lesebestätigung oder ein Empfangsbekenntnis einzufordern. Der Arbeitgeber darf die Zustimmung zu einer Tätigkeit nur ablehnen, wenn dieser **dringende betriebliche Gründe** entgegenstehen (Abs. 4 Satz 4). Ferner muss er die **Ablehnung** innerhalb von **vier Wochen**, beginnend ab Zugang des Antrags, **in Textform** unter Darlegung der Gründe erklären. Bis zur Änderung durch das Vierte Bürokratieentlastungsgesetz (BEG IV) am 1. 5. 2025 galt das Schriftformerfordernis. Die Textform nach § 126b Abs. 1 BGB verlangt, dass eine lesbare Erklärung, in der die Person des Erklärenden genannt ist, auf einem dauerhaften Datenträger abgegeben wird. Ein dauerhafter Datenträger ist jedes Medium, das es dem Empfänger ermöglicht, eine auf dem Datenträger befindliche, an ihn persönlich gerichtete Erklärung so aufzubewahren oder zu speichern, dass sie ihm während eines für ihren Zweck angemessenen Zeitraums zugänglich ist und geeignet ist, die Erklärung unverändert wiederzugeben. Die Textform erfordert – anders als bisher die Schriftform – keine eigenhändige Namensunterschrift oder die Unterzeichnung durch notariell beglaubigtes Handzeichen. Der Textform genügt damit eine E-Mail oder Papierdokumente ohne Originalunterschrift wie Telefax, Telegramm und Computerfax.[24] Die bloße mündliche Ablehnung genügt nicht (s. auch Rn. 23). Der Arbeitgeber kann die Zustimmung auch konkludent durch eine Abmahnung verweigern, wenn der Arbeitnehmer eine Tätigkeit anzeigt, die er bei dem anderen Arbeitgeber während der Elternzeit bereits aufgenommen hat.[25]

22 Mit der Formulierung »**dringende betriebliche Gründe**« wird klargestellt, dass die Zustimmung zu einer Tätigkeit bei einem anderen Arbeitgeber nicht einfacher verweigert werden kann, als die Zustimmung beim bisherigen Arbeitgeber während der Elternzeit eine Teilzeitbeschäftigung auszuüben (vgl. Abs. 7 Satz 1 Nr. 4).

Solche dringenden betrieblichen Gründe liegen aber z. B. vor, wenn der eigene Arbeitgeber eine Teilzeitbeschäftigung für den Arbeitnehmer im eigenen Unternehmen hat, weil der Gesetzgeber dem Arbeitnehmer während der Elternzeit eine anderweitige Erwerbsmöglichkeit lediglich für den Fall einräumen wollte, dass eine solche beim eigenen Arbeitgeber nicht existiert.[26] Ein gegen die Zustimmung sprechender dringender betrieblicher Grund kann gegeben sein, wenn im Einzelfall Anhaltspunkte dafür vorliegen, dass

23 Rancke in Rancke/Pepping (Hrsg.), BEEG, § 15, Rn. 83 m. w. N.
24 ErfK/Preis, BGB § 126b Rn. 2.
25 LAG Köln 28. 2. 2020 – 4 Sa 326/19 Rn. 107.
26 BT-Drs.10/3792, 19 und BT-Drs.12/1495, 14.

Betriebs- und Geschäftsgeheimnisse oder Wettbewerbsinteressen verletzt werden, namentlich weil der Arbeitnehmer die Tätigkeit bei einem Konkurrenzunternehmen aufnahmen möchte.[27]

Abs. 4 Satz 4 enthält ein **befristetes Verbot mit Erlaubnisvorbehalt**. Beantragt der Arbeitnehmer beim Arbeitgeber ordnungsgemäß die Zustimmung zur Aufnahme der selbständigen Tätigkeit oder einer Teilzeitarbeit bei einem anderen Arbeitgeber, kann der Arbeitgeber die Zustimmung nur binnen vier Wochen unter Angabe entgegenstehender betrieblicher Interessen in Textform ablehnen. Reagiert der Arbeitgeber auf den Antrag gar nicht, nicht innerhalb der Frist, unter Missachtung der Textform oder begründet er seine Ablehnung nicht hinreichend, fehlt es zwar an der erforderlichen Zustimmung, der Arbeitnehmer kann aber dennoch die selbständige Tätigkeit oder die Beschäftigung bei einem anderen Arbeitgeber aufnehmen, da das Zustimmungserfordernis mit Ablauf der gesetzlichen Frist entfällt.[28] **23**

Geht der Arbeitnehmer einer anderweitigen Erwerbstätigkeit nach, ohne vorab die Zustimmung des eigenen Arbeitgebers beantragt zu haben oder nach dessen Ablehnung, ist der Arbeits- oder Dienstvertrag mit dem Dritten nicht nichtig. Das Gesetz enthält nämlich kein Beschäftigungsverbot, das § 134 BGB unterfiele. Der Arbeitgeber hat aber ggf. wettbewerbsrechtliche Unterlassungs- und Schadensersatzansprüche. Auch kommt eine Abmahnung oder eine Kündigung des Arbeitsverhältnisses in Betracht.[29] Dieses hat jedoch keine Auswirkung auf den Elterngeldanspruch. Zu beachten ist aber, dass der Arbeitgeber vor Ausspruch der Kündigung zunächst einen Antrag auf Zulässigkeit bei der zuständigen obersten Landesbehörde stellen muss gem. § 18 Abs. 1 Satz 4–6. **24**

7. Geltendmachung von Teilzeitarbeit beim bisherigen Arbeitgeber

In **Abs. 5 bis Abs.** 7 ist beschrieben, wie der Anspruch auf Verringerung der Arbeitszeit während der Elternzeit durchgesetzt werden kann. Der Gesetzgeber hat ein **zweistufiges Verfahren** vorgesehen: Auf der ersten Stufe steht das Konsensverfahren (Abs. 5). Die Arbeitsvertragsparteien sollen eine einvernehmliche Vereinbarung über die beanspruchte Verringerung und Verteilung der Arbeitszeit treffen. Kommt eine Einigung auf der ersten Stufe nicht zustande, kann der Arbeitnehmer seinen Anspruch auf Verringerung der Arbeitszeit auf der zweiten Stufe im Anspruchsverfahren streitig durchsetzen. Das BAG hat klargestellt, dass strikt zwischen dem **Konsensverfahren nach Abs.** 5 und dem **Anspruchsverfahren nach Abs. 6 und** 7 zu **25**

27 LAG Düsseldorf 2.7.1999 – 14 Sa 487/99, NZA-RR 2000, 232/234.
28 BAG 26.6.1997 – 8 AZR 506/95, NZA 1997, 1156.
29 ErfK/Gallner, BEEG, § 15 Rn. 21.

unterscheiden ist.[30] Dabei ist im Zweifel durch Auslegung zu ermitteln, ob der Arbeitnehmer im Konsensverfahren eine Verringerung der Arbeitszeit erreichen will oder im Anspruchsverfahren eine bestimmte Reduzierung der Arbeitszeit durchzusetzen versucht.[31]
Inhaltlich kann das zweistufige Verfahren nicht nur die Verringerung, sondern gleichfalls die Verteilung der Arbeitszeit betreffen.

a) Konsensverfahren

26 Im sog. Konsensverfahren gem. **Abs. 5** sollen sich die Vertragsparteien über einen entsprechenden Antrag des Arbeitnehmers beim bisherigen Arbeitgeber, während der Elternzeit eine Teilzeitarbeit auszuüben, sowie über die konkreten Einzelheiten, also deren nähere Ausgestaltung, **innerhalb von vier Wochen** ab Zugang des Antrags des Arbeitnehmers **einigen**. Arbeitnehmer und Arbeitgeber sind mit Ausnahme des Höchstbeschäftigungsumfangs in der Ausgestaltung der Vereinbarung frei und insbesondere nicht an die Voraussetzungen des Abs. 7 Satz 1 Nr. 1–5 gebunden.
Das Konsensverfahren wird mit dem Antrag des Arbeitnehmers auf Verringerung der Arbeitszeit sowie deren Verteilung beim Arbeitgeber eingeleitet. Hierzu muss der Arbeitnehmer oder die Arbeitnehmerin noch **kein annahmefähiges Angebot i. S. v. § 145 BGB** auf Verringerung der Arbeitszeit gegenüber dem Arbeitgeber **abgeben**. Es reicht aus, dass der Arbeitgeber um eine Verhandlung über eine Verringerung der Arbeitszeit und die Verteilung der verringerten Arbeitszeit gebeten wird.[32]

27 Das Konsensverfahren gibt dem Arbeitnehmer lediglich einen **Verhandlungsanspruch**. Die Arbeitsvertragsparteien sollen sich über eine Teilzeitbeschäftigung während der Elternzeit verständigen. Nach der Rechtslage in der vor dem 24. 12. 2022 geltenden Fassung konnte der Arbeitgeber den Antrag des Arbeitsnehmers innerhalb der vierwöchigen Frist jederzeit ohne Begründung ablehnen. Da für die fehlende Einigung keine Rechtsfolge vorgesehen war, hatte die Nichteinhaltung der Vier-Wochen-Frist keine Konsequenzen für den Arbeitgeber. Mit der Gesetzesänderung zum 24. 12. 2022[33] wurde die nicht formgebundene **Begründungspflicht für die Ablehnung** einer einvernehmlichen Elternteilzeit eingeführt. Die Pflicht zur Abgabe einer Begründung in Textform wie in **Abs. 7 Satz 4 gilt** in diesem Verfahrensabschnitt aber weiterhin **nicht**. Auch die **Fiktion gem. Abs. 7 Satz 6**, wonach die Verteilung der Arbeitszeit gemäß den Wünschen des Arbeitnehmers als

30 BAG 19. 2. 2013 – 9 AZR 461/11, NZA 2013, 907, 908.
31 BAG 19. 2. 2013 – 9 AZR 461/11, NZA 2013, 907, 908; LAG Rheinland-Pfalz 10. 7. 2018 – 6 Sa 521/17.
32 BAG 19. 2. 2013 – 9 AZR 461/11, NZA 2013, 907, 908.
33 Gesetz v. 19. 12. 2022 BGBl. 2510.

festgelegt gilt – sollte der Arbeitgeber (nur) den Antrag auf Verteilung der Arbeitszeit nicht form- und fristgerecht abgelehnt haben – wirkt **nicht** im konsensualen Teil des Verfahrens, was sich schon aus der systematischen Stellung von Satz 6 als Teil des Streitverfahrens und der strikten Trennung zwischen Konsens- und Anspruchsverfahren ergibt (vgl. Rn. 25) Erfolgt keine Einigung, muss der Arbeitnehmer vielmehr seinen Anspruch auf Verringerung der Arbeitszeit gem. Abs. 6 und Abs. 7 im Anspruchsverfahren geltend machen (s. u. Rn. 28). Zulässig ist es gem. Abs. 5 Satz 2 auch, den Antrag mit der Mitteilung in Textform nach Abs. 7 Satz 1 Nr. 5 zu verbinden. Der Arbeitnehmer kann also bereits zum Zeitpunkt des Einigungsversuches den Antrag nach Abs. 7 Satz 1 Nr. 5 stellen (s. auch Rn. 30).

b) Anspruchsverfahren

Lehnt der Arbeitgeber den Antrag auf Verringerung der Arbeitszeit inner- **28**
halb von vier bzw. acht Wochen nach Zugang des Verlangens mit einer Begründung ab und ist auch eine Einigung zwischen Arbeitnehmer und Arbeitgeber nicht möglich, besteht unter den in Abs. 7 aufgeführten Voraussetzungen ein **Anspruch auf Verringerung der Arbeitszeit**, und zwar für jeden Elternteil zweimal während der möglichen Gesamtdauer von drei Jahren (**Abs. 6**). Einvernehmliche Elternteilzeitregelungen im Konsensverfahren sind dabei jedoch nicht auf den Anspruch des Arbeitnehmers auf zweimalige Verringerung der Arbeitszeit während der Gesamtdauer der Elternzeit, anzurechnen.[34]

Das Anspruchsverfahren leitet der Arbeitnehmer dadurch ein, dass er **29**
dem Arbeitgeber ein **annahmefähiges Angebot i. S. v. § 145 BGB** auf Verringerung und gegebenenfalls auf Verteilung der verringerten Arbeitszeit unterbreitet und deutlich macht, hierdurch die Verringerung der Arbeitszeit i. S. v. Abs. 6 zu beanspruchen. Der Antrag muss i. S. v. § 145 BGB so formuliert sein, dass der Arbeitgeber darauf mit einem schlichten »ja« antworten kann.[35] Unverbindliche Absichtserklärungen oder vage Wünsche des Arbeitnehmers erfüllen die Anforderungen nicht (siehe zu Inhalt, Frist und Form auch Rn. 38).

Der Anspruch auf Verringerung und (Neu-)verteilung der Arbeitszeit kann dem Arbeitgeber nicht vor Erklärung der Elternzeit nach § 16, sondern frühestens zugleich damit und verbunden mit ihm mitgeteilt werden.[36] Der Arbeitnehmer kann aber zunächst nur einen Verringerungsantrag nach Abs. 5 Satz 1 stellen, den Verlauf des Konsensverfahrens abwarten und dann entscheiden, ob er einen bestimmten Anspruch nach Maßgabe von Abs. 6

34 BAG 19. 2. 2013 – 9 AZR 461/11, NZA 2013, 907, AuR 2013, 145.
35 BAG 16. 4. 2013 – 9 AZR 535/11, ArbRAktuell 2013, 449.
36 Rancke in Rancke/Pepping (Hrsg.), BEEG, § 15 Rn. 70.

geltend macht. Wenn aber nicht auszuschließen ist, dass eine Einigung auf der ersten Verfahrensstufe (Konsensverfahren) nicht erzielt werden kann, ist es empfehlenswert, die Mitteilung in Textform, mit der der Anspruch auf Arbeitszeitverringerung gem. Abs. 7 Satz 1 Nr. 5 geltend gemacht wird, mit dem Antrag gem. Abs. 5 Satz 1, der ersten Stufe des Einigungsverfahrens, zu verbinden. Diese Möglichkeit wird in Abs. 5 Satz 3 ausdrücklich aufgeführt.

30 Für den Fall, dass der Arbeitgeber auf den Antrag im Anspruchsverfahren nicht oder nicht fristgemäß reagiert, enthält **Abs. 7 Satz 5** eine **Zustimmungsfiktion** für ab dem 1.7.2015 geborene Kinder. Lehnt der Arbeitgeber den Antrag auf Arbeitszeitverringerung in einer Elternzeit bis zur Vollendung des dritten Lebensjahres des Kindes nicht spätestens vier Wochen nach Zugang des Antrags oder in einer Elternzeit zwischen dem dritten Geburtstag und dem vollendeten achten Lebensjahr des Kindes nicht spätestens acht Wochen nach Zugang des Antrags in Textform ab, gilt die Zustimmung des Arbeitgebers entsprechend dem Antrag als erteilt. Dasselbe gilt für die Verteilung der Arbeitszeit gem. Abs. 7 Satz 6. Lehnt der Arbeitgeber den Antrag auf Teilzeitbeschäftigung bei ihm selbst während der Elternzeit form- und fristgerecht ab, bleibt dem Arbeitnehmer der Klageweg. Er darf seinen Anspruch nicht selbst durchsetzen.[37] Der Arbeitnehmer kann seinen Anspruch auf tatsächliche Beschäftigung in Elternteilzeit mit einstweiliger Verfügung durchsetzen (siehe hierzu auch Rn. 41).

31 Im Anspruchsverfahren hat der Arbeitnehmer einen **Anspruch auf zweimalige Verringerung der Arbeitszeit** während der Gesamtdauer der Elternzeit (**Abs. 6**). Dasselbe gilt nach der Rechtsprechung des BAG auch für die **Verteilung der Arbeitszeit**, wenn der Arbeitnehmer oder die Arbeitnehmerin die gewünschte Verteilung der Arbeitszeit im Antrag angibt.[38] Dies ergibt sich auch aus Abs. 7 Sätze 4, 6 und 7, die sich jeweils auch auf die Verringerung der Arbeitszeit beziehen.

Dabei sind **einvernehmliche Elternteilzeitregelungen** im Konsensverfahren nach Abs. 5 Satz 1 und 2 **nicht** auf den Anspruch auf zweimalige Verringerung und Verteilung der Arbeitszeit während der Elternzeit **anzurechnen**. Einigen sich der Arbeitgeber und der Arbeitnehmer demgegenüber im Anspruchsverfahren auf eine Verringerung der Arbeitszeit, erfolgt eine Anrechnung.[39]

---

37 ErfK/Gallner, BEEG, § 15 Rn. 12.

38 BAG 19.2.2013 – 9 AZR 461/11, NZA 2013, 907, 908.

39 BAG 19.2.2013 – 9 AZR 461/11, NZA 2013, 907, 908.

8. Voraussetzungen für Arbeitszeitverringerung

In **Abs.** 7 sind die im Folgenden erläuterten weiteren Voraussetzungen für den Anspruch auf Verringerung der Arbeitszeit im Anspruchsverfahren geregelt: 32

a) Anzahl der Beschäftigten (Nr. 1)

Unabhängig von der Anzahl der Personen in Berufsausbildung, muss der Arbeitgeber mehr als 15 Arbeitnehmer im Unternehmen[40] beschäftigen. Abzustellen ist auf den Arbeitgeber, die Arbeitnehmerzahl ist nicht betriebs-, sondern unternehmensbezogen zu ermitteln.[41] Teilzeitarbeitskräfte und geringfügig Beschäftigte sind voll (nach »Köpfen«), nicht anteilig analog § 23 Abs. 1 Satz 4 KSchG, nach dem Beschäftigungsumfang zu berücksichtigen. Abzustellen ist für die Größe auf den Zeitpunkt des Teilzeitbeginns.[42] 33

b) Betriebszugehörigkeit (Nr. 2)

In demselben Betrieb oder Unternehmen muss das Arbeitsverhältnis des Elternteils, der eine verringerte Arbeitszeit geltend macht, sechs Monate bestanden haben. Die Wartezeit knüpft an den Bestand des Arbeitsverhältnisses. Sie beginnt daher analog § 1 Abs. 1 KSchG mit dem Zeitpunkt der vertraglich bestimmten Arbeitsaufnahme. Bei Beginn der Arbeitszeitverringerung muss das Arbeitsverhältnis sechs Monate bestanden haben.[43] 34

c) Zeitraum und Umfang (Nr. 3)

Die Arbeitszeit »soll« zusammenhängend für mindestens zwei Monate verringert werden und die angestrebte wöchentliche Arbeitszeit zwischen 15 und 32 Stunden betragen. Der Gesetzgeber stellt auf den »Durchschnitt des Monats« ab. Arbeitszeitschwankungen und gelegentliche Mehrarbeit sind damit zulässig, sofern im monatlichen Durchschnitt die 32-Stunden-Grenze nicht überschritten wird.[44] Mit der Untergrenze von 15 Wochenstunden soll die Einbeziehung geringfügiger Beschäftigungsverhältnisse vermieden werden. 35

Einen – ggf. gerichtlich durchsetzbaren – Rechtsanspruch auf Verringerung der wöchentlichen Arbeitszeit auf weniger als 15 Stunden gibt es weder aus

---

40 Hambüchen/Sievers, § 15 BEEG, Rn. 111.

41 Brose/Weth/Volk/*Schneider*, BEEG, § 15 Rn. 54.

42 Rancke in Rancke/Pepping (Hrsg.), BEEG, § 15, Rn. 67.

43 Rancke in Rancke/Pepping (Hrsg.), BEEG, § 15, Rn. 67.

44 Brose/Weth/Volk/*Schneider*, BEEG, § 15 Rn. 56; Rancke in Rancke/Pepping (Hrsg.), BEEG, § 15 Rn. 67.

Abs. 7 noch aus Abs. 5. Ein Abweichen von den im Gesetz genannten Untergrenzen ist nur mit Zustimmung des Arbeitgebers möglich.[45] Das »soll« bezieht sich auf den Mindestzeitraum von zwei Monaten. Diese Festlegung auf zwei Monate entspricht der Regelung zu den zwei Partnermonaten in § 4 Abs. 3, eine kürzere Dauer kann vereinbart werden.[46] Die Sollvorschrift macht deutlich, dass der Antrag nicht allein deswegen abgelehnt werden kann, weil er auf eine kürzere Dauer der Verringerung als zwei Monate gerichtet ist.[47]

d) Kein Entgegenstehen dringender betrieblicher Gründe (Nr. 4)

36 Der Anspruch auf Verringerung der Arbeitszeit während der Elternzeit verlangt als negative Tatbestandsvoraussetzung das Fehlen entgegenstehender dringender betrieblicher Gründe. An das Vorliegen dieser Voraussetzung sind erhebliche Anforderungen zu stellen. Das verdeutlicht der Begriff »dringend«.[48] Bei der Prüfung, ob diese negative Tatbestandsvoraussetzung vorliegt, orientiert sich die Rechtsprechung an vergleichbare Bestimmungen über einen Teilzeitanspruch aus dem Teilzeit- und Befristungsgesetz (TzBfG). Nach § 8 Abs. 4 TzBfG kann ein Verlangen auf Verringerung der Arbeitszeit bereits beim Vorliegen betrieblicher Gründe, die im Gesetz selbst bezeichnet sind, abgelehnt werden.

Zur Prüfung des Vorliegens **betrieblicher Gründe** hat das BAG[49] für die betrieblichen Ablehnungsgründe i. S. v. § 8 TzBfG ein **Dreistufenschema** entwickelt, das auch hier heranzuziehen ist, sofern der Arbeitgeber sich nicht darauf beruft, er habe für den Arbeitnehmer keine Beschäftigungsmöglichkeit[50], sondern vorträgt, die gewünschte Teilzeitarbeit sei mit den betrieblichen Arbeitszeitmodellen unvereinbar.[51]

1. Es ist festzustellen, ob überhaupt und wenn ja, welches betriebliche **Arbeits- und Organisationskonzept** der vom Arbeitgeber als erforderlich angesehenen Arbeitszeit zugrunde liegt. Der Arbeitgeber trägt die Darlegungslast dafür, dass dieses Konzept die Arbeitszeitregelung erfordert. Ob das Konzept denn auch tatsächlich im Betrieb durchgeführt wird, ist in vollem Umfange überprüfbar. Der Arbeitgeber legt allerdings noch kein Organisationskonzept dar, wenn er lediglich vorbringt, die Aufgaben sollten nach seiner unternehmerischen Zielsetzung

45 LAG Schleswig-Holstein 18.6.2008 – 6 Sa 43/08.

46 Rancke in Rancke/Pepping (Hrsg.), BEEG, § 15, Rn 67.

47 ErfK/Gallner, BEEG, § 15 Rn. 15.

48 BAG 15.12.2009 – 9 AZR 72/09, NZA 2010, 447; LAG Hessen 3.7.2017 – 7 Sa 1341/16.

49 BAG 18.2.2003 – 9 AZR 164/02, AuR 2004, 66.

50 so auch BAG 15.12.2009 – 9 AZR 72/09, NZA 2010, 447.

51 BAG 24.9.2019 – 9 AZR 435/18, NZA 2020, 340.

von einer Vollzeitkraft erledigt werden. Das gilt auch für Leitungsfunktionen. Sonst könnte der Arbeitgeber jedem Teilzeitverlangen mit dem Argument begegnen, er wolle nur Vollzeitarbeitnehmer beschäftigen.[52]

2. Es ist zu prüfen, inwieweit die **Arbeitszeitregelung** dem Arbeitszeitverlangen des Arbeitnehmers tatsächlich entgegensteht. Einzubeziehen ist ebenfalls, ob der betrieblich als erforderlich angesehene Arbeitszeitbedarf durch eine dem Arbeitgeber zumutbare Änderung von betrieblichen Abläufen oder des Personaleinsatzes mit dem Arbeitszeitwunsch des Arbeitnehmers in Übereinstimmung gebracht werden kann.
3. Ergibt sich, dass eine Übereinstimmung nicht erreicht werden kann, ist das **Gewicht entgegenstehender betrieblicher Gründe** zu prüfen. Dabei ist zu klären, ob der Erfüllung des abweichenden Arbeitszeitwunsches eine wesentliche Beeinträchtigung der Arbeitsorganisation, des Arbeitsablaufs, der Sicherheit des Betriebes oder eine unverhältnismäßige wirtschaftliche Belastung des Betriebes entgegensteht (§ 8 Abs. 4 TzBfG). Dieses beurteilt sich nach dem Zeitpunkt, zu dem das Ablehnungsschreiben dem Arbeitnehmer zugegangen ist.[53] An das objektive Gewicht des Ablehnungsgrundes nach Abs. 7 Satz 1 Nr. 4 sind erhebliche Anforderungen zu stellen.

37 Anders als beim Teilzeitanspruch nach dem TzBfG genügen keine betrieblichen Gründe jeder Art. Abs. 7 Satz 1 Nr. 4 fordert – anders als § 8 TzBfG – nicht nur »betriebliche Gründe«, sondern verlangt darüber hinaus, dass diese »**dringend**« sind. Der unbestimmte Rechtsbegriff ist so eng zu verstehen wie an anderer Stelle, z. B. in § 3 Abs. 4 Satz 2 PflegeZG. Mit dem Begriff wird ausgedrückt, dass eine Angelegenheit notwendig, erforderlich oder sehr wichtig ist. Die entgegenstehenden betrieblichen Interessen müssen zwingende Hindernisse für die beantragte Verkürzung der Arbeitszeit sein.[54] Daher genügt eine lediglich wesentliche Beeinträchtigung der Organisation, des Arbeitsablaufs, der Sicherheit des Betriebes oder der Verursachung unverhältnismäßiger Kosten nicht. Hohe Kosten für die Einrichtung eines Teilzeitarbeitsplatzes und die grundsätzliche Entscheidung auf solche Arbeitsplätze zu verzichten, reicht als Begründung ebenfalls nicht aus. Der Arbeitgeber muss alle Möglichkeiten der Umorganisation geprüft haben. Macht er jedoch geltend, keine geeignete Arbeitskraft finden zu können, die ihre Arbeitszeit während der Elternzeit reduziert wahrnehmen will, soll das genügen.[55] Man wird jedoch darauf abstellen müssen, ob die (nachzuwei-

52 BAG 15.12.2009 – 9 AZR 72/09, NZA 2010, 447.

53 BAG 4.9.2019 – 9 AZR 435/18, NZA 2020, 340; BAG 15.12.2009 – 9 AZR 72/09, NZA 2010, 447; BAG 23.11.2004 – 9 AZR 644/03, NZA 2005, 769.

54 BAG 15.4.2008 – 9 AZR 380/07, NZA 2008, 998; BAG 5.6.2007 – 9 AZR 82/07, AiB 2008, 433; LAG Hessen 3.7.2017 – 7 Sa 1341/16.

55 Gaul, BB 2000, 2466.

sende) mangelnde Verfügbarkeit gerade auf der Arbeitszeitreduzierung beruht.[56] Im Rahmen einer am Einzelfall ausgerichteten Interessenabwägung hat eine Orientierung an der Konzeption und Zielrichtung des Gesetzes zu erfolgen. Danach kann das Interesse des Arbeitgebers nur ausnahmsweise überwiegen, zumal der Arbeitnehmer auch ohne jede Einschränkung durch den Arbeitgeber Elternzeit in Form völliger Freistellung von der Arbeit verlangen könnte.[57] Überwiegt keines der Interessen, ist den Wünschen des Arbeitnehmers der Vorrang einzuräumen.[58] Auch wenn bereits eine Ersatzkraft eingestellt wurde, soll dies das Kriterium »dringende betriebliche Gründe« erfüllen.[59] Nach der Entscheidung des BAG[60] ist ein zusätzlicher Beschäftigungsbedarf Voraussetzung für den Anspruch auf »Elternteilzeit«. Besteht dieser nicht, kann sich hieraus ein dem Teilzeitverlangen entgegenstehender dringender betrieblicher Grund ergeben. Jedoch kann sich der Arbeitgeber nicht auf fehlenden Beschäftigungsbedarf berufen, wenn er bereits vor der fristgemäßen Erklärung der Arbeitnehmerin eine unbefristete Ersatzkraft eingestellt hat.[61] § 21 BEEG dient nämlich dem Dispositionsinteresse des Arbeitgebers und Arbeitnehmer könnten jeweils für Beschäftigungsverbote vor und nach der Entbindung, für die Elternzeit oder andere Ausfallzeiten wegen Kindesbetreuung einschließlich der Zeiten einer erforderlichen Einarbeitung befristet eingestellt werden. Derartige mehrfache Befristungen mit »sachlichem Grund« sind auch bereits nach § 14 TzBfG zulässig.

Das dreistufige Prüfungsschema findet **keine Anwendung**, wenn der Arbeitgeber sich für die Ablehnung des Teilzeitantrags auf eine **fehlende Beschäftigungsmöglichkeit** beruft. Dabei genügt die bloße Behauptung, es bestehe keine Beschäftigungsmöglichkeit, regelmäßig nicht, um schlüssig zu begründen, weshalb die Zustimmung zur Verringerung der Arbeitszeit verweigert wird. Die zugrunde liegenden Tatsachen sind zu bezeichnen. Die Darlegungen unterscheiden sich insoweit nicht von dem nach § 1 Abs. 2 KSchG gebotenen Vortrag zur Begründung einer betriebsbedingten Kündigung. Allerdings wird das Vorliegen dringender betrieblicher Gründe nach Abs. 7 Satz 1 Nr. 4, die einem Teilzeitverlangen entgegenstehen, nicht auf Grundlage einer Namensliste zu einem Interessenausgleich vermutet. § 1 Abs. 5 Satz 1 KSchG findet keine analoge Anwendung. Die aus der Vorschrift folgende Vermutungswirkung ist auf betriebsbedingte Kündigungen be-

56 Vgl. Buchner/Becker, § 15 Rn. 52.
57 S. a. Ebner, S. 154.
58 BAG 9. 5. 2006 – 9 AZR 278/05, NJW 2006, 3595, 3598; Gaul, BB 2000, 2466 m. w. N.
59 BAG 19. 4. 2005 – 9 AZR 233/04, NZA 2005, 1354; Reinecke, FA 2001, 10.
60 BAG 15. 4. 2008 – 9 AZR 380/07, NZA 2008, 998.
61 BAG 5. 6. 2007 – 9 AZR 82/07, AiB 2008, 433.

schränkt.[62] Im Recht der Elternteilzeit müssen die dringenden betrieblichen Gründe einer befristeten Beschäftigung mit der gewünschten verringerten Arbeitszeit entgegenstehen. Berücksichtigungsfähig sind danach die Schließung des Betriebes oder der Abteilung, Auflösung der Arbeitsgruppe, Verlagerung der Arbeiten auf Dritte und ähnliche Umstände. Dabei ist wie im Kündigungsrecht näher zu konkretisieren, aufgrund welcher Umstände kein betrieblicher Beschäftigungsbedarf besteht. Abzustellen ist auf die Tätigkeit, die der Arbeitnehmer vor Beginn der Elternzeit auf seinem Arbeitsplatz ausgeübt hat. In die erforderliche Darlegung sind alle Aufgaben einzubeziehen, die der Arbeitgeber dem Arbeitnehmer aufgrund seines Weisungsrechts übertragen kann. Regelmäßig wird das erfordern, dass der Arbeitgeber seinen insoweit bestehenden Gesamtbedarf an Arbeitszeitkapazität darlegt und dem die tatsächliche Besetzungssituation gegenüber stellt. Insbesondere bei größeren Betrieben kann hierauf wegen der dynamischen Entwicklung im Personalbereich durch Fluktuationen oder Inanspruchnahme von Elternzeit nicht verzichtet werden.[63]

Obwohl die entgegenstehenden **dringenden betrieblichen Gründe** in Abs. 7 als Anspruchsvoraussetzung stehen, hat der **Arbeitgeber** die Tatsachen, aus denen sich die negative Anspruchsvoraussetzung der entgegenstehenden dringenden betrieblichen Gründe ergeben soll, **darzulegen und zu beweisen**. Inhalt und Umfang der darzulegenden Tatsachen richten sich nach dem Lebenssachverhalt, auf den der Arbeitgeber die Zustimmungsverweigerung stützt. Dabei kann der Arbeitgeber sich im Prozess nur auf solche Gründe stützen, auf die er sich bereits in seinem form- und fristgerechten Ablehnungsschreiben berufen hat. Mit anderen als den im Ablehnungsschreiben genannten Gründen ist der Arbeitgeber hingegen präkludiert.[64] Der Arbeitnehmer genügt seiner Darlegungslast schon dann, wenn er pauschal behauptet, solche Gründe bestünden nicht.[65]

e) Inhalt, Frist und Form des Antrags

Gewünschter **Beginn** und **Umfang** der verringerten Arbeitszeit **müssen** 38
nach **Abs. 7 Satz 2** in dem Antrag **angegeben werden**. Das Angebot des Arbeitnehmers, während der Elternzeit, die Arbeitszeit zu verringern, muss den **Bestimmtheitsanforderungen** entsprechen wie sie allgemein an Vertragsanträge i. S. d. § 145 BGB gestellt werden. Es muss so formuliert und so

62 BAG 5. 9. 2023 – 9 AZR 329/22.

63 BAG 5. 6. 2007 – 9 AZR 82/07, AiB 2008, 433; BAG 15. 12. 2009 – 9 AZR 72/09; LAG Hessen 3. 7. 2017 – 7 Sa 1341/16.

64 Str., wie hier BAG 24. 9. 2019 – 9 AZR 435/18; BAG 11. 12. 2018 – 9 AZR 298/18; ErfK/Gallner, BEEG, § 15 Rn. 17.

65 BAG 15. 12. 2009 – 9 AZR 72/09, NZA 2010, 447.

konkret gefasst sein, dass der Arbeitgeber es mit einem schlichten »Ja« annehmen kann.[66] Der Inhalt eines zwischen den Parteien zustande kommenden Änderungsvertrags muss damit feststehen.[67] Dieses ist nicht der Fall, wenn der Arbeitnehmer beantragt, er wolle während der von ihm konkret benannten Elternzeit »voraussichtlich« 30 Wochenstunden tätig sein. Denn die Einfügung des Wortes »voraussichtlich« beinhaltet eine Einschränkung. Hierdurch wird zum Ausdruck gebracht, dass sich der Arbeitnehmer eine Änderung noch vorbehält.[68] Im Einzelfall kann sich ein konkretes Anfangsdatum aus der Auslegung des Antrags ergeben, z. B. wenn der Elternteilzeit-Antrag gleichzeitig mit dem Elternzeit-Antrag gestellt wird. Wird der Verringerungsantrag jedoch erst in der Elternzeit gestellt, ist eine konkrete Datumsangabe in der Regel erforderlich, andernfalls ist der Antrag nicht ordnungsgemäß gestellt.[69] Die gewünschte **Verteilung** der verringerten Arbeitszeit **soll** lediglich **angegeben werden** (Abs. 7 Satz 3). Gibt der Arbeitnehmer eine konkrete Verteilung an, umfasst der Verringerungsanspruch auch die Verteilung der Arbeitszeit.[70] Der Arbeitgeber kann in diesem Fall das ihm angebotene Vertragsänderungsangebot wegen § 150 Abs. 2 BGB nur einheitlich annehmen (»ja«) oder ablehnen (»nein«).[71] Stehen der im Antrag angegebenen Verteilung der verringerten Arbeitszeit dringende betriebliche Gründe entgegen, besteht kein Anspruch auf Verringerung der Arbeitszeit. Will der Arbeitnehmer das Risiko ausschließen, dass der Antrag auf Elternteilzeit insgesamt abgelehnt wird, wenn allein der beantragten Verteilung der verringerten Arbeitszeit dringende betriebliche Gründe entgegenstehen, nicht aber der Arbeitszeitverringerung an sich, muss er die Verringerung und bestimmte Verteilung der verringerten Arbeitszeit so anbieten, dass der Arbeitgeber zweifelsfrei erkennen kann, dass der Arbeitnehmer beide Ziele getrennt voneinander verfolgt.[72] Ist im Antrag die gewünschte Verteilung der verringerten Arbeitszeit nicht angegeben, verbleibt es hinsichtlich der Festlegung der Lage der Arbeitszeit beim Direktionsrecht des Arbeitgebers.[73]

Der Anspruch ist dem Arbeitgeber für den Zeitraum bis zum vollendeten dritten Lebensjahr des Kindes sieben Wochen und für den Zeitraum zwischen dem dritten Geburtstag und dem vollendeten achten Lebensjahr des

---

66 BAG 16.4.2013 – 9 AZR 535/11, ArbRAktuell 2013, 449.

67 Zur vergleichbaren Rechtslage bei § 8 TzBfG vgl. nur BAG 27.6.2017 – 9 AZR 368/16, Rn. 25.

68 LAG Düsseldorf 26.3.2021 – 6 Sa 746/20.

69 LAG Köln 15.4.2010 – 13 Sa 1423/09, BeckRS 2010, 71401.

70 BAG 19.2.2013 – 9 AZR 461/11, NZA 2013, 907.

71 BAG 24.9.2019 – 9 AZR 435/18, NZA 2020, 340.

72 BAG 24.9.2019 – 9 AZR 435/18, NZA 2020, 340; BAG 19.2.2013 – BAG 9AZR 461/11, NZA 2013, 907.

73 BAG 19.2.2013 – 9 AZR 461/11, NZA 2013, 907.

Kindes 13 Wochen vor Beginn der Tätigkeit in Textform mitzuteilen. Hat der Arbeitnehmer die **Frist** versäumt, muss er den Termin für den Beginn der veränderten Arbeitszeit ggf. verschieben. Der Anspruch gilt dann als zum nächstmöglichen Zeitpunkt geltend gemacht. Nicht erforderlich ist es, einen neuen Antrag zu stellen, da die Vorschrift des Abs. 7 Satz 1 lediglich den Zweck hat, dem Arbeitgeber Planungssicherheit zu geben, was grundsätzlich auch durch eine verfristete Mitteilung geschehen kann.[74] Der Arbeitgeber kann – trotz Nichteinhaltung der Mitteilungsfrist – dem Beginn der Arbeitszeitverringerung zum Wunschtermin des Arbeitnehmers zuzustimmen. Stimmt der Arbeitgeber der Arbeitszeitverringerung aber erst zum gesetzlich vorgesehenen Zeitpunkt zu, ist der Arbeitnehmer bis dahin zur Erbringung der Arbeitsleistung im bisherigen, ungekürzten Umfang verpflichtet. Er befindet sich bis dahin auch nicht in Elternzeit und kann die daran anknüpfenden Leistungen nach dem BEEG nicht in Anspruch nehmen.[75]

Der Arbeitnehmer muss die Inanspruchnahme der Arbeitszeitverringerung nicht mehr schriftlich, sondern **in Textform** mitteilen. Bis zur Änderung durch das Vierte Bürokratieentlastungsgesetz (BEG IV) am 1.5.2025 galt das Schriftformerfordernis. Die Textform nach § 126b BGB verlangt, dass eine lesbare Erklärung, in der die Person des Erklärenden genannt ist, auf einem dauerhaften Datenträger abgegeben wird. Ein dauerhafter Datenträger ist jedes Medium, das es dem Empfänger ermöglicht, eine auf dem Datenträger befindliche, an ihn persönlich gerichtete Erklärung so aufzubewahren oder zu speichern, dass sie ihm während eines für ihren Zweck angemessenen Zeitraums zugänglich ist und geeignet ist, die Erklärung unverändert wiederzugeben. Die Textform erfordert gerade – anders als bisher die Schriftform – **keine eigenhändige Namensunterschrift** oder die Unterzeichnung durch notariell beglaubigtes Handzeichen. Der Textform genügt damit eine E-Mail oder Papierdokumente ohne Originalunterschrift wie Telefax, Telegramm und Computerfax.[76] Damit scheidet aber weiterhin eine lediglich mündliche Geltendmachung aus. Der Antrag auf Inanspruchnahme der Teilzeittätigkeit muss konkrete Angaben über den Beginn, Umfang und die Dauer der angestrebten Arbeitszeitverringerung enthalten. Ein formwirksames Elternteilzeitverlangen kann auch in der Klageschrift enthalten sein.[77]

---

74 So auch Bruns, BB 2008, 334.
75 So auch ErfK/Gallner, BEEG, § 15 Rn. 16.
76 ErfK/Preis, BGB, § 126b Rn. 2.
77 LAG Rheinland-Pfalz 13.9.2007 – 11 Sa 244/07.

Ein Antrag könnte wie folgt lauten:

Sehr geehrte/r Frau/Herr ...,
ich möchte ab dem ... 25 Stunden wöchentlich in Teilzeit arbeiten, und zwar montags bis freitags in der Zeit von 08.00 Uhr bis 13.00 Uhr.
Um Ihre Stellungnahme bitte ich bis zum ... (ungefähr Zweiwochenfrist ansetzen).
Mit freundlichen Grüßen,

f) Einzelfragen / Problemfälle

39 Verlangt ein Arbeitnehmer die Verringerung seiner Arbeitszeit und zugleich die (Neu-)Verteilung der (verringerten) Arbeitszeit, so darf der Arbeitgeber die Zustimmung zu dem Verteilungswunsch nur verweigern, wenn dringende betriebliche Gründe entgegenstehen. Durch den Individualanspruch auf eine bestimmte Verteilung der Arbeitszeit wird das **Mitbestimmungsrecht des Betriebsrats** aus § 87 Abs. 1 Nr. 2 BetrVG nicht ausgeschlossen, wenn die Festlegung der Arbeitszeitlage zugleich kollektive Interessen der Belegschaft berührt.[78] Dieses könnte vorliegen, wenn junge Mütter und Väter familienfreundliche Arbeitszeiten beanspruchen und dadurch die übrige Belegschaft auf ungünstige Arbeitszeiten am späten Nachmittag oder Wochenende abgedrängt werden. Betriebsräte haben nach § 80 Abs. 1 Nr. 2b BetrVG den rechtsverbindlichen Auftrag, für die bessere Vereinbarkeit von Beruf und Familie zu sorgen. Auch wenn den Interessen des Arbeitnehmers, der für die gewünschte Arbeitszeitverteilung seine Familienpflichten geltend macht, nicht der Vorrang einzuräumen sein soll,[79] so hat doch der Grundsatz der Verhältnismäßigkeit Anwendung zu finden,[80] wonach die kollektive Regelung geeignet, erforderlich und angemessen sein muss. Verweigert der Betriebsrat seine Zustimmung (vgl. zum Mitbestimmungsrecht Rn. 20), stellt sich die – in der Rechtsprechung nach diesseitiger Kenntnis noch ungeklärte – Frage, ob der Arbeitgeber deswegen zur Ablehnung des Verteilungswunsches berechtigt oder sogar verpflichtet ist; ob er das Zustimmungsersetzungsverfahren nach § 99 Abs 4 BetrVG einleiten und womöglich sogar die Einigungsstelle gem. § 87 Abs. 2 BetrVG anrufen muss.[81]
Probleme könnten sich auch aus dem **Verhältnis des Anspruchs auf Elternzeit zum Anspruch auf Verringerung der Arbeitszeit** ergeben. Eine Arbeitnehmerin möchte Elternzeit für zwei Jahre unter der Bedingung nehmen, dass der Arbeitgeber einer Teilzeittätigkeit von 25 Stunden pro Woche zustimmt. Gibt sie zunächst die verbindliche Erklärung hinsichtlich der Eltern-

78 BAG 16.12.2008 – 9 AZR 893/07, NZA 2009, 565.
79 S.a. Düwell, NZA, 759, 760.
80 BAG 26.8.2008 – 1 ABR 16/07, NZA 2008, 1187.
81 Vgl. zum Anspruch aus § 8 TzBfG Hamann jurisPR-ArbR 21/2009 Anm. 1.

zeit ab, um sich anschließend mit der Frage der Teilzeit zu befassen, besteht für sie die Gefahr, dass sie die Elternzeit aufgrund der vorbehaltlosen Mitteilung antreten muss. Anschließend könnte ihr Arbeitgeber aber z. B. wegen der Art der anfallenden Arbeiten aus dringenden betrieblichen Gründen die Verringerung der Arbeitszeit berechtigt ablehnen.

Dieses Problem wurde offensichtlich vom Gesetzgeber nicht gesehen. Der Wortlaut spricht dafür, dass die Inanspruchnahme von Elternzeit und der Anspruch auf Verringerung der Arbeitszeit unabhängig nebeneinanderstehen.[82] Möchte ein Elternteil Elternzeit bei gleichzeitiger Teilzeittätigkeit in Anspruch nehmen, muss er gegenüber seinem Arbeitgeber sowohl Elternzeit beanspruchen als auch Verringerung der Arbeitszeit beantragen. Lehnt der Arbeitgeber das Teilzeitverlangen mit der Begründung entgegenstehender dringender betrieblicher Gründe ab, befinden sich die Eltern (ohne Teilzeiteinkommen und nur für »kurze« Zeit ausgestattet mit Elterngeld) bereits in Elternzeit, ohne diese rückgängig machen zu können. Der Arbeitnehmer sollte sich bemühen, eine verbindliche Zusage für die Teilzeit zu erhalten, bevor er die Elternzeit in Textform anzeigen muss. Es ist nämlich höchstrichterlich noch nicht abschließend geklärt, ob das Elternzeitverlangen mit der Bedingung verknüpft werden kann, dass dem Teilzeitbegehren entsprochen wird.

Ein Antrag könnte wie folgt lauten:

Hiermit beantrage ich Ihre Zustimmung zur Verringerung meiner Arbeitszeit in meiner bisherigen Tätigkeit auf 20 Stunden wöchentlich für die Dauer der Elternzeit (in der Zeit vom … bis …). Die Arbeitszeit soll so verteilt sein, dass ich von Montag bis Donnerstag in der Zeit von 8:00 Uhr bis 13:00 Uhr arbeite.
(Elternzeit habe ich mit gleicher Post unter der Bedingung genommen, dass meinem Teilzeitwunsch entsprochen wird. – Problematik s. oben).

9. Reaktion des Arbeitgebers

Der Arbeitgeber kann den Antrag des Arbeitnehmers so wie gestellt oder 40
auch unter Abänderungen annehmen. Bei einer Annahme unter Abänderungen muss der Arbeitnehmer, will er seinen ursprünglichen Antrag weiter durchsetzen, Leistungsklage auf Abgabe einer zustimmenden Willenserklärung gem. § 894 ZPO erheben.

Wenn der Arbeitgeber die im Teilzeitantrag gewünschte **Verringerung oder Verteilung** nicht akzeptiert, muss er dieses

- bei Elternzeit zwischen Geburt bis zum vollendeten dritten Lebensjahr des Kindes spätestens **vier Wochen** nach Zugang des Antrags und

82 Leßmann, DB 2001, 94.

- bei Elternzeit zwischen dem dritten und dem vollendeten achten Lebensjahr des Kindes spätestens **acht Wochen** nach Zugang des Antrags

mit ebenfalls mit **Begründung in Textform *ablehnen***, Abs. 7 Satz 4, Satz 5. Der Arbeitgeber muss den wesentlichen Kern seiner Einwendungen mitteilen; diese müssen aber nicht etwa schlüssig oder substantiiert sein.[83]

Reagiert der Arbeitgeber **nicht innerhalb dieser Fristen oder nicht formgemäß** auf den Antrag, wird dieses als **Zustimmung** behandelt. Die **Verringerung** der Arbeitszeit gilt entsprechend den Wünschen des Arbeitsnehmers als festgelegt (**Abs. 7 Satz 5**). Gleiches gilt für die **Verteilung** der gewünschten Arbeitszeit (**Abs. 7 Satz 6**).

Der Arbeitgeber ist bei Versäumnis der Vier- bzw. Achtwochenfrist mit etwaigen, nicht fristgerecht vorgebrachten Ablehnungsgründen präkludiert, d.h. er kann sich in einem gerichtlichen Verfahren nur auf solche Ablehnungsgründe berufen, die er dem Arbeitnehmer in Textform fristgerecht i.S.d. Abs 7 BEEG mitgeteilt hat.[84] Das ergibt sich aus dem Textformerfordernis für das Ablehnungsschreiben. Dieses soll dem Arbeitnehmer die Ablehnungsgründe des Arbeitgebers transparent machen, so dass er die Erfolgsaussichten einer Klage auf dieser Grundlage einschätzen kann.[85] Es bedarf aber weder einer »schlüssigen« noch einer »substantiierten« Darlegung.[86]

41 Der Arbeitnehmer kann bei Ablehnung oder bei Fristversäumnis seinen Anspruch vor dem **Arbeitsgericht** geltend machen. Die **Klage** zielt darauf, die fehlende **Zustimmung** zur Verringerung der Arbeitszeit **zu ersetzen**, also den Arbeitgeber im Wege des Urteilsverfahrens zur Abgabe einer Willenserklärung und damit einer Vertragsänderung zu verpflichten (Leistungsklage auf Abgabe der Annahmeerklärung i.S.v. § 894 Satz 1 ZPO). Die angestrebte Vertragsänderung wird erst mit Rechtskraft des der Klage stattgebenden Urteils wirksam und ist auch rückwirkend möglich. Der Arbeitsvertrag wird rückwirkend umgestaltet, was durch § 311a Abs. 1 BGB ermöglicht wird.[87] Das Rechtsschutzinteresse ergibt sich für diese Fälle aus der Nichterfüllung des erhobenen Anspruches; es kommen nämlich Ansprüche des Arbeitnehmers auf Annahmeverzugsvergütung nach § 615 Satz 1 BGB in

83 BAG 5.6.2007– 9 AZR 82/07, AiB 2008, 102.

84 Für § 15 Abs. 7 in der Fassung vom 27.1.2015: BAG 24.9.2019 – 9 AZR 435/18, NZA 2020, 340; BAG 11.12.2018, AP BEEG § 15 Nr. 6.

85 BAG 24.9.2019 – 9 AZR 435/18; so auch Küttner, Personalbuch, 24. Auflage 2017, Elternzeit Rn. 35; a.A. ErfK/Gallner, BEEG, § 15 Rn. 17; Leßmann, DB 01, 95; Menke, ArbR 11, 112.

86 BAG 11.12.2018 – 9 AZR 298/18, BAGE 164, 307.

87 BAG 11.12.2018 – 9 AZR 298/18, BAGE 164, 307; BAG 24.9.2019 – 9 AZR 435/18.

Betracht.[88] Für den Antrag ist das Bestimmtheitsgebot des § 253 Abs. 2 Nr. 2 ZPO zu beachten. Die angestrebte Vertragsänderung muss daher konkret bezeichnet werden. Verbunden werden kann der Antrag auf Verringerung der Arbeitszeit mit einem Antrag auf Festlegung der Lage der Arbeitszeit. Hat der Arbeitnehmer sein Verringerungsverlangen mit einem konkreten Verteilungswunsch verbunden und sein Änderungsangebot damit von der gewünschten Arbeitszeitverteilung abhängig gemacht, kann der Arbeitgeber das ihm angetragene Änderungsangebot wegen § 150 Abs 2 BGB nur einheitlich annehmen oder ablehnen (vgl. auch Rn. 38).[89] Die tatsächliche Beschäftigung wird in der Regel nur durch den Erlass einer **einstweiligen Verfügung** zu sichern sein. Ein Hauptsacheverfahren wird nämlich vor dem Ende der Elternzeit kaum rechtskräftig abgeschlossen werden können.[90] Das würde dem angestrebten Zweck zur Realisierung eines familiären Konzepts zur Erziehung und Betreuung des Kindes einerseits und Sicherung der wirtschaftlichen Grundlagen durch Arbeit andererseits entgegenstehen. In der Rechtsprechung sind Zulässigkeit und Umfang des Erlasses einer einstweiligen Verfügung umstritten, insbesondere hinsichtlich der Anforderungen an den Verfügungsgrund.[91] Nach einer Auffassung soll ein Verfügungsgrund wegen der teilweisen Vorwegnahme der Hauptsache nur »ausnahmsweise« und bei »Vorliegen strenger Voraussetzungen« bestehen.[92] Die Gegenmeinung plädiert dafür, den Verfügungsgrund allein dem drohenden Zeitablauf zu entnehmen.[93] Dazwischen steht die dritte Position, die dafür eintritt, dass es wie stets bei der einstweiligen Verfügung einer umfassenden Interessenabwägung bedarf.[94]

An den Erlass einer einstweiligen Verfügung werden in jedem Fall hohe Anforderungen gestellt, der Arbeitnehmer muss einen Verfügungsanspruch sowie einen Verfügungsgrund darlegen und glaubhaft machen.[95] Die mit der einstweiligen Verfügung angestrebte Regelung muss dringend geboten sein,

---

88 BAG 15.12.2009 – 9 AZR 72/09, NZA 2010, 447; BAG 11.12.2018 – 9 AZR 298/18, NZA 2019, 616 Rn. 18; Hess. LAG 3.7.2017 – 7 Sa 1341/17; Rancke in Rancke/Pepping (Hrsg.), BEEG, § 15 Rn. 75; a. A. LAG Köln 14.3.2018 – 5 Sa 240/17, NZA-RR 2018, 532.

89 BAG 5.9.2023 – 9 AZR 329/22; BAG 24.9.2019 – 9 AZR 435/18.

90 S. a. Reinecke, FA 2001, 10.

91 Brose/Weth/Volk/*Schneider*, BEEG, § 15 Rn. 67 m. w. N.

92 So ArbG Hamburg 4.11.2019 – 4 Ga 3/19; ArbG Solingen 5.1.2016 – 3 Ga 20/15.

93 Vgl. LAG Köln 17.2.2021 – 3 SaGa 2/21; LAG Hamm 5.2.2021 – 12 SaGa 1/21; Hess. LAG 17.7.2019 – 10 Sa 738/18; LAG Hamburg 23.8.2017 – 5 SaGa 2/17; Panzer-Heemeier/Trost: Einstweiliger Rechtsschutz zur Durchsetzung des Elternteilzeitverlangens in NZA 2018, 1378.

94 So z. B. LAG Köln 4.6.2021 – 5 Ta 71/21.

95 Siehe dazu auch Panzer-Heemeier/Trost: Einstweiliger Rechtsschutz zur Durchsetzung des Elternteilzeitverlangens in NZA 2018, 1378.

um insbesondere wesentliche Nachteile vom Arbeitnehmer abzuwenden, das Obsiegen des Arbeitnehmers in der Hauptsache überwiegend wahrscheinlich sein und eine vorläufige Interessenabwägung zugunsten des Arbeitnehmers ausfallen.[96] Der Verfügungsgrund kann nicht damit begründet werden, dass der Arbeitnehmer dringend auf den Verdienst angewiesen ist. Denn der Anspruch aus § 15 BEEG ist zunächst nur auf die Zustimmung des Arbeitgebers zur Vertragsänderung gerichtet. Auch lässt sich der Verfügungsgrund nicht damit begründen, die Kinderbetreuung müsse gewährleistet werden. Denn ohne den Erlass der einstweiligen Verfügung muss der Arbeitnehmer vorübergehend gar nicht arbeiten. Der Arbeitnehmer muss vielmehr ein konkretes ideelles Interesse, beschäftigt zu werden, darlegen und glaubhaft machen. Dieses kann sich etwa aus besonderen Kundenkontakten oder der Notwendigkeit, den »technischen Anschluss« im Berufsleben oder den Kontakt zum Arbeitgeber trotz der Elternzeit nicht zu verlieren, ergeben oder aus der konkreten Befürchtung, dass bei weiterer Abwesenheit an seiner Stelle andere Arbeitnehmer gefördert werden und er auf ein »Abstellgleis« gerät.[97]

10. Verhältnis zu anderen Teilzeitregelungen

42 Ein Teilzeitanspruch besteht für Arbeitnehmer auch aus § 164 Abs. 5 Satz 3 SGB IX, §§ 8, 9a TzBfG, § 3 PflegeZG, § 2 FPfZG oder aus entsprechenden tariflichen Vorschriften (z. B. § 11 TVöD/TV-L). § 15 ist lex specialis zu §§ 8, 9a TzBfG und kommt nur dann zur Anwendung, wenn die genannten besonderen Tatbestandsvoraussetzungen vorliegen. Die Ansprüche sind nicht aufeinander abgestimmt und enthalten Unterschiede. Bei § 8 und § 9a TzBfG beträgt die Einigungsobliegenheit z. B. zwei Monate, bei § 15 BEEG vier Wochen. § 15 Abs. 7 BEEG gibt einen Arbeitszeitrahmen von 15 bis 32 Wochenstunden vor, § 8 und § 9a TzBfG hingegen keinen. Da die besonderen (gesetzlichen) Regelungen unberührt bleiben, kann ein Arbeitnehmer auch während der Elternzeit einen Teilzeitanspruch nach § 8 oder § 9a TzBfG in Anspruch nehmen. § 9a Abs. 4 TzBfG sperrt während der Dauer der Brückenteilzeit (nur) weitere Teilzeitansprüche nach dem TzBfG.[98] Arbeitnehmer im öffentlichen Dienst, die eine Verringerung auf weniger als 15 Wochenstunden wünschen, können dieses nach § 11 TVöD/TV-L beantragen.

Soweit der Arbeitnehmer bei seinem Teilzeitverlangen nicht angibt, auf welche Norm er sein Verlangen stützt, ist durch Auslegung zu ermitteln, welcher Anspruch geltend gemacht wird. Hierbei sind objektive Umstände

96 Rancke in Rancke/Pepping (Hrsg.), BEEG; § 15 Rn. 78 m. w. N.
97 Vgl. dazu LAG Köln 4. 6. 2021 – 5 Ta 71/21.
98 ErfK/Preis, TzBfG, § 9a Rn. 82.

wie der Zeitpunkt des Verlangens, der Umfang der Reduzierung und ihre Dauer zu beachten.[99]

11. Arbeitsrechtliche Auswirkungen der Elternzeit

a) Individualarbeitsrecht

aa) Bestand des Arbeitsverhältnisses

Vom Beginn bis zum Ende der Elternzeit besteht ein **unbefristetes Arbeitsverhältnis** in seiner Ausgestaltung unverändert fort. Durch die Elternzeit wird das Arbeitsverhältnis in seinem Bestand nicht berührt. Geht ein Arbeitsverhältnis aufgrund eines Rechtsgeschäfts auf einen Erwerber gemäß § 613a Abs. 1 Satz 1 BGB (**Betriebsübergang**) über, gilt dies ebenfalls für Arbeitnehmer in Elternzeit. Ein **befristetes Arbeitsverhältnis** läuft grundsätzlich zum vereinbarten Zeitpunkt aus. Es wird auch nicht um die Zeit der Freistellung von der Arbeit für die Elternzeit verlängert, es sei denn, spezialgesetzliche Regelungen sehen dieses vor (z. B. § 2 Abs. 5 Nr. 3 Wissenschaftszeitvertragsgesetz (WissZeitVG) – ehemals § 57c Abs. 6 Nr. 3 HRG – oder § 1 Abs. 4 Nr. 3 des Gesetzes über befristete Verträge mit Ärzten in der Weiterbildung im Einvernehmen mit dem Arbeitnehmer) oder es wurde ausnahmsweise ausdrücklich vereinbart. Hat allerdings der Arbeitgeber die Übernahme in ein unbefristetes Arbeitsverhältnis bei Eignung und Bewährung in Aussicht gestellt und setzt sich mit einer Ablehnung in Widerspruch zu seinem bisherigen Verhalten und dem von ihm geschaffenen Vertrauenstatbestand, kann er zur Fortsetzung auf unbestimmte Zeit verpflichtet sein.[100] Elternzeit wird auf ein **Berufsausbildungsverhältnis**, das gemäß § 14 Abs. 1 BBiG grundsätzlich mit Ablauf der Ausbildungszeit endet, nicht angerechnet. Es verlängert sich nach § 20 Abs. 1 Satz 2 um die in Anspruch genommene Elternzeit, es sei denn, dass während der Elternzeit die Berufsausbildung nach § 7a BBiG oder § 27b der HWO in Teilzeit durchgeführt wird (§ 20 Abs. 1 HS 2). Auf die Dauer der Betriebszugehörigkeit wird Elternzeit angerechnet. Sehen arbeitsrechtliche Bestimmungen für den Erwerb von Rechten Wartezeiten vor, können diese durch Inanspruchnahme der Elternzeit erfüllt werden (s. a. Rn. 42). **43**

Während der Elternzeit (nicht Eltern-Teilzeit bei demselben Arbeitgeber) ruht die Arbeitspflicht des Arbeitnehmers und damit korrespondierend die Beschäftigungspflicht des Arbeitgebers.[101] Die arbeitsvertraglichen **Hauptpflichten**, die Pflicht des Arbeitnehmers zur Arbeitsleistung und die Pflicht des Arbeitgebers zur Zahlung des regelmäßigen Arbeitsentgelts, entfallen **44**

99 ErfK/Gallner, BEEG, § 15 Rn. 19.
100 BAG 16.3.1989 – 2 AZR 325/88, DB 1989, 1729.
101 BAG 15.4.2008 – 9 AZR 380/07, NZA 2008, 998.

und leben nach Ende der Elternzeit wieder auf. Die arbeitsrechtlichen **Nebenpflichten**, die nicht unmittelbar mit der Arbeits- bzw. der Entgeltzahlungspflicht zusammenhängen, wie beispielsweise die Pflicht zum Persönlichkeitsschutz, zur Verschwiegenheit oder zur Unterlassung des Wettbewerbs, bleiben jedoch bestehen.

bb) Beendigung der Elternzeit, Weiterbeschäftigung

45 Mit **Beendigung der Elternzeit** leben die Hauptleistungspflichten ohne weiteres wieder auf. Der Arbeitnehmer hat unaufgefordert wieder zur Arbeit zu erscheinen. Ob der Arbeitgeber zur **Weiterbeschäftigung am bisherigen Arbeitsplatz** (vor der Elternzeit) verpflichtet ist, richtet sich allein nach dem Inhalt des Arbeitsvertrages. Ist im Arbeitsvertrag der Arbeitsplatz/die Tätigkeit des Arbeitnehmers nicht konkret bestimmt, kann der Arbeitgeber ihn im Rahmen des Direktionsrechts – vorausgesetzt der Betriebsrat hat gemäß § 99 BetrVG zugestimmt – auf einen neuen Arbeitsplatz versetzen. Die Weisung für eine Versetzung muss vom Arbeitgeber gemäß § 106 GewO aber nach billigem Ermessen getroffen werden. Das bedeutet, dass er bei der Ausübung seines Weisungsrechts auch die Interessen des Arbeitnehmers angemessen zu berücksichtigen hat. Hierzu zählen auch familiäre Verpflichtungen wie Kinderbetreuung.

Einer während der Elternzeit in Teilzeit tätigen Mutter ist es daher nicht zuzumuten, statt an ihrem bisherigen Arbeitsort 24 km vom Wohnort entfernt nunmehr 2 Tage/Woche in London zu arbeiten. Denn der mit der Tätigkeit in London verbundene erhebliche Reiseaufwand und die Abwesenheitszeiten sind unzumutbar und sprengen die Vereinbarung von Kinderbetreuung und Beruf vollends. Die Arbeitnehmerin hat bei einer so offensichtlich vertragswidrigen Weisung auch einen Anspruch auf Unterlassung im Wege der einstweiligen Verfügung.[102] Das Direktionsrecht umfasst nicht die Versetzung auf einen geringwertigeren Arbeitsplatz. Nach neuer Rechtsprechung des BAG muss ein Arbeitnehmer eine unbillige Weisung nicht – auch nicht vorläufig – befolgen.[103]

Liegt eine Versetzung nicht im Rahmen des Direktionsrechts, bedarf es ggf. einer **Änderungskündigung**. Diese kann unter Beachtung von § 18 jedoch erst nach Beendigung der Elternzeit ausgesprochen werden und bedarf der Beteiligung des Betriebsrats nach **§§ 99 und 102 BetrVG.**

---

102 Hess. LAG 15.2.2011 – 13 SaGa 1934/10.

103 BAG 18.10.2017 – 10 AZR 330/16, NZA 2017, 1452.

cc) Zeugnis

In einem **Zeugnis** darf Elternzeit nur erwähnt werden, wenn die Unterbrechung erheblich ist, weil sonst bei Dritten der falsche Eindruck entstehen könnte, dass der beurteilte Mitarbeiter durchgehend für den Arbeitgeber tätig war. Dieses entspricht dem Grundsatz der Zeugniswahrheit. Sie ist regelmäßig zu erwähnen, wenn die Gesamtarbeitszeit zu zwei Dritteln aus Elternzeit besteht.[104] 46

dd) Abfindung / Sozialplanabfindung

Bei der Berechnung der Höhe einer Abfindung in einem erzwingbaren Sozialplan ist die Dauer der Elternzeit zu berücksichtigen. Eine anderslautende Bestimmung verstößt gegen § 75 BetrVG und wäre unwirksam.[105] Auch ist für die Berechnung der Abfindung dasjenige Bruttomonatsgehalt maßgebend, dass ihm arbeitsvertraglich zugestanden hätte, wenn er sich im Referenzmonat nicht in Elternzeit befunden hätte.[106] 47

Bei der Berechnung der Sozialplanabfindung eines Arbeitnehmers, der im Referenzmonat Teilzeit während einer Elternzeit leistet, ist dasjenige Bruttomonatsgehalt maßgebend, dass ihm arbeitsvertraglich zugestanden hätte, wenn er sich im Referenzmonat nicht in Elternteilzeit befunden hätte.[107]

ee) Gratifikationen und Sonderzahlungen

Inwieweit der Arbeitgeber Sonderzuwendungen wie **Gratifikationen, Weihnachtsgeld** und sonstige gratifikationsähnliche Leistungen während der Elternzeit zu erbringen hat, hängt entscheidend davon ab, welcher **Zweck** mit der jeweiligen Leistung verfolgt wird. Zu prüfen ist, ob es sich handelt um eine 48

a) Sonderzuwendung, die für **erbrachte Arbeitsleistung** gezahlt wird (vgl. Rn. 49),
b) Sonderzuwendung, mit der bisherige oder zukünftige **Betriebstreue honoriert** wird (liegt i. d. R. vor, wenn für die Leistung eine Wartezeit, ein

---

104 BAG 10.5.2005 – 9 AZR 261/04, NJW 2005, 3659, mit gleicher Begründung hat das LAG Köln 3.4.2014 – 6 Ca 8751/12 – entschieden, dass bei sechsjähriger Beschäftigungsdauer eine Elternzeit von einem Jahr Dauer im Zeugnis erwähnt werden darf.

105 BAG 21.10.2003 – 1 AZR 407/02 – AP § 112 BetrVG 1972 Nr. 163; 12.11.2002 – 1 AZR 58/02 – AP § 112 BetrVG 1972 Nr. 159, NZA 2004, 559.

106 BAG 15.5.2018 – 1 AZR 20/17, NZA 2018, 1198; Vorinstanz: LAG Hamm 2.11.2016 – 14 Sa 361/16; LAG Niedersachsen 27.6.2013 – 7 Sa 696/12.

107 BAG 15.5.2018 – 1 AZR 20/17, juris.

ungekündigtes Arbeitsverhältnis zu einem Stichtag oder Rückzahlungsverpflichtungen Voraussetzung sind; vgl. Rn. 50) oder

c) Sonderzuwendung mit **Mischcharakter**, die sowohl Entgelt für erbrachte Arbeitsleistung sein als auch zusätzlich Betriebstreue honorieren soll (vgl. Rn. 52).

49 Hat die Sonderzahlung ausschließlich **Entgeltcharakter** (Gegenleistung für tatsächlich verrichtete Arbeit in einem bestimmten Zeitraum in unmittelbarem Bezug zum regelmäßigen Entgelt wie z. B. 13./14. Monatsgehalt; s. Rn. 48 Fallgruppe a), entfällt sie gleichzeitig mit der Pflicht des Arbeitgebers zur Zahlung des Entgelts; dies gilt ebenfalls für einzelvertraglich zugesagte Sonderzahlungen.[108] Einer gesonderten arbeitsvertraglichen Kürzungsvereinbarung bedarf es in diesem Fall nicht.[109]

50 Der Anspruch auf die Sonderzahlung besteht grundsätzlich in der Elternzeit in vollem Umfang, wenn es sich nicht um ein zusätzliches Entgelt für geleistete Arbeit handelt (vgl. Rn. 49). Dieses trifft zu auf Gratifikationen (z. B. Weihnachtsgeld), mit denen allein die **Betriebstreue honoriert** werden soll (vgl. Rn. 48. Fallgruppe b). Eine Jahressonderzahlung kann jedoch **für Zeiten gekürzt** werden, **in denen das Arbeitsverhältnis ruht**, also während einer Zeit, für die ein Arbeitnehmer sich in der Elternzeit befindet. Ist im Tarifvertrag bestimmt, dass ein Anspruch auf eine tarifliche Sonderzahlung nicht besteht für Zeiten, in denen das Arbeitsverhältnis kraft Gesetzes ruht, hat ein Arbeitnehmer lediglich Anspruch auf die gekürzte tarifliche Jahressonderzahlung.[110]

Führen die vorstehenden Grundsätze zur Nichtanrechnung von Ruhezeiten, stellt dieses Ergebnis keine mittelbare Diskriminierung wegen des Geschlechts dar.[111]

51 Sieht ein Arbeitsvertrag vor, dass die Zahlung eines Weihnachtsgeldes eine freiwillige Leistung darstellt, die ohne Anerkennung einer Rechtspflicht gewährt wird, so handelt es sich bei dieser Sonderzahlung nicht um einen Teil der im Austauschverhältnis zur Arbeitsleistung stehenden Vergütung. Der Arbeitgeber kann in jedem Jahr erneut eine Entscheidung darüber treffen, ob, unter welchen Voraussetzungen und an welche Arbeitnehmer eine Gratifikation gezahlt werden soll. Weder der arbeitsrechtliche Gleichbehandlungsgrundsatz noch das europarechtliche Lohngleichheitsgebot für Männer und Frauen verbieten es, von der Gewährung einer Weihnachtsgratifikation Arbeitnehmer auszunehmen, deren Arbeitsverhältnisse wegen

---

108 LAG Köln 13.3.1997 – 5 Sa 1506/96, NZA-RR 1997, 417; so auch in Brose/Weth/Volk/*Schneider*, BEEG, § 15 Rn 71.

109 BAG 21.3.2001 – 10 AZR 28/00.

110 BAG 24.11.1993, NZA 1994, 423; BAG 24.5.1995, NZA 1996, 31.

111 Vgl. hierzu Brose/Weth/Volk/*Schneider*, BEEG, § 15 Rn 72 m. w. N.

Erziehungsurlaubs ruhen.[112] Enthält ein Arbeitsvertrag die Regelung, dass der Anspruch auf Sonderzahlung ausgeschlossen ist, wenn das Arbeitsverhältnis vor dem Auszahlungszeitpunkt endet oder es sich im gekündigten Zustand befindet, ergibt sich daraus nicht, dass die Gratifikation während des Ruhens wegen Elternzeit ganz entfällt oder gekürzt werden kann.[113]

Wenn eine Sonderzuwendung nicht ausschließlich für bereits geleistete 52
Dienste gezahlt wird, sie diese aber zumindest auch bezweckt oder ihr ein mehrfacher Zweck zu entnehmen ist, hat sie **Mischcharakter** (vgl. Rn. 48 Fallgruppe c). In diesem Fall scheidet eine Kürzung für die Dauer der Elternzeit regelmäßig aus. Eine Kürzung wäre nur möglich, wenn vertraglich für den Fall des Ruhens des Arbeitsverhältnisses eine Quotenregelung vereinbart wurde.[114] Bei Fehlen einer solchen Regelung kann die Sonderzahlung auch dann nicht ausgeschlossen werden, wenn wegen der Elternzeit im Bezugszeitraum keine oder nur eine unwesentliche Arbeitsleistung erbracht wurde.[115] Ist der Zweck der Sonderregelung nicht oder nicht eindeutig zu bestimmen, so gilt kein allgemeiner Rechtssatz wonach Voraussetzung für den Anspruch auf die Sonderzahlung auf jeden Fall eine nicht ganz unerhebliche tatsächliche Arbeitsleistung im Bezugszeitraum ist.[116]

ff) Urlaub, Urlaubsgeld

Während der Elternzeit kann kein Urlaub gewährt werden, weil der Arbeit- 53
nehmer bereits von der Arbeitspflicht befreit ist. Gem. § 17 Abs. 1 Satz 1 kann der Arbeitgeber den Erholungsurlaub, der dem Arbeitnehmer für das Urlaubsjahr zusteht, für jeden vollen Kalendermonat der Elternzeit um ein Zwölftel kürzen (siehe hierzu § 17 Rn. 2 ff.).

Für die Zahlung einer zusätzlichen Urlaubsvergütung, des **Urlaubsgeldes**, gelten die vorstehenden Grundsätze (Rn. 48 ff.) ebenfalls. Nähere Ausführungen hierzu siehe unter § 17 Rn. 9.

gg) Sachbezüge

Sachbezüge (freie oder verbilligte Kost, Fahrtkosten zum Betrieb, verbilligte 54
Einkaufsmöglichkeiten, Naturalleistungen, freie oder verbilligte Wohnungen) sind ein Teil des Arbeitsentgelts. Wie bei der Zahlung des Arbeitsent-

---

112 BAG 12.1.2000 – 10 AZR 840/98, NZA 2000, 944.

113 BAG 10.12.2008 – 10 AZR 35/08, NZA 2009, 258.

114 BAG 24.10.1990, NZA 1991, 317.

115 BAG 5.8.1992 – 10 AZR 88/90, NZA 1993, 130 ff.; BAG 8.12.1993 – 10 AZR 66/93, NZA 1994, 421.

116 BAG 5.8.1992 – 10 AZR 88/90, NZA 1993, 130 ff.; BAG 8.12.1993 – 10 AZR 66/93, NZA 1994, 421.

gelts ist der Arbeitgeber nicht verpflichtet, die Sachbezüge während der Elternzeit weiter zu zahlen. Eine Ausnahme stellt die Überlassung von Wohnraum dar, da der Arbeitnehmer anderenfalls nach Beendigung der Elternzeit u. U. seine Rechtsstellung nicht voll wiedererlangen könnte.[117]

hh) Vermögenswirksame Leistungen

55 Sind aufgrund vertraglicher Verpflichtungen **vermögenswirksame Leistungen** auch während der Freistellung von der Arbeit zu erbringen, hat der Arbeitgeber dem Arbeitnehmer die darauf entfallende Arbeitnehmer-Sparzulage auszuzahlen. Gibt es keine vertragliche Regelung über die Fortzahlung der vermögenswirksamen Leistung während der Elternzeit, ist davon auszugehen, dass der Arbeitgeber die Leistung nicht fortzuzahlen braucht. Dieses wird die Regel sein, denn vermögenswirksame Leistungen sind meist Teil des regelmäßigen Arbeitsentgelts, von dessen Zahlungspflicht der Arbeitgeber während der Elternzeit befreit ist (vgl. hierzu Rn. 44). Im Übrigen kann nur Arbeitslohn vermögenswirksam angelegt werden. Elterngeld ist kein Arbeitslohn und kann daher nicht vermögenswirksam angelegt werden. Es brauchen in den meisten Fällen jedoch keine Nachteile bezüglich der Arbeitnehmer-Sparzulage hingenommen zu werden. Bei dem begünstigten Höchstbetrag handelt es sich um einen Jahresbeitrag, der zu einem beliebigen Zeitpunkt im jeweiligen Kalenderjahr erreicht werden kann. Ein Arbeitnehmer kann rechtzeitig vor oder nach der Elternzeit entsprechende Beträge seines Arbeitsentgelts vermögenswirksam anlegen lassen.[118]

ii) ii) Entgeltfortzahlung

56 Eine **Entgeltfortzahlungspflicht** des Arbeitgebers **bei Arbeitsunfähigkeit während der Elternzeit**, in der keine zulässige Teilzeitarbeit geleistet wird, besteht nicht. Es kann auch kein Krankengeld bezogen werden. Hat der Arbeitnehmer Elternzeit beantragt und die Arbeitsunfähigkeit dauert über den beantragten Beginn der Elternzeit fort, hat er mit Beginn der Elternzeit keinen Anspruch auf Entgeltfortzahlung. **Durch die Erkrankung** des Arbeitnehmers wird die Elternzeit **nicht unterbrochen oder verlängert.**[119] Dauert die Arbeitsunfähigkeit über das Ende der Elternzeit hinaus fort, ist der Arbeitgeber zur Entgeltfortzahlung verpflichtet. Die Dauer der Entgeltfortzahlung für die Sechswochenfrist beginnt am Tag nach der Beendigung der Elternzeit zu laufen. Danach besteht Anspruch auf Krankengeld.

---

117 Vgl. Zmarzlik/Zipperer/Viethen, § 15 Rn. 61.
118 Vgl. Zmarzlik/Zipperer/Viethen, § 15 Rn. 62.
119 BAG 22.6.1998 – 5 AZR 526/87, AP Nr. 1 zu § 15 BErzGG.

Leistet der Arbeitnehmer während der Elternzeit **Teilzeitarbeit,** hat er nach den allgemeinen Regeln Anspruch gegenüber dem Arbeitgeber auf Weiterzahlung des Arbeitsentgelts für sechs Wochen. Erkrankt er vor Beginn der Elternzeit, richtet sich ab Beginn der Elternzeit der Anspruch auf Fortzahlung des Entgelts nach der Teilzeitvergütung und nach Ende der Elternzeit nach der Höhe der Vollzeitvergütung, wie sie vor der Elternzeit bestand. 57

jj) Betriebliche Altersversorgung

Bei der **betrieblichen Altersversorgung** wird der Zeitraum der Elternzeit grundsätzlich als Betriebszugehörigkeit bei der Berechnung der Unverfallbarkeit der Anwartschaft, der Wartezeiten sowie der den Anspruch steigernden Ruhegeldzeiten berücksichtigt. Auf die Höhe des Versorgungsanspruchs kann sich die Elternzeit abhängig von der jeweiligen Gestaltung der Versorgungszusage bzw. -ordnung unterschiedlich auswirken. So ist der Arbeitgeber nicht gehindert, den Maßstab für den Umfang der betrieblichen Versorgungsleistungen an dem Grad der erbrachten Arbeitsleistungen der Beschäftigten auszurichten und als Folge hiervon Zeiten der Elternzeit unberücksichtigt zu lassen,[120] so dass sich eine Minderung der späteren Betriebsrente ergeben kann. Nach § 1a Abs. 4 BetrAVG haben Arbeitnehmer mit Anspruch auf betriebliche Altersversorgung durch Entgeltumwandlung (mit staatlicher Förderung/»Riester«) das Recht, bei fortbestehendem Arbeitsverhältnis, also auch während der Elternzeit, eigene Beiträge zum Aufbau ihrer Betriebsrente zu entrichten, obwohl kein Arbeitsentgelt gezahlt wird.[121] 58

Bei einer gehaltsabhängigen Versorgung wird die Dauer der Elternzeit hinsichtlich des Versorgungsaufwands nicht berücksichtigt, wenn sich dieser an dem tatsächlich gezahlten Entgelt orientieren sollte. Orientiert sich der Versorgungsaufwand jedoch an dem vereinbarten Arbeitsentgelt – und nicht an dem tatsächlich gezahlten –, ist auch die Dauer der Elternzeit einzubeziehen.[122] 59

b) Betriebsverfassungsrecht

Während der Elternzeit behalten Beschäftigte ihren Status als Arbeitnehmer im Sinne des Betriebsverfassungs- bzw. Personalvertretungsgesetzes. Sie sind damit **wahlberechtigt und wählbar zur Betriebs-/Personalratswahl.** Die Elternzeit führt weder zum Erlöschen der Mitgliedschaft im Betriebsrat nach § 24 Nr. 3 BetrVG, noch stellt sie einen zeitweiligen Verhinderungsgrund nach § 25 Abs. 1 Satz 2 BetrVG dar, die Amtsausübung wahrzuneh- 60

120 BAG 15.2.1994 – 3 AZR 708/93, NZA 1994, 794.
121 S.a. Ebner, S. 185.
122 Vgl. Zmarzlik/Zipperer/Viethen, § 15 Rn. 67a.

men.[123] Bei der Teilnahme an Betriebsratssitzungen hat das Betriebsratsmitglied daher nach § 40 Abs. 1 BetrVG einen Anspruch auf Erstattung der erforderlichen Fahrtkosten.[124] Das Betriebsratsmitglied in Elternzeit kann auch an Schulungsveranstaltungen teilnehmen, eine bezahlte Freistellung hierfür nach § 37 Abs. 6, Abs. 7 BetrVG kommt nicht in Betracht, da der Arbeitnehmer bereits wegen der Elternzeit von der Arbeitspflicht freigestellt ist.[125] Das sich in Elternzeit befindende Betriebsratsmitglied darf an Betriebsversammlungen teilnehmen und hat hierfür ebenfalls einen Vergütungsanspruch aus § 44 Abs. 1 Satz 2 BetrVG.[126] In der Praxis ist jedoch häufig zu beobachten, dass sowohl Arbeitgeber als auch Betriebs-/Personalräte selber der Meinung sind, dass die Inanspruchnahme der Elternzeit quasi automatisch dazu führe, dass das Mandat im Sinne des § 25 Abs. 1 Satz 1 BetrVG bzw. § 31 Abs. 1 Satz 2 BPersVG ruhe und das insofern zeitweilig verhinderte Betriebsratsmitglied von dem jeweiligen Ersatzmitglied in diesem Zeitraum vertreten werde.[127] Wegen der gebotenen ständigen Ansprechbarkeit und der aktuellen Eingebundenheit in betrieblichen Belange erscheint es sinnvoll, dass das Amt als Betriebsratsvorsitzender von einem anderen Mitglied als dem sich ohne Erwerbstätigkeit in Elternzeit befindenden Betriebsratsmitglied wahrgenommen wird.

61 Die **Aufgaben von Betriebs- und Personalräten** im Rahmen der Elternzeit sind umfangreich. Es gilt nicht nur zu vermeiden, dass Beschäftigte aufgrund der Inanspruchnahme von Elternzeit berufliche Nachteile erleiden,[128] sondern der Betriebsrat ist sogar nach § 80 Abs. 1 Nr. 2b BetrVG ausdrücklich verpflichtet, die Vereinbarkeit von Familie und Erwerbstätigkeit im Betrieb zu fördern. So gehören zu den Aufgaben z. B.:

- Überwachung, dass jede unterschiedliche Behandlung von Personen wegen ihres Geschlechts unterbleibt (§ 75 Abs. 1 BetrVG, § 67 Abs. 1 BPersVG, § 7 AGG), wie beispielsweise die Benachteiligung weiblicher Beschäftigter hinsichtlich ihres beruflichen Aufstiegs, weil sie häufiger Elternzeit in Anspruch nehmen.
- Überwachung, dass die zugunsten der Arbeitnehmer geltenden Gesetze, zu denen auch das BEEG gehört, eingehalten werden (§ 80 Abs. 1 Nr. 1 BetrVG, § 68 Abs. 1 Nr. 2 BPersVG), wie beispielsweise organisatorische Maßnahmen, die zur Überbrückung bei Arbeitsbefreiung wegen Elternzeit der Arbeitnehmerinnen erforderlich sind.

---

123 BAG 25.5.2005 – 7 ABR 45/04, NZA 2005, 1002; VGH Baden-Württemberg 26.9.1995 – PB 15 S 1138/95, NZA-RR 1996, 158.

124 BAG 25.5.2005 – 7 ABR 45/04, NZA 2005, 1002.

125 ErfK/Gallner, BEEG, § 15 Rn. 30; Rancke in Rancke/Pepping (Hrsg), BEEG, § 15 Rn. 53.

126 BAG 31.5.1989, NZA 1990, 449.

127 Diese Auffassung vertreten ebenfalls Meisel/Sowka, § 15 BetrVG Rn. 41 f.

128 S. a. Wenckebach, AiB 2013, 296 ff.

- Entgegennahme von Anregungen der Arbeitnehmer und, falls diese berechtigt erscheinen, durch Verhandlungen mit dem Arbeitgeber auf Erledigung hinzuwirken (§ 80 Abs. 1 Nr. 3 BetrVG, § 68 Abs. 1 Nr. 3 BPersVG).
- Durchsetzung der tatsächlichen Gleichberechtigung von Frauen und Männern zu fördern (§ 80 Abs. 1 Nr. 2a BetrVG).
- Eingliederung »schutzbedürftiger« Personen zu fördern (§ 80 Abs. 1 Nr. 4 BetrVG, § 68 Abs. 1 Nr. 4 BPersVG).
- Beteiligung bei Maßnahmen der Personalplanung zur Überbrückung der Arbeitsbefreiung der Arbeitnehmerinnen und Arbeitnehmer in Elternzeit (§ 92 BetrVG, § 78 Abs. 3 BPersVG). Der Arbeitgeber hat den Betriebsrat anhand von Unterlagen rechtzeitig und umfassend zu unterrichten und mit ihm über Art und Umfang der erforderlichen Maßnahmen und über die Vermeidung von Härten zu beraten.[129]
- Mitbestimmung bei personellen Einzelmaßnahmen (§ 99 BetrVG, §§ 75 ff. BPersVG), z. B. bei Einstellungen oder Versetzungen für befristet eingestellte Arbeitnehmer als Vertretung für die/den von der Arbeit freigestellte/n Arbeitnehmer/in in Elternzeit sowie für Zeiten der Einarbeitung der Vertretungskraft[130] oder bei »Zweiteinstellung«, wenn das Arbeitsverhältnis schon länger besteht und zukünftig in Teilzeit gearbeitet werden soll.[131]
- Mitbestimmung hinsichtlich Dauer und Lage der Arbeitszeit (§ 87 Abs. 1 Nr. 2 und 3, Abs. 2 BetrVG, § 75 Abs. 3 Nr. 1 BPersVG) sowie Einbringung von Vorschlägen zur Gestaltung einer flexiblen Arbeitszeit im Interesse der Vereinbarkeit von Familie und Erwerbstätigkeit auf Grund seines Initiativrechts und, falls erforderlich, Durchsetzung durch Anrufung der Einigungsstelle.
- Festlegung familienfreundlicher Urlaubsgrundsätze (§ 87 Abs. 1 Nr. 5. Abs. 2 BetrVG): Der Betriebsrat hat bei der Aufstellung allgemeiner Urlaubsgrundsätze und des Urlaubsplans mitzubestimmen. Mit Hilfe des Initiativrechts kann er u. a. die Regelung durchsetzen, dass Arbeitnehmern mit schulpflichtigen Kindern bevorzugt in den Schulferien Urlaub nehmen dürfen.
- Mitbestimmung bei der Nutzung betrieblicher Betreuungseinrichtungen für Kinder (§ 87 Abs. 1 Nr. 8 BetrVG). Der Betriebsrat kann zwar vom Arbeitgeber nicht verlangen, Betriebskindergärten oder -tagesstätten zu errichten, bestehen solche Einrichtungen, hat er aber bezüglich der Aus-

---

129 Vgl. Kommentierung bei DKW-Homburg zu § 92 BetrVG; Fitting zu § 92 BetrVG.

130 S. a. LAG Stuttgart 5. 7. 2000 – 12 Sa 89/99; a. A. Buchner/Becker, § 21 BEEG, Rn. 21.

131 BAG 28. 4. 1998, NZA 1998, 1352.

gestaltung und Verwaltung (z. B. Prioritätenfestlegung, Aufnahmealter, Einsatz der Mittel) mitzubestimmen.

- Berücksichtigung der Belange von Arbeitnehmern mit Familienpflichten bei der Personalplanung (§ 92 BetrVG): Der Betriebsrat kann dem Arbeitgeber Vorschläge für die Einführung einer Personalplanung und ihre Durchführung machen, in der die besonderen Belange der Arbeitnehmer mit Verpflichtungen zur Betreuung von Kindern berücksichtigt werden.
- Förderung der Berufsbildung für Arbeitnehmer mit Familienpflichten (§§ 96 Abs. 2 Satz 2, 98 Abs. 3 BetrVG) z. B. in dem er vorschlägt, dass Teilzeitbeschäftigte während der Elternzeit bei Qualifikations- bzw. betrieblichen Bildungsmaßnahmen teilnehmen.
- Vorschläge für die Einrichtung von Telearbeitsplätzen.
- Unterstützung der Beschäftigten, wenn beispielsweise der Arbeitgeber den geltend gemachten Anspruch auf Verringerung der Arbeitszeit nach § 15 wegen dringender betrieblicher Gründe oder nach Beendigung der Elternzeit nach dem TzBfG aus betrieblichen Gründen verweigert. Betriebs-/Personalräte können grundsätzlich übersehen, ob der Arbeitgeber z. B. durch eine Ausgestaltung der Arbeitszeit – nur Schichtarbeit, nur in den frühen Morgenstunden oder späten Abendstunden etc. – versucht, den Teilzeitwunsch zu boykottieren.

12. Sozialrechtliche Auswirkungen der Elternzeit

a) Krankenversicherung

62 Die Mitgliedschaft versicherungspflichtiger Arbeitnehmer in der **gesetzlichen Krankenversicherung** bleibt gemäß § 192 Abs. 1 Nr. 2 SGB V bestehen, solange Elternzeit in Anspruch genommen wird. Diese ist nicht davon abhängig, dass Versicherungspflichtige auch Anspruch auf Elterngeld haben. Also auch Versicherungspflichtige, die bis zum dritten Lebensjahr des Kindes Elternzeit genommen haben, nach Vollendung des ersten Lebensjahres aber keinen Anspruch mehr auf Elterngeld haben, bleiben weiter versichert. Bei der »Übertragung« der Elternzeit bis zu 24 Monate nach vollendetem dritten bis zum achten Lebensjahr des Kindes könnte sich die Frage stellen, ob es sich dabei noch um Elternzeit handelt. Das ist zu bejahen, wenn ein Anteil von bis zu 24 Monaten angespart worden ist, die Elternzeit also nicht bereits vollständig bis zum dritten Geburtstag in Anspruch genommen wurde.

63 Bei Versicherten, die während der Elternzeit nicht erwerbstätig sind und kein Entgelt beziehen, ist beitragspflichtiges Einkommen nicht vorhanden, von dem Beiträge erhoben werden können. Für den Versicherten besteht daher **Beitragsfreiheit**. Für Elterngeld selbst ist gemäß § 224 SGB V sowohl von Pflichtversicherten als auch von freiwillig Versicherten kein Beitrag zu

zahlen. Da bei **pflichtversicherten Mitgliedern** für die Beitragsbemessung das Arbeitsentgelt zugrunde gelegt wird (§ 226 SGB V), besteht bei ihnen auch nach Auslaufen des Elterngeldes für die gesamte Dauer der Elternzeit Beitragsfreiheit. Einer Auflösung des Arbeitsverhältnisses aus Anlass der Elternzeit sollte nur zugestimmt werden, wenn auf eine andere Krankenversicherung zurückgegriffen werden kann. Für **freiwillig Versicherte** in der gesetzlichen Krankenversicherung besteht keine Beitragsfreiheit. Ihr Beitrag bemisst sich nach der Gesamtheit der Einkünfte, zu der u. a. das ihnen zuzurechnende Arbeitseinkommen des Ehegatten gehört. Auch wenn es keine Einkünfte gibt, ist von freiwillig Versicherten auch während der Elternzeit ein Mindestbeitrag nach Maßgabe des § 240 SGB V zu entrichten. Daneben besteht die Möglichkeit. für den Elterngeld-Bezug aus der freiwilligen gesetzlichen Versicherung in die **Familienversicherung** zu wechseln. Dafür muss der Partner Mitglied in der gesetzlichen Krankenversicherung sein und der Arbeitnehmer in Elternzeit darf keine weiteren Einkünfte haben. War der Arbeitnehmer hingegen vor Inanspruchnahme der Elternzeit bereits beitragsfrei in der Familienversicherung versichert, ändert sich während der Elternzeit nichts. Die Einkünfte aus Elterngeld werden nicht für die Berechnung des zulässigen Einkommens berücksichtigt.

Wird während der Elternzeit eine zulässige **versicherungspflichtige Teilzeitbeschäftigung** ausgeübt, sind für das Arbeitsentgelt Beiträge zu entrichten (§ 5 Abs. 1 Nr. 1 SGB V). Wird in diesem Fall ein in der gesetzlichen Krankenversicherung freiwillig Versicherter, versicherungspflichtig, bleibt er dies bis zum Ende des Jahres, in dem die Elternzeit endet, auch wenn er nach Ablauf der Elternzeit wieder eine versicherungsfreie Beschäftigung ausübt (§ 6 Abs. 4 SGB V). 64

Arbeitnehmer, die in der **privaten Krankenversicherung** versichert sind, müssen ihre Beiträge während der Dauer der Elternzeit weiterzahlen. Ein Anspruch auf den Zuschuss des Arbeitgebers gemäß § 257 Abs. 1 SGB V besteht nicht. 65

Der freiwillig in der gesetzlichen Krankenkasse und der in der privaten Krankenkasse Versicherte können sich gemäß § 8 Abs. 1 Nr. 2 SGB V während der Elternzeit allerdings von der Versicherungspflicht befreien lassen. Der Antrag auf Befreiung kann nur innerhalb von drei Monaten nach Beginn der Versicherungspflicht bei der zuständigen Krankenkasse gestellt werden (Eingang beim unzuständigen Versicherungsträger gemäß § 16 Abs. 2 SGB I innerhalb der Dreimonatsfrist ebenfalls ausreichend). Die Befreiung endet mit Ablauf der Elternzeit. 66

Privat Krankenversicherte, die durch eine Teilzeitbeschäftigung während der Elternzeit krankenversicherungspflichtig werden, können den Versicherungsvertrag mit ihrer privaten Krankenversicherung nach § 5 Abs. 9 SGB V vorzeitig kündigen, wenn sie nachweisen, dass sie versicherungspflichtig 67 werden. Die Kündigung kann mit Wirkung vom Eintritt der Versicherungspflicht an erfolgen.

68 Ehegatten und Lebenspartner (zum Begriff s. § 1 Rn. 20) sind während der Elternzeit nach § 10 Abs. 1 Satz 3 SGB V nicht als Familienangehörige bei ihrem Ehegatten bzw. Lebenspartner in der gesetzlichen Krankenversicherung – ohne eigene Beitragszahlung – versichert, wenn sie zuletzt vor Beginn der Elternzeit nicht bei einer Krankenkasse gesetzlich versichert waren. Auch in der sozialen Pflegeversicherung besteht während dieser Zeiten kein Versicherungsschutz als mitversicherter Familienangehöriger.

69 Der **Krankenversicherungsschutz während der Elternzeit** umfasst sämtliche Leistungen der Krankenversicherung mit **Ausnahme** des Anspruchs auf **Krankengeld** (§ 49 Abs. 1 Nr. 2 SGB V). Krankengeld kann neben dem Elterngeld nur bezogen werden, wenn die Arbeitsunfähigkeit vor Beginn der Elternzeit eingetreten ist oder während der Elternzeit Arbeitsentgelt aus einer versicherungspflichtigen Tätigkeit mit einer wöchentlichen Arbeitszeit von nicht mehr als 32 Stunden bezogen wird.

70 Zu berücksichtigen ist, dass im letzten Fall der Arbeitgeber bei Arbeitsunfähigkeit zunächst bis zu maximal sechs Wochen zur Entgeltfortzahlung verpflichtet ist. In dieser Zeit ruht der Anspruch auf Krankengeld gemäß § 49 Abs. 1 Nr. 1 SGB V.

Beispiel 1:
Frau F will im Anschluss an die Mutterschutzfrist, die am 25. Februar endet, Elternzeit nehmen. Am 22. Februar erkrankt sie arbeitsunfähig.
Sie hat Anspruch auf Krankengeld, da die Arbeitsunfähigkeit vor Beginn der Elternzeit eingetreten ist. Dieses ist auf der Basis des alten Vollzeitverdienstes zu berechnen. Für die Tage, für die sie noch Mutterschaftsgeld bezieht, ruht jedoch gemäß § 49 Abs. 1 Nr. 3 SGB V der Anspruch auf Krankengeld.

Beispiel 2:
Herr M arbeitet während der Elternzeit 25 Stunden in der Woche als Teilzeitbeschäftigter und erkrankt arbeitsunfähig.
Er hat Anspruch auf Krankengeld, das nach dem letzten abgerechneten Entgeltabrechnungszeitraum vor Beginn der Arbeitsunfähigkeit zu berechnen ist (§ 47 Abs. 2 SGB V). Es ruht jedoch während der Entgeltfortzahlung durch den Arbeitgeber, die i. d. R. sechs Wochen beträgt (§ 49 Abs. 1 Nr. 1 SGB VI).

b) Pflegeversicherung

71 In der **Pflegeversicherung** gelten hinsichtlich des Fortbestehens der Mitgliedschaft während des Bezuges von Elterngeld bzw. der Inanspruchnahme von Elternzeit sowie der Beitragsfreiheit des Elterngeldes der gesetzlichen Krankenversicherung entsprechende Regelungen.

c) Rentenversicherung

In der **Rentenversicherung** gelten die Zeiten für die Erziehung eines Kindes als rentenbegründende und -steigernde Beitragszeiten (§ 56 Abs. 1 SGB VI). 72

Für Kinder, die **ab dem 1. 1. 1992** geboren wurden, werden aufgrund des Rentenreformgesetzes 1992 deren ersten **drei Lebensjahre** als Kindererziehungs-/Beitragszeit berücksichtigt. Sie beginnt nach Ablauf des Monats der Geburt und endet nach 36 Kalendermonaten. 73

Beispiel:
Geburt des Kindes am 25. 2. 2025. Die Kindererziehungszeit beginnt am 1. 3. 2025 und endet am 28. 2. 2028.

Bei Erziehung mehrerer Kinder gleichzeitig verlängert sich die gesamte Kindererziehungszeit um die sich überschneidenden Zeiträume (§ 56 Abs. 5 SGB VI). 74

Beispiel:
Am 21. 2. 2025 werden Zwillinge geboren. Die Kindererziehungszeit beginnt am 1. 3. 2025 und wird um die Kalendermonate der gleichzeitigen Erziehung, d. h. um 36 Monate, verlängert und endet somit erst am 28. 2. 2031.

Beispiel:
Geburt des ersten Kindes am 13. 4. 2020. Die Kindererziehungszeit beginnt am 1. 5. 2020 und endet am 30. 4. 2023. Geburt des zweiten Kindes am 25. 1. 2022. Die Kindererziehungszeit beginnt am 1. 2. 2022 und endet rechnerisch am 31. 1. 2025, sie wird aber um die Kalendermonate der gleichzeitigen Erziehung, d. h. vorliegend um 15 Monate, verlängert und endet somit erst am 30. 4. 2026.

Für Geburten **bis zum 31. 12. 1991** werden für die Zeit ab 1. 7. 2014 Kindererziehungszeiten von 24 Monaten rentenrechtlich anerkannt. Für alle Mütter und Väter, deren Kinder vor 1992 geboren wurden, wird die Erziehungsleistung mit einem zusätzlichen Entgeltpunkt berücksichtigt. Das stellt zwar eine Verbesserung *»älterer«* Eltern dar, aber keine Gleichbehandlung oder das Schließen einer Gerechtigkeitslücke. 75

Kindererziehungszeiten können bei leiblichen Eltern des Kindes berücksichtigt werden sowie bei diesen gleichgestellten Adoptiv-, Stief- und Pflegeeltern. Jedoch nur ein Elternteil, entweder die Mutter oder der Vater, erhält die Kindererziehungszeit. Es ist allerdings grundsätzlich erforderlich, dass die Eltern ihr Kind im Inland erzogen haben. Zeiten im Ausland können nur in Ausnahmefällen berücksichtigt werden. Personenkreisen, die anderen Sicherungssystemen angehören (z. B. **Beamte**), werden keine Erziehungszeiten nach den Vorschriften der Rentenversicherung angerechnet. 76

77 Die Kindererziehungszeit wird nur einem Elternteil zugeordnet – demjenigen, der das Kind überwiegend erzogen hat. Bei **gemeinsamer Erziehung** des Kindes durch die Eltern ohne dass der Erziehungsanteil eines Elternteils überwieg, wird die Erziehungszeit **grundsätzlich der Mutter** angerechnet. Es besteht jedoch ein **Wahlrecht**, wem die Kindererziehungszeiten zugeordnet werden sollen. Sollten sie also nicht bei der Mutter, sondern beim Vater angerechnet werden, müssen die Eltern hierüber eine übereinstimmende Erklärung abgeben.

78 Die Eltern können die Kindererziehungszeiten auch unter sich **aufteilen** (§ 56 Abs. 2 SGB VI). Dabei ist nicht von Bedeutung, welcher Elternteil das Kind überwiegend erzogen hat. Es ist eine übereinstimmende Erklärung der Eltern gegenüber dem zuständigen Rentenversicherungsträgerabzugeben. Diese wirkt grundsätzlich nur für die Zukunft. Eine rückwirkende Erklärung wird nur bis zu zwei Kalendermonaten berücksichtigt. Die Aufteilung kann auch mehrfach wechseln.

79 Bisher wurde denjenigen, die während der Erziehungszeit nicht versicherungspflichtig beschäftigt waren, z. B. den Erziehungsurlaub in Anspruch genommen haben, diese Zeit für die Rente **mit 75 % des Durchschnittsverdienstes aller Versicherten bewertet**. Durch das Rentenreformgesetz 1999 wurde die **Bewertung** für bestehende und neue Renten in drei Stufen des Durchschnittsentgelts wie folgt **angehoben:**

- ab 1. 7. 1998: auf 85 %
- ab 1. 7. 1999: auf 90 %
- ab 1. 7. 2000: auf 100 %.

80 Seit dem 1. 7. 1998 werden Kindererziehungszeiten zudem beim zeitlichen Zusammentreffen mit anderen Beitragszeiten bei Neu- und Altrenten bis zur Beitragsbemessungsgrenze zusätzlich berücksichtigt. Für Kindererziehungszeiten ab dem 1. 1. 1992 können bei Rentenfällen ab dem 1. 1. 2002 zusätzliche Entgeltpunkte gutgeschrieben werden. Haben Mütter und Väter nach der dreijährigen Erziehungszeit in Teilzeit gearbeitet und wenig verdient, werden ihnen die Entgelte rückwirkend aufgewertet, und zwar um 50 Prozent maximal bis zum Durchschnittseinkommen aller Versicherten. Voraussetzung hierfür sind allerdings 25 Jahre an rentenrechtlichen Zeiten (Kinderberücksichtigungszeiten mitgerechnet).

81 Das Rentenreformgesetz 1992 hat ferner **Berücksichtigungszeiten für Kindererziehung** von der Geburt bis zum zehnten Lebensjahr des Kindes eingeführt (§ 57 SGB VI). Hierbei spielt es keine Rolle, wann das Kind geboren wurde. Wurden innerhalb des Zehnjahreszeitraums mehrere Kinder gleichzeitig erzogen, verlängert sich die Berücksichtigungszeit (anders als bei der Kindererziehungszeit) nicht um die Zeit mehrfacher Erziehung. Die Berücksichtigungszeit dauert dann von der Geburt des ältesten Kindes bis zur Vollendung des zehnten Lebensjahres des jüngsten Kindes. Die Berücksichtigungszeit wirkt sich nur im Rahmen sonstiger rentenrechtlicher Re-

gelungen aus. Sie ist bedeutsam für die Erfüllung der Wartezeit von 35 Jahren, für die Aufrechterhaltung des Invaliditätsschutzes, für die Rente nach Mindesteinkommen und für die Bewertung von Anrechnungszeiten.[132] Das führt im Ergebnis u. U. zu einer günstigeren Einstufung beitragsfreier Zeiten (vgl. § 54 Abs. 4 SGB VI) sowie bei langjährig Versicherten auch zur Anrechnung zusätzlicher Entgeltpunkte (§ 70 Abs. 3a SGB VI).

d) Arbeitslosengeld, Arbeitslosenversicherung

Anders als bei der Inanspruchnahme von Elterngeld ist während der Eltern- 82
zeit der **Bezug von Arbeitslosengeld** nicht ausgeschlossen. Die Arbeitnehmerin muss allerdings den Vermittlungsbemühungen der Agentur für Arbeit zur Verfügung stehen (§ 138 Abs. 1 Nr. 3 SGB III). Besteht Bereitschaft zur Ausübung lediglich einer Teilzeittätigkeit, besteht Verfügbarkeit (§ 139 Abs. 4 SGB III), wenn die Arbeitsbereitschaft sich auf sozialversicherungspflichtige Teilzeittätigkeit von mindestens 15 Stunden wöchentlich erstreckt und den üblichen Bedingungen des Arbeitsmarktes entspricht.

Für Arbeitnehmer in Elternzeit, die nach Beendigung der Elternzeit arbeits- 83
los werden, **besteht grundsätzlich der Schutz der Arbeitslosenversicherung**, wenn eine Arbeitslosmeldung erfolgt und die Anwartschaft erfüllt ist. Die **Anwartschaftszeit** ist erfüllt, wenn der Arbeitnehmer in einer Rahmenfrist von zwei Jahren vor Beginn der Arbeitslosigkeit mindestens zwölf Monate versicherungspflichtig beschäftigt war. Dabei gilt die Elternzeit bis zur Vollendung des dritten Lebensjahrs des Kindes als versicherungspflichtige Zeit, wenn er unmittelbar vorher versicherungspflichtig beschäftigt war oder laufende Entgeltersatzleistung nach dem SGB III bezogen hat (§ 26 Abs. 2a Satz 1 SGB III). Ebenso zählt die Zeit des Mutterschutzes, in der Mutterschaftsgeld bezogen wurde, als versicherungspflichtige Zeit (§ 26 Abs. 2 Nr. 1 SGB III).

Damit verlängert sich die Rahmenfrist grundsätzlich um die Dauer der Elternzeit. Arbeitslosengeld II jedoch ist weder versicherungspflichtig i. S. d. § 26 Abs. 2a SGB III noch stellt es eine laufende Entgeltersatzleistung nach dem SGB III dar, so dass hier keine Anwartschaft auf Arbeitslosengeld begründet wird.

Zu berücksichtigen sind des Weiteren auch Betreuungs- und Erziehungs- 84
zeiten für mehrere Kinder (wenn vielleicht auch nur teilweise wegen evtl. Überschneidungen), jedoch längstens, bis diese das dritte Lebensjahr vollendet haben. Eine Anpassung wegen der »Übertragung« von Elternzeit (bis zu 24 Monaten) bis zur Vollendung des achten Lebensjahres des Kindes gibt es bisher nicht. Daher besteht keinen Anspruch auf Arbeitslosengeld,

---

132 S. a. Zmarzlik/Zipperer/Viethen, § 15 Rn. 70 sowie näher Meisel/Sowka, § 15 Rn. 40b.

wenn die Elternzeit aufgrund der Übertragungsmöglichkeit (von bis zu 24 Monaten) bei mehreren Kindern verlängert und der Arbeitnehmer nach dem Ende der Elternzeit arbeitslos wird. Kindererziehung kann also dem Erwerb eines Anspruchs auf Arbeitslosengeld entgegenstehen, weil die Versicherungszeiten in der Rahmenfrist nach Rückkehr auf den Arbeitsmarkt nicht mehr für die Anwartschaftszeiten ausreichen. Die Regelung, dass nur die Erziehungszeit bis zum dritten Lebensjahr anwartschaftsbegründend ist, verstößt nicht gegen Verfassungsrecht.[133]

Zeiten des Bezuges von Elterngeld (auch bereits Erziehungsgeld) werden bei der Berechnung der **Dauer des Arbeitslosengeldanspruchs**, die nach der Dauer der vergangenen beitragspflichtigen Versicherungsverhältnisse gestaffelt sind, **nicht** (mehr) berücksichtigt.

85 **Grundlage für die Berechnung** des Arbeitslosengeldes ist § 150 Abs. 1 SGB III. Der Bemessungszeitraum umfasst die beim Ausscheiden des Arbeitslosen aus dem jeweiligen Beschäftigungsverhältnis abgerechneten Entgeltabrechnungszeiträume der versicherungspflichtigen Beschäftigungen im Bemessungsrahmen. Dieser umfasst ein Jahr. Bei Eintritt der Arbeitslosigkeit im Anschluss an die Elternzeit (ohne Teilzeit) ist dies regelmäßig das Bruttoarbeitsentgelt, das vor der Freistellung für die Elternzeit und ggf. vor Eintritt der Mutterschaftsfrist verdient wurde. Eine Ausnahme besteht für die Fälle, in denen eine zulässige arbeitslosenversicherungspflichtige **Teilzeitarbeit** (mindestens 15, maximal 32 Stunden pro Woche) ausgeübt wurde. Zur Vermeidung von Nachteilen bleiben bei der Ermittlung des einjährigen Bemessungszeitraumes grundsätzlich Zeiten außer Betracht (§ 150 Abs. 2 Nr. 3 SGB III), in denen der Arbeitslose Elterngeld bezogen oder nur wegen Berücksichtigung von Einkommen nicht bezogen hat, soweit wegen der Betreuung oder Erziehung eines Kindes das Arbeitsentgelt oder die durchschnittliche regelmäßige wöchentliche Arbeitszeit gemindert war. Bestehen allerdings in den letzten zwei Jahren (erweiterter Bemessungsrahmen) vor Beginn der Arbeitslosigkeit nicht wenigsten 150 Tage (fünf Monate) mit Anspruch auf (Vollzeit-) Arbeitsentgelt, wird das Arbeitslosengeld fiktiv bemessen, und zwar nach vier pauschalen Qualifikationsstufen. Für die Festsetzung der Qualifikationsgruppe erfolgt eine Zuordnung, angefangen bei Beschäftigungen, die keine Ausbildung erfordern bis zu einer Tätigkeit, die eine Hochschul- oder Fachhochschulausbildung voraussetzt (§ 152 SGB III). Nach der Rechtsprechung des BSG kommt es für die Zuordnung zu der jeweiligen Qualifikationsgruppe grundsätzlich darauf an, ob der Arbeitslose tatsächlich über den für die angestrebte Beschäftigung erforderlichen formellen Berufsabschluss verfügt. Das bislang erzielte oder künftig konkret erzielbare Arbeitsentgelt ist unerheblich.[134]

---

133 SG Speyer 7.3.2012 – S 1 AL 31/11.

134 BSG 4.7.2012 – B 11 AL 21/11 R.

Hinweis:
Insbesondere nach Aufgabe/Verlust einer Tätigkeit mit hohem Einkommen kann es sinnvoll sein, wenigstens für einen Tag Arbeitslosengeld zu beziehen. Gem. § 161 Abs. 2 SGB III kann nämlich ein einmal entstandener Arbeitslosengeldanspruch vom Arbeitslosen nur dann nicht mehr (in der gleichen Höhe) geltend gemacht werden, wenn nach seiner Entstehung vier Jahre vergangen sind.

Die Arbeitnehmerin möchte **nach Beendigung** der Elternzeit in Teilzeit- **86**
arbeit tätig sein, die der bisherige Arbeitgeber aus betrieblichen Gründen gemäß TzBfG ablehnt. Wird das Arbeitsverhältnis daraufhin einvernehmlich oder durch Kündigung der Arbeitnehmerin beendet, ist die Verhängung einer **Sperrzeit** i. d. R. nicht gerechtfertigt. Die Betreuung des Kindes ist als »wichtiger Grund« für die Beendigung des Arbeitsverhältnisses im Sinne des § 159 Abs. 1 SGB III anzusehen. Die Arbeitnehmerin muss jedoch bereit sein und es muss ihr möglich sein, eine Beschäftigung von mindesten 15 Wochenstunden aufzunehmen. Das Arbeitslosengeld berechnet sich auch nur nach der Wochenarbeitszeit, die die Arbeitslose zur Verfügung steht (§ 151 Abs. 5 SGB III).

e) Sozialleistungen

Während des Bezuges von Elterngeld ist grundsätzlich davon auszugehen, **87**
dass bereits eine Hilfe zur Sicherung der Lebensgrundlage vorliegt. Bei Gewährung von Bürgergeld oder Sozialhilfe oder Kinderzuschlag oder Leistungen des Asylbewerberleistungsgesetzes wird das Elterngeld daher in voller Höhe (also auch in Höhe des Mindestbetrages von 300,00 € bzw. von 150,00 € bei ElterngeldPlus) als Einkommen angerechnet (§ 10 Abs. 5: nähere Ausführungen s. § 10 Rn. 1 ff.).

§ 16 Inanspruchnahme der Elternzeit

(1) [1]Wer Elternzeit beanspruchen will, muss sie

1. für den Zeitraum bis zum vollendeten dritten Lebensjahr des Kindes spätestens sieben Wochen und

2. für den Zeitraum zwischen dem dritten Geburtstag und dem vollendeten achten Lebensjahr des Kindes spätestens 13 Wochen

vor Beginn der Elternzeit in Textform vom Arbeitgeber verlangen. [2]Verlangt die Arbeitnehmerin oder der Arbeitnehmer Elternzeit nach Satz 1 Nummer 1 muss sie oder er gleichzeitig erklären, für welche Zeiten innerhalb von zwei Jahren Elternzeit genommen werden soll. [3]Bei dringenden Gründen ist ausnahmsweise eine angemessene kürzere Frist möglich. [4]Nimmt die Mutter die Elternzeit im Anschluss an die Mutterschutzfrist, wird die Zeit der Mutterschutzfrist nach § 3 Absatz 2 und 3 des

Mutterschutzgesetzes auf den Zeitraum nach Satz 2 angerechnet. [5]Nimmt die Mutter die Elternzeit im Anschluss an einen auf die Mutterschutzfrist folgenden Erholungsurlaub, werden die Zeit der Mutterschutzfrist nach § 3 Absatz 2 und 3 des Mutterschutzgesetzes und die Zeit des Erholungsurlaubs auf den Zweijahreszeitraum nach Satz 2 angerechnet. [6]Jeder Elternteil kann seine Elternzeit auf drei Zeitabschnitte verteilen; eine Verteilung auf weitere Zeitabschnitte ist nur mit der Zustimmung des Arbeitgebers möglich. [7]Der Arbeitgeber kann die Inanspruchnahme eines dritten Abschnitts einer Elternzeit innerhalb von acht Wochen nach Zugang des Antrags aus dringenden betrieblichen Gründen ablehnen, wenn dieser Abschnitt im Zeitraum zwischen dem dritten Geburtstag und dem vollendeten achten Lebensjahr des Kindes liegen soll. [8]Der Arbeitgeber hat dem Arbeitnehmer oder der Arbeitnehmerin die Elternzeit zu bescheinigen. [9]Bei einem Arbeitgeberwechsel ist bei der Anmeldung der Elternzeit auf Verlangen des neuen Arbeitgebers eine Bescheinigung des früheren Arbeitgebers über bereits genommene Elternzeit durch die Arbeitnehmerin oder den Arbeitnehmer vorzulegen.

(2) Können Arbeitnehmerinnen aus einem von ihnen nicht zu vertretenden Grund eine sich unmittelbar an die Mutterschutzfrist des § 3 Absatz 2 und 3 des Mutterschutzgesetzes anschließende Elternzeit nicht rechtzeitig verlangen, können sie dies innerhalb einer Woche nach Wegfall des Grundes nachholen.

(3) [1]Die Elternzeit kann vorzeitig beendet oder im Rahmen des § 15 Absatz 2 verlängert werden, wenn der Arbeitgeber zustimmt. [2]Die vorzeitige Beendigung wegen der Geburt eines weiteren Kindes oder in Fällen besonderer Härte, insbesondere bei Eintritt einer schweren Krankheit, Schwerbehinderung oder Tod eines Elternteils oder eines Kindes der berechtigten Person oder bei erheblich gefährdeter wirtschaftlicher Existenz der Eltern nach Inanspruchnahme der Elternzeit, kann der Arbeitgeber unbeschadet von Satz 3 nur innerhalb von vier Wochen aus dringenden betrieblichen Gründen schriftlich ablehnen. [3]Die Elternzeit kann zur Inanspruchnahme der Schutzfristen des § 3 des Mutterschutzgesetzes auch ohne Zustimmung des Arbeitgebers vorzeitig beendet werden; in diesen Fällen soll die Arbeitnehmerin dem Arbeitgeber die Beendigung der Elternzeit rechtzeitig mitteilen. [4]Eine Verlängerung der Elternzeit kann verlangt werden, wenn ein vorgesehener Wechsel der Anspruchsberechtigten aus einem wichtigen Grund nicht erfolgen kann.

(4) Stirbt das Kind während der Elternzeit, endet diese spätestens drei Wochen nach dem Tod des Kindes.

(5) Eine Änderung in der Anspruchsberechtigung hat der Arbeitnehmer oder die Arbeitnehmerin dem Arbeitgeber unverzüglich mitzuteilen.

Inhaltsübersicht Rn.

1. Geltendmachung der Elternzeit

Im Rahmen des sog. vierten Bürokratieentlastungsgesetzes (BEG IV) wurde die Schriftform durch die Textform ersetzt. Die Änderungen im BEEG traten zum 1.5.2025 in Kraft. Wer Elternzeit in Anspruch nehmen will, kann dieses für ab dem 1.5.2025 geborene Kinder nunmehr **in Textform** vom Arbeitgeber **verlangen (Abs. 1 Satz 1)**. Die Textform nach § 126b Abs. 1 BGB verlangt, dass eine lesbare Erklärung, in der die Person des Erklärenden genannt ist, auf einem dauerhaften Datenträger abgegeben wird. Ein dauerhafter Datenträger ist jedes Medium, das es dem Empfänger ermöglicht, eine auf dem Datenträger befindliche, an ihn persönlich gerichtete Erklärung so aufzubewahren oder zu speichern, dass sie ihm während eines für ihren Zweck angemessenen Zeitraums zugänglich ist, und geeignet ist, die Erklärung unverändert wiederzugeben. Die Textform erfordert damit – anders als die bisher die Schriftform – keine eigenhändige Namensunterschrift oder die Unterzeichnung durch notariell beglaubigtes Handzeichen. Der Textform genügt damit eine E-Mail oder Papierdokumente ohne Originalunterschrift wie Telefax, Telegramm und Computerfax.[1] Um den Zugang des Antrags bzw. das Datum des Zugangs beim Arbeitgeber im Streitfall nachweisen zu können, sollten die Antragsteller eine Empfangsbestätigung einfordern. 1

Für vor dem 1.5.2025 geborene Kinder verbleibt es bei dem Schriftformerfordernis. Für sie bleibt die die Geltendmachung per Fax oder per unsignierter E-Mail ausgeschlossen. Auch eine als Anhang zur E-Mail übersandte PDF-Datei genügt dem Formerfordernis der §§ 126, 126a BGB nicht.[2] Die Nichteinhaltung der Form hat gemäß § 125 Satz 1 BGB die Nichtigkeit der Erklärung zur Folge.

Das Gesetz differenziert zwischen der Elternzeit bis zur Vollendung des dritten Lebensjahres und der Elternzeit zwischen dem dritten Geburtstag und dem vollendeten achten Lebensjahr des Kindes. Bis zum vollendeten dritten Lebensjahr muss die Geltendmachung spätestens **sieben Wochen,** die Elternzeit ab dem dritten Geburtstag dagegen **13 Wochen** vor dem gewünschten Beginn erfolgen. Die Frist ist eine Mindestfrist; der Arbeitneh-

1 ErfK/Preis, BGB, § 126b Rn. 2.
2 BAG 10.5.2016 – 9 AZR 149/15.

mer kann sich auch schon früher äußern. Die Zustimmung des Arbeitgebers ist nicht erforderlich.

> **Beispiel 1:**
> Der Sohn von M und F wurde am Donnerstag, dem 22.5.2025, geboren. Die Mutterschutzfrist beginnt am 10.4.2025 und endet acht Wochen nach der Geburt am Donnerstag, 17.7.2025. Im Anschluss daran, ab Freitag, dem 18.7.2025, möchte F Elternzeit nehmen. Sie muss die Elternzeit sieben Wochen vor Beginn, spätestens am Donnerstag, dem 29.5.2025, von ihrem Arbeitgeber in Textform verlangen.

Der Arbeitgeber kann auf die Einhaltung der Frist verzichten und auch eine verspätete Mitteilung akzeptieren. Bei dringenden Gründen ist gemäß **Satz 3** ausnahmsweise eine kürzere Frist möglich. In der Gesetzesbegründung wird hierfür der Fall einer Adoptionspflege genannt[3] Denkbar ist aber auch, dass dieses ebenfalls gelten könnte, wenn die Betreuungsperson ernsthaft erkrankt.[4] Der Anspruch entsteht nicht automatisch, also **nicht kraft Gesetzes.**[5]

2 Mit der **Geltendmachung** der Elternzeit bis zum vollendeten dritten Lebensjahr müssen die Eltern **verbindlich festlegen**, für welche Zeiten innerhalb von zwei Jahren Elternzeit genommen wird. An diese Erklärung sind die Eltern grundsätzlich gebunden. Fehlt diese Erklärung, liegt kein wirksames Verlangen nach Elternzeit vor[6] Diese Anforderung ist dahin zu verstehen, dass der Arbeitnehmer den Zweijahreszeitraum »mindestens« abdecken muss.[7] Das dient nämlich auch dem Dispositionsinteresse des Arbeitgebers und ermöglicht somit eine rechtzeitige Personalplanung und ggf. die Einstellung einer Ersatzkraft.[8] Die Erklärung ist so konkret und substantiiert zu formulieren, dass sich aus ihr ohne weiteres der Beginn und das Ende der Elternzeit ergibt. Unklare, vage oder an nicht vom Arbeitgeber zu beeinflussende Bedingungen geknüpfte Erklärungen sind unwirksam. Eine Mitteilung, dass die Elternzeit nach Beendigung der Arbeitsunfähigkeit beginnen soll, genügt nicht den Anforderungen.[9]

3 Fraglich ist, wann die **Festlegung** des Zweijahreszeitraumes beginnt. Dieses dürfte der Beginn der Elternzeit bzw. des ersten Elternzeitabschnitts (»innerhalb von zwei Jahren«) sein.[10] Hat also ein Arbeitnehmer Elternzeit bis zur Vollendung des zweiten Lebensjahres des Kindes geltend gemacht, kann er

---

3 BT-Drs. 14/3553, S. 22.
4 Reinecke, FA 2001, 10.
5 BAG 22.6.1988 und BAG 10.5.1989, AP Nr. 1 und 2 zu § 15 BErzGG.
6 BAG 17.2.1994, NZA 1994, 65.
7 BAG 19.4.2005 – 9 AZR 233/04, NZA 2005, 1354, 1356.
8 BT-Drs. 14/3553, S. 22.
9 BAG 17.10.1990, NZA 1991, 320.
10 Sowka, NZA 2000, 1186.

später erneut Elternzeit verlangen, um den maximalen Anspruchszeitraum weiter oder in vollem Umfang auszuschöpfen. Höchstrichterlich noch nicht geklärt und in der Literatur umstritten ist, ob es sich auch dann, wenn der Arbeitnehmer die Elternzeit zunächst auf die ersten beiden Lebensjahre eines Kindes beschränkt hat und später nahtlos Elternzeit bis zur Vollendung des dritten Lebensjahres des Kindes beansprucht, um ein zustimmungsbedürftiges Verlängerungsverlangen i. S. d. Abs. 3 Satz 1 handelt. Unklar sind insoweit die Ausführungen des BAG im Urteil vom 18. 10. 2011.[11] Zum Teil wird vertreten, dass ein Arbeitnehmer, der sich zunächst auf eine Festlegung der Elternzeit für die beiden ersten Jahre seit der Geburt des Kindes beschränkt hat, für eine weitere Elternzeit bis zur Vollendung des dritten Lebensjahres des Kindes der Zustimmung des Arbeitgebers bedarf,[12] wobei die Zustimmung regelmäßig zu erteilen sei.[13] § 15 Abs. 2 Satz 1 und § 16 Abs. 1 Satz 2 bezögen sich, wie § 16 Abs. 1 Satz 2 verdeutliche, nur auf die Erstanzeige. Diese Auffassung ist jedoch abzulehnen, da sie zu sehr dem Wortlaut verhaftet ist und nicht genügend den im Gesetz zum Ausdruck gekommenen Willen berücksichtigt, über eine flexibilisierte Elternzeit zur besseren Vereinbarkeit von Familie und Beruf beizutragen und die berufliche Motivation junger Eltern zu erhöhen.[14] Die landesarbeitsgerichtliche Rechtsprechung[15] und die mittlerweile wohl überwiegende Meinung in der Literatur[16] gehen daher davon aus, dass es sich bei der Geltendmachung von Elternzeit für das dritte Lebensjahr eines Kindes um ein zustimmungsfreies Verlangen i. S. v. Abs. 1 Satz 1 i. V. m. § 15 Abs. 2 Satz 1 handele. Aus dem Wortlaut und der Systematik des § 16 ergebe sich nicht, dass innerhalb der ersten drei Lebensjahre eines Kindes nur die erstmalige Inanspruchnahme von Elternzeit zustimmungsfrei sein soll.

11 BAG 18. 10. 2011 – 9 AZR 315/10, NZA 2012, 262.

12 Rancke in Rancke/Pepping (Hrsg), BEEG, § 16 Rn. 11.

13 ErfK/Gallner, BEEG, § 16 Rn. 4.

14 vgl. Buchner/Becker, § 16 Rn. 15; Sowka, NZA 2001, 1888; ders., Festschrift 50 Jahre BAG, S. 229, 231; Oberthür, ArbRB 2005, 189; LAG Düsseldorf 24. 1. 2011 – 14 Sa 1399/10; LAG Rheinland-Pfalz 4. 11. 2004 – 4 Sa 606/04; LAG Niedersachsen 13. 11. 2006 – 5 Sa 402/06; ArbG Frankfurt 22. 4. 2010 – 20 Ga78/10, NZA-RR 2010, 487 f.

15 LAG Berlin-Brandenburg 20. 9. 2018 – 21 Sa 390/18; LAG Düsseldorf 24. 1. 2011 – 14 Sa 1399/10; LAG Sachsen 17. 5. 2011 – 7 Sa 1367/10; sowie noch zu § 16 BErzGG LAG Rheinland-Pfalz 4. 11. 2004 – 4 Sa 606/04; LAG Niedersachsen 13. 11. 2006 – 5 Sa 402/06.

16 Z. B. Rancke in Rancke/Pepping (Hrsg.), BEEG, § 15 Rn. 37, § 16 Rn. 11; Fecker/Scheffzek, NZA 2015, 781 f.; Sowka, NZA 2001, 1888; ders., Festschrift 50 Jahre BAG, S. 229, 231; Oberthür, ArbRB 2005, 189; Fecker/Scheffzek, NZA 2015, 778; Aschmoneit, NZA 2012, 247.

Beispiel 2:
M hat Elternzeit für 18 Monate seit Geburt des Kindes geltend gemacht.
Er hat sich damit für die ersten zwei Jahre festgelegt und muss tatsächlich 18 Monate Elternzeit in Anspruch nehmen. An die dem Arbeitgeber gegenüber abgegebene Erklärung über die Dauer der Elternzeit ist der Arbeitnehmer nach allgemeinem Recht gebunden.[17] Nach wohl überwiegender Auffassung kann er gegenüber dem Arbeitgeber im unmittelbaren Anschluss weitere Elternzeit für das dritte Lebensjahr seines Kindes verlangen. Er kann also für die Zeit vom zweiten Geburtstag bis zum vollendeten dritten Lebensjahr des Kindes erneut Elternzeit geltend machen. Eine Zustimmung des Arbeitgebers bedarf er nicht. Dafür muss er allerdings die Ankündigungsfrist von sieben Wochen einhalten und ist dann erneut an diese Erklärung gebunden.

Es kann von vornherein der gesamte in Betracht kommende Zeitraum bis zur Vollendung des dritten Lebensjahres des Kindes abgedeckt werden.[18] Auch hieran ist der Arbeitgeber gebunden. Soweit angenommen wird, der Arbeitnehmer werde nur für die Dauer von zwei Jahren gebunden,[19] wird übersehen, dass sich ein Arbeitnehmer an die dem Arbeitgeber gegenüber abgegebene Erklärung über die Dauer der Elternzeit nach allgemeinem Recht festhalten lassen muss.

Beispiel 3:
F macht Elternzeit bis zur Vollendung des dritten Lebensjahres des Kindes geltend.

4 Gestaltungsrechte wie das Recht auf Elternzeit[20] sind grundsätzlich bedingungsfeindlich und damit auch nicht widerrufbar.[21] Das »Elternzeitverlangen« kann allerdings unter die Potestativbedingung gestellt werden, dass der Arbeitgeber gleichzeitig einer **Reduzierung der Arbeitszeit/Elternteilzeit** nach § 15 Abs. 7 zustimmt.[22] Das BAG hat diese Vorgehensweise gebilligt, damit der Arbeitnehmer nicht dem Risiko ausgesetzt ist, dass die begehrte Elternteilzeit aufgrund fehlenden Beschäftigungsbedarfs verweigert wird und der Arbeitnehmer in Elternzeit ohne die beantragte Elternteilzeit verbleibt. Die grundsätzliche Bedingungsfeindlichkeit von Gestaltungsrechten stehe dem nicht entgegen, denn der Arbeitgeber habe als Erklärungsempfänger den Eintritt der Bedingung nach Auffassung des BAG selbst in der

17 BAG 19.4.2005 – 9 AZR 233/04, NZA 2005, 1354, 1356.
18 BAG 9.5.2006, 9 AZR 278/05, NZA 2006, 1413; BAG 19.4.2005 – 9 AZR 233/04, NZA 2005, 1354; BAG 27.4.2004, – 9 AZR 21/04, NZA 2004, 1039.
19 Sowka, NZA 2000, 1185, 1187 f.
20 Joussen, NZA 2005, 336, 337.
21 BAG 21.4.2009 – 9 AZR 391/08, BB 2009, 2251; BAG 19.4.2005, – 9 AZR 233/04, NZA 2005, 1354.
22 Vgl. BAG 5.6.2007 – 9 AZR 82/07, NZA 2007, 1352; BAG 15.4.2008 – 9 AZR 340/07, NZA 2008, 998; LAG Köln 29.1.2010 – 4 Sa 943/08.

Hand. Beim Arbeitgeber als Erklärungsempfänger liege daher keine Unklarheit über den Bedingungseintritt vor. Dieses bedingte Elternzeitverlangen wirkt sich allerdings auf den Sonderkündigungsschutz nach § 18 Abs. 1 aus (vgl. dort Rn. 11).

Auf die **Berechnung** der Sieben- bzw. 13-Wochenfrist finden die §§ 187 ff. BGB Anwendung. Abzustellen ist immer auf den Beginn der geplanten Elternzeit. Von diesem Beginn aus ist die Fristberechnung vorzunehmen. Dies gilt auch dann, wenn die Elternzeit direkt im Anschluss an die Mutterschutzfrist gem. § 3 Abs. 2 und 3 MuSchG beginnen soll. Da der erste Tag der Elternzeit der Tag ist, von dem an zurückzurechnen ist, beginnt die Siebenwochenfrist mit dem Ablauf des Tages der letzten Woche, welcher dem Tag vorhergeht, der durch seine Benennung dem ersten Tag der Elternzeit entspricht. Ist also der Beginn eines Freitags der maßgebliche Endzeitpunkt, weil Freitag der erste Tag der Elternzeit ist, so endet die Frist »sieben Wochen davor« mit dem Ablauf des Donnerstags.[23]

> **Beispiel 4:**
> Der Sohn von F wurde am Donnerstag, dem 5.6.2025, geboren. Die Mutterschutzfrist endet acht Wochen nach der Geburt am Donnerstag, dem 31.7.2025. Im Anschluss daran, ab Freitag, dem 1.8.2025, möchte F Elternzeit nehmen. Sie muss die Elternzeit spätestens sieben Wochen vorher, also am Freitag, dem 13.6.2025, von ihrem Arbeitgeber in Textform verlangen.

Fällt der letzte Tag der Erklärungsfrist auf einen Samstag, Sonntag oder Feiertag, führt dies nicht zu einer Fristverlängerung bis zum nächsten Werktag; § 193 BGB gilt nicht.[24]

Das Elternzeitverlangen in Textform muss fristgemäß beim Arbeitgeber eingehen. Maßgeblich für die Einhaltung der sieben- bzw. 13-Wochenfrist ist der Zugang des Schreibens beim Arbeitgeber. Für den Nachweis der rechtzeitigen Geltendmachung der Elternzeit ist zu empfehlen, eine Empfangsbestätigung vom Arbeitgeber einzufordern. 5

Die Inanspruchnahme der Elternzeit zwischen dem dritten Geburtstag und dem vollendeten achten Lebensjahr des Kindes bedarf nicht mehr der Zustimmung des Arbeitgebers. Um die Interessen der Arbeitgeber angemessen zu berücksichtigen, wird die Anmeldefrist für diesen Zeitraum in Anlehnung an das Teilzeit- und Befristungsgesetz auf 13 Wochen erhöht. Es wird für zumutbar gehalten, dass Eltern von älteren Kindern eine längere Anmeldefrist einhalten. Die weitere Entwicklung und die zeitlichen Bedürfnisse für die Kinder seien besser vorhersehbar.[25]

---

23 Vgl. Meisel/Sowka, § 16 Rn. 8 m. w. N.
24 Vgl. BAG 5.3.1970, AP Nr. 1 zu § 193 BGB.
25 BT-Drs. 18/2583, S. 36.

6 Beginnt eine Elternzeit vor dem dritten Geburtstag und dauert ohne Unterbrechung über den dritten Geburtstag hinaus an, muss für den Elternzeitanteil vor dem dritten Geburtstag die siebenwöchige Anmeldefrist und für den Elternzeitanteil ab dem dritten Geburtstag die Anmeldefrist von 13 Wochen eingehalten werden.[26]

7 Die Vorschrift regelt nur, wie lange vor **Antritt** Arbeitnehmerinnen und Arbeitnehmer die Elternzeit geltend machen müssen, **nicht von welchem Zeitpunkt ab** sie dies tun können. Daher ist denkbar – aber nicht sinnvoll –, dass die Elternzeit z. B. auch schon vor der Geburt des Kindes geltend gemacht werden kann. Der Arbeitgeber kann auch nicht unter dem Gesichtspunkt der arbeitsvertraglichen Treuepflicht eine verbindliche Erklärung vom Arbeitnehmer vor Beginn der in Abs. 1 Satz 1 aufgeführten Erklärungsfristen verlangen.[27]

8 Der **Arbeitgeber kann** auch auf die Einhaltung der Sieben- bzw. 13-Wochenfrist **verzichten**, da mit dieser Vorschrift nur sein Dispositionsinteresse geschützt werden soll.

Bisherige Teilzeittätigkeit, die während der Elternzeit von Beginn an fortgeführt werden soll, ist dem Arbeitgeber gem. § 15 Abs. 5 Satz 4 in analoger Anwendung von § 16 Abs. 1 Satz 1 mitzuteilen.[28]

9 Hat der Arbeitnehmer die ihm nach § 15 BEEG zustehende Elternzeit fristgerecht verlangt, entsteht der Anspruch, ohne dass der Arbeitgeber hierzu sein Einverständnis erklären oder zustimmen muss. Der Arbeitnehmer kann ohne Einvernehmen mit dem Arbeitgeber nicht in Abweichung von seinen Erklärungen die Arbeit antreten oder die Elternzeit beenden. Auch wenn der Arbeitnehmer vor Antritt der Elternzeit oder während der bereits angetretenen Elternzeit (unter vollständiger Arbeitsbefreiung) erkrankt, ist seine Erklärung verbindlich.

Wird die Elternzeit von der Mutter im Anschluss an die Mutterschutzfrist genommen, wird die Mutterschutzfrist auf den Zweijahreszeitraum der Elternzeit angerechnet. Schließt sie zudem noch Erholungsurlaub an die Mutterschutzfrist an, werden diese Zeiten ebenfalls angerechnet.

10 Die **Aufteilung** der insgesamt höchstens dreijährigen Elternzeit pro Kind ist für jeden Elternteil in **höchstens drei Zeitabschnitte** zulässig, unabhängig davon, wann die Elternzeit beansprucht wird. Sie endet spätestens mit Ablauf des Tages, der dem dritten Geburtstag des Kindes vorangeht. Möchte der Arbeitnehmer die Höchstdauer nicht ausschöpfen, kann er davon abweichend ein beliebiges Beendigungsdatum vor dem dritten Geburtstag des Kindes wählen. Dieses Beendigungsdatum muss er in seinem Elternzeitverlangen nach Abs. 1 Satz 1 angeben. Der Arbeitnehmer ist an sein Elternzeit-

26 BT-Drs. 18/2583, S. 36.

27 Brose/Weth/Volk/*Schneider*, BEEG, § 16 Rn. 15.

28 BAG 27.4.2004 – 9 AZR 21/04, NZA 2004, 1039.

verlangen gebunden. Zur vorzeitigen Beendigung oder Verlängerung siehe Rn. 17 ff.

Beispiel 5:
F und M beabsichtigen Elternzeit für ihr am 5.6.2025 geborenes Kind wie folgt zu nehmen:

1. 1.8.2025 bis 31.7.2026 (im Anschluss an den Mutterschutz) F
2. 1.8.2026 bis 1.2.2027 M
3. restliche 18 Monate nach dem 1.2.2027 bis zur Vollendung des achten Lebensjahres des achten Lebensjahres F

Hinweis:
Eine Zustimmung des Arbeitgebers für den letzten Zeitabschnitt ist nicht mehr erforderlich. Der letzte Zeitabschnitt muss jedoch gem. Abs. 1 Satz 1 Nr. 2 13 Wochen vor Beginn beim Arbeitgeber verlangt werden.

Der Antrag von F für die Zeit vom 1.8.2025 bis 31.7.2026 muss bis zum 13.6.2015 ihrem Arbeitgeber vorliegen, also bereits eine Woche nach der Geburt des Kindes und sieben Wochen vor Inanspruchnahme der Elternzeit. Möchte der Vater unmittelbar nach der Geburt des Kindes Elternzeit nehmen, muss er dieses dem Arbeitgeber sieben Wochen vorher mitteilen, im obigen Beispiel also bis zum 17.4.2025 (Problem: Geburtstermin ist in der Regel nur ein voraussichtlicher Termin).

Ein Antrag könnte wie folgt lauten:

a) **für die Zeit im Anschluss an die Mutterschutzfrist oder unmittelbar nach der Geburt:**

Sehr geehrte/r Frau/Herr …,
hiermit zeige ich an, dass ich vom … bis … Elternzeit zur Betreuung und Erziehung meines Kindes (Name, Geburtsdatum) in Anspruch nehmen werde. Bitte bestätigen Sie mir den Erhalt meines Antrags per E-Mail.
Mit freundlichen Grüßen

Sehr geehrte/r Frau/Herr …,
Der Geburtstermin meines Kindes ist für den … errechnet worden. Nach Ablauf der Mutterschutzfrist werde ich Elternzeit nehmen. Bitte bestätigen Sie mir den Erhalt meines Antrags per E-Mail.
Mit freundlichen Grüßen

b) **für die über das dritte Lebensjahr hinausgehende Zeit (wichtig: Verlangen des Zeitabschnitts 13 Wochen vor Beginn):**

Sehr geehrte/r Frau/Herr …,
hiermit zeige ich an, dass ich ab dem … Elternzeit in Anspruch nehme. Unser Kind wurde am … geboren. Mein/e Partner/in/Ich … hat/habe … Monate Elternzeit bis zum vollendeten dritten Lebensjahr in Anspruch genommen.
Einen Zeitabschnitt von … Monaten werde ich vom … bis … in Anspruch nehmen.
Mit freundlichen Grüßen

11 In Abs. 1 Satz 7 ist geregelt, dass der Arbeitgeber die **Inanspruchnahme eines dritten Elternzeitabschnitts** zwischen dem dritten und achten Lebensjahr aus **dringenden betrieblichen Gründen** ablehnen kann. Die Ablehnung muss er jedoch innerhalb von **acht Wochen** ab Zugang des Elternzeitantrags erklären.

12 Der Arbeitgeber hat die Elternzeit gem. Abs. 1 Satz 8 zu **bescheinigen**. Bei einem **Arbeitgeberwechsel** ist bei Anmeldung von Elternzeit auf Verlangen des neuen Arbeitgebers die bereits genommene Elternzeit durch den früheren Arbeitgeber zu bescheinigen und ihm vorzulegen, wenn der Arbeitnehmer bei dem neuen Arbeitgeber Elternzeit beantragen möchte (Abs. 1 Satz 9). Hierdurch kann der neue Arbeitgeber nachvollziehen, wie viel Elternzeit noch beansprucht werden kann.[29]

2. Fristversäumnis

13 Die Fristen des Abs. 1 Satz 1 sind keine Ausschlussfristen. Eine Nichteinhaltung der Ankündigungsfrist des Abs. 1 Satz 1 für die Inanspruchnahme der Elternzeit hat lediglich zur Folge, dass sich der Beginn der verlangten Elternzeit auf einen späteren Zeitpunkt verschiebt.[30] Der Beginn der Elternzeit verzögert sich um die Zeitspanne der nicht eingehaltenen Frist. Der **Elternzeitbeginn** wird lediglich **zeitlich verschoben**; eine nochmalige Erklärung ist nicht erforderlich. Im Fall des Abs. 2 kann die versäumte Erklärung nachgeholt werden (siehe Rn. 16).

14 Gem. Abs. 1 Satz 3 können aber bei dringenden Gründen ausnahmsweise beide **Regelfristen** angemessen **gekürzt** werden. Z. B. wenn ganz kurzfristig die Adoption eines neugeborenen Kindes möglich ist, wird es nicht vertretbar sein, den Arbeitnehmer auf die Siebenwochenfrist zu verweisen, da er sich hierauf nicht rechtzeitig einstellen konnte.[31] Um welchen Zeitraum eine Verkürzung angemessen ist, muss unter Berücksichtigung der Dispositionsbelange des Arbeitgebers und der Bedeutung der geltend gemachten Gründe beurteilt werden, ist also im Einzelfall zu entscheiden.[32] Eine Abkürzung auf weniger als zwei Wochen dürfte kaum noch angemessen sein.[33]

15 Der Arbeitgeber kann auf die **Ankündigungsfrist**, die nur seinem Schutz dient, **verzichten.** Beanstandet der Arbeitgeber die mangelnde Fristwahrung nicht bzw. hat er keine Einwände gegen das Elternzeitverlagen zu einem be-

29 BT-Drs. 18/2583, 37.

30 BAG 27.4.2004 – 9 AZR 21/04, NZA 2004, 1039; LAG Rheinland-Pfalz 22.11.2011 – 3 Sa 305/11.

31 BT-Drs. 14/3553, S. 22.

32 Vgl. auch Brose/Weth/Volk/*Schneider*, BEEG, § 16 Rn. 13.

33 Rancke in Rancke/Pepping (Hrsg.), BEEG, § 16 Rn. 8.

stimmten Termin und lässt sich vorbehaltslos darauf ein so ist die Geltendmachung zum angegebenen Zeitpunkt als wirksam anzusehen.[34]

Eine weitere Ausnahme enthält **Abs. 2**: Hat die Arbeitnehmerin die Erklärungsfrist von sieben Wochen aus einem von ihr **nicht zu vertretenden Grund** versäumt, kann sie die Elternzeit noch innerhalb einer Woche nach Wegfall des Grundes verlangen. Voraussetzung ist, dass sich die Elternzeit unmittelbar an das Beschäftigungsverbot nach § 3 Abs. 2 und 3 MuSchG anschließen soll. Es reicht aus, dass die Arbeitnehmerin die Fristversäumung weder vorsätzlich noch fahrlässig zu vertreten hat. Der Hinderungsgrund betrifft die rechtzeitige Inanspruchnahme durch Erklärung, nicht den rechtzeitigen Antritt der Elternzeit. Mit dieser Regelung soll Härtefällen Rechnung getragen werden. Eine Krankheit oder ein Krankenhausaufenthalt ist nur dann ein von ihr nicht zu vertretender Grund, wenn die Krankheit so schwerwiegend ist, dass sie die Elternzeit auch durch E-Mail, Telefonat oder Beauftragung eines Angehörigen nicht geltend machen kann. Nach dieser Bestimmung ist im Allgemeinen eine Korrektur der Versäumung der Siebenwochenfrist nicht möglich, sondern die **Elternzeit verkürzt** sich dann um den Zeitraum der Versäumung. 16

3. Vorzeitige Beendigung oder Verlängerung der Elternzeit

a) Vorzeitige Beendigung

Hat der Arbeitnehmer ordnungsgemäß Elternzeit verlangt, ist er grundsätzlich daran gebunden. Die **vorzeitige Beendigung der Elternzeit** (abgesehen von dem Sonderfall des Abs. 4: Tod des Kindes) bedarf der **Zustimmung des Arbeitgebers**. Damit soll dem Arbeitgeber die Möglichkeit offenbleiben, seine getroffenen Personalentscheidungen beizubehalten oder anzupassen. Mit der vorzeitigen Beendigung der Elternzeit leben die Rechte und Pflichten aus dem Arbeitsvertrag wie mit der normalen Beendigung der Elternzeit voll auf. 17

Abweichend davon kann nach Abs. 3 Satz 2 die Elternzeit wegen der **Geburt eines weiteren Kindes** oder in **Fällen besonderer Härte**, insbesondere bei Eintritt einer schweren Krankheit, Schwerbehinderung oder Tod eines Elternteils oder eines Kindes der berechtigten Person oder bei einer nach Inanspruchnahme der Elternzeit eingetretenen erheblichen Gefährdung der wirtschaftlichen Existenz der Eltern **vorzeitig beendet** werden. Diese Regelung ersetzt eine frühere Verweisung auf § 7 Abs. 2 Satz 4 und umfasst eine nicht abschließende Aufzählung besonderer Härte (»insbesondere«). Abs. 3 Satz 2 stellt gegenüber Abs. 3 Satz 1 die speziellere Norm dar. Für den Antrag 18

34 BAG 15.12.2009 – 9 AZR 72/09, NZA 2010, 447; BAG 9.5.2006 – 9 AZR 278/05, NZA 2006, 1413.

auf vorzeitige Beendigung dürfte ebenfalls die Textform genügen, obwohl das im Gesetz nicht ausdrücklich festgehalten ist. Die siebenwöchige Anmeldefrist gilt hier nicht. Der Arbeitgeber kann die vorzeitige Beendigung nur innerhalb von vier Wochen aus dringenden betrieblichen Gründen-ablehnen (siehe Rn. 19). Um dem Arbeitgeber die Nutzung der Frist zu ermöglichen, muss die vorzeitige Beendigung der Elternzeit ebenfalls vier Wochen zuvor angekündigt werden.[35] Lehnt der Arbeitgeber form- und fristgemäß ab, ist die Elternzeit nicht beendet und der Arbeitnehmer kann die Arbeit nicht wieder aufnehmen. Er ist vielmehr auf den Klageweg angewiesen. Im Gesetz ist nicht bestimmt, welche Folgen sich aus einer fehlenden oder nicht hinreichenden Begründung ergeben. Es ist daher das allgemeine Arbeitsvertragsrecht anzuwenden. In Betracht kommen z. B. Ansprüche des Arbeitnehmers aus Annahmeverzug.[36] Das Recht der Arbeitnehmerin, das Arbeitsverhältnis zu kündigen und die Elternzeit auf diese Weise zu beenden, bleibt ebenfalls unberührt.

Beispiel 6:
Frau F hat Elternzeit für zwei Jahre verlangt. Acht Wochen später wird ihr Ehemann arbeitslos. Aus finanziellen Gründen möchte Frau F nun wieder arbeiten. Da der Arbeitgeber der vorzeitigen Beendigung nicht zustimmt, bleibt Frau F, die den Klageweg nicht beschreiten möchte, nur die Kündigung des Arbeitsverhältnisses.

Beachte:
Hat Frau F kein neues Arbeitsverhältnis abschließen können und sich arbeitslos gemeldet, muss sie damit rechnen, Arbeitslosengeld erst nach einer Sperrfrist zu erhalten, vgl. § 159 Abs. 1 Nr. 1 SGB III. Es könnte jedoch auch das Vorliegen eines wichtigen Grundes in Frage kommen, sodass eine Sperrzeit nicht gerechtfertigt wäre. Das ist dann der Fall, wenn der Arbeitnehmerin unter Berücksichtigung aller Umstände und unter Abwägung ihrer Interessen gegen die Interessen der Versichertengemeinschaft ein anderes Verhalten nicht zugemutet werden kann (ständige Rechtsprechung des BSG, Urt. v. 29.11.1989, NZA 1990, 628). Der wichtige Grund muss die Beendigung des Beschäftigungsverhältnisses gerade zu diesem Zeitpunkt rechtfertigen. Das dürfte in obigem Beispiel zutreffen.

19 Die **vorzeitige Beendigung** kann der Arbeitgeber gemäß dem Wortlaut des **Abs. 3 Satz 2** innerhalb von vier Wochen aus **dringenden betrieblichen Gründen schriftlich ablehnen**. Im Hinblick auf den Zweck des Bürokratieentlastungsgesetzes IV, welches die bisher erforderliche Schriftform beim Antrag auf Elternzeit (Abs. 1), beim Antrag auf Teilzeit während der Elternzeit (§ 15 Abs. 7 Nr. 5), beim Antrag auf Verringerung der Arbeitszeit und ihre Verteilung (§ 15 Abs. 5), bei der Ablehnung des Antrags durch den

35 Vgl. LAG Köln 22.12.2004 – 7 Sa 879/04.
36 Reinecke, FA 2001, 10.

Arbeitgeber (§ 15 Abs. 7 Nr. 5) und bei der Ablehnung von Teilzeitarbeit bei einem anderen Arbeitgeber oder selbständiger Tätigkeit während der Elternzeit (§ 15 Abs. 4) durch die Textform ersetzt hat, erscheint es nicht nachvollziehbar, warum allein die Ablehnung der vorzeitigen Beendigung weiterhin der Schriftform bedarf. Es ist daher von einem redaktionellen Versehen auszugehen. Bevor dieses aber gerichtlich geklärt ist, ist davon auszugehen, dass eine Ablehnung des Arbeitgebers in Textform formunwirksam ist. Der Arbeitgeber muss die vorzeitige Beendigung innerhalb von vier Wochen formgemäß ablehnen. Nach Fristablauf kann der Arbeitgeber die vorzeitige Beendigung der Elternzeit nicht mehr wirksam ablehnen; es handelt sich um eine Ausschlussfrist, die der Rechtssicherheit dient.[37] An die dringenden betrieblichen Gründe sind dieselben Anforderungen zu stellen wie bei § 15 Abs. 4 Satz 4 (vgl. hierzu § 15 Rn. 36ff.). Der Gesetzgeber hat hier bewusst denselben Begriff verwendet. Entscheidend ist mithin, dass betriebliche Interessen wesentlich beeinträchtigt werden und diese bei einer Abwägung die Interessen der Eltern überwiegen.[38]

Bis 2012 war die **vorzeitige Beendigung** der Elternzeit wegen der **bevorstehenden Geburt eines weiteren Kindes** und damit der Inanspruchnahme anfallender Mutterschutzfristen ausgeschlossen und wurde als missbräuchliche Anwendung angesehen.[39] Mit der Regelung in **Abs. 3 Satz 3** wird ausdrücklich das Recht eingeräumt, eine bereits in Anspruch genommene Elternzeit vorzeitig beenden zu dürfen, um die Schutzfristen des § 3 MuSchG auch **ohne Zustimmung des Arbeitgebers** in Anspruch nehmen zu können. Mit dieser Regelung wird gleichzeitig die Entscheidung des EuGH[40] in der Rechtssache »Kiiski« umgesetzt, wonach eine Beendigung der Elternzeit zur Inanspruchnahme der Schutzfristen europarechtlich geboten ist. Für die Anspruchsberechtigten ist diese Möglichkeit finanziell attraktiv. Während der Schutzfristen haben sie Anspruch auf das von der gesetzlichen Krankenkasse zu zahlende Mutterschaftsgeld (§ 13 MuSchG) und auf den vom Arbeitgeber zu gewährenden Zuschuss zum Mutterschaftsgeld (§ 14 MuSchG). Die Arbeitnehmerin soll in diesen Fällen dem Arbeitgeber die Beendigung der Elternzeit jedoch rechtzeitig mitteilen. 20

b) Verlängerung

Wurde für die ersten beiden Lebensjahre des Kindes beispielsweise Elternzeit für 18 Monate verlangt, ist die Arbeitnehmerin nach allgemeinem Recht an die gegenüber dem Arbeitgeber abgegebene Erklärung gebunden (vgl. 21

37 BAG 21.4.2009 – 9 AZR 391/08, NZA 2010, 155.
38 So auch Brose/Weth/Volk/*Schneider*, BEEG, § 16 Rn. 37.
39 BT-Drs. 14/3553, S. 23.
40 EuGH 20.9.2007 – C 116/06, NZA 2007, 1274.

Rn. 2). Eine **Verlängerung der Elternzeit** über den zuvor festgelegten Zeitpunkt hinaus und wenn die Höchstdauer für die Inanspruchnahme noch nicht ausgeschöpft ist, bedarf der **Zustimmung des Arbeitgebers** (**Abs. 3 Satz 1**). Mit der ihm vorbehaltenen Zustimmung soll der Arbeitgeber nach billigem Ermessen (§ 315 BGB) darüber entscheiden können, ob die Elternzeit verlängert wird oder nicht.[41] Der Arbeitgeber hat bei seiner Entscheidung die wesentlichen Umstände des Einzelfalls abzuwägen und dabei seine und die Interessen des Arbeitnehmers angemessen zu berücksichtigen. Der Arbeitnehmer kann auf Erteilung der Zustimmung Klagen. Das Gericht prüft dann auch, ob die Entscheidung des Arbeitgebers billigem Ermessen entsprach.

22 Kann ein vorgesehener Wechsel der Anspruchsberechtigten aus einem **wichtigen Grund** nicht erfolgen (**Abs. 3 Satz 4**), räumt das Gesetz den Interessen der Eltern absoluten Vorrang vor den Dispositionsinteressen des Arbeitgebers ein. Die Interessen des Arbeitgebers sollen, wie etwa durch ein Zustimmungserfordernis, keine Berücksichtigung finden. Zu denken ist hier an das Beispiel, dass die Anspruchsberechtigten einen Wechsel in den Elternzeiten vorgesehen hatten, der sich plötzlich nicht mehr verwirklichen lässt. Für das Verlangen gilt die **siebenwöchige Anmeldefrist von Abs. 1 Nr. 1 nicht.**[42] Ein wichtiger Grund für die Verlängerung einer Elternzeit kann sich dadurch rechtfertigen, dass das Neugeborene unter krankheitsbedingten Entwicklungsstörungen leidet und der andere Elternteil weniger gut zur Betreuung des Neugeborenen geeignet ist.[43] Ferner kann ein wichtiger Grund beispielsweise vorliegen, wenn derjenige Elternteil, der die Betreuung übernehmen soll, sich wegen längerer stationärer Behandlung im Krankenhaus befindet, unter längerer ansteckender Krankheit leidet, von seinem Arbeitgeber längere Zeit ins Ausland gesandt wird, eine mehrmonatige Haftstrafe zu verbüßen hat oder stirbt. Ein wichtiger Grund könnte auch vorliegen, wenn der für den Wechsel vorgesehene Elternteil sich von dem Ehepartner trennt und den Haushalt verlässt. In diesen Fällen bedarf es für die Verlängerung der Elternzeit **nicht der Zustimmung des Arbeitgebers**. Der wichtige Grund muss aber so schwerwiegend sein, dass die Erziehung und Betreuung des Kindes nicht mehr sichergestellt ist. Liegt kein wichtiger Grund vor, kommt eine Verlängerung der Elternzeit nach Abs. 3 Satz 4 nicht in Betracht. Es kann allerdings auch eine entsprechende Vereinbarung mit dem Arbeitgeber über eine Verlängerung getroffen werden (gem. Abs. 3 Satz 1).

---

41 BAG 18.10.2011 – 9 AZR 315/10, NZA 2012, 262.

42 BAG 18.10.2011 – 9 AZR 315/10, NZA 2012, 262.

43 LAG Berlin 7.6.2001 – 10 Sa 2770/00, BB 2001, 2169

4. Tod des Kindes, Änderung in der Anspruchsberechtigung

Stirbt das Kind während der Elternzeit, endet die Elternzeit drei Wochen nach dem Tod des Kindes (**Abs. 4**). Mit dieser Regelung sollen sowohl Arbeitnehmer als auch Arbeitgeber Zeit haben, sich auf die neue Situation einzustellen. Das Arbeitsverhältnis wird dann zu den bisherigen Bedingungen fortgeführt. 23

5. Mitteilungspflicht bei Änderung der Anspruchsberechtigung

Der Arbeitnehmer ist gemäß **Abs. 5** verpflichtet, dem Arbeitgeber Änderungen in der Anspruchsberechtigung unverzüglich (= ohne schuldhaftes Zögern gem. § 121 Abs. 1 Satz 1 BGB) mitzuteilen, so z. B. auch, wenn ein vorgesehener Wechsel in der Anspruchsberechtigung aus einem wichtigen Grund nicht erfolgen kann. Auch der Wegfall einer Anspruchsvoraussetzung ist eine Änderung, so der Wegfall eines Tatbestands des § 15 Abs. 1 wie z. B. die Aufhebung der häuslichen Gemeinschaft mit dem Kind wegen einer Trennung vom Partner. Mitteilungspflichtig ist auch der Fall des Abs. 3 Satz 4. 24

§ 17 Urlaub

(1) [1]Der Arbeitgeber kann den Erholungsurlaub, der dem Arbeitnehmer oder der Arbeitnehmerin für das Urlaubsjahr zusteht, für jeden vollen Kalendermonat der Elternzeit um ein Zwölftel kürzen. [2]Dies gilt nicht, wenn der Arbeitnehmer oder die Arbeitnehmerin während der Elternzeit bei seinem oder ihrem Arbeitgeber Teilzeitarbeit leistet.
(2) Hat der Arbeitnehmer oder die Arbeitnehmerin den ihm oder ihr zustehenden Urlaub vor dem Beginn der Elternzeit nicht oder nicht vollständig erhalten, hat der Arbeitgeber den Resturlaub nach der Elternzeit im laufenden oder im nächsten Urlaubsjahr zu gewähren.
(3) Endet das Arbeitsverhältnis während der Elternzeit oder wird es im Anschluss an die Elternzeit nicht fortgesetzt, so hat der Arbeitgeber den noch nicht gewährten Urlaub abzugelten.
(4) Hat der Arbeitnehmer oder die Arbeitnehmerin vor Beginn der Elternzeit mehr Urlaub erhalten, als ihm oder ihr nach Absatz 1 zusteht, kann der Arbeitgeber den Urlaub, der dem Arbeitnehmer oder der Arbeitnehmerin nach dem Ende der Elternzeit zusteht, um die zu viel gewährten Urlaubstage kürzen.

Inhaltsübersicht Rn.

1. Normzweck

1 Die Norm enthält ergänzende Regelungen zum BurlG, die dadurch bedingt sind, dass das Arbeitsverhältnis während der Elternzeit mitunter mehrere Jahre ruht. Mit der Gesetzesänderung zum 1.1.2001 wurde in der Überschrift der Begriff »Erholungsurlaub« durch den Begriff »Urlaub« ersetzt. Dadurch soll zum Ausdruck gebracht werden, dass auch solche Urlaubstage erfasst werden, die als Resturlaub über **die Elternzeit** hinaus übertragen werden.[1] Geregelt ist die **Kürzung** des Urlaubs für die Dauer der Elternzeit, die **Übertragung** von u. U. restlichem bzw. gekürztem Erholungsurlaub auf die Zeit nach Ende der Elternzeit sowie die **Abgeltung** des Resturlaubs, wenn das Arbeitsverhältnis während oder nach der Elternzeit endet.

2. Kürzung des Erholungsurlaubs

a) Kürzung während der Elternzeit, Abs. 1

2 Der Anspruch auf Erholungsurlaub setzt grundsätzlich das Bestehen eines Arbeitsverhältnisses voraus, unabhängig davon, ob die Arbeitsleistung erbracht wird. Auch während Mutterschutz- und Elternzeiten, in denen das Arbeitsverhältnis ohne Arbeitsleistung fortbesteht, entsteht Anspruch auf Erholungsurlaub.[2] **Abs. 1** ermöglicht eine Kürzung des Urlaubs für jeden vollen Kalendermonat der Elternzeit. Die Kürzungsmöglichkeit verstößt nicht gegen europarechtliche Grundsätze.[3]
Nach der Vorschrift hat der Arbeitgeber lediglich die Möglichkeit (»kann«), den Erholungsurlaub zu kürzen. Die Kürzung tritt **weder kraft Gesetzes** ein noch durch einen Realakt des Arbeitgebers, sondern durch empfangsbedürftige **Willenserklärung des Arbeitgebers.**[4] Sowohl für die Abgabe als auch für den Zugang der Kürzungserklärung beim Arbeitnehmer trägt

---

1 BT-Drs. 14/3553, S. 23.

2 BAG 16.4.2024 – 9 AZR 165/23; BAG 23.1.2018 – 9 AZR 200/17; BAG 6.5.2014 – 9 AZR 678/12; BAG 17.11.2011 – 9 AZR 197/19.

3 BAG 16.4.2024 – 9 AZR 165/23; BAG 5.7.2022 – 9 AZR 341/21; ausführl. BAG 19.3.2019 – 9 AZR 495/17; LAG Niedersachsen 29.3.2012 – 5 Sa 140/12.

4 BAG 19.3.2019 – 9 AZR 495/17; LAG Rheinland-Pfalz 17.2.2021 – 7 Sa 245/20.

der Arbeitgeber die Darlegungs- und Beweislast.[5] Der Arbeitgeber kann das Kürzungsrecht nur im bestehenden Arbeitsverhältnis ausüben. Er kann den Urlaub **vor, während und nach dem Ende der Elternzeit** kürzen, nicht jedoch vor der Erklärung des Arbeitnehmers, Elternzeit in Anspruch zu nehmen.[6] Die Kürzungserklärung kann **nicht mehr nach Beendigung des Arbeitsverhältnisses** abgegeben werden. Die Regelung in Abs. 1 Satz 1 setzt voraus, dass der Anspruch auf Erholungsurlaub bei Zugang der Kürzungserklärung noch besteht. Daran fehlt es, wenn das Arbeitsverhältnis beendet ist und der Arbeitnehmer Anspruch auf Urlaubsabgeltung hat. Das Gesetz unterstellt allein den »Erholungsurlaub« der Kürzungsbefugnis des Arbeitgebers, nicht dagegen den Abgeltungsanspruch.[7]

Die Erklärung kann **ausdrücklich oder schlüssig** abgegeben werden. Von 3
einer solchen stillschweigenden Erklärung geht die Rechtsprechung aus bei Erteilung eines gekürzten Urlaubs, wenn der Arbeitnehmer daraus erkennen muss, dass von der Befugnis des Abs. 1 Satz 1 Gebrauch gemacht wird oder für ihn aufgrund sonstiger Umstände erkennbar ist, dass der Arbeitgeber sein Kürzungsrecht ausüben will.[8] Eine Kürzung aus schlüssigem Verhalten des Arbeitgebers soll danach nicht vorliegen, wenn der Arbeitgeber während der Elternzeit in den jährlich übersendeten Lohnabrechnungen den Jahresurlaubsanspruch mit 0,0 Tagen ausweist.[9] Dem Arbeitgeber steht es also frei, den Erholungsurlaub voll zu gewähren oder ihn höchstens um die in Abs. 1 bestimmte Zeit zu kürzen. Auch vertraglich kann er sich verpflichten, eine Kürzung nicht oder nur zu einem geringeren Teil als im Gesetz vorzunehmen. Durch Tarifvertrag oder Betriebsvereinbarung kann er hierzu allerdings auch verpflichtet werden.

Unter **kürzbarem Urlaub** ist nicht nur der gesamte gesetzliche Erholungs- 4
urlaub jeder Art, nach dem BUrlG, dem JArbSchG und dem SGB IX – Schwerbehindertenrecht zu verstehen, sondern auch der – ggf. über den gesetzlichen Mindesturlaub gewährte – Erholungsurlaub aufgrund eines Tarifvertrages oder eines Einzelarbeitsvertrages. Gekürzt werden kann der Erholungsurlaub für **jeden vollen Kalendermonat**, für den der Arbeitnehmer Elternzeit nimmt, um **ein Zwölftel**. Obwohl der Elternzeitraum von der Geburt und vom Lebensalter des Kindes abhängt und somit fast nie am Ersten eines Monats beginnt und am Letzten des Monats endet, hat der Gesetzgeber bei der Kürzungsmöglichkeit auf den vollen Kalendermonat abgestellt. Be-

5 BAG 5.7.2022 – 9 AZR 341/21.
6 BAG 19.3.2019 – 9 AZR 495/17.
7 BAG 5.7.2022 – 9 AZR 341/21; BAG 19.3.2019 – 9 AZR 495/17; BAG 19.5.2015 – 9 AZR 725/13, NZA 2015, 989; LAG Rheinland-Pfalz 17.2.2021 – 7 Sa 245/20.
8 BAG 5.7.2022 – 9 AZR 341/21; BAG 28.7.1992 – 9 AZR 340/91, NZA 1994, 27.
9 Vgl. LAG Baden-Württemberg 7.7.2017 – 9 Sa 10/17.

ginnt oder endet die Elternzeit im Laufe eines Monats, ist dieser Monat also nicht zu berücksichtigen. Bei einer Elternzeit, die von Mitte Juli bis Mitte November dauert, ist damit eine Kürzung des Erholungsurlaubs nur für die Monate August, September und Oktober, also nur für drei Monate zulässig. Dies gilt auch dann, wenn die angebrochenen Monate zusammen einen vollen Monat ausmachen.[10] Nicht voll in Anspruch genommene Monate, und sei es bis auf den letzten Tag des Monats, an dem wegen anderweitiger Verteilung der Arbeitszeit nicht gearbeitet worden wäre, oder wenn an dem vollen Monat nur ein arbeitsfreier Sonntag fehlt, bleiben unberücksichtigt.[11]

5 Vor der Kürzung ist zunächst der dem Arbeitnehmer zustehende Jahresurlaub zu ermitteln. Von der so ermittelten Dauer wird die Kürzung um ein Zwölftel für jeden vollen Kalendermonat vorgenommen. Ergeben sich durch die Kürzung **Bruchteile von Urlaubstagen**, werden diese nicht entsprechend § 5 Abs. 2 BUrlG auf- oder abgerundet.[12]

6 Liegt die Elternzeit **nur in *einem* Urlaubsjahr**, ist für die Kürzung auf dieses Urlaubsjahr abzustellen.

> **Beispiel:**
> Es besteht ein Anspruch auf 30 Urlaubstage im Kalenderjahr. Elternzeit wird vom 12.3.2025 bis zum 11.8.2025 genommen. Der Erholungsurlaub ist um 4/12, nämlich für die vollen Elternzeitmonate April bis Juli zu kürzen. Demnach ist der Urlaubsanspruch um 10 Tage (9,99) zu kürzen und es besteht für dieses Kalenderjahr noch ein Urlaubsanspruch von 20 Tagen (20,01).

7 Wird Elternzeit **über das Ende eines Urlaubsjahres hinaus** genommen, so ist die Kürzung für *jedes* Urlaubsjahr entsprechend vorzunehmen.

> **Beispiel:**
> Es besteht ein Anspruch auf 30 Urlaubstage im Kalenderjahr. Elternzeit wird vom 30.8.2024 bis zum 29.8.2025 genommen. Der Erholungsurlaub für 2024 kann um die vollen Elternzeitmonate September bis Dezember, also um 4/12 gekürzt und für das Jahr 2025 um die vollen Elternzeitmonate Januar bis Juli um 7/12 gekürzt werden.

8 Der Arbeitgeber ist nicht verpflichtet, dem Arbeitnehmer vor Antritt der Elternzeit mitzuteilen, dass er den Erholungsurlaub anteilig kürzen will.[13] Dies wird damit begründet, dass erst nach Abwicklung der Elternzeit endgültig feststeht, in welchem Umfang gekürzt werden konnte. Der Arbeitgeber kann

---

10 Vgl. Zmarzlik/Zipperer/Viethen, § 17 Rn. 14.

11 Vgl. Zmarzlik/Zipperer/Viethen, § 17 Rn. 14 m. w. N.; a. A. Meisel/Sowka, § 17 Rn. 5 ff.

12 LAG Schleswig-Holstein 12.1.2016 – 1 Sa 88a/15; BAG 23.1.2018 – 9 AZR 200/17.

13 Vgl. BAG 28.7.1992 – 9 AZR 340/91, AP Nr. 3 zu § 17 BErzGG.

also die **Kürzungserklärung auch während oder nach der Elternzeit** abgeben. Er darf aber nicht willkürlich bei einem Arbeitnehmer eine Kürzung vornehmen und bei anderen nicht; insoweit ist der allgemeine Gleichbehandlungsgrundsatz zu wahren.[14]

9 Der Erholungsurlaub kann jedoch nicht gekürzt werden, wenn der Arbeitnehmer während der Elternzeit **bei seinem Arbeitgeber Teilzeitarbeit** leistet. Arbeitet der Arbeitnehmer **bei einem anderen Arbeitgeber in Teilzeit**, kann der bisherige Arbeitgeber den Erholungsurlaub kürzen. Keine Kürzungsmöglichkeit hat jedoch der andere Arbeitgeber, bei dem die Teilzeitarbeit geleistet wird. Ein teilzeitbeschäftigter Arbeitnehmer hat im gleichen Umfang Anspruch auf Erholungsurlaub wie der vollzeitbeschäftigte Arbeitnehmer. Nach dem Bundesurlaubsgesetz beträgt der Urlaubsanspruch 24 Werktage (Montag bis Samstag). Arbeitet ein Teilzeitbeschäftigter nicht an allen betrieblichen Arbeitstagen, muss er sich die für ihn arbeitsfreien Werktage in dem Verhältnis auf den Urlaub anrechnen lassen, in dem seine tatsächlichen Beschäftigungstage zu den Werktagen stehen.

Beispiel:
Der Arbeitnehmer arbeitet an drei Tagen in der Woche, und zwar dienstags, donnerstags und freitags. Wie den Vollzeitbeschäftigten steht ihm Urlaub von mindestens 24 Werktagen zu, der im Verhältnis zu den tatsächlichen Beschäftigungstagen umgerechnet zwölf Urlaubstage beträgt:

$$\frac{\text{24 Urlaubstage/Jahr} \times \text{3 Arbeitstage/Woche Teilzeit}}{\text{6 Arbeitstage/Woche Vollzeit.}} >= \text{12 Urlaubstage/Jahr}$$

10 Die Kürzung des Erholungsurlaubs hat nicht nur eine **Reduzierung** der Freizeit, sondern auch **des Urlaubsentgelts** zur Folge. Für die Berechnung gilt § 11 BUrlG auch für Teilzeitbeschäftigte: Das Urlaubsentgelt bemisst sich für jeden Urlaubstag nach dem durchschnittlichen Arbeitsverdienst, den der Arbeitnehmer in den letzten 13 Wochen vor Beginn des Urlaubs erhalten hat. Ebenfalls kann die Kürzung auch zu einer entsprechenden Kürzung einer zusätzlichen Urlaubsvergütung, des **Urlaubsgeldes** führen. Zu prüfen ist, wovon der Anspruch auf die zusätzliche Urlaubsvergütung abhängt. Eine Kürzung kann erfolgen, wenn die zusätzliche Urlaubsvergütung vom Anspruch auf Urlaub und dem regelmäßigen Urlaubsentgelt abhängt.[15] Hat der Arbeitgeber jedoch in allgemeinen Arbeitsbedingungen die Zahlung von Urlaubsgeld ohne jede Einschränkung und unabhängig von der Urlaubsgewährung zugesagt, ist er nicht berechtigt, den Anspruch wegen der Inanspruchnahme von Elternzeit zu kürzen.[16] Macht ein Tarifvertrag die Zahlung des zusätzlichen Urlaubsgelds von der Dauer der Betriebszuge-

14 S. a. Zmarzlik/Zipperer/Viethen, § 17 Rn. 5; Meisel/Sowka, § 17 Rn. 21.
15 BAG 14. 8. 1996, AiB 1997, 485.
16 BAG 18. 3. 1997 – 9 AZR 84/96, NZA 1997, 1168.

hörigkeit abhängig, scheidet eine Kürzung aus, weil das Arbeitsverhältnis während der Elternzeit fortbesteht und nur die Hauptpflichten ruhen.[17]

11 Die bei unterbliebener Kürzungserklärung entstandenen **Urlaubsansprüche verfallen nicht**. Das BAG hat entschieden, dass Urlaub, der nach Abs. 1 Satz 1 für jeden vollen Kalendermonat der Elternzeit um ein Zwölftel gekürzt werden kann, während der Elternzeit nicht **gemäß § 7 Abs. 3 BUrlG** mit Ablauf des Urlaubsjahres oder des Übertragungszeitraums verfällt. Nach Ansicht des BAG entkoppelt die Vorschrift den grundsätzlich der Kürzung unterliegenden Urlaubsanspruch vom Urlaubsjahr und nimmt ihn somit von einem Verfall nach § 7 Abs. 3 BUrlG während der Elternzeit aus.[18] Das bedeutet, dass bei unterbliebener Kürzungserklärung während der Elternzeit entstandene Urlaubsansprüche über mehrere Monate »mitgenommen« werden und bei Beendigung des Arbeitsverhältnisses abzugelten sind. Dieses gilt auch für Urlaubsabgeltungsansprüche aus Tarifvertrag, die mit Ablauf des Kalenderjahres verfallen, das auf das Jahr der Entstehung der Urlaubsansprüche folgt.[19]

Beispiel:
Der Arbeitnehmer befindet sich ab dem 21.12.2022 in Elternzeit. Er kündigte das Arbeitsverhältnis zum 20.12.2025, dem Ende der Elternzeit. Der Arbeitgeber hat von seinem Kürzungsrecht nach Abs. 1 keinen Gebrauch gemacht. Die Urlaubsansprüche aus den Jahren 2022–2025 sind nicht verfallen und damit abzugelten.[20]

b) Kürzung nach Ende der Elternzeit, zu viel gewährter Urlaub, Abs. 4

12 Hat der Arbeitnehmer vor Beginn der Elternzeit mehr Urlaub erhalten, als ihm wegen der Ausübung des Kürzungsrechts nach Abs. 1 zugestanden hätte, kann dieser Urlaub nicht mehr gekürzt werden. **Abs. 4** gibt dem Arbeitgeber aber die Möglichkeit, die Kürzung nachzuholen. Er kann den Urlaub, der dem Arbeitgeber nach Ende der Elternzeit zusteht, um die vor Beginn der Elternzeit zu viel gewährten Urlaubstage kürzen. Es handelt sich um eine **Verrechnung** des zu viel erhaltenen Urlaubs mit dem künftig entstehenden Urlaub.[21]

---

17 Zmarzlik/Zipperer/Viethen, § 17 Rn. 13 mit Nachweis von Rechtsprechung.
18 BAG 19.3.2019 – 9 AZR 495/17; a. A. noch die Vorinstanz LAG Baden-Württemberg 7.7.2017 – 9 Sa 10/17.
19 LAG Rheinland-Pfalz 12.5.2020 – 6 Sa 361/19 zu Bundesrahmentarifvertrag für das Baugewerbe.
20 Beispiel nach LAG Rheinland-Pfalz 12.5.2020 – 6 Sa 361/19.
21 BT-Drs. 10/3792.

Beispiel:
Es besteht ein Anspruch auf 30 Urlaubstage im Kalenderjahr. Der Arbeitnehmer hat schon im März 2024 seinen vollen Jahresurlaub genommen. Vom 12.9.2024 bis zum 11.8.2025 nimmt er Elternzeit. Der Arbeitgeber macht von seinem Kürzungsrecht Gebrauch. Der Erholungsurlaub für 2024 wäre um 3/12, nämlich für die vollen Elternzeitmonate Oktober bis Dezember zu kürzen. Die zu viel erhaltenen 7,5 Tage kann der Arbeitgeber vom zukünftigen Urlaub für das Jahr 2025 abziehen. Unter Berücksichtigung der Kürzungsmöglichkeit nach Abs. 1 um 7/12, also von 17,5 Tagen für das Jahr 2025 verbleiben dem Arbeitnehmer dann nach seiner Rückkehr aus der Elternzeit nur noch 5 Tage Urlaub (30 minus 7,5 minus 17,5).

Der Arbeitnehmer kann die Kürzung nach Rückkehr des Arbeitnehmers aus der Elternzeit erklären. Eine nachträgliche Kürzung durch Erklärung nach Beendigung des Arbeitsverhältnisses ist aber nicht möglich.[22]
Die Regelung sieht eine Kürzung des Urlaubs, »der dem Arbeitnehmer nach dem Ende der Elternzeit zusteht«, vor. Der Zeitraum für die Übertragung der Kürzung ist nicht weiter präzisiert. Es wird die Auffassung vertreten, dass nicht nur eine Kürzung in dem Urlaubsjahr in Frage kommt, in dem die Elternzeit beendet wird, sondern auch im nächsten Jahr, wenn die dem Arbeitnehmer zustehenden Urlaubstage den Umfang der übertragenen Kürzung nicht decken.[23] Da Abs. 4 den Ausgleich zu viel gewährten Erholungsurlaubs durch die Übertragung der Kürzungsmöglichkeit vorsieht, scheidet daneben eine (bereicherungsrechtliche) Rückforderung des vorbezahlten Urlaubsentgelts aus.[24]

3. Gewährung von Resturlaub, Abs. 2

Hat der Arbeitnehmer den ihm zustehenden Erholungsurlaub vor der Elternzeit nicht oder nicht vollständig erhalten, so ist ihm nach **Abs. 2** dieser **restliche Urlaub** nach der Elternzeit **im laufenden oder im nächsten Urlaubsjahr** zu gewähren. Damit regelt das Gesetz eine Ausnahme von dem Grundsatz, dass der Erholungsurlaub im laufenden Kalenderjahr gewährt und genommen werden muss.[25] Nicht entscheidend ist, aus welchen Gründen der Urlaub nicht genommen wurde. Ein aus dem Vorjahr übergegangener und noch nicht genommener restlicher Urlaubsanspruch ist in dem Umfang auf die Zeit nach der Elternzeit zu übertragen, in dem der Arbeitnehmer ihn wegen der Elternzeit nicht genommen hat.[26] 13

22 BAG 19.5.2015 – 9 AZR 725/13, NZA 2015, 989.
23 So z.B. Brose/Weth/Volk/*Schneider*, BEEG, § 17 Rn. 35.
24 So auch Brose/Weth/Volk/*Schneider*, BEEG, § 17 Rn. 36.
25 BAG 5.7.2022 – 9 AZR 341/21.
26 BAG 1.10.1991, AP Nr. 2 zu § 17 BErzGG.

Beispiel:
Die Tochter von F wurde am Donnerstag, dem 24.7.2025 geboren. Die Schutzfrist endete am Donnerstag, dem 18.9.2025. Aus dem Jahre 2024 hat F noch einen Restanspruch von sieben Urlaubstagen. Im Anschluss an die Mutterschutzfrist, ab Freitag, dem 19.9.2025 tritt sie Elternzeit bis zum 23.7.2028 an. Der Urlaub der Jahre 2025 bis 2028 kann gem. Abs. 1 gekürzt werden, für das Jahr 2025 um 2/12, für die Jahre 2026 und 2027 voll und für das Jahr 2028 um 6/12. Der Urlaub aus dem Jahr 2024 ist in voller Höhe auf das Jahr 2028 zu übertragen.

Bei Elternteilzeit gilt nicht die Regelung des Abs. 2, sondern § 7 Abs. 3 BUrlG.

14 Resturlaub **aus dem Vorjahr**, der vor Beginn der Elternzeit und während des Übertragungszeitraums z. B. wegen Erkrankung der Arbeitnehmerin nicht genommen werden kann, verfällt im Umfang des gesetzlichen Mindesturlaubs gem. § 3 Abs. 1 BurlG nicht.[27] Der Resturlaub kann nach der Elternzeit **im laufenden oder im Folgejahr** genommen werden. Mit der Vorschrift des Abs. 2 wird von der Regelung des BUrlG, wonach der gesetzliche Erholungsurlaub spätestens mit dem 31. März des dem Urlaubsjahr folgenden Jahres erlischt, abgewichen. Bei der Regelung handelt es sich nicht um eine Verlängerung des Übertragungszeitraumes, sondern bezüglich der Erfüllung und des Verfalls des Urlaubs um eine eigenständige, von § 7 Abs. 3 BUrlG abweichende Regelung des Urlaubsjahres.[28] Damit wird den betroffenen Arbeitnehmern die Möglichkeit gegeben, ebenso wie die anderen Arbeitnehmer ihren Urlaub zumindest auf ein Kalenderjahr zu verteilen.

15 Bereits mit Urteil vom 20.5.2008[29] hat das BAG klargestellt, dass § 17 Abs. 2 BErzGG, der seinem Wortlaut nach Abs. 2 entspricht, dahin auszulegen ist, dass der Resturlaub **weiter übertragen** wird, wenn er nach dem Ende der ersten Elternzeit auf Grund einer **weiteren Elternzeit** nicht genommen werden kann. Diese Auslegung entspricht dem Regelungsziel, sicherzustellen, dass die Inanspruchnahme von Elternzeit nicht zum Verfall des Erholungsurlaubs führt. Dieser Regelungszweck besteht auch unabhängig davon, ob zwei Elternzeiten unmittelbar aneinander grenzen oder ob zwischen ihnen ein Zeitraum unterhalb des Übertragungszeitraums des Abs. 2 liegt.[30] Beruht also die Nichtgewährung des Resturlaubs aus der Zeit vor Antritt der (ersten) Elternzeit auf der Inanspruchnahme der (weiteren) Elternzeit, so ist der vor dem Beginn der (weiteren) Elternzeit noch vorhandene Resturlaub nach der (weiteren) Elternzeit im laufenden oder im nächsten Urlaubsjahr zu gewähren.

27 BAG 24.3.2009 – 9 AZR 983/07, NZA 2009, 538.
28 BAG 15.12.2015 – 9 AZR 52/15, NZA 2016, 433.
29 BAG 9 AZR 219/07, NZA 2008, 1237, BAG 23.1.2018 – 9 AZR 200/17, zuletzt BAG 16.4.2024 – 9 AZR 165/23.
30 LAG Sachsen 7.3.2017 – 3 Sa 528/16.

16 Für die **Berechnung des Urlaubsentgelts** von übertragenem Erholungsurlaubsanspruch ist nach § 11 BUrlG auf den durchschnittlichen Arbeitsverdienst, den der Arbeitnehmer in den letzten 13 Wochen vor dem Beginn des Urlaubs erhalten hat, sofern nicht eine andere Berechnung aufgrund gesetzlicher Bestimmungen sowie nach § 13 BUrlG zulässiger kollektivrechtlicher oder vertraglicher Vereinbarungen zu erfolgen hat, abzustellen.[31] Die Berechnung macht keine Probleme, wenn der Arbeitnehmer nach der Elternzeit zumindest noch 13 Wochen gearbeitet hat. Wird der Erholungsurlaub unmittelbar im Anschluss an die Elternzeit genommen, ist als Bezugszeitraum für die Berechnung des Urlaubsentgelts das abgerechnete Arbeitsentgelt der letzten 13 Wochen vor der Elternzeit anzusetzen. Zwischenzeitlich eingetretene Verdiensterhöhungen oder Verdienstkürzungen wirken sich auf das zu zahlende Urlaubsentgelt aus.

4. Beendigung des Arbeitsverhältnisses, Abgeltungsanspruch, Abs. 3

17 Wird das Arbeitsverhältnis während der Elternzeit beendet oder im Anschluss an die Elternzeit nicht fortgesetzt, so ist nach **Abs. 3** der **Urlaub abzugelten**. Der entstehende Abgeltungsanspruch könnte jedoch hinsichtlich des tarifvertraglichen Anteils von einer Ausschlussfrist erfasst werden. Der Anteil des gesetzlichen Mindesturlaubs bleibt allerdings unberührt.[32] Für die Ermittlung der **Höhe** des nach Beendigung des Arbeitsverhältnisses begründeten Urlaubsabgeltungsanspruchs ist ebenfalls auf den durchschnittlichen Arbeitsverdienst in den letzten 13 Wochen vor Beendigung des Arbeitsverhältnisses abzustellen – unter Außerachtlassung anderweitigen Verdienstes. Hat der Arbeitnehmer im Referenzzeitraum seine Arbeit unverschuldet versäumt, ist sein gewöhnlicher Arbeitsverdienst für die nach dem Arbeitsvertrag geschuldete regelmäßige Arbeitszeit zugrunde zu legen. Zu den Zeiten unverschuldeter Arbeitsversäumnis zählen auch Abwesenheitszeiten infolge Elternzeit.[33] Ohne Bedeutung ist, ob die Beendigung der Elternzeit durch den Arbeitgeber oder Arbeitnehmer erfolgt. So kann es z. B. bei befristeten Arbeitsverhältnissen ohne Ausspruch einer Kündigung zu einer Beendigung während der Elternzeit oder mit deren Ende kommen. Auch kann die Beendigung aufgrund der von der Behörde nach § 18 Abs. 1 Satz 2 ausnahmsweise für zulässig erklärten Kündigung des Arbeitgebers eintreten, oder der Arbeitnehmer kann das Arbeitsverhältnis durch eine Eigenkündigung zum Ende der Elternzeit nach § 19 beendet haben.

---

31 St. Rspr. vgl. zuletzt BAG 27.7.2021 – 9 AZR 376/20.

32 BAG 23.4.1996, NZA 1997, 44.

33 BAG 16.4.2024 – 9 AZR 165/23; BAG 22.10.2019 – 9 AZR 98/19.

18 In dem Umfang, in dem der Arbeitgeber den Erholungsurlaub kürzen kann, kann auch bei der Abgeltung eine **Kürzung** vorgenommen werden, wenn der Arbeitgeber vor Beendigung des Arbeitsverhältnisses von seiner Kürzungsbefugnis Gebrauch gemacht hat. Es gilt das unter Rn. 2 ff. Gesagte. Scheidet der Arbeitnehmer zum Ende der Elternzeit aus, kann die Kürzung insoweit realisiert werden, als noch ein gem. Abs. 3 **abzugeltender Teilurlaubsanspruch** besteht. Eine Rückforderung des Urlaubsentgelts scheidet aus, da Abs. 4 zwingend die Rückforderung nur als Verrechnung, nicht als Zahlungsanspruch zulässt. Der Abgeltungsanspruch entsteht mit Beendigung des Arbeitsverhältnisses und ist sofort fällig (§ 271 BGB).

19 Eine **nachträgliche Kürzung** durch Erklärung nach Beendigung des Arbeitsverhältnisses ist nicht mehr möglich.[34] Wird das Arbeitsverhältnis im Anschluss an die Elternzeit nicht fortgesetzt, verbleibt dem Arbeitgeber einzig die Möglichkeit, während der einzuhaltenden Kündigungsfristen (vgl. § 19 BEEG) oder vor dem Abschluss eines Aufhebungsvertrags von seiner Kürzungsbefugnis Gebrauch zu machen.

Beispiel:
Frau F hat 30 Tage Urlaub pro Kalenderjahr. Sie nahm nach Ablauf der Mutterschutzfrist ihres im Dezember 2023 geborenen Kindes Elternzeit ab Februar 2024 bis Mai 2025. Danach ist das Arbeitsverhältnis beendet worden. Bei Beginn der Elternzeit stand ihr noch Urlaub aus dem Jahre 2023 in Höhe von 10 Tagen zu. Der Arbeitgeber machte von seinem Kürzungsrecht aus Abs. 1 keinen Gebrauch. Nach Beendigung des Arbeitsverhältnisses macht F Anfang Juni 2025 Urlaubsabgeltungsansprüche für die Jahre 2023 (10 Tage), 2024 (30 Tage) und 2025 (12,5 Tage) geltend. Der Arbeitgeber kann nun keine Erklärung mit der Folge der Kürzung des Abgeltungsanspruchs mehr abgegeben.

§ 18 Kündigungsschutz

(1) [1]Der Arbeitgeber darf das Arbeitsverhältnis ab dem Zeitpunkt, von dem an Elternzeit verlangt worden ist, nicht kündigen. [2]Der Kündigungsschutz nach Satz 1 beginnt

1. **frühestens acht Wochen vor Beginn einer Elternzeit bis zum vollendeten dritten Lebensjahr des Kindes und**
2. **frühestens 14 Wochen vor Beginn einer Elternzeit zwischen dem dritten Geburtstag und dem vollendeten achten Lebensjahr des Kindes.**

[3]Während der Elternzeit darf der Arbeitgeber das Arbeitsverhältnis nicht kündigen. [4]In besonderen Fällen kann ausnahmsweise eine Kündigung für zulässig erklärt werden. [5]Die Zulässigkeitserklärung erfolgt durch die

34 BAG 19.3.2019 – 9 AZR 495/17; BAG 19.5.2015 – 9 AZR 725/13, NZA 2015, 989; LAG Rheinland-Pfalz 17.2.2021 – 7 Sa 245/20.

für den Arbeitsschutz zuständige oberste Landesbehörde oder die von ihr bestimmte Stelle. [6]Die Bundesregierung kann mit Zustimmung des Bundesrates allgemeine Verwaltungsvorschriften zur Durchführung des Satzes 4 erlassen.

(2) Absatz 1 gilt entsprechend, wenn Arbeitnehmer oder Arbeitnehmerinnen

1. während der Elternzeit bei demselben Arbeitgeber Teilzeitarbeit leisten oder

2. ohne Elternzeit in Anspruch zu nehmen, Teilzeitarbeit leisten und Anspruch auf Elterngeld nach § 1 während des Zeitraums nach § 4 Absatz 1 Satz 2, 3 und 5 haben.

Inhaltsübersicht Rn.

1. Normzweck

Der **Zweck des Kündigungsverbots** liegt darin, dem Arbeitnehmer die Furcht vor einer Kündigung zu nehmen und damit das Ziel des Gesetzes zu erreichen, die Betreuung des Kindes durch einen Elternteil in der ersten Lebensphase zu fördern sowie mehr Wahlfreiheit für die Entscheidung zwischen Tätigkeit in der Familie und außerhäuslicher Erwerbsarbeit zu schaffen.[1] Nicht verbunden ist hiermit eine Arbeitsplatzgarantie. Es besteht kein Anspruch darauf, vom Arbeitgeber nach Beendigung der Elternzeit **auf demselben Arbeitsplatz** eingesetzt zu werden. Es dürfen andere Tätigkeiten übertragen werden, soweit diese vom Arbeitsvertrag umfasst sind (s. a. Rn. 16). 1

1 BT-Drs. 10/3792, S. 20.

2. Kündigungsverbot

a) Beginn und Dauer des Kündigungsschutzes

2 Durch das Gesetz zur Einführung von Elterngeld Plus hat es Änderungen im Hinblick auf den Beginn des Kündigungsschutzes gegeben. Nach **Abs. 1 Nr. 1 beginnt der Kündigungsschutz** bei einem Verlangen von Elternzeit bis zur Vollendung des dritten Lebensjahres des Kindes frühestens **acht Wochen vor Beginn** der gewünschten Elternzeit. Maßgeblich für die Berechnung ist der vom Arzt prognostizierte Entbindungstermin – bei einem Elternzeitverlangen des Vaters – wenn dieser vor dem Tag der tatsächlichen Geburt liegt.[2]

3 Eine zwischen dem dritten Geburtstag und dem achten vollendeten Lebensjahr des Kindes geltend gemachte Elternzeit führt zu einem Kündigungsschutz, der frühestens **vierzehn Wochen vor Beginn der Elternzeit** einsetzt. Wird die Elternzeit schon früher verlangt, so greift das Kündigungsverbot nicht schon mit dem Elternzeitverlangen, sondern erst mit Beginn der vorgenannten Frist.[3]

4 **Während der Elternzeit** besteht der Kündigungsschutz fort (Abs. 1 Satz 3). Er **endet** mit dem **Ende der Elternzeit**. Endet die Elternzeit vorzeitig, weil eine der materiellen Voraussetzungen der Elternzeit gem. § 15 Abs. 1 nachträglich wegfällt (z. B. wegen Wechsels der Betreuungsperson), so erlischt der Kündigungsschutz. Auf die Zustimmung des Arbeitgebers kommt es nicht an. § 16 Abs. 3 Satz 1 ist nicht anwendbar.[4]

5 In den Zeiträumen des Abs. 1 Satz 2 Nr. 1 und 2 und während der Elternzeit (Satz 3) darf gegenüber dem Arbeitnehmer eine Kündigung nicht erklärt werden oder ihm zugehen. Ohne Bedeutung ist, zu welchem Zeitpunkt, z. B. nach Beendigung der Elternzeit, die Kündigung wirksam werden soll.

> **Beispiel:**
> F ist einschließlich der Elternzeit etwas mehr als fünf Jahre in dem Betrieb beschäftigt und bis zum 25. 5. 2025 in Elternzeit. Am 29. 4. 2025 erhält sie die Kündigung ihres Arbeitsverhältnisses zum 30. 6. 2025.
> Diese Kündigung wurde während der Elternzeit ausgesprochen und fällt somit unter das Kündigungsverbot des Abs. 1 Satz 3. F könnte frühestens nach Rückkehr aus bzw. Beendigung der Elternzeit am 26. 5. 2025 zum 31. 7. 2025 gekündigt werden. Es gilt die längere Kündigungsfrist von zwei Monaten zum Monatsende (§ 622 Abs. 2 Nr. 2 BGB). Wäre sie noch keine zwei Jahre beschäftigt, könnte F mit der vierwöchigen Grundkündigungsfrist nach § 622 Abs. 1 BGB fristgerecht frühestens am 26. 5. 2025 oder auch noch bis zum 2. 6. 2025 zum 30. 6. 2025 gekündigt werden.

---

2 BAG 12. 5. 2011 – 2 AZR 384/10, NZA 2012, 208.

3 Wie vor.

4 LAG Baden-Württemberg 17. 9. 2021 – 12 Sa 23/2.

b) Geltungsbereich

Das Kündigungsverbot gilt **für alle Arbeitnehmerinnen und Arbeitnehmer** sowie die zu ihrer Berufsbildung oder die in Heimarbeit Beschäftigten und die ihnen Gleichgestellten, soweit sie Anspruch auf (Groß-)Elternzeit haben, die (Groß-)Elternzeit wirksam verlangt haben (höchstens jedoch acht bzw. vierzehn Wochen vor Beginn der Elternzeit) oder die (Groß-)Elternzeit bereits angetreten haben oder bei ihrem Arbeitgeber zulässige Teilzeitarbeit leisten. Der Sonderkündigungsschutz besteht auch, wenn das Arbeitsverhältnis erst nach der Geburt des Kindes begründet wurde. Es **erfasst alle Kündigungen**, sowohl ordentliche (fristgerechte) wie auch außerordentliche (fristlose) Kündigungen des Arbeitgebers, die Änderungskündigungen, Kündigungen aufgrund eines Sozialplans sowie im Insolvenzverfahren und von Massenentlassungen nach § 17 KSchG oder auch Kündigungen bei Betriebsstilllegungen.[5] 6

Die Kündigungsverbote nach § 17 Abs. 1 MuSchG und § 18 bestehen nebeneinander. Bei Vorliegen von Mutterschaft und zusätzlich Elternzeit benötigt der Arbeitgeber für eine Kündigung die Zulässigkeitserklärung nach beiden Vorschriften.[6] Die Bedeutung liegt insbesondere darin, dass der persönliche Schutzbereich der beiden Vorschriften sich nicht deckt. § 17 MuSchG dient nur dem Schutz der Mutter (für Gleichgestellte gilt der mutterschutzrechtliche Kündigungsschutz dagegen nur, wenn sich die Gleichstellung auch auf den 9. Abschnitt des HAG und damit auf den heimarbeitsrechtlichen Kündigungsschutz erstreckt, vgl. § 17 Abs. 3 Satz 2 MuSchG), während das Kündigungsverbot des § 18 für alle Arbeitnehmer gilt, die nach § 15 Elternzeitberechtigte sind, also z. B. auch für Väter und Großeltern (vgl. hierzu § 15 Rn. 5 ff.). Die Kündigung des Arbeitsverhältnisses eines sich in Elternzeit befindlichen Arbeitnehmers ist nicht innerhalb einer bestimmten Frist ab Zustellung der Zulässigkeitserklärung durch die oberste Landesbehörde auszusprechen.[7] Das Kündigungsverbot besteht ebenfalls neben dem allgemeinen gesetzlichen Kündigungsschutz des Kündigungsschutzgesetzes oder neben einem etwaigen besonderen Kündigungsschutz z. B. für Schwerbehinderte oder Betriebsratsmitglieder. Das Arbeitsverhältnis kann auch weder bei Streik noch durch Aussperrung aufgelöst werden. Nach Beendigung des Arbeitskampfes besteht ein Anspruch auf Weiterbeschäftigung, ohne dass es einer besonderen Wiedereinstellung bedarf.[8] 7

Das Kündigungsverbot erstreckt sich nicht auf anderweitige Beendigungsgründe, wie z. B. Beendigung bei Befristungsende oder durch Aufhebungs- 8

---

5 Vgl. auch Brose/Weth/Volk/*Schneider*, BEEG, § 16 Rn. 7.

6 BAG 31.3.1993, DB 1993, 1783 f.; LAG Berlin-Brandenburg 6.4.2011 – 15 Sa 2454/10.

7 BAG 22.6.2011 – 8 AZR 107/10, NZA-RR 2012, 119.

8 BAG 21.4.1971, AP Nr. 43 zu Art. 9 GG Arbeitskampf.

vertrag. Dazu gehören auch Kündigung durch den Insolvenzverwalter[9] oder Kündigung während der Elternzeit wegen Betriebsstilllegung.[10] In beiden Fällen ist Voraussetzung aber die Zulässigkeitserklärung der zuständigen Behörde, die dem in Elternzeit befindlichen Arbeitnehmer bekannt zu geben ist.[11]

c) Geltendmachung der Elternzeit

9 Das **Kündigungsverbot besteht**, wenn der Arbeitnehmer die Elternzeit wirksam **verlangt** (aber höchstens acht bzw. vierzehn Wochen vor Beginn der Elternzeit) oder sie bereits **tatsächlich angetreten** hat.

> **Beispiel 1:**
> Arbeitnehmer M möchte ab 1.9.2025 zur Betreuung seines im Jahre 2025 geborenen Kindes in Elternzeit gehen. Dies hat er seinem Arbeitgeber bereits Ende Mai 2025 mitgeteilt. Daraufhin kündigt der Arbeitgeber das Arbeitsverhältnis am 3.6.2025, also vor dem Beginn des Achtwochenzeitraumes am 7.7.2025. Es besteht kein Kündigungsverbot nach § 18 Abs. 1 BEEG.

Der Arbeitgeber hat aber umgehend nach Geltendmachung der Elternzeit gekündigt. Diese Kündigung könnte daher gegen das Maßregelungsverbot des § 612a BGB verstoßen und nichtig sein, da nahe liegt, dass diese wegen der Elternzeit erfolgte. Der Arbeitgeber muss diese Vermutung widerlegen und sachgerechte Kündigungsgründe nachweisen.[12]

> **Beispiel 2:**
> Arbeitnehmer M teilt seinem Arbeitgeber am 7.4.2025 mit, dass er ab 1.6.2025 zur Betreuung seines im Jahre 2024 geborenen Kindes in Elternzeit gehen will. Am 15.4.2025, also innerhalb des Achtwochenzeitraums (Beginn 6.4.2025), geht ihm eine Kündigung zu. Diese verstößt gegen das Kündigungsverbot des § 18 Abs. 1 BEEG.

10 Das Kündigungsverbot gilt **nicht für andere Freistellungen** (z. B. einer auf Tarifvertrag, Betriebsvereinbarung oder einzelvertraglicher Vereinbarung beruhenden Freistellung zur Betreuung eines Kindes) oder für eine von § 15 Abs. 1 abweichende Beurlaubung des Arbeitnehmers (z. B. unbezahlter Sonderurlaub nach § 28 TVöD).

11 Geht dem Arbeitnehmer eine Kündigung – bevor er die Elternzeit verlangt hat – zu einem Termin zu, der in die geplante Elternzeit fallen würde, verstößt dies nicht gegen das Kündigungsverbot des § 18. Vor Geltendmachung

---

9 BAG 3.7.2003 – 2 AZR 487/02, AiB 2004, 698.
10 BAG 20.1.2005 – 2 AZR 500/03, NZA 2005, 687.
11 BAG 3.7.2003 – 2 AZR 487/02.
12 LAG Niedersachsen 12.9.2005 – 5 Sa 396/05, NZA-RR 2006, 346.

der Elternzeit oder nach Ende der Elternzeit ist der Arbeitnehmer jedoch im Rahmen des § 612a BGB gegen Kündigungen geschützt. Es könnte ein Verstoß gegen das Maßregelungsverbot des § 612a BGB vorliegen, wenn der Arbeitgeber zeitnah nach rechtmäßiger Inanspruchnahme der Elternzeit vor Beginn bzw. nach Ende der Elternzeit kündigt oder bei einer betriebsbedingten Kündigung nach § 1 Abs. 2 KSchG die Elternzeit im Rahmen der Sozialauswahl zuungunsten des Arbeitnehmers berücksichtigt. Die Kündigung wäre wegen Verstoßes gegen ein gesetzliches Verbot nach § 134 BGB nichtig.[13] Wegen der größeren Sachnähe trifft im Streitfall den Arbeitgeber die Beweislast.[14]

Hinweis: 12
Wird Elternzeit nur unter der Bedingung beansprucht, dass der Arbeitgeber Elternteilzeit gewährt (vgl. hierzu § 16 Rn. 4), und lehnt der Arbeitgeber das Teilzeitbegehren vor dem prognostizierten Geburtstermin wirksam ab, so sind die Voraussetzungen des Sonderkündigungsschutzes nach Abs. 1 nicht gegeben. Die Vorschrift setzt voraus, dass Elternzeit genommen wird. Für den Schwebezeitraum zwischen Stellung und Ablehnung des bedingten Antrags sieht das Gesetz keinen Sonderkündigungsschutz vor.[15]

d) Mehrere Elternzeitabschnitte

Wird die **Elternzeit in mehreren Abschnitten gem. § 16 Abs. 1** genommen, besteht vor jedem Abschnitt der vorwirkende Kündigungsschutz. Der **Sonderkündigungsschutz** besteht mithin bis zur Vollendung des dritten Lebensjahres acht Wochen **vor Beginn des gewünschten Elternzeitabschnitts** und für zwischen dem dritten Geburtstag und dem vollendeten achten Lebensjahr des Kindes geltend gemachte Elternzeit frühestens vierzehn Wochen vor Beginn des Elternzeitabschnitts. Dieses ergibt sich aus dem Wortlaut des § 18 Abs. 1 Nr. 1 und 2, der von dem Beginn »einer« Elternzeit spricht und durch die Konjunktion »und« zwischen § 18 Abs. 1 Nr. 1 und Nr. 2. Damit werde klargestellt, dass der vorwirkende Kündigungsschutz mehrfach zur Anwendung gelangt.[16] Zwischen den einzelnen Elternzeitabschnitten besteht kein Sonderkündigungsschutz. Aber auch hier kann bei einer Kündigung ein Verstoß gegen das Benachteiligungsverbot des § 612a BGB vorliegen. 13

13 LAG Niedersachsen 12.9.2005 – 5 Sa 396/05; ErfK/Gallner, BEEG, § 18 Rn. 9.

14 Vgl. Rancke in Rancke/Pepping (Hrsg.), BEEG, § 16 Rn. 26: Es gelten die Beweisregeln des ersten Anscheins.

15 BAG 12.5.2011 – 2 AZR 384/10, NZA 2012, 208.

16 Vgl. LAG Mecklenburg-Vorpommern 13.4.2021 – 2 Sa 300/20.

e) Unabdingbarkeit

14 Das **Kündigungsverbot** des § 18 ist **zwingend**; es ist ein **gesetzliches Verbot** im Sinne des § 134 BGB.[17] Der Kündigungsschutz kann weder im Voraus vertraglich ausgeschlossen oder beschränkt werden noch kann der Arbeitnehmer vor Ausspruch der Kündigung auf ihn verzichten. Ein nachträglicher Verzicht ist dagegen rechtswirksam.[18]

f) Rechtsfolgen

15 Wird unter **Verstoß gegen das Kündigungsverbot** gekündigt, ist die Kündigung unheilbar nichtig. Der Arbeitnehmer muss dieses jedoch durch eine gerichtliche Entscheidung feststellen lassen. Die **Klage** des Arbeitnehmers ist gem. § 4 KSchG innerhalb von drei Wochen ab Zugang der Kündigung beim Arbeitsgericht zu erheben.

16 Inwieweit dem Arbeitnehmer während der Elternzeit der bisherige **Arbeitsplatz »garantiert«** bleibt, richtet sich in erster Linie nach dem Inhalt des Arbeitsvertrages.[19] Im Rahmen des Direktionsrechts können selbst bei einer arbeitsvertraglichen Versetzungsklausel nur gleichwertige Tätigkeiten zugewiesen werden, z. B. jede Tätigkeit, die den Merkmalen der tariflichen Vergütungsgruppe[20] und seinen Kenntnissen und Fähigkeiten entspricht. Nicht zulässig ist die Versetzung auf einen geringwertigeren Arbeitsplatz, auch wenn die bisherige Vergütung weitergezahlt werden soll.[21] Grundsätzlich nicht erfasst vom Weisungsrecht ist eine Übertragung anderer Aufgaben, wenn im Arbeitsvertrag die Tätigkeit und Arbeitsstelle genau beschrieben sind (z. B. Buchhalterin in einer bestimmten Abteilung und Niederlassung). Eine Änderungskündigung ist wegen des Kündigungsverbots ausgeschlossen (siehe Rn. 6).

3. Ausnahmen vom Kündigungsverbot

17 In besonderen Fällen kann der Arbeitgeber durch eine **Zulässigkeitserklärung (Abs. 1 Satz 4 und 5)** der für den Arbeitsschutz zuständigen obersten Landesbehörde oder der von ihr bestimmten Stelle vom Kündigungsverbot befreit werden. Nach der Rechtsprechung des Bundesverwaltungsgerichts ist ein **besonderer Fall** nur dann anzunehmen, wenn außergewöhnliche Umstände es rechtfertigen, die vom Gesetz grundsätzlich als vorrangig ange-

---

17 ErfK/Gallner, BEEG, § 18 Rn. 11; Rancke in Rancke/Pepping (Hrsg.), BEEG, § 16 Rn. 4.
18 Rancke in Rancke/Pepping (Hrsg.), BEEG, § 16 Rn. 4.
19 Meisel/Sowka, § 15 Rn. 32a.
20 BAG 17.8.2011 – 10 AZR 322/10, AP Nr. 13 zu § 106 GewO.
21 So schon BAG 24.4.1996 – 4 AZR 976/94.

sehenen Interessen des Elternzeit in Anspruch nehmenden Arbeitnehmers hinter die Interessen des Arbeitgebers an der Auflösung des Arbeitsverhältnisses zurücktreten zu lassen.[22] An die Annahme eines »besonderen Falls« werden mithin höhere Anforderungen als die eines »wichtigen Grundes«, der eine außerordentliche Kündigung nach § 626 Abs. 1 BGB rechtfertigt, gestellt; beide Begriffe sind nicht deckungsgleich.[23] Die Darlegungs- und Beweislast für das Vorliegen eines besonderen Falles trägt grundsätzlich der Arbeitgeber.[24]

Nähere Einzelheiten, in welchen Fällen die Behörde einer Kündigung zustimmen soll, hat der Bundesminister für Familie, Senioren, Frauen und Jugend zeitnah zum Inkrafttreten des BEEG am 3.1.2007 in den **Allgemeinen Verwaltungsvorschriften zum Kündigungsschutz bei Elternzeit** geregelt (vgl. Anhang 1).

Die Zustimmung soll in folgenden Fällen erteilt werden können: 18

- Stilllegung oder Verlagerung eines Betriebes oder einer Betriebsabteilung, wenn der Arbeitnehmer nicht in einem anderen Betrieb/einer anderen Betriebsabteilung des Unternehmens oder an dem neuen Sitz des Betriebes/der Betriebsabteilung weiterbeschäftigt werden kann;
- Ablehnung des Arbeitnehmers (z.B. Verlagerung eines Betriebes oder einer Betriebsabteilung, Stilllegung einer Betriebsabteilung), eine angebotene zumutbare Weiterbeschäftigung auf einem anderen Arbeitsplatz anzunehmen;
- Gefährdung der wirtschaftlichen Existenz des Arbeitgebers bei Aufrechterhaltung des Arbeitsplatzes;
- besonders schwere Verstöße des Arbeitnehmers gegen arbeitsvertragliche Pflichten oder vorsätzliche strafbare Handlungen, wenn diese dem Arbeitgeber die Aufrechterhaltung des Arbeitsplatzes unmöglich machen.

Mit der in Rn. 17 erwähnten Verwaltungsvorschrift soll eine gleichmäßige Anwendung des Gesetzes durch die Verwaltungsbehörden im gesamten Bundesgebiet im Interesse der Rechtssicherheit und Rechtsklarheit sichergestellt werden. Die Verwaltungsvorschrift regelt die Sonderfälle allerdings nicht abschließend, sondern beispielhaft (»insbesondere«). 19

---

22 BVerwG 30.9.2009 –5 C 32/08; siehe auch Bayerischer VGH 5.11.2019 – 12 ZB 19.1222; BVerwG 30.9.2009 – 5 C 32/08, BVerwGE 135, 67; OVG Nordrhein-Westfalen 13.6.2013 – 12 A 1659/12; Bayerischer VGH 29.2.2012 – 12 C 12.264; VG Köln 8.6.2021 – 7 K 2221/19.

23 Bayerischer VGH 5.11.2019 – 12 ZB 19.1222; Bayerischer VGH 7.10.2015 – 12 ZB 15.239; OVG Nordrhein-Westfalen 13.6.2013 – 12 A 1659/12; VGH Kassel 6.10.2009 – 10 A 1990/08.Z.

24 BAG 5.6.2007 – 9 AZR 82/07, NZA 2007, 1352; Rancke in Rancke/Pepping (Hrsg.), BEEG, § 18 Rn. 26.

20 **Zuständige Behörden**[25] für die Zulässigkeitserklärung der Kündigung sind in

Baden-Württemberg: Kommunalverband für Jugend und Soziales,
Bayern: die jeweiligen Gewerbeaufsichtsämter der Regierungsbezirke,
Berlin: Landesamt für Arbeitsschutz, Gesundheitsschutz und technische Sicherheit,
Brandenburg: die jeweiligen Regionalbereiche des Landesamts für Arbeitsschutz, Verbraucherschutz und Gesundheit,
Bremen: Gewerbeaufsichtsamt des Landes Bremen,
Hamburg: Behörde für Justiz und Verbraucherschutz, Amt für Arbeitsschutz,
Hessen: Regierungspräsidium Darmstadt, Abteilung IV Arbeitsschutz und Umwelt,
Mecklenburg-Vorpommern: Landesamt für Gesundheit und Soziales, Abteilung Arbeitsschutz und technische Sicherheit,
Niedersachsen: die jeweiligen Gewerbeaufsichtsämter,
Nordrhein-Westfalen: die Bezirksregierungen,
Rheinland-Pfalz: die jeweiligen Struktur- und Genehmigungsdirektionen Nord oder Süd,
Saarland: Landesamt für Umwelt- und Arbeitsschutz,
Sachsen: Landesdirektion Sachsen, Abteilung 5 Arbeitsschutz,
Sachsen-Anhalt: Landesamt für Verbraucherschutz, Gewerbeaufsicht,
Schleswig-Holstein: Staatliche Arbeitsschutzbehörde bei der Unfallkasse Nord,
Thüringen: Landesamt für Verbraucherschutz.

21 Anträge, die an eine unzuständige Behörde gerichtet werden, werden in der Regel an die zuständige Stelle weitergeleitet.

22 Erst nach **Zulassung der Kündigung** durch die zuständige Behörde kann der Arbeitgeber rechtswirksam kündigen. Eine ohne Zulässigkeitserklärung ausgesprochene Kündigung ist unheilbar nichtig. Unklar ist, innerhalb welcher Frist nach Zugang des Zulässigkeitsbescheids der Arbeitgeber die Kündigung aussprechen muss. Der 8. Senat des BAG vertritt die Auffassung, dass nach dem eindeutigen Wortlaut des § 18 die Einhaltung einer Frist nicht verlangt werde, weshalb eine von der obersten Landesbehörde ausnahmsweise zugelassene Kündigung des Arbeitsverhältnisses eines sich in Elternzeit befindlichen Arbeitnehmers nicht innerhalb einer bestimmten Frist ab Zustellung der Zulässigkeitserklärung ausgesprochen werden müsse.[26] Der 2. Senat des BAG neigt zur analogen Anwendung des § 175 Abs. 5 SGB IX,

---

25 Übersicht über die Aufsichtsbehörden für Elternzeit und Kündigungsschutz mit Adressen auf der Website des Bundesministeriums für Familie, Senioren, Frauen und Jugend.

26 BAG 22.6.2011 – 8 AZR 107/10.

wonach die ordentliche Kündigung unverzüglich nach Zustimmung ausgesprochen werden muss.[27] Richtig erscheint die Auffassung, wonach der Arbeitgeber die Zustimmung zu einer außerordentlichen Kündigung binnen zwei Wochen nach Kenntnis von den maßgebenden Kündigungstatsachen i.S.v. § 626 BGB zu beantragen und die Kündigung dann unverzüglich nach Zustimmung der Behörde auszusprechen hat.[28] Auch die ordentliche Kündigung muss zeit- und sachnah nach Zustimmung durch die Behörde erfolgen, so dass der Sach- und Zeitzusammenhang mit der behördlichen Entscheidung für den Kündigungsempfänger erkennbar gewahrt bleibt.[29] Nach anderer Auffassung müsse die Kündigung analog § 171 Abs. 3 SGB IX innerhalb eines Monats nach Zustellung des Zulässigkeitsbescheids erfolgen.[30] Das BAG lehnt solche Einschränkungen mit dem Hinweis auf den Wortlaut des § 18, der die Einhaltung einer Frist nicht verlangt, ab.[31]

Der Arbeitgeber kann eine Zurückweisung des Antrags auf Zulässigkeits- **23**
erklärung und der Arbeitnehmer eine Erteilung der Genehmigung zur Kündigung im **Verwaltungsrechtsweg** anfechten.

Die behördliche Zustimmungserklärung muss bei Ausspruch der Kündigung noch nicht bestandskräftig sein. Widerspruch und Anfechtungsklage des Arbeitnehmers vor dem Verwaltungsgericht gegen den Bescheid der Behörde hindern die Kündigung jedoch nicht. Die Zustimmungserklärung wird in dieser Zeit als »schwebend wirksam« angesehen. Wird der Bescheid, mit dem die zuständige Behörde eine Kündigung während der Elternzeit für zulässig erklärt hat, jedoch nachträglich im Widerspruchs- oder Klageverfahren aufgehoben, wird die Kündigung rückwirkend (ex tunc) nach § 18 Abs. 1 Satz 3 BEEG rechtsunwirksam.[32] Hat der Widerspruch des Arbeitnehmers gegen die behördliche Zustimmungserklärung Erfolg, ist der Kündigungsschutzklage stattzugeben. Der Kündigungsrechtsstreit ist nicht gemäß § 148 Abs. 1 ZPO auszusetzen, bis eine rechtskräftige Entscheidung des Verwaltungsgerichts vorliegt. Eine Aussetzung wäre wegen der besonderen Prozessförderungspflicht in Kündigungsverfahren (§ 61a Abs. 1 ArbGG) regelmäßig ermessensfehlerhaft.[33]

Das **Verwaltungsgericht** prüft die Entscheidung der Behörde auf richtige Rechtsanwendung, insbesondere auf Ermessensfehler im Rahmen des §

---

27 BAG 24.11.2011 – 2 AZR 429/10, NZA 2012, 610 (Die Entscheidung bezieht sich auf die inhaltsgleiche alte Vorschrift § 91 Abs. 5 SGB IX.).

28 Vgl. Rancke in Rancke/Pepping (Hrsg.), BEEG, § 18 Rn. 27.

29 So Rancke in Rancke/Pepping (Hrsg.), BEEG, § 18 Rn. 27.

30 Siehe hierzu ErfK/Gallner, BEEG, § 18 Rn. 14.

31 BAG 22.6.2011 – 8 AZR 107/10, NZA-RR 2012, 11.

32 LAG Mecklenburg-Vorpommern 11.5.2021 – 5 Sa 263/20; LAG Sachsen-Anhalt 15.2.2018 – 2 Sa 20/16.

33 LAG Mecklenburg-Vorpommern 11.5.2021 – 5 Sa 263/20; ErfK/Koch, ArbGG, § 9 Rn. 3.

VWGO § 114 VwGO.[34] Auch wenn die gesetzliche Kündigungsfrist gem. § 4 Satz 4 KSchG erst ab Bekanntgabe der Entscheidung der zuständigen Behörde an den Arbeitnehmer läuft, sollte für die Erhebung einer Klage beim Arbeitsgericht vorsorglich die Dreiwochenfrist ab Zugang der schriftlichen Kündigung eingehalten und unverzüglich die zuständige Behörde informiert werden.

4. Geltung bei Teilzeitarbeit, Abs. 2

24 Auch während einer Teilzeitbeschäftigung, die den gem. § 15 Abs. 4 Satz 1 zulässigen Umfang von 32 Stunden nicht überschreitet, besteht der Sonderkündigungsschutz. Abs. 2 unterscheidet hier zwischen zwei Tatbeständen: Teilzeittätigkeiten, die in der Elternzeit bei demselben Arbeitgeber ausgeübt werden (Nr. 1) und Teilzeittätigkeiten ohne Inanspruchnahme von Elternzeit bei Elternzeitberechtigung (Nr. 2).

a) Teilzeitarbeit während Elternzeit, Abs. 2 Nr. 1

25 Der Schutz vor arbeitgeberseitigen Kündigungen umfasst auch die Arbeitnehmer, die während ihrer Elternzeit **bei demselben Arbeitgeber Teilzeitarbeit** nach § 15 Abs. 4 Satz 1 im zulässigen Umfang von maximal 32 Wochenstunden leisten. Das Kündigungsverbot gilt auch dann, wenn für die Teilzeitarbeit eine andere Tätigkeit als bisher vereinbart ausgeübt wird (z. B. in Vollzeit beschäftigte Sachbearbeiterin arbeitet während ihrer Elternzeit in Teilzeit im Empfang).

b) Teilzeitarbeit ohne Elternzeit, Abs. 2 Nr. 2

26 Das Kündigungsverbot gilt auch für Teilzeitarbeitsverhältnisse ohne Elternzeit, wenn der Arbeitnehmer Anspruch auf Elterngeld während des Bezugszeitraumes nach § 4 Abs. 1 hat. Mit dieser Regelung werden die Arbeitnehmer einbezogen, die schon **vorher eine zulässige Teilzeitarbeit** von 32 Wochenstunden oder weniger ausgeübt haben und diese weiter ausüben wollen. Der Sonderkündigungsschutz besteht unabhängig davon, ob das Teilzeitarbeitsverhältnis vor oder erst nach der Geburt des Kindes begründet wurde.[35] Der Kündigungsschutz besteht aber nur für die Zeit, für die **Anspruch auf Elterngeld** nach § 1 während des Bezugszeitraumes nach § 4 Abs. 1 besteht. Diese Bezugnahme auf die mögliche Bezugsdauer von Elterngeld nach § 4 Abs. 1 beschränkt den Kündigungsschutz auf die Zeit **bis zur**

---

34 BVerwG 30.9.2009 – 5 C 32/08; BayVGH 7.10.2015 – 12 ZB 15.239; VG Köln 8.6.2021 – 7 K 2221/19.

35 BAG 27.3.2003 – 2 AZR 627/01, NZA 2004, 155.

Vollendung des 14. Lebensmonats des Kindes (§ 4 Abs. 1 Satz 2 und 3) bzw. für angenommene Kinder und Kinder i.S.d. § 1 Abs. 3 Satz 1 bis zu 14 Monate ab Aufnahme des Kindes bei der berechtigten Person, längstens jedoch bis zum vollendeten achten Lebensjahr des Kindes (BT-Drs. 18/2583, 37).

Der Kündigungsschutz aus Abs. 2 Nr. 2 ist kürzer als der des Abs. 1 und Abs. 2 Nr. 1. Dies stellt aber keine Benachteiligung der von dieser Fallgruppe erfassten Teilzeitbeschäftigten dar, weil diese jederzeit die Möglichkeit haben, Elternzeit geltend zu machen und ihre Teilzeitarbeit im bisher vereinbarten Umfang fortzusetzen (§ 15 Abs. 5 Satz 4).

Da der Arbeitnehmer bei seinem Arbeitgeber keine Elternzeit beantrag hat, 27
hat der **Arbeitgeber** in der Regel **keine Kenntnis von dem Sonderkündigungsschutz** nach Abs. 2 Nr. 2. Daher wird nach ganz einhelliger Auffassung angenommen, dass der Arbeitnehmer verpflichtet ist, dem Arbeitgeber spätestens nach Zugang der Kündigung mitzuteilen, dass er Anspruch auf Elternzeit hätte und daher unter den Sonderkündigungsschutz des Abs. 2 Nr. 2 fällt. Nach einer Auffassung müsse der Arbeitnehmer dem Arbeitgeber dieses »unverzügliche« analog § 16 Abs. 5 mitteilen. Die h.M. vertritt die Auffassung, die Mitteilung müsse innerhalb von zwei Wochen nach Zugang der Kündigung analog § 17 MuSchG erfolgen,[36] anderenfalls sei die Geltendmachung des Kündigungsschutzes ausgeschlossen.

c) Tätigkeit bei anderem Arbeitgeber

Kein Sonderkündigungsschutz besteht für Arbeitnehmer, die während der 28
Elternzeit in einem zweiten Arbeitsverhältnis **bei einem anderen Arbeitgeber** i.S.v. § 15 Abs. 4 Satz 3 in Teilzeit arbeiteten und den Rest der beim früheren Arbeitgeber noch nicht vollständig genommenen Elternzeit gemäß § 15 und § 16 geltend gemacht haben. Dies wird damit begründet, dass der Arbeitnehmer durch den starken Kündigungsschutz motiviert werden soll, die Elternzeit ohne Furcht vor einer Kündigung bei »seinem« Arbeitgeber tatsächlich in Anspruch zu nehmen. Diese Überlegungen treffen auf das Arbeitsverhältnis mit dem »anderen Arbeitgeber« nicht zu. Denn dieses Arbeitsverhältnis kann nur zu Stande kommen, wenn der Elternzeitberechtigte die Elternzeit bereits in Anspruch nimmt. Die Kündigung dieses »anderen« Arbeitsverhältnisses gefährdet nicht den Arbeitsplatz, hinsichtlich dessen Elternzeit in Anspruch genommen wird.[37]

---

36 LAG Mecklenburg-Vorpommern 21.10.2009 – 2 Sa 204/09; LAG Berlin 15.12.2004 – 17 Sa 1463/04.

37 BAG 2.2.2006 – 2 AZR 596/04, NZA 2006, 678.

5. Hinweise für Betriebs- und Personalräte

29 Vor dem Ausspruch der Kündigung ist der **Betriebs- bzw. Personalrat** zu hören (§ 102 BetrVG, § 86 BPersVG). Eine ohne Anhörung ausgesprochene Kündigung ist unwirksam. Dem Arbeitgeber steht es allerdings frei, ob er den Betriebsrat nach § 102 BetrVG vor, während oder nach Abschluss des Zustimmungsverfahrens bei der zuständigen Behörde anhört. Hört er den Betriebsrat schon vor Abschluss des Verfahrens vor der zuständigen Behörde an, ist eine erneute Anhörung des Betriebsrats nicht erforderlich, wenn die Entscheidung der Behörde erst später ergeht und sich der Kündigungssachverhalt inzwischen nicht geändert hat; hat sich dagegen der Kündigungssachverhalt geändert, ist eine erneute Anhörung des Betriebsrats erforderlich.[38]

Die Mitwirkungsrechte des Betriebs- bzw. Personalrats haben ergänzende Funktion, da eine Kündigung des Arbeitsverhältnisses durch den Arbeitgeber ab Verlangen und während der Elternzeit ohne Zustimmung der zuständigen Landesbehörde ohnehin unwirksam ist.

30 Eine **wesentliche Aufgabe des Betriebs- bzw. Personalrats** besteht aber darin, sich dafür einzusetzen, dass die aus der Elternzeit zurückkehrenden Arbeitnehmerinnen und Arbeitnehmer ihren alten Arbeitsplatz erhalten. Auch wenn der Arbeitgeber individualrechtlich einseitig einen anderen Arbeitsplatz zuweisen kann, besteht unabhängig davon das Mitbestimmungsrecht des Betriebsrats nach § 99 BetrVG bzw. des Personalrats nach § 78 BPersVG. Bei der Lage der Arbeitszeit und den Anforderungen an die Rückkehrer aus der Elternzeit muss der Arbeitgeber für eine Übergangszeit Rücksicht nehmen. Verspätungen und Schlechtleistungen sind in dieser Übergangszeit nicht geeignet, eine fristlose oder auch ordentliche Kündigung zu rechtfertigen.[39] Hierauf sollten Betriebsrat/Personalrat bei der Anhörung hinweisen und Bedenken zum Ausdruck bringen.

§ 19 Kündigung zum Ende der Elternzeit

Der Arbeitnehmer oder die Arbeitnehmerin kann das Arbeitsverhältnis zum Ende der Elternzeit nur unter Einhaltung einer Kündigungsfrist von drei Monaten kündigen.

Inhaltsübersicht Rn.

38 So für die Kündigung eines Schwerbehinderten und Anhörung des Integrationsamts: BAG 11.5.2000 – 2 AZR 276/99; Fitting, BetrVG, § 102 Rn. 61 m.w.N.

39 LAG Nürnberg 8.3.1999 – 6 Sa 259/97, Streit 2000, 85.

1. Normzweck

Der **Zweck** dieser Regelung besteht darin, dem Arbeitnehmer ein **Sonderkündigungsrecht zum Ende der Elternzeit** einzuräumen. Damit soll Arbeitnehmern in Elternzeit die Berücksichtigung der familiären Situation erleichtert und sie davor geschützt werden, vertraglich (wieder) zu einer Arbeitsleistung in einem Umfang verpflichtet zu werden, den sie wegen der Betreuung und Erziehung eines Kindes nicht erbringen können oder möchten. Mit der Dreimonatsfrist soll das Dispositionsinteresse des Arbeitgebers bzgl. der Personalplanung berücksichtigt werden. Die Regelung ist **zwingend** und kann vor Ausübung des Kündigungsrechts weder ausgeschlossen noch beschränkt werden. Sie findet nur auf ordentliche Kündigungen Anwendung. Das Recht, eine fristlose Kündigung aus wichtigem Grund auszusprechen (§ 626 BGB), bleibt unberührt.[1] 1

Unabhängig davon kann der Arbeitnehmer das Arbeitsverhältnis unter Einhaltung der gesetzlichen, tarif- oder arbeitsvertraglichen Kündigungsfrist **zu einem anderen Zeitpunkt** während oder nach Ende der Elternzeit jederzeit kündigen. Auch eine einvernehmliche Vertragsaufhebung ist nicht ausgeschlossen. Das Arbeitsverhältnis endet mit dem Ablauf einer vereinbarten Befristung, ohne dass es der Ausübung des Sonderkündigungsrechts nach § 19 bedarf. 2

2. Ausübungsberechtigte des Kündigungsrechts

Nur Arbeitnehmern, die Elternzeit nach den §§ 15, 16 rechtswirksam in Anspruch nehmen, steht das Sonderkündigungsrecht zu, also auch solchen, die während der Elternzeit unter Verringerung der Arbeitszeit bis zu 32 Wochenstunden in einem Teilzeitarbeitsverhältnis tätig sind (§ 18 Abs. 2 Nr. 1). **Teilzeitbeschäftigte Arbeitnehmer**, die ihre bisher vereinbarte Teilzeittätigkeit während der Elternzeit in gleichem Umfang fortsetzen ohne Elternzeit in Anspruch zu nehmen (§ 18 Abs. 2 Nr. 2), steht das Sonderkündigungsrecht nicht zu.[2] Bei wechselnden oder gemeinsamen Elternzeiten nach § 15 Abs. 3 steht beiden Elternteilen das Sonderkündigungsrecht zu.[3] 3

3. Kündigungsfrist

Das Ende der Elternzeit bestimmt sich nach der Mitteilung des Arbeitnehmers gem. § 16 Abs. 1. Bei einer Inanspruchnahme in Zeitabschnitten endet 4

1 ErfK/Gallner, BEEG, § 19 Rn. 5.
2 So auch ErfK/Gallner, BEEG, § 19 Rn. 2; Brose/Weth/Volk/*Schneider*, BEEG, § 19 Rn. 4; a. A.
3 ErfK/Gallner, BEEG, § 19 Rn. 2; Brose/Weth/Volk/*Schneider*, BEEG, § 19 Rn. 4.

die Elternzeit am letzten Tag des letzten Zeitabschnitts. Wird Elternzeit in mehreren Abschnitten genommen oder in einem Wechsel der Berechtigten, gilt die Kündigungsfrist nur für den letzten Abschnitt.[4] Der Arbeitnehmer muss für die Kündigung zum Ende der Elternzeit die **Kündigungsfrist von drei Monaten** einhalten.

> **Beispiel:**
> Der Arbeitnehmer befindet sich bis zum 21.6.2026 in Elternzeit. Will er zum Ende der Elternzeit kündigen, muss dem Arbeitgeber die schriftliche Kündigung spätestens zum 20.3.2026 zugehen.

5 Ist der letzte Tag, an dem die schriftliche Kündigungserklärung dem Arbeitgeber zugehen muss, ein Samstag, Sonntag oder Feiertag, muss sie spätestens am letzten Werktag davor zugehen. § 193 BGB (Fristablauf Wochenende/Feiertag) ist bei Kündigungen von Arbeitsverhältnissen nicht anzuwenden.[5]

> **Beispiel:**
> Der Arbeitnehmer befindet sich bis zum 4.1.2026 in Elternzeit. Will er zum Ende der Elternzeit kündigen, endet die dreimonatige Kündigungsfrist am 3.10.2025. Da dieses ein Feiertag ist, muss dem Arbeitgeber die schriftliche Kündigung schon spätestens am Donnerstag, 2.10.2025, zugehen.

Die Kündigung des Arbeitsverhältnisses muss **zum Ende der Elternzeit** ausgesprochen werden. Der Arbeitnehmer muss in der Kündigungserklärung nicht zwingend das – richtig berechnete – Datum des Kündigungstermins angeben. Er kann die Kündigung ohne Datumsangabe »zum Ende der Elternzeit« aussprechen. Dies ist zulässig und hinreichend bestimmt, denn der Arbeitgeber kann aufgrund der ihm bekannten Daten unproblematisch den exakten Termin der Beendigung des Arbeitsverhältnisses ausrechnen.[6] Eine **verspätet** zugegangene Kündigung ist umzudeuten (§ 140 BGB). Sie wirkt zum nächstmöglichen Zeitpunkt, zu dem das Arbeitsverhältnis bei Anwendung der gesetzlichen (§ 622 BGB), tarif- oder arbeitsvertraglichen Kündigungsfrist geendet hätte. Der elternzeitberechtigte Arbeitnehmer kann die Kündigung zum Ende der Elternzeit aber auch früher als drei Monate vorher aussprechen. Das Sonderkündigungsrecht besteht grundsätzlich ab Beginn der siebenwöchigen Ankündigungsfrist des § 16 Abs. 1. Es ist jedoch zu beachten, dass nach Zugang der Erklärung ein Widerruf nicht wirksam ist (§ 130 Abs. 1 BGB).

4 ErfK/Gallner, BEEG, § 19 Rn. 3.
5 BAG 5.3.1970, BAGE 22, 304.
6 Rancke in Rancke/Pepping (Hrsg.), BEEG, § 19 Rn. 10.

6 Wurde eine Elternzeit von kürzerer Dauer als drei Monate verlangt, ist die Einhaltung der Dreimonatsfrist unmöglich und das Sonderkündigungsrecht entfällt.[7]

7 **Zum Ende der Elternzeit** kann weder mit einer längeren noch einer kürzeren gesetzlichen, tarif- oder arbeitsvertraglichen Kündigungsfrist gekündigt werden. Also auch dann, wenn das Arbeitsverhältnis an sich mit einer kürzeren Frist ordentlich kündbar wäre, muss er bei Kündigung zum Ende der Elternzeit die **Frist** von drei Monaten **zwingend einhalten**. Die Vorschrift enthält für diesen speziellen Zeitpunkt eine Sonderregelung, von der nicht abgewichen werden kann.[8] Das folgt aus der durch das Wort »nur« ersetzten früheren Formulierung des § 19 »soweit nicht eine kürzere gesetzliche oder vereinbarte Kündigungsfrist gilt«.[9] Der Arbeitnehmer kann das Arbeitsverhältnis während der Elternzeit aber zu jedem anderen Termin als gerade zum Ende derselben oder nach Ende der Elternzeit jederzeit unter Einhaltung der – ggf. kürzeren – gesetzlichen, tarif- oder arbeitsvertraglichen Frist kündigen.

Beispiel:
Für das Arbeitsverhältnis von M gilt die gesetzliche Kündigungsfrist von vier Wochen zum 15. oder zum Ende eines Kalendermonats gem. § 622 Abs. 1 BGB. Die Elternzeit von M endet am 21.9.2025. Er möchte nach Ende der Elternzeit nicht wieder arbeiten, hat aber die besondere Kündigungsfrist von drei Monaten (20.6.2025) im Juli 2025 versäumt.
Nach der gesetzlichen Vorschrift bleiben ihm aber noch mehrere Termine, zu denen er während der Elternzeit mit der Vierwochenfrist kündigen kann, sodass er nach Ende seiner Elternzeit nicht mehr arbeiten muss, und zwar zum 31.8.2025 oder zum 15.9.2025.

8 Festgeschrieben ist nur der spätestmögliche Zeitpunkt für eine Kündigung zum Ende der Elternzeit. Der Arbeitgeber kann sich jedoch auch mit einer nicht fristgerecht zum Ende der Elternzeit ausgesprochenen Kündigung einverstanden erklären.[10] Der Arbeitgeber kann aber nicht vom Arbeitnehmer verlangen, dass dieser frühzeitig erklärt, ob er das Arbeitsverhältnis nach Ende der Elternzeit fortsetzen will.

4. Formvorschrift

9 Die Kündigung bedarf gem. § 623 BGB der **Schriftform**, wobei die elektronische Form gem. § 126a BGB ausgeschlossen ist. Diese Vorschrift dient

7 Brose/Weth/Volk/*Schneider*, BEEG, § 19 Rn. 7; Rancke in Rancke/Pepping (Hrsg.), BEEG, § 19 Rn. 11.

8 Brose/Weth/Volk/*Schneider*, BEEG, § 19 Rn. 9.

9 ErfK/Gallner, BEEG, § 19 Rn. 3.

10 Vgl. ErfK/Gallner, BEEG, § 19 Rn. 5.

der Rechtssicherheit und der Erleichterung der Beweisführung. Wurde diese Formvorschrift nicht eingehalten, ist die Kündigung nichtig.

10 Der Arbeitnehmer ist nicht verpflichtet, für die Kündigung einen Grund anzugeben. Das Sonderkündigungsrecht ist auch nicht an die Voraussetzung geknüpft, dass wegen der Betreuung des Kindes gekündigt wird.[11]

§ 20 Zur Berufsbildung Beschäftigte, in Heimarbeit Beschäftigte

(1) [1]Die zu ihrer Berufsbildung Beschäftigten gelten als Arbeitnehmer und Arbeitnehmerinnen im Sinne dieses Gesetzes. [2]Die Elternzeit wird auf die Dauer einer Berufsbildung nicht angerechnet, es sei denn, dass während der Elternzeit die Berufsausbildung nach § 7a Berufsbildungsgesetz oder § 27b der Handwerksordnung in Teilzeit durchgeführt wird. [3]§ 15 Absatz 4 Satz 1 bleibt unberührt.

(2) [1]Anspruch auf Elternzeit haben auch die in Heimarbeit Beschäftigten und die ihnen Gleichgestellten (§ 1 Abs. 1 und 2 des Heimarbeitsgesetzes), soweit sie am Stück mitarbeiten. [2]Für sie tritt an die Stelle des Arbeitgebers der Auftraggeber oder Zwischenmeister und an die Stelle des Arbeitsverhältnisses das Beschäftigungsverhältnis.

Inhaltsübersicht Rn.

1. Grundsatz

1 § 20 stellt sicher, dass auch die zur Berufsbildung und die in Heimarbeit Beschäftigten und ihnen Gleichgestellten einen Anspruch auf Elternzeit haben. Gem. Abs. 1 Satz 1 werden die zur Berufsbildung und in Heimarbeit Beschäftigten hinsichtlich der Elternzeit wie Arbeitnehmer behandelt. Ihre Einbeziehung führt zur Anwendung aller Vorschriften des BEEG mit Arbeitnehmerbezug, die evtl. neben den Vorschriften des BBiG schutzverstärkend wirken können.

2. Zur Berufsbildung Beschäftigte

2 Mit dem **Begriff »zur Berufsbildung Beschäftigte«** werden alle Bildungsverhältnisse, die zu einer beruflichen Qualifikation führen, erfasst (**Abs. 1 Satz 1**). Damit werden nicht nur Auszubildende im Sinne des § 1 BBiG,

---

11 Rancke in Rancke/Pepping (Hrsg.), BEEG, § 19 Rn. 12.

sondern auch Vertragsverhältnisse im Sinne des § 26 BBiG erfasst, nämlich Anlernlinge, Volontäre, Praktikanten sowie auch zur Fortbildung, Weiterbildung oder Umschulung Beschäftigte, ferner auch Lernschwestern, bei denen die praktische Unterweisung im Vordergrund steht. Praktika, die im Rahmen einer Schulausbildung oder eines Fach- oder Hochschulstudiums vorgeschrieben sind, können als Berufsbildungsverhältnisse im Sinne des § 20 angesehen werden, wenn sie nicht unselbständiger Teil der Hochschulausbildung sind.[1] Praktikantentätigkeit, bei der beispielsweise die Praxisbetreuung am Arbeitsplatz von der Hochschule wahrgenommen wird, ist derartig in das Hochschulstudium integriert, dass grundsätzlich nicht von einem Berufsbildungsverhältnis im Sinne des BBiG gesprochen werden kann. Vielfach wird die Frage, ob die Praktikantentätigkeit unselbständiger Teil der Ausbildung ist oder nicht, schwierig zu beantworten und der Einzelfall zu werten sein. Auf die Zahlung einer Vergütung kommt es nicht an, sondern allein auf das Ziel einer beruflichen Bildung. Nicht unter diese Vorschrift fallen Berufsbildungsverhältnisse in einem öffentlich-rechtlichen Dienstverhältnis mit dem ausschließlichen Ziel der späteren Verwendung als Beamter sowie alle schulischen oder universitären Formen der Aus- und Weiterbildung.[2] Ebenfalls nicht elternzeitberechtigt sind erwerbsfähige Hilfsbedürftige, die in einer privaten Einrichtung i. R. einer Arbeitsgelegenheit mit Mehraufwandsentschädigung gem. § 16 Abs. 3 Satz 2 SGB II als sog. Ein-Euro-Jobber tätig sind,[3] Soldaten, Zivildienstleistende, Personen im freiwilligen sozialen Jahr, ehrenamtlich Tätige, Arbeitslose oder Häftlinge, wenn sie Tätigkeiten erbringen.[4]

Eine **Teilzeitausbildung** ist während der Elternzeit möglich, wenn der zeitliche Rahmen des § 15 Abs. 4 Satz 1 von nicht mehr als 32 Wochenstunden im Durchschnitt des Monats eingehalten wird. Nach Abs. 1 Satz 2 wird die Elternzeit auf die Berufsbildungszeiten nicht angerechnet, es sei denn, dass während der Elternzeit die Berufsausbildung nach § 7a BBiG oder § 27b der HwO in Teilzeit durchgeführt wird. Durch den seit dem 1. 1. 2020 geltenden § 7a BBiG n. F. wurde die bisher in § 8 Abs. 1 Satz 2 BBiG a. F. enthaltene Regelung zur Teilzeitberufsausbildung formal herausgelöst, inhaltlich erweitert und damit gestärkt. Entsprechendes gilt seit 1. 1. 2020 für die Regelung in § 27b HwO n. F. Die Teilzeitausbildung wird von der Verkürzung der Ausbildungsdauer gemäß § 8 Abs. 1 BBiG n. F. bzw. § 27c Abs. 1 HwO n. F. somit grundsätzlich entkoppelt. Ziel der Herauslösung aus § 8 BBiG in einen ei- 3

1 ErfK/Müller-Glöge, BEEG, § 20 Rn. 1.
2 Hambüchen/Appel/Kaiser, § 20 BEEG, Rn. 9 ff.; Hk-MuSchG/BEEG/Rancke, § 15 Rn. 28.
3 BAG 26. 9. 2007 – 5 AZR 857/06, NZA 2007, 1422.
4 Hk-MuSchG/BEEG/Rancke, § 15 Rn. 29.

genen Paragrafen ist die Stärkung der Teilzeitberufsausbildung.[5] Es besteht jedoch kein Anspruch auf eine Teilzeitausbildung.

4 Der zur Berufsausbildung Beschäftigte hat aber auch die Möglichkeit, die Ausbildung in Vollzeit fortzusetzen. Er verliert auch dann nicht den Anspruch auf Elterngeld, wenn die Zeit der Berufsbildung mehr als 32 Wochenstunden beträgt. Dieses ergibt sich aus § 1 Abs. 6 Alt. 2, wonach auch neben der vollen Beschäftigung zur Berufsbildung Elterngeld bezogen werden kann. Die Regelung ist unabhängig von der Inanspruchnahme der Elternzeit, schließt also weder den Anspruch auf Freistellung von der Arbeit aus noch führt andererseits der Verzicht auf Elterngeld zu einer Verlängerung der Berufsbildungszeit.

3. Keine Anrechnung

5 Nimmt der zur Berufsbildung Beschäftigte Elternzeit in Anspruch, wird diese Zeit nicht auf Berufsbildungszeiten angerechnet, sofern keine Teilzeitberufsausbildung erfolgt nach Abs. 1 Satz 1 2. HS. Der **Berufsbildungsvertrag verlängert sich** um die Zeit der in Anspruch genommenen Elternzeit. Es soll mit dieser Vorschrift gewährleistet werden, dass die für eine qualifizierte berufliche Bildung erforderliche Zeit zur Verfügung steht. Eine Vereinbarung mit dem Ziel, die automatische Verlängerung der Berufsbildung auszuschließen, ist unzulässig.

6 Eine Abs. 1 Satz 2 entsprechende Regelung enthält § 2 Abs. 5 Satz 1 Nr. 3 WissZeitVG (vor dessen Inkrafttreten: § 57b Abs. 4 Satz 1 Nr. 3 HRG) für die Nichtanrechnung von Beurlaubungen nach dem BEEG im Einverständnis mit dem Mitarbeiter auf befristete Arbeitsverträge mit wissenschaftlichem Personal an Hochschulen und Forschungseinrichtungen.

7 **Verkürzungsmöglichkeiten** der Ausbildung nach dem BBiG werden mit dieser Vorschrift nicht ausgeschlossen. So kann gemäß § 8 Abs. 1 BBiG die Ausbildungszeit auf Antrag verkürzt werden, wenn zu erwarten ist, dass der Auszubildende das Ausbildungsziel in der gekürzten Zeit erreicht. Auch eine vorzeitige Zulassung zur Abschlussprüfung gemäß § 45 Abs. 1 BBiG ist möglich.[6] Auf die zur Berufsbildung Beschäftigten finden die Vorschriften des BEEG entsprechende Anwendung; an die Stelle des Arbeitgebers tritt die Ausbildungsstelle.

4. In Heimarbeit Beschäftigte

8 Die in Heimarbeit Beschäftigen und die ihnen Gleichgestellten haben ebenfalls Anspruch auf Elternzeit, soweit sie am Stück mitarbeiten. Die Vorschrift

5 BT-Drs. 19/10815 Begr. zu Art. 1 Nr. 8 (zu § 7 a), 55.

6 Vgl. Brose/Weth/Volk/*Schneider*, BEEG, § 20 Rn. 4.

des **Abs. 2** hat den Zweck, die Vorschriften des BEEG den **Besonderheiten des Heimarbeitsverhältnisses** anzupassen. In Heimarbeit Beschäftigte und die ihnen Gleichgestellten dürfen nach Ende der Elternzeit nicht gegen ihren Willen bei der Ausgabe von Heimarbeit ausgeschlossen werden. Ebenfalls dürfen die in Heimarbeit Beschäftigten, die zwar keine Elternzeit nehmen, aber während des Bezuges von Elterngeld für ihren bisherigen Auftraggeber in nach § 2 zulässigem Umfang Heimarbeit leisten, nicht bei der Ausgabe von Heimarbeit ausgeschlossen werden.[7]

Auf die in Heimarbeit Beschäftigen und die ihnen Gleichgestellten finden 9
die Vorschriften des BEEG entsprechende Anwendung; an die Stelle des Arbeitgebers tritt der Auftraggeber oder Zwischenmeister und an die Stelle des Arbeitsverhältnisses das Beschäftigungsverhältnis.

§ 21 Befristete Arbeitsverträge

(1) Ein sachlicher Grund, der die Befristung eines Arbeitsverhältnisses rechtfertigt, liegt vor, wenn ein Arbeitnehmer oder eine Arbeitnehmerin zur Vertretung eines anderen Arbeitnehmers oder einer anderen Arbeitnehmerin für die Dauer eines Beschäftigungsverbotes nach dem Mutterschutzgesetz, einer Elternzeit, einer auf Tarifvertrag, Betriebsvereinbarung oder einzelvertraglicher Vereinbarung beruhenden Arbeitsfreistellung zur Betreuung eines Kindes oder für diese Zeiten zusammen oder für Teile davon eingestellt wird.

(2) Über die Dauer der Vertretung nach Absatz 1 hinaus ist die Befristung für notwendige Zeiten einer Einarbeitung zulässig.

(3) Die Dauer der Befristung des Arbeitsvertrags muss kalendermäßig bestimmt oder bestimmbar oder den in den Absätzen 1 und 2 genannten Zwecken zu entnehmen sein.

(4) [1]Der Arbeitgeber kann den befristeten Arbeitsvertrag unter Einhaltung einer Frist von mindestens drei Wochen, jedoch frühestens zum Ende der Elternzeit, kündigen, wenn die Elternzeit ohne Zustimmung des Arbeitgebers vorzeitig endet und der Arbeitnehmer oder die Arbeitnehmerin die vorzeitige Beendigung der Elternzeit mitgeteilt hat. [2]Satz 1 gilt entsprechend, wenn der Arbeitgeber die vorzeitige Beendigung der Elternzeit in den Fällen des § 16 Absatz 3 Satz 2 nicht ablehnen darf.

(5) Das Kündigungsschutzgesetz ist im Falle des Absatzes 4 nicht anzuwenden.

(6) Absatz 4 gilt nicht, soweit seine Anwendung vertraglich ausgeschlossen ist.

(7) [1]Wird im Rahmen arbeitsrechtlicher Gesetze oder Verordnungen auf die Zahl der beschäftigten Arbeitnehmer und Arbeitnehmerinnen

7 S. a. Brose/Weth/Volk/*Schneider*, BEEG, § 20 Rn. 8.

abgestellt, so sind bei der Ermittlung dieser Zahl Arbeitnehmer und Arbeitnehmerinnen, die sich in der Elternzeit befinden oder zur Betreuung eines Kindes freigestellt sind, nicht mitzuzählen, solange für sie aufgrund von Absatz 1 ein Vertreter oder eine Vertreterin eingestellt ist. [2]Dies gilt nicht, wenn der Vertreter oder die Vertreterin nicht mitzuzählen ist. [3]Die Sätze 1 und 2 gelten entsprechend, wenn im Rahmen arbeitsrechtlicher Gesetze oder Verordnungen auf die Zahl der Arbeitsplätze abgestellt wird.

Inhaltsübersicht Rn.

1. Zielsetzung

1 Die Vorschrift hat zum Ziel, organisatorische Belastungen der Betriebe dadurch auszuräumen, dass **befristete Einstellungen** von Arbeitnehmern für die Dauer der Beschäftigungsverbote nach dem MuSchG, der Elternzeit nach dem BEEG oder einer auf Tarifvertrag, Betriebsvereinbarung oder Arbeitsvertrag beruhenden Elternzeit sowie für Zeiten einer notwendigen Einarbeitung ermöglicht werden (**Abs. 1**). Es handelt sich bei dieser Regelung um die gesetzliche Anerkennung eines Vertretungsfalles als **Sachgrund für die Befristung.**[1]

2 Mit dieser Vorschrift soll jedoch **nicht bezweckt** werden, **unbefristete Arbeitsverträge** z. B. von Dauervertretungen für verschiedene Mutterschaftsfälle in Großbetrieben **durch befristete Arbeitsverträge zu ersetzen**. Dies wird in der Regel auch dem Interesse des Arbeitgebers entsprechen, qualifizierte und eingearbeitete Arbeitnehmer als sog. Springer einsetzen zu können.

2. Allgemeines

3 Befristete Arbeitsverhältnisse sind im **TzBfG** umfassend geregelt. Gem. § 14 Abs. 1 TzBfG bedarf die wirksame Befristung grundsätzlich eines sachlich rechtfertigenden Grundes. Ohne Vorliegen eines sachlichen Grundes ist die Befristung nur bei einer Neueinstellung bis zur Dauer von zwei Jahren zu-

1 Vgl. Rancke in Rancke/Pepping (Hrsg.), BEEG, § 21 Rn. 1.

lässig (§ 14 Abs. 2 TzBfG). Innerhalb dieser Zeit ist zudem höchstens eine dreimalige Verlängerung eines befristeten Arbeitsvertrages zulässig. Der Möglichkeit, ein Arbeitsverhältnis ohne Sachgrund bis zu zwei Jahre zu befristen, steht ein früheres Arbeitsverhältnis des Arbeitnehmers mit demselben Arbeitgeber nicht entgegen, wenn das Ende des vorangegangenen Arbeitsverhältnisses mehr als drei Jahre zurückliegt.[2]

Besondere Regelungen in anderen gesetzlichen Vorschriften bleiben nach § 23 TzBfG jedoch unberührt. Eine solche spezielle Regelung stellt § 21 Abs. 1, den das BAG als Konkretisierung des § 14 Abs. 1 Satz 2 Nr. 3 TzBfG bezeichnet,[3] dar. Denn Abs. 1 bestätigt den in § 14 Abs. 1 Satz 2 Nr. 3 TzBfG anerkannten Sachgrund der Vertretung.[4] 4

Daneben gelten weitere Formvorschriften und Verfahrensregelungen aus dem allgemeinen Befristungsrecht.[5] So gilt auch hier, dass die Befristung der **Schriftform** bedarf (§ 14 Abs. 4 TzBfG), der Arbeitsvertrag vor Vertragsbeginn von beiden Arbeitsvertragsparteien unterzeichnet werden muss[6] sowie die Klagefrist des § 17 TzBfG.

Befristete Arbeitsverträge dürfen nicht abgeschlossen werden, wenn damit gesetzliche Arbeitnehmerschutzvorschriften umgangen werden sollen, wie z. B. die des allgemeinen Kündigungsschutzes (§§ 1 ff. KSchG), Bestandsschutzregeln für Schwerbehinderte (§ 85 SGB IX) oder Schutzvorschriften für Schwangere (§ 9 MuSchG). 5

3. Verhältnis zu weiteren Befristungsregelungen

Die Befristung aufgrund anderer Vorschriften über befristete Arbeitsverträge wird durch § 21 nicht ausgeschlossen. Befristete Arbeitsverhältnisse können – neben dem TzBfG – ebenfalls auf folgende weitere **gesetzliche Regelungen** gestützt werden: 6

- Das **Gesetz über befristete Arbeitsverträge in der Wissenschaft (WissZeitVG)** unterscheidet in seinem § 2 zwischen einer 6-jährigen sachgrundlosen Befristung für wissenschaftliches und künstlerisches Personal (im Bereich der Medizin sogar 9 Jahre) und einer Befristung wegen Drittmittelfinanzierung, die sich auch auf nichtwissenschaftliches Personal erstreckt. 7

---

2 BAG 6.4.2011 – 7 AZR 716/09, NZA 2011, 905.

3 BAG 17.5.2017 – 7 AZR 420/15, NZA 2017, 600; BAG 15.2.2017 – 7 AZR 223/15; BAG 26.10.2016, NZA 2017, 382; BAG 7.10.2015, NZA 2016, 35.

4 BAG 7.10.2015 – 7 AZR 944/13, NZA 2016, 354; BAG 29.4.2015 – 7 AZR 310/13, NZA 2015, 928.

5 BT-Drs. 14/4371, S. 13.

6 BAG 14.12.2016 – 7 AZR 717/14, ArbR 2017, 225; BAG 4.12.2016 – 7 AZR 797/14, NZA 2017, 638.

- Das **Gesetz über befristete Arbeitsverträge mit Ärzten in der Weiterbildung (ÄArbVtrG)** fordert in seinem § 1 das Vorliegen eines sachlichen Grundes und nennt als zulässigen Grund die Weiterbildung zum Facharzt oder den Erwerb einer Anerkennung für einen Schwerpunkt oder den Erwerb einer Zusatzbezeichnung, eines Fachkundenachweises oder einer Bescheinigung über eine fakultative Weiterbildung.

8 Zur Klarstellung empfiehlt sich, im Arbeitsvertrag aufzunehmen, ob die Befristung aufgrund von § 21 oder eines anderen sachlichen Grundes erfolgt, da an die verschiedenen Befristungstatbestände unterschiedliche Rechtsfolgen geknüpft sind. Der Arbeitgeber muss den sachlichen Grund für die Befristung darlegen und beweisen. Insbesondere muss er beim Sachgrund der Vertretung den befristeten Bedarf und den Kausalzusammenhang zwischen dem zeitweiligen Ausfall des einen Arbeitnehmers und der Einstellung des Vertreters im Einzelnen darlegen.[7] Auch kann der Arbeitgeber sich beispielsweise auf das Sonderkündigungsrecht nach Abs. 4 nur dann stützen, wenn es sich um eine nach § 21 begründete Befristung handelt.

9 Ein Arbeitsvertrag kann mit dem Sachgrund des Abs. 1 befristet abgeschlossen werden, wenn zuvor bereits ein mit sachlichem Grund nach § 14 Abs. 1 oder ein sachgrundlos befristetes Arbeitsverhältnis nach § 14 Abs. 2 TzBfG bestanden hat. Nach Beendigung eines mit dem Sachgrund des Abs. 1 oder des § 14 Abs. 1 TzBfG abgeschlossenen befristeten Arbeitsvertrags kann aber vor Ablauf der Dreijahresfrist (vgl. Rn. 3) kein sachgrundlos befristetes Arbeitsverhältnis nach § 14 Abs. 2 TzBfG mehr eingegangen werden. Der Abschluss eines befristeten Arbeitsverhältnisses mit Sachgrund nach § 14 Abs. 1 TzBfG ist zulässig. Zulässig soll es auch sein, von der Befristungsmöglichkeit des Abs. 1 – insbesondere anlässlich verschiedener Vertretungsfälle – wiederholt Gebrauch zu machen.[8]

> **Beispiel:**
> A wird zunächst als Vertretung für B, der für zwei Jahre Elternzeit verlangt hat, mit dem Befristungsgrund des § 21 Abs. 1 beschäftigt. Im unmittelbaren Anschluss hieran wird A nochmals ohne das hierfür ein sachlicher Grund genannt ist, befristet für 18 Monate nach dem TzBfG weiterbeschäftigt.
> Die zweite (sachgrundlose) Befristung ist rechtsunwirksam. Die Folge gemäß § 16 TzBfG ist das Zustandekommen eines Arbeitsvertrages auf unbestimmte Zeit.

10 **Tarifvertragliche günstigere Befristungsregelungen** sind mit § 21 nicht ausgeschlossen. Ist in Tarifverträgen z. B. geregelt, dass ein befristetes Arbeitsverhältnis zur Vertretung eines anderen Arbeitnehmers die Dauer von

---

7 BAG 15.2.2006 – 7 AZR 232/05, NZA 2006, 781.

8 LAG Niedersachsen 8.7.2024 – 15 Sa 757/23; LAG Rheinland-Pfalz 17.11.2022 – 2 Sa 476/21.

drei Monaten nicht überschreiten darf, kann der Arbeitgeber für die Dauer der Elternzeit nur einen Arbeitnehmer in einem unbefristeten Arbeitsverhältnis einstellen.

4. Sachgrund für die Befristung

Nach **Abs. 1** liegt ein sachlicher Grund für die Befristung eines Arbeitsvertrages vor, bei **Vertretung eines anderen Arbeitnehmers** 11

- für Zeiten eines **Beschäftigungsverbotes nach** dem **MuSchG**. Beschäftigungsverbote i. S. d. MuSchG sind die in § 2 Abs. 3 MuSchG genannten. Dazu gehören insbesondere die Zeiten der Schutzfristen vor und nach der Entbindung (§§ 3 Abs. 1 und 2) sowie das betriebliche Beschäftigungsverbote nach § 13 Abs. 1 Nr. 3 MuSchG und das ärztliche Beschäftigungsverbot nach § 16 MuSchG.
- für die **Dauer der** von ihm verlangten **Elternzeit gem. §§ 15, 16.**
- für sonstige Zeiten einer **Arbeitsfreistellung zur Betreuung eines Kindes** aufgrund einer Regelung im Tarifvertrag, in einer Betriebsvereinbarung oder einer einzelvertraglichen Vereinbarung.

Arbeitsfreistellung bedeutet die Freistellung des Arbeitnehmers von der Pflicht zur Arbeitsleistung. Unerheblich ist, ob das Arbeitsentgelt fortgezahlt wird oder nicht. Ist in einer Vereinbarung über die Arbeitsfreistellung keine Regelung über die Vergütung oder Teilen davon aufgenommen worden, so ist im Zweifel davon auszugehen, dass der Anspruch auf Arbeitsentgelt nach § 323 BGB entfällt.[9] 12

Ein Tarifvertrag in der **Privatwirtschaft**, der eine Arbeitsfreistellung zur Betreuung eines Kindes vorsieht, ist der Manteltarifvertrag für die Arbeitnehmer im Einzelhandel in Nordrhein-Westfalen. Nach § 19 dieses Tarifvertrages wird in Betrieben mit mehr als 100 Arbeitnehmern im Anschluss an die gesetzliche Elternzeit sog. Elternurlaub zur Fortsetzung der Kinderbetreuung bis zur Vollendung des 12. Lebensjahres – Höchstdauer von Elternzeit und Elternurlaub insgesamt fünf Jahre – gewährt. Die Tarifverträge für den **öffentlichen Dienst von Bund und Ländern TVöD und TV-L** enthalten ebenfalls einen Anspruch auf unbezahlten Sonderurlaub (§ 28 TVöD bzw. TV-L) im Sinne des § 21. 13

Der befristet für die Dauer der Elternzeit eingestellte Arbeitnehmer muss nicht dieselben Aufgaben verrichten, die dem in Elternzeit befindlichen Arbeitnehmer übertragen waren.[10] Ein Vertretungsfall liegt – ebenso wie bei § 14 Abs. 1 Satz 2 Nr. 3 TzBfG – auch bei einer **mittelbaren Vertretung** 14

9 Rancke in Rancke/Pepping (Hrsg.), § 21 Rn. 16.
10 LAG Rheinland-Pfalz 15. 6. 2011 – 7 Sa 62/11.

vor.[11] Durch Umorganisation bzw. Umverteilung können die Aufgaben des vorübergehend abwesenden Arbeitnehmers einem Mitarbeiter ganz oder teilweise übertragen werden, dessen bisherige Aufgaben nun von dem befristet eingestellten Arbeitnehmer wahrgenommen werden. Für die Anerkennung eines Vertretungsfalls zwischen dem zeitweiligen Ausfall eines Mitarbeiters und dem dadurch hervorgerufenen Vertretungsbedarf einerseits und dem der befristeten Einstellung der Vertretungskraft andererseits muss jedoch ein ursächlicher Zusammenhang bestehen.[12] Nach der Rechtsprechung des BAG soll durch das Erfordernis des **Kausalzusammenhangs** vermieden werden, dass der Sachgrund der Vertretung nur vorgeschoben wird. Erforderlich ist, dass die Vertretungskraft gerade wegen des durch den zeitweiligen Ausfall des zu vertretenden Mitarbeiters entstandenen vorübergehenden Beschäftigungsbedarfs eingestellt worden ist.[13]

15 Ein befristeter Arbeitsvertrag kann nur für die Zeiten der Mutterschutzfristen vor und nach der Entbindung, für die Dauer der Elternzeit (wird diese in einzelnen Abschnitten genommen, auch für einzelne Abschnitte) oder für die Zeit der Arbeitsfreistellung – auch mit verschiedenen Arbeitnehmern – abgeschlossen werden. Eine Befristung für die Zeiten der mutterschutzrechtlichen Beschäftigungsverbote, die Dauer einer anschließenden Elternzeit und die Zeit einer anschließenden Arbeitsfreistellung ist nicht zulässig, wenn der Arbeitgeber bei Abschluss des befristeten Vertrages am Beginn der Mutterschutzfrist nur vermutet, dass die Mutter auch Elternzeit und Arbeitsfreistellung in Anspruch nehmen wird. In diesem Fall kann der Arbeitgeber nur für die Dauer der Beschäftigungsverbote einen befristeten Vertrag abschließen und, wenn später Elternzeit verlangt wird, einen befristeten Vertrag für die Dauer der Elternzeit. Insofern bedarf es – wie beim Befristungsgrund der Vertretung nach § 14 Abs. 1 Satz 2 Nr. 3 TzBfG – einer **Prognose** des zukünftigen Wegfalls des Vertretungsbedarfs.[14]

5. Einarbeitungszeit

16 Bei einer erforderlichen Einarbeitung des befristet eingestellten Arbeitnehmers, ist eine **Verlängerung** der sich nach Abs. 1 um die für die Einarbeitung ergebende Dauer zulässig (**Abs. 2**). Damit soll eine effektive Überbrückungsphase ermöglicht werden. Die Dauer zur Aneignung der erforderlichen

---

11 BAG 15.2.2006 – 7 AZR 232/05, NZA 2006, 781; ErfK/Müller-Glöge, BEEG, § 21 Rn. 6.

12 BAG 9.9.2015 – 7 AZR 148/14, NZA 2016, 169; BAG 15.2.2006 – 7 AZR 232/05, NZA 2006, 781.

13 St.Rspr. vgl. etwa BAG 17.5.2017 – 7 AZR 420/15, NZA 2017, 1600; BAG 26.10.2016 – 7 AZR 135/15.

14 ErfK/Müller-Glöge, BEEG, § 21 Rn. 8.

Kenntnisse und Fähigkeiten lässt sich pauschal kaum bestimmen und richtet sich daher nach den Arbeitsanforderungen und den konkreten Umständen des Einzelfalls. Deshalb ist eine Höchstdauer im Gesetz nicht vorgesehen. Der Erwerb allgemeiner Kenntnisse gehört allerdings nicht zur Einarbeitung.

6. Zeit-/Zweckbefristung

Abs. 3 lässt sowohl die Zeit- als auch die Zweckbefristung im Hinblick **17**
auf die Elternzeitvertretung zu. Der Arbeitgeber kann zwischen **Zeit- und Zweckbefristung** wählen.[15]

Bei einer *Zeitbefristung* muss die **Dauer der Befristung** kalendermäßig bestimmt oder bestimmbar sein.[16] Das ist der Fall, wenn im Arbeitsvertrag eine bestimmte Laufzeit z. B. vom 1. 8. bis 31. 12. festgeschrieben wurde. Kalendermäßig nicht bestimmbar ist die Befristungsdauer, wenn die Vertretungskraft »bis zum Ende der Elternzeit des Mitarbeiters XY« eingestellt werden soll. Eine solche Vereinbarung ist aber als Zweckbefristung zulässig.

Bei der *Zweckbefristung* wird der Bestand des befristeten Arbeitsvertrages an das **Fortbestehen des Vertretungsbedarfs** geknüpft.

Es kann also grundsätzlich ein befristetes Arbeitsverhältnis auch zum Zwecke der Vertretung eines Arbeitnehmers für die Dauer der Elternzeit und eine ggf. darüber hinausgehende weitere Beurlaubung zulässig vereinbart werden.

Das wirksam **zeitbefristete** Arbeitsverhältnis **endet mit Ablauf der Frist**. **18**
Einer Kündigung bedarf es nicht. Dieses gilt auch dann, wenn der vertretene Arbeitnehmer z. B. wegen Eigenkündigung nach Ablauf der Befristung nicht an seinen Arbeitsplatz zurückkehrt. Es kommt nämlich allein auf das Vorliegen eines wirksamen Sachgrundes bei Abschluss des befristeten Arbeitsvertrages an.

Das **zweckbefristete** Arbeitsverhältnis **endet mit Erreichung des Zwecks**. Auch hier bedarf es keiner Kündigung. Bei **vorzeitigem Wegfall des Vertretungsgrundes** z. B. wenn die Elternzeit des Vertretenen mit Zustimmung des Arbeitgebers vorzeitig endet oder bei Tod des Kindes, kann der Vertretungsvertrag unter Wahrung der zweiwöchigen Ankündigungsfrist des **§ 15 Abs. 2 TzBfG** durch schriftliche Unterrichtung über den Zeitpunkt der Zweckerreichung beendet werden.

Es ist ohne Bedeutung, ob bei Beendigung des befristeten Arbeitsverhältnisses ein besonderer Kündigungsschutz (z. B. für Schwangere, Schwerbehinderte) zur Anwendung kommen könnte. Auch die Anhörung des Betriebsrats nach § 102 BetrVG ist nicht erforderlich; eine Widerspruchsmöglichkeit

15 Meisel/Sowka, § 21 Rn. 20; s. a. Rn. 18.

16 BAG 9. 11. 1994, NZA 1995, 575; AP Nr. 1 zu § 21 BErzGG.

besteht für ihn selbst dann nicht, wenn eine Weiterbeschäftigung im Betrieb möglich wäre.

19 Das befristete Arbeitsverhältnis kann sich jedoch in ein unbefristetes umwandeln, wenn der Arbeitnehmer das Arbeitsverhältnis nach Fristende mit Wissen des Arbeitgebers fortsetzt, ohne dass dieser unverzüglich widerspricht (§ 15 Abs. 5 TzBfG). Ist die Befristung weder nach § 21 noch nach anderen Befristungsregelungen wirksam, wird das **unwirksam befristete durch ein unbefristetes Arbeitsverhältnis ersetzt.**[17] Erklärt der Arbeitgeber, dass er den Arbeitnehmer über den ursprünglichen Beendigungszeitpunkt hinaus nicht beschäftigen werde, muss dieser die Unwirksamkeit der Befristung gemäß § 17 TzBfG mit einer Klage auf Feststellung innerhalb von drei Wochen nach dem vereinbarten Ende des befristeten Vertrages beim Arbeitsgericht geltend machen.

7. Sonderkündigungsrecht des Arbeitgebers

20 **Abs. 4** gibt dem Arbeitgeber für *zeitbefristete* Arbeitsverhältnisse ein außerordentliches Kündigungsrecht, wenn die Elternzeit des Vertretenen **ohne seine Zustimmung** vorzeitig endet oder der Arbeitgeber die vorzeitige Beendigung der Elternzeit in den Fällen des § 16 Abs. 3 Satz 2 nicht ablehnen darf und der Arbeitnehmer die vorzeitige Beendigung der Elternzeit gegenüber dem Arbeitgeber mitgeteilt hat. Der Arbeitgeber kann dann den Arbeitsvertrag unter Einhaltung einer **Mindestfrist von drei Wochen**, jedoch **frühestens zum Ende der Elternzeit** kündigen. Dies gilt sowohl für den Fall, wenn die Elternzeit vorzeitig endet, weil das Kind gestorben ist, als auch, wenn der Arbeitgeber die vorzeitige Beendigung der Elternzeit wegen der Geburt eines weiteren Kindes oder eines besonderen Härtefalles nicht ablehnen darf. Die Elternzeit kann auch aufgrund Eigenkündigung des vertretenen Arbeitnehmers vorzeitig ohne Zustimmung des Arbeitgebers enden.[18]

Liegen diese Voraussetzungen nicht vor, weil die Elternzeit mit Zustimmung des Arbeitgebers endet und fehlt eine Vereinbarung über die **ordentliche Kündigung** des Arbeitsverhältnisses mit der Vertretungskraft oder sind die Voraussetzungen für eine außerordentliche Kündigung (§ 626 BGB) nicht erfüllt, steht dem Arbeitgeber das Sonderkündigungsrecht nicht zu. Das zeitbefristete Arbeitsverhältnis mit der Vertretung ist in diesem Fall fortzuführen. Bei einem (auch) zweckbefristeten Arbeitsvertrag gilt das unter Rn. 18 Gesagte.

21 Der Arbeitgeber soll sich darauf verlassen können, dass er nicht zwei Arbeitnehmer – den aus der Elternzeit zurückkehrenden Arbeitnehmer und

17 St. Rspr. seit BAG 3.7.1990, AP Nr. 33 zu § 620 BGB Befristeter Arbeitsvertrag.

18 LAG Nürnberg 2.8.2007 – 5 Sa 564/06, BB 2007, 2076.

den zur Vertretung eingestellten Arbeitnehmer – beschäftigen muss. Eine vorzeitige Beendigung ohne Zustimmung des Arbeitgebers kommt nur in zwei Fällen in Betracht: bei Tod des Kindes oder bei Kündigung des Arbeitnehmers während der Elternzeit. Zu beachten ist für diese Fälle, dass nach **Abs. 5** das **Kündigungsschutzgesetz nicht anwendbar** ist; die gesetzlichen, tarifvertraglichen oder einzelvertraglichen Kündigungsfristen gelten ebenfalls nicht. Die Kündigung des befristet eingestellten Arbeitnehmers ist nur dann unwirksam, wenn ein Sonderkündigungsschutz zum Tragen kommt, z. B. für Schwangere oder Schwerbehinderte. Mit dem vorgesehenen Ende der Befristung würde jedoch das Arbeitsverhältnis enden. Über das Ende der Elternzeit hinaus hat die Vertretungskraft selbst dann keinen Anspruch auf Weiterbeschäftigung, wenn der vertretene Arbeitnehmer nach der Elternzeit nicht zurückkommt und die Stelle neu besetzt werden muss.[19]

Bei Vorliegen der Voraussetzungen des § 626 Abs. 1 BGB kann der nach § 21 zulässig befristete Arbeitsvertrag aus wichtigem Grund **außerordentlich gekündigt** werden. 22

Das **Sonderkündigungsrecht** des Arbeitgebers nach Abs. 4 kann **vertraglich ausgeschlossen** werden (**Abs. 6**). Dieser Ausschluss kann individualrechtlich oder durch Tarifvertrag vereinbart werden und im Ergebnis dazu führen, dass der Arbeitgeber gleichzeitig zwei Arbeitnehmern gegenüber zur Beschäftigung und zur Entgeltzahlung verpflichtet ist, weshalb ein derartiger Ausschluss in der Praxis kaum vorkommen dürfte. 23

8. Verbot der Doppelzählung

Kommt es im Rahmen arbeitsrechtlicher Gesetze oder Verordnungen auf die **Zahl der beschäftigten Arbeitnehmer** an, ist nach Abs. 7 Satz 1 der sich in Elternzeit befindliche Arbeitnehmer oder der zur Kinderbetreuung freigestellte Arbeitnehmer nicht mitzuzählen, solange ein Vertreter eingestellt ist. Dies gilt nach Abs. 7 Satz 2 nicht, wenn der Vertreter (befristet Eingestellte) nicht mitzuzählen ist. Zu berücksichtigen ist also entweder der in Elternzeit befindliche Arbeitnehmer oder die Vertretungsperson. Damit stellt **Abs. 7** sicher, dass der Arbeitgeber wegen der Beschäftigung von Vertretungskräften nicht die in anderen Gesetzen geregelten **Schwellenwerte** überschreitet. 24

Werden für einen in Elternzeit befindlichen vollzeitbeschäftigten Arbeitnehmer **zwei Vertretungspersonen in Teilzeit** eingestellt, ist jedenfalls dann, wenn die gesetzliche Regelung auf die Anzahl der in der Regel beschäftigten Arbeitnehmer abstellt, die verhinderte Stammkraft zu berücksichtigen, da diese dem Betrieb dauerhaft angehört und deshalb für die Belegschaftsstärke kennzeichnend ist und nicht die zu deren Vertretung eingestellten Ersatz-

19 LAG Rheinland-Pfalz 26.10.2007 – 9 Sa 120/2007.

kräfte. Vorübergehend Beschäftigte, somit auch Vertreter, bleiben z. B. nach §§ 17, 23 KSchG, §§ 1, 9 Abs. 1, 38 Abs. 1, 99 Abs. 1, 106 Abs. 1, 111 Satz 1, 115 Abs. 1, 116 Abs. 1 BetrVG grundsätzlich außer Ansatz.[20]

25 Beispielhaft werden nachfolgend einige Vorschriften aufgeführt, die die Anwendung von der Beschäftigtenzahl abhängig machen:

a) **KSchG**

Gemäß §§ 17 ff. besteht ab 21 Arbeitnehmer nach Betriebsgröße und Zahl der betroffenen Arbeitnehmer gestaffelt eine Anzeigepflicht bei Massenentlassungen.

Nach § 23 Abs. 1 Satz 3 besteht bei zehn (begann das Arbeitsverhältnis vor dem 1. 1. 2004: fünf) oder weniger Arbeitnehmern kein Kündigungsschutz. Bei der Feststellung dieser Beschäftigungszahl zählen Auszubildende nicht mit und Teilzeitbeschäftigte mit einer regelmäßigen wöchentlichen Arbeitszeit von nicht mehr als 20 Stunden mit 0,5 und nicht mehr als 30 Stunden mit 0,75.

b) **BGB**

Nach § 622 Abs. 5 können kürzere als die gesetzlichen Kündigungsfristen nach § 622 Abs. 2 vereinbart werden, wenn in der Regel nicht mehr als 20 Arbeitnehmer beschäftigt werden. Bei der Feststellung dieser Beschäftigungszahl zählen Auszubildende nicht mit und Teilzeitbeschäftigte mit einer regelmäßigen wöchentlichen Arbeitszeit von nicht mehr als 20 Stunden mit 0,5 und nicht mehr als 30 Stunden mit 0,75.

c) **BetrVG**

Nach § 1 ist ab fünf Arbeitnehmern ein Betriebsrat zu errichten; die Zahl der Betriebsratsmitglieder richtet sich nach der Zahl der Beschäftigen (Berechnungsstaffel in § 9). Arbeitnehmergrenzzahlen bestehen ebenfalls für die Bildung eines Wirtschaftsausschusses (§ 106), des Betriebsausschusses (§ 27) und für die Freistellung von Betriebsratsmitgliedern (§ 38).

Bestimmte Beteiligungsrechte sind ebenfalls abhängig von der Beschäftigtenzahl. Die Beteiligungsrechte in personellen Angelegenheiten (§§ 99 ff.) und bei Betriebsänderungen (§§ 111 f.) bestehen erst bei mehr als 20 wahlberechtigten Arbeitnehmern; die Mitbestimmung bei Auswahlrichtlinien (§ 95) setzt voraus, dass 501 Arbeitnehmer beschäftigt sind.

d) **Arbeitsschutzrecht**

Auch im Arbeitsschutzrecht ist die Anwendung der gesetzlichen Bestimmungen von Arbeitnehmergrenzzahlen abhängig.

Nach § 3 Abs. 1 Arbeitsstättenverordnung (ArbStättV) i. V. m. Ziff. 4.2 Anhang (Anforderungen und Maßnahmen für Arbeits-

20 BAG 15. 3. 2006, BeckRS 2008, 54162.

stätten nach § 3 Abs. 1) muss der Arbeitgeber bei mehr als zehn Beschäftigten oder wenn die Sicherheit und der Schutz der Gesundheit es erfordern, den Beschäftigten einen Pausenraum oder einen entsprechenden Pausenbereich zur Verfügung stellen.

Nach § 22 SGB VII sind in Unternehmen mit mehr als 20 Beschäftigten ein oder mehrere Sicherheitsbeauftragte zu bestellen. Für Betriebe mit geringerer Unfallzahl können die Berufsgenossenschaften die Zahl 20 in ihrer Satzung erhöhen. Durch **Unfallverhütungsvorschriften** wird die Zahl der Sicherheitsbeauftragten näher bestimmt.

Ist ein Arbeitnehmer befristet zur Vertretung eines in Elternzeit befindlichen **26** Arbeitnehmers oder eines Arbeitnehmers, der zur Kinderbetreuung freigestellt ist, eingestellt worden, ist damit entweder der vertretene Arbeitnehmer in Elternzeit oder der zu seiner Vertretung eingestellte Arbeitnehmer nicht mitzuzählen. Das Gleiche gilt, wenn die Zahl der Arbeitsplätze für die Anwendung arbeitsrechtlicher Gesetze und Vorschriften zugrunde gelegt wird. Mit dieser Regelung sollen **Doppelzählungen verhindert** werden. Abhängig von der jeweiligen Fallgestaltung birgt diese Regelung jedoch auch Nachteile für den Arbeitgeber. War beispielsweise der in Elternzeit befindliche Arbeitnehmer schwerbehindert, könnte der Arbeitgeber die Pflichtquote dann ggf. nicht mehr erfüllen, wenn er keinen schwerbehinderten Arbeitnehmer zur Vertretung einstellt.

Abschnitt 4
Statistik und Schlussvorschriften

§ 22 Bundesstatistik

(1) [1]Zur Beurteilung der Auswirkungen dieses Gesetzes sowie zu seiner Fortentwicklung sind laufende Erhebungen zum Bezug von Elterngeld als Bundesstatistiken durchzuführen. [2]Die Erhebungen erfolgen zentral beim Statistischen Bundesamt.

(2) [1]Die Statistik zum Bezug von Elterngeld erfasst vierteljährlich zum jeweils letzten Tag des aktuellen und der vorangegangenen zwei Kalendermonate für Personen, die in einem dieser Kalendermonate Elterngeld bezogen haben, für jedes den Anspruch auslösende Kind folgende Erhebungsmerkmale:

1. **Art der Berechtigung nach § 1,**
2. **Grundlagen der Berechnung des zustehenden Monatsbetrags nach Art und Höhe (§ 2 Absatz 1, 2, 3 oder 4, § 2a Absatz 1 oder 4, § 2c, die §§ 2d, 2e oder § 2f),**

3. Höhe und Art des zustehenden Monatsbetrags (§ 4a Absatz 1 und 2 Satz 1) ohne die Berücksichtigung der Einnahmen nach § 3,
4. Art und Höhe der Einnahmen nach § 3,
5. Inanspruchnahme der als Partnerschaftsbonus gewährten Monatsbeträge nach § 4b Absatz 1 und der weiteren Monatsbeträge Elterngeld Plus nach § 4c Absatz 2,
6. Höhe des monatlichen Auszahlungsbetrags,
7. Geburtstag des Kindes,
8. für die Elterngeld beziehende Person:
   a) Geschlecht, Geburtsjahr und -monat,
   b) Staatsangehörigkeit,
   c) Wohnsitz oder gewöhnlicher Aufenthalt,
   d) Familienstand und unverheiratetes Zusammenleben mit dem anderen Elternteil,
   e) Vorliegen der Voraussetzungen nach § 4c Absatz 1 Nummer 1 und
   f) Anzahl der im Haushalt lebenden Kinder.

[2]Die Angaben nach den Nummern 2, 3, 5 und 6 sind für jeden Lebensmonat des Kindes bezogen auf den nach § 4 Absatz 1 möglichen Zeitraum des Leistungsbezugs zu melden.

(3) Hilfsmerkmale sind:
1. Name und Anschrift der zuständigen Behörde,
2. Name und Telefonnummer sowie Adresse für elektronische Post der für eventuelle Rückfragen zur Verfügung stehenden Person und
3. Kennnummer des Antragstellers oder der Antragstellerin.

1 Zum 1.9.2021[1] wurde die Norm rein redaktionell überarbeitet, das nicht existente Betreuungsgeld ist gestrichen worden.

2 Gemäß **Abs. 1** wird die Datenerhebung zum Elterngeld im Rahmen einer Bundesstatistik geregelt. Nur auf der Grundlage einer fundierten Statistik lassen sich die grundsätzlichen Fragen zum Elterngeld und ihrer Weiterentwicklung im Hinblick auf die Ziele des Gesetzgebers beantworten. Sie ist für die Familienpolitik des Bundes, aber auch der Länder wichtig, um mögliche oder ergänzende Vorhaben zur Förderung junger Familien beurteilen zu können. Zuständige Behörde ist das **Statistische Bundesamt**.

3 Der genaue Katalog der Erhebungsmerkmale für das **Elterngeld** ist in **Abs. 2** geregelt. Nach den gewählten Merkmalen können die einzelnen Voraussetzungen für den Bezug des Elterngeldes präzise statistisch abgebildet werden. Die Angaben über die Inanspruchnahme von Elterngeld werden vierteljährlich erhoben, damit die Informationen zeitnah vorliegen. Von Interesse sind

1 Zweites Gesetz zur Änderung des Bundeselterngeld- und Elternzeitgesetzes vom 15. Februar 2021, BGBl. Teil I, 2021, S. 239.

z. B. die Höhe des monatlichen Auszahlungsbetrages, die jeweiligen Grundlagen für die Berechnung der Leistung, die Inanspruchnahme des Basiselterngeldes und des Elterngeld Plus, Art und Höhe der Einnahmen nach § 3, die Inanspruchnahme des Partnerschaftsbonus, die Zuordnung zum Kreis der Berechtigten und der Geburtstag des Kindes. Hinzu kommen in Bezug auf die Elterngeld beziehende Person u. a. Angaben zum Geschlecht, zur Staatsangehörigkeit, zum Familienstand bzw. unverheiratetes Zusammenleben mit dem anderen Elternteil sowie zur Anzahl der im Haushalt insgesamt lebenden Kinder. Aus diesen Informationen können entsprechende Erkenntnisse abgeleitet werden.

Bei den Hilfsmerkmalen nach **Abs. 4** handelt es sich um »Angaben, die der technischen Durchführung von Bundesstatistiken dienen«, § 10 Abs. 1 Satz 3 BStatG. 4

§ 23 Auskunftspflicht; Datenübermittlung an das Statistische Bundesamt

(1) [1]Für die Erhebung nach § 22 besteht Auskunftspflicht. [2]Die Angaben nach § 22 Absatz 3 Nummer 2 sind freiwillig. [3]Auskunftspflichtig sind die nach § 12 Absatz 1 zuständigen Stellen.

(2) [1]Die Antragstellerin oder der Antragsteller ist gegenüber den nach § 12 Absatz 1 zuständigen Stellen zu den Erhebungsmerkmalen nach § 22 Absatz 2 auskunftspflichtig. [2]Die zuständigen Stellen nach § 12 Absatz 1 dürfen die Angaben nach § 22 Absatz 2 Satz 1 Nummer 8, soweit sie für den Vollzug dieses Gesetzes nicht erforderlich sind, nur durch technische und organisatorische Maßnahmen getrennt von den übrigen Daten nach § 22 Absatz 2 und nur für die Übermittlung an das Statistische Bundesamt verwenden und haben diese unverzüglich nach Übermittlung an das Statistische Bundesamt zu löschen.

(3) Die in sich schlüssigen Angaben sind als Einzeldatensätze elektronisch bis zum Ablauf von 30 Arbeitstagen nach Ablauf des Berichtszeitraums an das Statistische Bundesamt zu übermitteln.

Mit dem Gesetz zur Vereinfachung des Elterngeldvollzugs vom 10. 9. 2012[1] 1 wurde zunächst die Überschrift redaktionell der Überschrift des § 24 angepasst.[2] Zum 1. 5. 2025 wurden in Abs. 1 Satz 2 und Abs. 2 seit dem 1. 9. 2021 bestehende Redaktionsfehler im Verweis auf § 22 beseitigt sowie die geschlechtsduale Form des Antragstellers vereinheitlicht.[3]

---

1 BGBl. I, S. 1878.

2 BT-Drs. 17/9841, S. 32.

3 Art. 57 Ziffer 11 Viertes Bürokratieentlastungsgesetz, BGBl. Teil I, 2024, Nr. 323.; BT-Drs. 20/11306, S. 120.

2 Die Auskunftspflicht trifft **Elterngeldstellen**. Sie ist gegenüber dem Statistischen Bundesamt in **Abs. 1** geregelt.
Abs. 2 begründet eine Auskunftspflicht **der Antragsteller** gegenüber den Elterngeldstellen. Die Auskunftspflicht soll dazu dienen, die Auswirkungen der Familiengröße und deren Zusammensetzung auf die Höhe des Elterngeldes, die Dauer der Inanspruchnahme sowie die grundsätzlichen Fragen zum Elterngeld und seiner Weiterentwicklung zu beantworten.[4]
Abs. 3 bestimmt schließlich die Form und Frist für die Übermittlung der erhobenen Daten.

§ 24 Übermittlung von Tabellen mit statistischen Ergebnissen durch das Statistische Bundesamt

[1]Zur Verwendung gegenüber den gesetzgebenden Körperschaften und zu Zwecken der Planung, jedoch nicht zur Regelung von Einzelfällen, übermittelt das Statistische Bundesamt Tabellen mit statistischen Ergebnissen, auch soweit Tabellenfelder nur einen einzigen Fall ausweisen, an die fachlich zuständigen obersten Bundes- oder Landesbehörden. [2]Tabellen, deren Tabellenfelder nur einen einzigen Fall ausweisen, dürfen nur dann übermittelt werden, wenn sie nicht differenzierter als auf Regierungsbezirksebene, im Falle der Stadtstaaten auf Bezirksebene, aufbereitet sind.

Mit dem Gesetz zur Vereinfachung des Elterngeldvollzugs vom 10. 9. 2012[1] wurde die Überschrift aus Klarstellungsgründen ergänzt und redaktionell den weiteren Änderungen des Gesetzes angepasst.[2] Die Vorschrift selbst regelt die Verwendung der statistischen Ergebnisse gegenüber den gesetzgebenden Körperschaften und für Zwecke der Planung.

§ 24a Übermittlung von Einzelangaben durch das Statistische Bundesamt

(1) [1]Zur Abschätzung von Auswirkungen der Änderungen dieses Gesetzes im Rahmen der Zwecke nach § 24 übermittelt das Statistische Bundesamt auf Anforderung des fachlich zuständigen Bundesministeriums diesem oder von ihm beauftragten Forschungseinrichtungen Einzelangaben ab dem Jahr 2007 ohne Hilfsmerkmale mit Ausnahme des Merkmals nach § 22 Absatz 3 Nummer 3 für die Entwicklung und den Betrieb von

4 BR-Drs. 341/08, S. 119.

1 BGBl. Teil I, S. 1878.
2 BT-Drs. 17/9841, S. 32.

Mikrosimulationsmodellen. [2]Die Einzelangaben dürfen nur im hierfür erforderlichen Umfang und mittels eines sicheren Datentransfers übermittelt werden.

(2) [1]Bei der Verarbeitung der Daten nach Absatz 1 ist das Statistikgeheimnis nach § 16 des Bundesstatistikgesetzes zu wahren. [2]Dafür ist die Trennung von statistischen und nichtstatistischen Aufgaben durch Organisation und Verfahren zu gewährleisten. [3]Die nach Absatz 1 übermittelten Daten dürfen nur für die Zwecke verwendet werden, für die sie übermittelt wurden. [4]Die übermittelten Einzeldaten sind nach dem Erreichen des Zweckes zu löschen, zu dem sie übermittelt wurden.

(3) [1]Personen, die Empfängerinnen und Empfänger von Einzelangaben nach Absatz 1 Satz 1 sind, unterliegen der Pflicht zur Geheimhaltung nach § 16 Absatz 1 und 10 des Bundesstatistikgesetzes. [2]Personen, die Einzelangaben nach Absatz 1 Satz 1 erhalten sollen, müssen Amtsträger oder für den öffentlichen Dienst besonders Verpflichtete sein. [3]Personen, die Einzelangaben erhalten sollen und die nicht Amtsträger oder für den öffentlichen Dienst besonders Verpflichtete sind, sind vor der Übermittlung zur Geheimhaltung zu verpflichten. [4]§ 1 Absatz 2, 3 und 4 Nummer 2 des Verpflichtungsgesetzes vom 2. März 1974 (BGBl. I S. 469, 547), das durch § 1 Nummer 4 des Gesetzes vom 15. August 1974 (BGBl. I S. 1942) geändert worden ist, gilt in der jeweils geltenden Fassung entsprechend. [5]Die Empfängerinnen und Empfänger von Einzelangaben dürfen aus ihrer Tätigkeit gewonnene Erkenntnisse nur für die in Absatz 1 genannten Zwecke verwenden.

Zum 26.11.2019 erfolgte in § 24a BEEG eine redaktionelle Korrektur, die Wörter »und Nutzung« in Abs. 2 Satz 1 wurden gestrichen.[1] Zum 1.5.2025 wurde ein seit dem 1.9.2021 bestehender Redaktionsfehler, ein Verweis auf einen nicht mehr existenten Abs. 4 in § 22 behoben und durch den Verweis auf § 22 Abs. 3 korrigiert.[2]

§ 24a ist die Rechtsgrundlage der Datenübermittlung des statistischen Bundesamtes an die zuständigen Fachministerien, derzeit das Bundesministerium für Familie, Senioren, Frauen und Jugend (BMFSFJ), oder an von diesem beauftragten Forschungseinrichtungen über Einzelabgabe personenbezogener Daten. Das BMFSFJ wird so in die Lage versetzt, Prognosen über die Auswirkungen zukünftiger Gesetzesänderungen im Rahmen von

1 Art. 118 Zweites Gesetz zur Anpassung des Datenschutzrechts an die Verordnung (EU) 2016/679 und zur Umsetzung der Richtlinie (EU) 2016/680, BGBl, Teil I, 2019, S. 1626.

2 Art. 57 Ziffer 12 Viertes Bürokratieentlastungsgesetz, BGBl. Teil I, 2024, Nr. 323.; BT-Drs. 20/11306, S. 120.

Gesetzesfolgeabschätzungen zu erstellen.[3] Die Norm regelt Übertragung, zulässige Verarbeitungszwecke und eine unverzügliche Löschungspflicht.

§ 24b (aufgehoben)

§ 25 Automatisierter Datenabruf bei den Standesämtern

Beantragt eine Person Elterngeld, so ist nach § 12 Absatz 1 zuständige Behörde berechtigt, zur Prüfung des Anspruchs nach § 1 die folgenden Daten über die Beurkundung der Geburt eines Kindes bei dem für die Entgegennahme der Anzeige der Geburt zuständigen Standesamt gemäß § 68 Absatz 3 des Personenstandsgesetzes automatisiert abzurufen, wenn die antragstellende Person zuvor in die elektronische Datenübermittlung eingewilligt hat:

1. **Tag und Ort der Geburt des Kindes,**
2. **Geburtsname und Vornamen des Kindes,**
3. **Familiennamen, Geburtsnamen und Vornamen der Eltern des Kindes.**

1 Mit Wirkung zum 10.12.2020 wurde der Inhalt des § 25 ausgetauscht. Die frühere Fassung enthielt eine jährliche Berichtspflicht der Bundesregierung zum Betreuungsgeld. Nachdem das BVerfG[1] das Betreuungsgeld als verfassungswidrig beanstandet hatte, ist das Betreuungsgeld zwischenzeitlich aus dem BEEG vollständig gestrichen.

Zum 1.11.2024 wurde § 25 vollständig neu gefasst, insb. wurden die Datenfelder definiert, die automatisiert abgefragt werden dürfen, um mit § 25 die in § 68 Abs. 3 Personenstandsgesetz erhöhten Anforderungen zu erfüllen.[2]

2 § 25 enthält eine Rechtsgrundlage zur elektronischen Datenübermittlung zwischen dem für die Entgegennahme der Anzeige der Geburt zuständigen Standesamt und der Elterngeldstelle.

3 Die Einwilligung der Antragstellenden ist zusätzlich erforderlich. Andere als die ausdrücklich genannten Datenfelder dürfen auch dann nicht automatisiert abgefragt werden, wenn die Antragsteller einwilligen.

4 Die genannten Datenfelder entsprechen den Angaben in der Geburtsurkunde. Elterngeldstellen können Daten über die Beurkundung der Geburt eines

---

3 BT-Drs. 17/9841, S. 32.

1 BVerfG 21.7.2015 – 1 BvF 2/13.

2 Art. 57 Ziffer 14 Viertes Bürokratieentlastungsgesetz, BGBl. Teil I, 2024, Nr. 323.; BT-Drs. 20/11306, S. 120.

Kindes automatisiert bei den Standesämtern abrufen. Der automatisierte Datenabruf soll zu einer Entlastung bei den Standesämtern und zu einer schnelleren Bearbeitung des Antrags auf Elterngeld führen. Auch sollen Antragstellende von der Beibringung papiergebundener oder elektronischer Dokumente im Antragsverfahren entlastet werden.[3]
Vielfach sind Elterngeldstellen bis heute zu dieser Umsetzung nicht in der Lage und fordern weiterhin Geburtsurkunden in Papierform an. Dies ist den Elterngeldstellen – bedauerlicherweise – weiterhin nicht ausdrücklich untersagt.

§ 26 Anwendung der Bücher des Sozialgesetzbuches

(1) Soweit dieses Gesetz zum Elterngeld keine ausdrückliche Regelung trifft, ist bei der Ausführung des Ersten und Zweiten Abschnitts das Erste Kapitel des Zehnten Buches Sozialgesetzbuch anzuwenden.
(2) § 328 Absatz 3 und § 331 des Dritten Buches Sozialgesetzbuch gelten entsprechend.

1 § 26 wurde zum 1. 9. 2021[1] redaktionell unvollständig um das nicht mehr existente Betreuungsgeld bereinigt. Zum 1. 5. 2025 wurde ein übersehener Redaktionsfehler bereinigt, der Dritte Abschnitt, das frühere Betreuungsgeld, wurde folgerichtig in § 26 gestrichen.[2]

2 Soweit das BEEG in den §§ 1 bis 14 den Geldleistungsteil, dies meint das Elterngeld, betrifft, ist das SGB X anwendbar. Dies geht aus **Abs. 1** hervor.
Bei Bekanntwerden von leistungsausschließenden Tatsachen erfolgt die vorläufige Zahlungseinstellung entsprechend den aus dem SGB III für das Arbeitslosengeld in § 331 folgenden Regelungen, **Abs. 2.** Der § 328 Abs. 3 SGB III betrifft demgegenüber die vorläufige Entscheidung über die Zahlung. Danach sind bereits erbrachte Leistungen auf die tatsächlich zustehenden Beträge anzurechnen und bei etwaiger Überzahlung auch zurückzuerstatten. Die nur vorläufige Bewilligung von Elterngeld begründet **keinen Vertrauensschutz.**[3]

3 BT-Drs. 20/11306, S. 121.

1 Zweites Gesetz zur Änderung des Bundeselterngeld- und Elternzeitgesetzes vom 15. Februar 2021, BGBl. Teil I, 2021, S. 239.
2 Art. 57 Ziffer 15 Viertes Bürokratieentlastungsgesetz, BGBl. Teil I, 2024, Nr. 323.; BT-Drs. 20/11306, S. 121.
3 BT-Drs. 17/9841, S. 34.

§ 27 Sonderregelung aus Anlass der COVID-19-Pandemie

(1) [1]Übt ein Elternteil eine systemrelevante Tätigkeit aus, so kann sein Bezug von Elterngeld auf Antrag für die Zeit vom 1. März 2020 bis 31. Dezember 2020 aufgeschoben werden. [2]Der Bezug der verschobenen Lebensmonate ist spätestens bis zum 30. Juni 2021 anzutreten. [3]Wird von der Möglichkeit des Aufschubs Gebrauch gemacht, so kann das Basiselterngeld abweichend von § 4 Absatz 1 Satz 2 und 3 auch noch nach Vollendung des 14. Lebensmonats bezogen werden. [4]In der Zeit vom 1. März 2020 bis 30. Juni 2021 entstehende Lücken im Elterngeldbezug sind abweichend von § 4 Absatz 1 Satz 4 unschädlich.

(2) [1]Für ein Verschieben des Partnerschaftsbonus genügt es, wenn nur ein Elternteil einen systemrelevanten Beruf ausübt. [2]Hat der Bezug des Partnerschaftsbonus bereits begonnen, so gelten allein die Bestimmungen des Absatzes 3.

(3) Liegt der Bezug des Partnerschaftsbonus ganz oder teilweise vor dem Ablauf des 23. September 2022 und kann die berechtigte Person die Voraussetzungen des Bezugs aufgrund der COVID-19-Pandemie nicht einhalten, gelten die Angaben zur Höhe des Einkommens und zum Umfang der Arbeitszeit, die bei der Beantragung des Partnerschaftsbonus glaubhaft gemacht worden sind.

Inhaltsübersicht Rn.

1. Allgemeines

1 Mit dem Gesetz für Maßnahmen im Elterngeld aus Anlass der COVID-19-Pandemie[1] wurden für Berechtigte zahlreiche Erleichterungen befristet eingefügt und seitdem mehrfach verlängert und angepasst, zuletzt zum 1.9.2022.[2]

Die Norm hat keinen aktuellen Anwendungsbereich und ist nur für Altfälle weiterhin von Bedeutung.

1 Gesetz zur Verlängerung des Sozialdienstleister-Einsatzgesetzes und weiterer Regelungen, BGBl. Teil I, 2022, Nr. 10, S. 473; zuvor: BGBl. Teil I, 2020, S. 1061.

2 Zweites Gesetz zur Änderung des Bundeselterngeld- und Elternzeitgesetzes vom 15. Februar 2021, BGBl. Teil I, 2021, S. 239.

2. Systemrelevante Tätigkeiten

§ 27 enthält Erleichterungen für Berechtigte, die systemrelevante Tätigkeiten ausübten. Dies sind alle in den §§ 2 bis 8 der Verordnung zur Bestimmung Kritischer Infrastrukturen nach dem BSI-Gesetz (**BSI-KritisV**) aufgezählten Tätigkeiten (§ 1 Ziffer 3 BSI-KritisV) und die in § 1 der Verordnung zu Abweichungen vom Arbeitszeitgesetz infolge der COVID-19-Epidemie (**COVID-19-ArbZV**)[3] genannten Personen, sowie weitere Personen, die nach den jeweiligen landesrechtlichen Verordnungen zur Inanspruchnahme der **Kindernotfallbetreuung berechtigt** sind. 2

Systemrelevante Tätigkeiten werden damit **insbesondere** in folgenden Bereichen ausgeübt: Polizei, Verwaltungen, Wach- und Sicherheitsdienste, Lebensmittelkontrolle, Berufsfeuerwehr, freiwillige Feuerwehr (mit Tagbereitschaftszeiten), Opferschutzeinrichtungen, Katastrophenschutz und Hilfsorganisationen, berufsständische Kammern, Telekommunikation, Post, Paketshops, IT-Dienstleister für systemrelevante Bereiche, Wasserver- und -entsorgung, Luftverkehr, Flugsicherung, Warentransport versorgungsrelevanter Güter, öffentlicher Personenverkehr, Rundfunk, Fernsehen, Presse, Banken, Sparkassen, Krankenkassen, kassenärztliche Vereinigungen, Rettungsdienste, Apotheken, Sanitätshäuser, Labore, krisenrelevante Forschung der Pharmazie und Medizin, Hebammen, Zahnarztpraxen, psychologische Psychotherapeuten, Reha-Einrichtungen, gesetzliche Betreuer, Betreuungspersonal in Kitas, Kindertagespflege, Schulen, Horte, ambulante, teilstationäre und stationäre Jugendhilfe, Einrichtungen für Menschen mit Behinderungen, Rentenversicherung, Straßenbaubetriebe, Bestattungswesen, wissenschaftliche Einrichtungen, versorgungsrelevante Textilproduktion, versorgungrelevanter und chemische Rohstoffproduktion, versorgungrelevanter Handel, Baugewerke, Landwirte einschließlich der vollständigen Lieferkette bis zum Lebensmittel, Lebensmittelhandel, Drogerien. Die Aufzählung ist nicht abschließend. Es muss die **individuelle Tätigkeit** für die Aufrechterhaltung der Funktionalität des jeweiligen Bereichs unabdingbar sein. 3

3. Lücken im Bezugszeitraum (Abs. 1)

Übte ein Elternteil eine systemrelevante Tätigkeit aus, so konnte der Bezug von Elterngeld auf Antrag zwischen dem 1.3.2020 und dem 31.12.2020 vorübergehend ausgesetzt werden. Die ausgesetzten Monatsbeträge mussten spätestens bis zum 30.6.2021 angetreten sein. Der letzte aufgeschobene Monatsbetrag musste somit spätestens am 30.6.2021 beginnen. 4

---

3 Diese ist bereits am 31.7.2020 wieder außer Kraft getreten. Dennoch können die Tätigkeiten herangezogen werden.

5 In diesem Fall konnte **Basiselterngeld** um die Dauer des Aufschubs auch noch nach dem 14. Lebensmonat des Kindes bezogen werden. Lebensmonate mit Mutterschaftsleistungen oder ausländischen Familienleistungen konnten nicht aufgeschoben werden.

6 Der Bezug von **Elterngeld Plus** endete abweichend von § 4 Abs. 1 Satz 4 nicht frühzeitig, wenn ab dem 15. Lebensmonat beide Berechtigte mit dem Bezug gleichzeitig aussetzten. Trat eine zeitgleiche Lücke im Bezug von Elterngeld ab dem **1. 7. 2021** bei beiden Berechtigten auf, führte dies wieder zum frühzeitigen Erlöschen des Elterngeldanspruchs ab dem 15. Lebensmonat.

4. Partnerschaftsbonusmonate (Abs. 2, 3)

7 Wollten Berechtigte Partnerschaftsbonusmonate verschieben, genügte es, wenn einer von ihnen einen **systemrelevanten Beruf** ausübte (Abs. 2 Satz 1).

8 Für ganz oder teilweise vor dem 23. 9. 2022 beanspruchte Partnerschaftsbonusmonate waren nachträgliche Unter- oder Überschreitungen des Arbeitszeitkorridors von 24 bis 32 Stunden[4] wegen der COVID-19-Pandemie unschädlich. Sie führten nicht zum Verlust der Partnerschaftsbonusmonate. Der Zusammenhang zwischen der Unter- oder Überschreitung des Arbeitszeitkorridors und der COVID-19-Pandemie war glaubhaft zu machen. Hierfür genügten einfache, plausible Erklärungen des Berechtigten. Eingetretene Kurzarbeit genügt stets. Hierzu können die Entgeltbescheinigungen vorgelegt werden, auf ihnen ist der Bezug von Kurzarbeitergeld ausgewiesen.[5] Selbstständige dokumentieren neben ihrer täglichen Arbeitszeit zusätzlich den Grund für Auftragsausfälle oder pandemiespezifische Mehrarbeit (bei Tätigkeiten in der Logistik, Lieferdiensten, etc.).

5. Pandemiebedingte Einkommensverluste

9 Zum 1. 9. 2021 wurde **Abs. 4 gestrichen**, der es ermöglichte, dass pandemiebedingte Einkommensverluste unberücksichtigt blieben. Die Streichung kann seit dem 1. 1. 2021 zu einer Schlechterstellung der Berechtigten führen. Die Behandlung pandemiebedingter Einkommensverluste wird nunmehr in **§ 2b Abs. 1 Satz 4 und Satz 5** (Rn. 16, 19 ff., 31) abschließend geregelt.

---

4 Für vor dem 1. 9. 2021 geborene Kinder galt ein Arbeitszeitkorridor von 25 bis 30 Wochenstunden.

5 In aller Regel geht das Kurzarbeitergeld mit Kurzarbeit einher, zwingend ist dies nicht.

§ 28 Übergangsvorschrift

(1) Für die vor dem 1. September 2021 geborenen oder mit dem Ziel der Adoption aufgenommenen Kinder ist dieses Gesetz in der bis zum 31. August 2021 geltenden Fassung weiter anzuwenden.

(1a) Für die nach dem 31. August 2021 und vor dem 1. April 2024 geborenen oder mit dem Ziel der Adoption aufgenommenen Kinder ist dieses Gesetz in der bis zum 31. März 2024 geltenden Fassung weiter anzuwenden.

(1b) Für die nach dem 31. März 2024 und vor dem 1. Mai 2025 geborenen oder mit dem Ziel der Adoption aufgenommenen Kinder ist dieses Gesetz in der bis zum 30. April 2025 geltenden Fassung weiter anzuwenden.

(2) Für die dem Erziehungsgeld vergleichbaren Leistungen der Länder sind § 8 Absatz 1 und § 9 des Bundeserziehungsgeldgesetzes in der bis zum 31. Dezember 2006 geltenden Fassung weiter anzuwenden.

(3) [1]§ 1 Absatz 7 Satz 1 Nummer 1 bis 4 in der Fassung des Artikels 36 des Gesetzes vom 12. Dezember 2019 (BGBl. I S. 2451) ist für Entscheidungen anzuwenden, die Zeiträume betreffen, die nach dem 29. Februar 2020 beginnen. [2]§ 1 Absatz 7 Satz 1 Nummer 5 in der Fassung des Artikels 36 des Gesetzes vom 12. Dezember 2019 (BGBl. I S. 2451) ist für Entscheidungen anzuwenden, die Zeiträume betreffen, die nach dem 31. Dezember 2019 beginnen. [3]§ 1 Absatz 7 Satz 1 Nummer 2 Buchstabe c in der Fassung des Artikels 12 Nummer 1 des Gesetzes vom 23. Mai 2022 (BGBl. I S. 760) ist für Entscheidungen anzuwenden, die Zeiträume betreffen, die nach dem 31. Mai 2022 beginnen. [4]§ 1 Absatz 7 Satz 1 Nummer 2 Buchstabe a und b in der Fassung des Artikels 43 des Gesetzes vom 2. Dezember 2024 (BGBl. 2024 I Nr. 387) ist für Entscheidungen anzuwenden, die Zeiträume betreffen, die nach dem 31. Mai 2024 beginnen.

(4) [1]§ 9 Absatz 2 ist auf Kinder anwendbar, die nach dem 31. Dezember 2021 geboren oder mit dem Ziel der Adoption aufgenommen worden sind. [2]§ 25 ist auf Kinder anwendbar, die nach dem 31. Oktober 2024 geboren oder mit dem Ziel der Adoption aufgenommen worden sind. [3]Für die nach dem 31. Dezember 2021 und vor dem 1. November 2024 geborenen oder mit dem Ziel der Adoption aufgenommenen Kinder ist § 25 in der bis zum 31. Oktober 2024 geltenden Fassung weiter anzuwenden. [4]Zur Erprobung des Verfahrens können diese Regelungen in Pilotprojekten mit Zustimmung des Bundesministeriums für Familie, Senioren, Frauen und Jugend, des Bundesministeriums für Arbeit und Soziales und des Bundesministeriums des Innern und für Heimat auf Kinder, die vor dem 1. Januar 2022 geboren oder mit dem Ziel der Adoption aufgenommen worden sind, angewendet werden.

(5) [1]§ 1 Absatz 8 ist auf Kinder anwendbar, die ab dem 1. April 2025 geboren oder mit dem Ziel der Adoption angenommen worden sind. [2]Für die

ab dem 1. April 2024 und vor dem 1. April 2025 geborenen oder mit dem Ziel der Adoption angenommenen Kinder gilt § 1 Absatz 8 mit der Maßgabe, dass ein Anspruch entfällt, wenn die berechtigte Person im letzten abgeschlossenen Veranlagungszeitraum vor der Geburt des Kindes ein zu versteuerndes Einkommen nach § 2 Absatz 5 des Einkommensteuergesetzes in Höhe von mehr als 200 000 Euro erzielt hat. [3]Erfüllt auch eine andere Person die Voraussetzungen des § 1 Absatz 1 Satz 1 Nummer 2 oder des Absatzes 3 oder 4, entfällt in diesem Zeitraum abweichend von § 1 Absatz 8 Satz 1 der Anspruch, wenn die Summe des zu versteuernden Einkommens beider Personen mehr als 200 000 Euro beträgt.

Inhaltsübersicht Rn.

1. Allgemeines

1 § 28 ist eine Übergangsvorschrift, die die jeweilige Geltung der Vorschriften einer Gesetzesänderung regelt.

§ 28 wurde zum 1. 9. 2021[1] vollständig neu gefasst, in Teilen entspricht die Norm dem § 27 a. F.

Seitdem war die Norm zahlreichen weiteren Änderungen unterworfen.

2. Zweites Gesetz zur Änderung des BEEG (Abs. 1)

2 Abs. 1 ordnet an, dass die seit dem 1. 9. 2021 geltende gesetzliche Fassung des Elterngeldes nur für diejenigen Berechtigten gilt, deren Kind vor dem 1. 9. 2021 geboren wurde oder mit dem Ziel der Adoption in den Haushalt aufgenommen wurde. Als gesetzgeberisches Versehen wird gewertet, dass die Aufnahme eines Kindes des Ehegatten in den Haushalt oder die Aufnahme eines Kindes zur Anerkennung der Vaterschaft nicht erwähnt wird. Der Stichtag gilt für **alle Berechtigten** nach § 1 Abs. 3 und Abs. 4 und ist verfassungskonform.[2]

1 Zweites Gesetz zur Änderung des Bundeselterngeld- und Elternzeitgesetzes vom 15. Februar 2021, BGBl. Teil I, 2021, S. 239.

2 Ebenso: BSG 14. 6. 2024 – B 10 EG 1/24 B; vorangehend: LSG Sachsen-Anhalt 20. 12. 2023 – L 2 EG 1/23.

3. Haushaltsfinanzierungsgesetz 2024 (Abs. 1a)

Abs. 1a wurde mit dem Haushaltsfinanzierungsgesetz 2024 neu eingefügt und bewirkt, dass Änderungen im BEEG nach dem 31. 3. 2024 nur auf ab dem 1. 4. 2024 geborene Kinder angewendet werden.[3] 3

4. Viertes Bürokratieentlastungsgesetz (Abs. 1b)

Abs. 1b wurde mit Art. 57 Ziffer 16 a) des Vierten Bürokratieentlastungsgesetzes neu gefasst, nachdem der vorherige Abs. 1b) seine praktische Bedeutung verloren hatte.[4] Er bewirkt, dass für nach dem 31. 3. 2024 und vor dem 1. 5. 2025 geborene oder mit dem Ziel der Adoption aufgenommene Kinder Änderungen im BEEG nur bis zum 30. 4. 2024 angewendet werden.[5] 4
Die vorherige Fassung des (aus § 1a verschobenen) Abs. 1b ordnete an, dass die Verweise des BEEG auf das Mutterschaftsgeld nach dem SGB V oder dem 2. KVLG auch die jeweiligen Normen der RVO und der KVLG erfassten, soweit ein Bemessungszeitraum in ihren jeweiligen zeitlichen Geltungsbereich zurückreichte.[6]

5. Landeserziehungsgelder (Abs. 2)

Die Anrechnungsvorschriften für die bisher von einigen Ländern im Anschluss an das Bundeserziehungsgeld gezahlten vergleichbaren Leistungen – sog. Landeserziehungsgelder/Familiengelder[7] – gelten nach **Abs. 2** in der Fassung des bis zum 31. 12. 2006 geltenden BErzGG weiter.[8] Es handelt sich dabei um die ehemaligen §§ 8 und 9 BErzGG a. F. Die Vorschrift entfaltet heute keine Bedeutung mehr. 5

6. Fachkräfteeinwanderungsgesetz (Abs. 3)

Mit Abs. 3 wurde das Inkrafttreten der Änderungen in § 1 Abs. 7 zeitlich mit dem Inkrafttreten der Änderungen durch das Fachkräfteeinwanderungsgesetz[9] harmonisiert. 6

---

3 BGBl. Teil I, 2023, Nr. 412; BT-Drs. 20/9792, S. 21.
4 BGBl. Teil I, 2024, Nr. 323.
5 BT-Drs. 20/11306, S. 121.
6 BT-Drs. 18/2583, S. 39.
7 Zu Einzelheiten s. § 10 Rn. 2 ff., 5 ff.
8 Vgl. dazu auch § 10 Rn. 8.
9 BT-Drs. 19/13436, S. 73, 202.

7. Digitalisiertes Verwaltungsverfahren (Abs. 4)

7 Nach Abs. 4 müssen die Digitalisierungen des Verwaltungsverfahrens von den Elterngeldstellen, die elektronische Auskunftspflicht der Arbeitgeber, **rvBEA** (§ 9 Abs. 2) und elektronische Datenübermittlung der Standesämter (§ 25) erst für ab dem 1.1.2024 geborene Kinder[10] umgesetzt sein. Pilotprojekte sind bereits früher zulässig, sie laufen bereits (§ 9 Rn. 14ff.).

8. Ausschluss von Spitzenverdienern (Abs. 5)

8 Abs. 5 wurde am 22.12.2023 mit dem Haushaltsfinanzierungsgesetz 2024 eingefügt.[11] Der ursprünglich vorgesehene Ausschluss von alleinverdienenden Berechtigten nach § 1 Abs. 8 von ursprünglich 150 000 € für ab dem 1.4.2024 geborene Kinder wurde nach intensiver politischer Diskussion rechtzeitig vor seinem Geltungsbeginn am 27.3.2024 mit dem Zweiten Haushaltsfinanzierungsgesetz auf 200 000 €, und damit den identischen Wert wie für Haushaltsgemeinschaften, angehoben.[12] Dadurch sind für ab dem 1.4.2024 und vor dem 1.4.2025 geborene Kinder Personen, die als alleinerziehende Eltern oder in einer Haushaltsgemeinschaft zusammen ein zu versteuerndes Einkommen von mehr als 200 000 € im Kalenderjahr vor der Geburt des Kindes erzielen, vom Elterngeldanspruch ausgenommen.

9 Für ab dem 1.4.2025 geborene Kinder sind sog. Spitzenverdiener, d.h. Personen, die als alleinerziehende Eltern oder in einer Haushaltsgemeinschaft zusammen ein zu versteuerndes Einkommen von mehr als 175 000 € im Kalenderjahr vor der Geburt des Kindes erzielen, vom Elterngeldanspruch ausgenommen (Abs. 8).

10 Für ab dem 1.9.2021 und vor dem 1.4.2024 geborene Kinder sind Personen, die als alleinerziehende Eltern 250 000 € oder in einer Haushaltsgemeinschaft zusammen ein zu versteuerndes Einkommen von mehr als 300 000 € im Kalenderjahr vor der Geburt des Kindes erzielten, vom Elterngeldanspruch ausgenommen.

11 Für vor dem 1.9.2021 geborene Kinder galten 500 000 € als Ausschlusswert.

---

10 Ebenso wie in Abs. 1 gilt auch hier der Stichtag für alle Berechtigten, einschließlich derjenigen nach § 1 Abs. 3 und Abs. 4.

11 BGBl. Teil I, 2023, Nr. 412.

12 BGBl. Teil I, 2024, Nr. 107.

Anhang

1. Allgemeine Verwaltungsvorschrift zum Kündigungsschutz bei Elternzeit
2. Verordnung über den Mutterschutz für Beamtinnen des Bundes und die Elternzeit für Beamtinnen und Beamte des Bundes (Mutterschutz- und Elternzeitverordnung – MuSchEltZV)
3. Verordnung über die Elternzeit für Soldatinnen und Soldaten (Elternzeitverordnung für Soldatinnen und Soldaten – EltZSoldV)
4. Bayerisches Familiengeldgesetz (BayFamGG)
5. Gesetz über die Gewährung von Landeserziehungsgeld im Freistaat Sachsen (Sächsisches Landeserziehungsgeldgesetz – SächsLErzGG)

1. Allgemeine Verwaltungsvorschrift zum Kündigungsschutz bei Elternzeit

Nach § 18 Abs. 1 Satz 4 des Bundeselterngeld- und Elternzeitgesetzes vom 5.12.2006 (BGBl. I S. 2748) wird folgende Allgemeine Verwaltungsvorschrift erlassen:

1. Aufgabe der Behörde

Die für den Arbeitsschutz zuständige oberste Landesbehörde oder die von ihr bestimmte Stelle (Behörde) hat zu prüfen, ob ein besonderer Fall gegeben ist. Ein solcher besonderer Fall liegt vor, wenn es gerechtfertigt erscheint, dass das nach § 18 Abs. 1 Satz 1 des Gesetzes als vorrangig angesehene Interesse des Arbeitnehmers oder der Arbeitnehmerin am Fortbestand des Arbeitsverhältnisses wegen außergewöhnlicher Umstände hinter die Interessen des Arbeitgebers zurücktritt.

2. Vorliegen eines besonderen Falles

2.1 Bei der Prüfung nach Maßgabe der Nummer 1 hat die Behörde davon auszugehen, dass ein besonderer Fall im Sinne des § 18 Abs. 1 Satz 2 des Gesetzes insbesondere dann gegeben ist, wenn

2.1.1. der Betrieb, in dem der Arbeitnehmer oder die Arbeitnehmerin beschäftigt ist, stillgelegt wird und der Arbeitnehmer oder die Arbeitnehmerin nicht in einem anderen Betrieb des Unternehmens weiterbeschäftigt werden kann,

2.1.2. die Betriebsabteilung, in der der Arbeitnehmer oder die Arbeitnehmerin beschäftigt ist, stillgelegt wird und der Arbeitnehmer oder die Arbeitnehmerin nicht in einer anderen Betriebsabteilung des Betriebes oder in einem anderen Betrieb des Unternehmens weiterbeschäftigt werden kann,

2.1.3. der Betrieb oder die Betriebsabteilung, in denen der Arbeitnehmer oder die Arbeitnehmerin beschäftigt ist, verlagert wird und der Arbeitnehmer oder die Arbeitnehmerin an dem neuen Sitz des Betriebes oder der Betriebsabteilung und auch in einer anderen Betriebsabteilung oder in einem anderen Betrieb des Unternehmens nicht weiterbeschäftigt werden kann,

2.1.4. der Arbeitnehmer oder die Arbeitnehmerin in den Fällen der Nummern 1 bis 3 eine ihm vom Arbeitgeber angebotene, zumutbare Weiterbeschäftigung auf einem anderen Arbeitsplatz ablehnt,

2.1.5. durch die Aufrechterhaltung des Arbeitsverhältnisses nach Beendigung der Elternzeit die Existenz des Betriebes oder die wirtschaftliche Existenz des Arbeitgebers gefährdet wird,

2.1.6. besonders schwere Verstöße des Arbeitnehmers oder der Arbeitnehmerin gegen arbeitsvertragliche Pflichten oder vorsätzliche strafbare Handlungen des Arbeitnehmers oder der Arbeitnehmerin dem Arbeitgeber die Aufrechterhaltung des Arbeitsverhältnisses unzumutbar machen.

2.2 Ein besonderer Fall im Sinne des § 18 Abs. 1 Satz 2 des Gesetzes kann auch dann gegeben sein, wenn die wirtschaftliche Existenz des Arbeitgebers durch die Aufrechterhaltung des Arbeitsverhältnisses nach Beendigung der Elternzeit unbillig erschwert wird, so dass er in die Nähe der Existenzgefährdung kommt. Eine solche unbillige Erschwerung kann auch dann angenommen werden, wenn der Arbeitgeber in die Nähe der Existenzgefährdung kommt, weil

2.2.1. der Arbeitnehmer oder die Arbeitnehmerin in einem Betrieb mit in der Regel 5 oder weniger Arbeitnehmern und Arbeitnehmerinnen ausschließlich der zu ihrer Berufsbildung Beschäftigten beschäftigt ist und der Arbeitgeber zur Fortführung des Betriebes dringend auf eine entsprechend qualifizierte Ersatzkraft angewiesen ist, die er nur einstellen kann, wenn er mit ihr einen unbefristeten Arbeitsvertrag abschließt; bei der Feststellung der Zahl der beschäftigten Arbeitnehmerinnen und Arbeitnehmer sind teilzeitbeschäftigte Arbeitnehmerinnen und Arbeitnehmer mit einer regelmäßigen wöchentlichen Arbeitszeit von nicht mehr als 20 Stunden mit 0,5 und nicht mehr als 30 Stunden mit 0,75 zu berücksichtigen, oder

2.2.2. der Arbeitgeber wegen der Aufrechterhaltung des Arbeitsverhältnisses nach Beendigung der Elternzeit keine entsprechend qualifizierte Ersatzkraft für einen nur befristeten Arbeitsvertrag findet und deshalb mehrere Arbeitsplätze wegfallen müssten.

3. Ermessen

Kommt die Behörde zu dem Ergebnis, dass ein besonderer Fall im Sinne des § 18 Abs. 1 Satz 2 des Gesetzes gegeben ist, so hat sie im Rahmen ihres pflichtgemäßen Ermessens zu entscheiden, ob das Interesse des Arbeitgebers an einer Kündigung während der Elternzeit so erheblich überwiegt, dass ausnahmsweise die vom Arbeitgeber beabsichtigte Kündigung für zulässig zu erklären ist.

4. Form des Antrages

Die Zulässigkeitserklärung der Kündigung hat der Arbeitgeber bei der für den Sitz des Betriebes oder der Dienststelle zuständigen Behörde schriftlich oder zu Protokoll zu beantragen. Im Antrag ist der Arbeitsort und die vollständige Anschrift des Arbeitnehmers, dem oder der gekündigt werden soll, anzugeben. Der Antrag ist zu begründen; etwaige Beweismittel sind beizufügen oder zu benennen.

5. Entscheidung; vorherige Anhörung

5.1. Die Behörde hat die Entscheidung unverzüglich zu treffen.
5.2. Die Behörde hat vor ihrer Entscheidung dem betroffenen Arbeitnehmer oder betroffenen Arbeitnehmerin sowie dem Betriebs- oder Personalrat Gelegenheit zu geben, sich mündlich oder schriftlich zu dem Antrag nach § 4 zu äußern.

6. Zulässigkeitserklärung unter Bedingungen

Die Zulässigkeit der Kündigung kann unter Bedingungen erklärt werden, z. B., dass sie erst zum Ende des Erziehungsurlaubs ausgesprochen wird.

7. Form der Entscheidung

Die Behörde hat ihre Entscheidung (Zulässigkeitserklärung oder Ablehnung mit Rechtsbehelfsbelehrung) schriftlich zu erlassen, schriftlich zu begründen und dem Arbeitgeber und dem Arbeitnehmer oder der Arbeitnehmerin zuzustellen. Dem Betriebs- oder Personalrat ist eine Abschrift zu übersenden.

8. Zur Berufsbildung Beschäftigte, in Heimarbeit Beschäftigte

8.1. Die zu ihrer Berufsbildung Beschäftigten gelten als Arbeitnehmer oder Arbeitnehmerinnen im Sinne der vorstehenden Vorschriften.
8.2. Für die in Heimarbeit Beschäftigten und die ihnen Gleichgestellten (§ 1 Abs. 1 und 2 des Heimarbeitgesetzes), soweit sie am Stück mitarbeiten, gelten die vorstehenden Vorschriften entsprechend mit der Maßgabe, dass an die Stelle des Arbeitgebers der Auftraggeber oder der Zwischenmeister tritt (vgl. § 20 des Gesetzes).

9. Inkrafttreten

Diese Allgemeine Verwaltungsvorschrift tritt mit Wirkung vom 01. Januar 2007 in Kraft.

2. Verordnung über den Mutterschutz für Beamtinnen des Bundes und die Elternzeit für Beamtinnen und Beamte des Bundes (Mutterschutz- und Elternzeitverordnung – MuSchEltZV)

Die Verordnung wurde als Artikel 1 der Verordnung vom 12. 2. 2009 (BGBl. I S. 320) von der Bundesregierung erlassen. Sie ist gem. Art. 4 Satz 1 dieser Verordnung am 14. 2. 2009 in Kraft getreten. Sie wurde zuletzt geändert durch Art. 3 des Mutterschutzanpassungsgesetzes vom 24. 2. 2025 (BGBl. I Nr. 59).

Abschnitt 1
Mutterschutz

§ 1 Allgemeines

Für den Mutterschutz von Personen in einem Beamtenverhältnis beim Bund sowie bei bundesunmittelbaren Körperschaften, Anstalten und Stiftungen des öffentlichen Rechts gelten die §§ 2 bis 5.

§ 2 Anwendung des Mutterschutzgesetzes

(1) Die folgenden Vorschriften des Mutterschutzgesetzes sind entsprechend anzuwenden:

1. zu Begriffsbestimmungen (§ 2 Absatz 1 Satz 1, Absatz 3 Satz 1, Absatz 4 und 6 des Mutterschutzgesetzes),
2. zur Gestaltung der Arbeitsbedingungen (§§ 9, 10 Absatz 1 und 2, §§ 11, 12, 13 Absatz 1 Nummer 1 des Mutterschutzgesetzes),
3. zum Arbeitsplatzwechsel (§ 13 Absatz 1 Nummer 2 des Mutterschutzgesetzes),
4. zur Dokumentation und Information durch den Arbeitgeber (§ 14 des Mutterschutzgesetzes),
5. zu Beschäftigungsverboten (§§ 3 bis 6, 10 Absatz 3, § 13 Absatz 1 Nummer 3 und § 16 des Mutterschutzgesetzes),
6. zu Mitteilungen und Nachweisen über die Schwangerschaft und das Stillen (§ 15 des Mutterschutzgesetzes),
7. zur Freistellung für Untersuchungen und zum Stillen (§ 7 des Mutterschutzgesetzes),

8. zu den Mitteilungs- und Aufbewahrungspflichten des Arbeitgebers (§ 27 Absatz 1 bis 5 des Mutterschutzgesetzes) sowie
9. zum behördlichen Genehmigungsverfahren für eine Beschäftigung zwischen 20 und 22 Uhr (§ 28 des Mutterschutzgesetzes).

Andere Arbeitsschutzvorschriften bleiben unberührt.

(2) In jeder Dienststelle, bei der regelmäßig mehr als drei Personen tätig sind, sind ein Abdruck des Mutterschutzgesetzes sowie ein Abdruck dieser Verordnung an geeigneter Stelle zur Einsicht auszulegen, auszuhändigen oder in einem elektronischen Informationssystem jederzeit zugänglich zu machen.

§ 3 Besoldung bei Beschäftigungsverbot, Untersuchungen und Stillen

(1) Durch die mutterschutzrechtlichen Beschäftigungsverbote mit Ausnahme des Verbots der Mehrarbeit wird die Zahlung der Dienst- und Anwärterbezüge nicht berührt (§§ 3 bis 6, 10 Absatz 3, § 13 Absatz 1 Nummer 3 und § 16 des Mutterschutzgesetzes). Dies gilt auch für das Dienstversäumnis wegen ärztlicher Untersuchungen bei Schwangerschaft und Mutterschaft sowie während des Stillens (§ 7 des Mutterschutzgesetzes).

(2) Im Fall der vorzeitigen Beendigung einer Elternzeit nach § 16 Absatz 3 Satz 3 des Bundeselterngeld- und Elternzeitgesetzes richtet sich die Höhe der Dienst- und Anwärterbezüge nach dem Beschäftigungsumfang vor der Elternzeit oder während der Elternzeit, wobei die höheren Bezüge maßgeblich sind.

(3) Bemessungsgrundlage für die Zahlung von Erschwerniszulagen nach der Erschwerniszulagenverordnung sowie für die Vergütung nach der Vollstreckungsvergütungsverordnung in der Fassung der Bekanntmachung vom 6. Januar 2003 (BGBl. I S. 8) in der jeweils geltenden Fassung ist der Durchschnitt der Zulagen und der Vergütungen der letzten drei Monate vor Beginn des Monats, in dem die Schwangerschaft eingetreten ist.

§ 4 Entlassung während der Schwangerschaft, nach einer Fehlgeburt und nach der Entbindung

(1) Während der Schwangerschaft, bis zum Ablauf von vier Monaten nach einer Fehlgeburt nach der zwölften Schwangerschaftswoche und bis zum Ende der Schutzfrist nach der Entbindung, mindestens bis zum Ablauf von vier Monaten nach der Entbindung, darf die Entlassung von Beamtinnen auf Probe und von Beamtinnen auf Widerruf gegen ihren Willen nicht ausgesprochen werden, wenn der oder dem Dienstvorgesetzten die Schwangerschaft, die Fehlgeburt nach der zwölften Schwangerschaftswoche oder die Entbindung bekannt ist. Eine ohne diese Kenntnis ergangene Entlassungs-

verfügung ist zurückzunehmen, wenn innerhalb von zwei Wochen nach ihrer Zustellung der oder dem Dienstvorgesetzten die Schwangerschaft, die Fehlgeburt nach der zwölften Schwangerschaftswoche oder die Entbindung mitgeteilt wird. Das Überschreiten dieser Frist ist unbeachtlich, wenn dies auf einem von der Beamtin nicht zu vertretenden Grund beruht und die Mitteilung über die Schwangerschaft, die Fehlgeburt oder die Entbindung unverzüglich nachgeholt wird. Die Sätze 1 bis 3 gelten entsprechend für Vorbereitungsmaßnahmen des Dienstherrn, die er im Hinblick auf eine Entlassung einer Beamtin trifft.

(2) Die oberste Dienstbehörde kann in besonderen Fällen, die nicht mit dem Zustand der Beamtin in der Schwangerschaft, nach einer Fehlgeburt nach der zwölften Schwangerschaftswoche oder nach der Entbindung in Zusammenhang stehen, ausnahmsweise die Entlassung für zulässig erklären.

(3) Die §§ 31, 32, 34 Absatz 4, § 35 Satz 1, letzterer vorbehaltlich der Fälle des § 24 Absatz 3, sowie die §§ 36 und 37 Absatz 1 Satz 3 des Bundesbeamtengesetzes bleiben unberührt.

§ 5 Zuschuss bei Beschäftigungsverbot während einer Elternzeit

Beamtinnen erhalten einen Zuschuss von 13 Euro für jeden Kalendertag eines Beschäftigungsverbots in den letzten sechs Wochen vor der Entbindung und eines Beschäftigungsverbots nach der Entbindung – einschließlich des Entbindungstages –, der in eine Elternzeit fällt. Dies gilt nicht, wenn sie während der Elternzeit teilzeitbeschäftigt sind. Der Zuschuss ist auf 210 Euro begrenzt, wenn die Dienst- oder Anwärterbezüge ohne die mit Rücksicht auf den Familienstand gewährten Zuschläge und ohne Leistungen nach Abschnitt 5 des Bundesbesoldungsgesetzes die Versicherungspflichtgrenze in der gesetzlichen Krankenversicherung überschreiten oder überschreiten würden.

Abschnitt 2
Elternzeit

§ 6 Anwendung des Bundeselterngeld- und Elternzeitgesetzes

Beamtinnen und Beamte haben Anspruch auf Elternzeit ohne Dienst- oder Anwärterbezüge entsprechend des § 15 Absatz 1 bis 3 sowie der § 16 und 28 Absatz 1 Satz 1 des Bundeselterngeld- und Elternzeitgesetzes.

§ 7 Teilzeitbeschäftigung während der Elternzeit

(1) Während der Elternzeit ist Beamtinnen und Beamten, die Anspruch auf Dienst- oder Anwärterbezüge haben, auf Antrag eine Teilzeitbeschäftigung bei ihrem Dienstherrn bis zu 32 Wochenstunden im Durchschnitt eines Monats zu bewilligen, wenn zwingende dienstliche Belange nicht entgegenstehen.
(2) Mit Genehmigung der zuständigen Dienstbehörde darf während der Elternzeit auch eine Teilzeitbeschäftigung außerhalb des Beamtenverhältnisses in dem in Absatz 1 genannten Umfang ausgeübt werden. Die Genehmigung kann nur innerhalb von vier Wochen ab Antragstellung versagt werden, wenn dringende dienstliche Belange entgegenstehen. Sie ist zu versagen, wenn einer der in § 99 Absatz 2 Satz 2 Nummer 2 bis 6 des Bundesbeamtengesetzes genannten Gründe vorliegt.

§ 8 Entlassung während der Elternzeit

(1) Während der Elternzeit darf die Entlassung von Beamtinnen und Beamten auf Probe und von Beamtinnen und Beamten auf Widerruf gegen ihren Willen nicht ausgesprochen werden. Dies gilt nicht für Zeiten einer Teilzeitbeschäftigung nach § 7 Absatz 1.
(2) In besonderen Fällen kann die oberste Dienstbehörde die Entlassung ausnahmsweise für zulässig erklären.
(3) § 4 Absatz 3 gilt entsprechend.

§ 9 Erstattung von Krankenversicherungsbeiträgen

(1) Beamtinnen und Beamten werden für die Dauer der Elternzeit die Beiträge für ihre Kranken- und Pflegeversicherung bis zu monatlich 31 Euro erstattet, wenn ihre Dienst- oder Anwärterbezüge vor Beginn der Elternzeit die Versicherungspflichtgrenze in der gesetzlichen Krankenversicherung nicht überschritten haben oder überschritten hätten. Hierbei werden die mit Rücksicht auf den Familienstand gewährten Zuschläge sowie Leistungen nach Abschnitt 5 des Bundesbesoldungsgesetzes nicht berücksichtigt. Nehmen die Eltern gemeinsam Elternzeit, steht die Beitragserstattung nur dem Elternteil zu, bei dem das Kind im Familienzuschlag berücksichtigt wird oder berücksichtigt werden soll.
(2) Für die Zeit, für die sie Elterngeld nach den §§ 4 und 4c des Bundeselterngeld- und Elternzeitgesetzes beziehen, werden Beamtinnen und Beamten mit Dienstbezügen bis einschließlich der Besoldungsgruppe A 8 sowie Beamtinnen und Beamten mit Anwärterbezügen auf Antrag die Beiträge für die Kranken- und Pflegeversicherung über die Erstattung nach Absatz 1 hinaus in voller Höhe erstattet, soweit sie auf einen auf den Beihilfebemes-

sungssatz abgestimmten Prozenttarif oder einen die jeweilige Beihilfe ergänzenden Tarif einschließlich etwaiger darin enthaltener Altersrückstellungen entfallen. Für andere Monate einer Elternzeit wird die Beitragserstattung nach Satz 1 weitergezahlt, solange keine Beschäftigung mit mindestens der Hälfte der regelmäßigen Arbeitszeit ausgeübt wird.

(3) Die Absätze 1 und 2 gelten entsprechend für auf die Beamtin oder den Beamten entfallende Beiträge für die freiwillige gesetzliche Krankenversicherung und Pflegeversicherung.

§ 10 Sonderregelung für Richterinnen und Richter im Bundesdienst

Während der Elternzeit ist eine Teilzeitbeschäftigung als Richterin oder Richter von mindestens der Hälfte bis zu drei Vierteln des regelmäßigen Dienstes zulässig.

Abschnitt 3
Übergangs- und Schlussvorschriften

§ 11 Übergangsvorschrift

(1) Auf die vor dem 14. Februar 2009 geborenen Kinder oder auf die vor diesem Zeitpunkt mit dem Ziel der Adoption aufgenommenen Kinder ist § 1 Absatz 2 Satz 2 und 3 der Elternzeitverordnung in der bis zum 13. Februar 2009 geltenden Fassung anzuwenden.

3. Verordnung über die Elternzeit für Soldatinnen und Soldaten (Elternzeitverordnung für Soldatinnen und Soldaten – EltZSoldV)

in der Fassung der Bekanntmachung vom 18.11.2004 (BGBl. I S. 2855), zuletzt geändert durch Artikel 58 des Gesetzes vom 23.10.2024 (BGBl. I Nr. 323)

§ 1 Beginn und Ende des Anspruchs

(1) Soldatinnen und Soldaten haben nach Maßgabe des § 15 Absatz 1 oder 1a des Bundeselterngeld- und Elternzeitgesetzes Anspruch auf Elternzeit unter Wegfall der Geld- und Sachbezüge mit Ausnahme der unentgeltlichen truppenärztlichen Versorgung und ohne Leistungen nach dem Unterhaltssicherungsgesetz.

(2) Der Anspruch auf Elternzeit besteht bis zur Vollendung des dritten Lebensjahres des Kindes, bei einem angenommenen, in Vollzeitpflege oder in Adoptionspflege genommenen Kind bis zu drei Jahren ab der Aufnahme bei der berechtigten Person, längstens bis zur Vollendung des achten Lebensjahres des Kindes. Ein Anteil von bis zu 24 Monaten kann jedoch zu einem späteren Zeitpunkt nach Maßgabe des § 28 Abs. 5 Satz 1 Nr. 1 des Soldatengesetzes genommen werden. Insgesamt kann die Elternzeit auf bis zu vier Zeitabschnitte verteilt werden. Die Übertragung eines Anteils der Elternzeit muss rechtzeitig vor Beginn des zu übertragenden Zeitraums beantragt werden. Sie bedarf nicht der Zustimmung der Elternzeit erteilenden Stelle.

(3) Die Elternzeit steht beiden Eltern zu; sie können sie, auch anteilig, jeweils allein oder gemeinsam nehmen. Satz 1 gilt auch für Adoptiveltern, Adoptivpflegeeltern und Vollzeitpflegeeltern.

(4) Die Elternzeit kann vorzeitig beendet oder im Rahmen des Absatzes 2 verlängert werden, wenn die nach § 3 Abs. 1 zuständige Stelle zustimmt. Die vorzeitige Beendigung wegen der Geburt eines weiteren Kindes oder wegen eines besonderen Härtefalles (§ 7 Absatz 2 Satz 3 des Bundeselterngeld- und Elternzeitgesetzes) kann nur innerhalb von vier Wochen nach Antragstellung aus zwingenden dienstlichen Gründen abgelehnt werden. Die Elternzeit kann zur Inanspruchnahme der Schutzfristen nach § 5 Absatz 1 Satz 1 der Mutterschutzverordnung für Soldatinnen auch ohne Zustimmung des Dienstherrn vorzeitig beendet werden; in diesen Fällen soll die Soldatin die Beendigung der Elternzeit rechtzeitig mitteilen. Die Elternzeit ist auf

Wunsch zu verlängern, wenn ein vorgesehener Wechsel in der Anspruchsberechtigung aus einem wichtigen Grund nicht erfolgen kann.
(5) Stirbt das Kind während der Elternzeit, so endet diese spätestens drei Wochen nach dem Tod des Kindes.
(6) Die von der Bundeswehr erteilte Elternzeit endet ferner mit der Beendigung des Wehrdienstverhältnisses.

§ 2 Antrag

(1) Die Elternzeit soll, wenn sie unmittelbar nach der Geburt des Kindes oder nach Ablauf der Mutterschutzfrist (§ 5 Abs. 1 Satz 1 der Mutterschutzverordnung für Soldatinnen) beginnen soll, sechs Wochen, andernfalls acht Wochen vor Beginn schriftlich oder elektronisch beantragt werden. Dabei ist anzugeben, für welche Zeiträume innerhalb von zwei Jahren Elternzeit beantragt wird. Nimmt die Mutter die Elternzeit im Anschluss an die Mutterschutzfrist, wird die Zeit der Mutterschutzfrist nach § 5 Abs. 1 der Mutterschutzverordnung für Soldatinnen auf den Zweijahreszeitraum nach Satz 2 angerechnet. Nimmt die Mutter die Elternzeit im Anschluss an einen auf die Mutterschutzfrist folgenden Erholungsurlaub, werden die Zeit der Mutterschutzfrist nach § 5 Abs. 1 der Mutterschutzverordnung für Soldatinnen und die Zeit des Erholungsurlaubs auf den Zweijahreszeitraum nach Satz 2 angerechnet.
(2) Können Soldatinnen und Soldaten aus einem von ihnen nicht zu vertretenden Grund eine sich unmittelbar an das Beschäftigungsverbot des § 6 Abs. 1 des Mutterschutzgesetzes oder des § 5 Abs. 1 der Mutterschutzverordnung für Soldatinnen anschließende Elternzeit nicht rechtzeitig beantragen, können sie dies innerhalb einer Woche nach Wegfall des Grundes nachholen.
(3) Die Soldatin oder der Soldat hat eine Änderung der Anspruchsberechtigung der oder dem nächsten Disziplinarvorgesetzten unverzüglich mitzuteilen.

§ 3 Verfahren

(1) Die Elternzeit erteilt das Bundesministerium der Verteidigung oder eine von ihm beauftragte Stelle.
(2) Aus zwingenden Gründen der Verteidigung kann das Bundesministerium der Verteidigung die Erteilung der beantragten Elternzeit ablehnen oder bereits gewährte Elternzeit widerrufen.
(3) Mit Zustimmung des Bundesministeriums der Verteidigung oder einer von ihm beauftragten Stelle kann auf bereits bewilligte Elternzeit verzichtet werden.

§ 4 Nicht volle Erwerbstätigkeit

Während der Elternzeit darf die Soldatin oder der Soldat mit Zustimmung des Bundesministeriums der Verteidigung oder der von ihm beauftragten Stelle eine Teilzeitbeschäftigung außerhalb des Soldatenverhältnisses ausüben, wenn die Teilzeitbeschäftigung den Umfang von 32 Stunden in der Woche nicht überschreitet.

§ 5 (weggefallen)

§ 6 (weggefallen)

§ 7

Die Vorschriften dieser Verordnung sind nur in den Fällen anzuwenden, in denen das Kind nach Inkrafttreten dieser Verordnung geboren wird.

§ 7a

Für die vor dem 1. Januar 2004 geborenen Kinder oder für die vor diesem Zeitpunkt mit dem Ziel der Adoption aufgenommenen Kinder sind die Vorschriften dieser Verordnung in der bis zum 31. Dezember 2003 geltenden Fassung weiter anzuwenden.

§ 8 (Aufhebung anderer Vorschriften)

§ 9 (Inkrafttreten)

4. Bayerisches Familiengeldgesetz (BayFamGG)

vom 24. 7. 2018 (GVBl. S. 613, 622, BayRS 2170-7-A), zuletzt geändert durch § 1 des Gesetzes vom 8. 7. 2020 (GVBl. S. 330)

Art. 1 Zweckbestimmung

In Weiterentwicklung des Bayerischen Landeserziehungsgeldes erhalten Eltern mit dem Bayerischen Familiengeld eine vom gewählten Lebensmodell der Familie unabhängige, gesonderte Anerkennung ihrer Erziehungsleistung. Eltern erhalten zugleich den nötigen Gestaltungsspielraum, frühe Erziehung und Bildung der Kinder einschließlich gesundheitsförderlicher Maßnahmen in der jeweils von ihnen gewählten Form zu ermöglichen, zu fördern und insbesondere auch entsprechend qualitativ zu gestalten. Das Familiengeld dient damit nicht der Existenzsicherung. Es soll auf existenzsichernde Sozialleistungen nicht angerechnet werden.

Art. 2 Berechtigte

(1) Anspruch auf Familiengeld hat, wer

1. seine Hauptwohnung oder seinen gewöhnlichen Aufenthalt im Freistaat Bayern hat,
2. mit seinem Kind in einem Haushalt lebt und
3. dieses Kind selbst erzieht und für eine förderliche frühkindliche Betreuung des Kindes sorgt.

Das gilt nicht, wenn das Kind seinen gewöhnlichen Aufenthalt in einem Staat hat, der nicht Mitgliedstaat der Europäischen Union oder auf Grund Unionsrechts oder völkerrechtlicher Vereinbarung einem Mitgliedstaat der Europäischen Union gleich zu behandeln ist. Ausgenommen sind ferner ausländische Personen, die im Freistaat Bayern weder Arbeitnehmerinnen, Arbeitnehmer oder Selbstständige noch auf Grund des § 2 Abs. 3 des Freizügigkeitsgesetzes/EU freizügigkeitsberechtigt sind, und ihre Familienangehörigen für die ersten drei Monate ihres Aufenthalts.

(2) Anspruch auf Familiengeld hat abweichend von Abs. 1 Satz 1 Nr. 2 auch, wer

1. mit einem Kind in einem Haushalt lebt, das er mit dem Ziel der Annahme als Kind aufgenommen hat,
2. ein Kind des Ehegatten, der Ehegattin, des Lebenspartners oder der Lebenspartnerin in seinen Haushalt aufgenommen hat oder

3. mit einem Kind in einem Haushalt lebt und die von ihm erklärte Anerkennung der Vaterschaft nach § 1594 Abs. 2 des Bürgerlichen Gesetzbuchs (BGB) noch nicht wirksam oder über die von ihm beantragte Vaterschaftsfeststellung nach § 1600d BGB noch nicht entschieden ist.

Für angenommene Kinder und Kinder im Sinne des Satzes 1 Nr. 1 sind die Vorschriften dieses Gesetzes mit der Maßgabe anzuwenden, dass statt des Zeitpunkts der Geburt der Tag der Aufnahme mit dem Ziel der Annahme als Kind bei der berechtigten Person maßgeblich ist.

(3) In Fällen besonderer Härte, insbesondere bei schwerer Krankheit, Behinderung oder Tod eines Elternteils, haben Verwandte bis zum dritten Grad und ihre Ehegatten oder Lebenspartner Anspruch auf Familiengeld, wenn sie die übrigen Voraussetzungen nach Abs. 1 erfüllen und von anderen berechtigten Personen Familiengeld nicht in Anspruch genommen wird.

(4) Wer nicht sorgeberechtigt ist, erhält Familiengeld nur, wenn der Sorgeberechtigte zustimmt.

(5) Eine nicht freizügigkeitsberechtigte ausländische Person ist nur anspruchsberechtigt, wenn sie

1. eine Erlaubnis zum Daueraufenthalt-EU oder eine Niederlassungserlaubnis besitzt,
2. eine Blaue Karte EU, eine ICT-Karte, eine Mobiler-ICT-Karte oder eine Aufenthaltserlaubnis besitzt, die für einen Zeitraum von mehr als sechs Monaten zur Ausübung einer Erwerbstätigkeit berechtigt oder berechtigt hat oder diese erlaubt, es sei denn, die Aufenthaltserlaubnis wurde
   a) zum Zweck einer Au-Pair-Beschäftigung, einer Saisonbeschäftigung oder eines Studiums erteilt,
   b) nach § 23 Abs. 1 des Aufenthaltsgesetzes (AufenthG) wegen eines Krieges in ihrem Heimatland oder nach den §§ 23a, 24 oder § 25 Abs. 3 bis 5 AufenthG erteilt und die Person hält sich seit weniger als drei Jahren rechtmäßig, gestattet oder geduldet im Bundesgebiet auf.
3. eine Beschäftigungsduldung gemäß § 60d AufenthG in Verbindung mit § 60a Abs. 2 Satz 3 AufenthG besitzt.

Art. 3 Höhe, Auszahlung und Bezugszeitraum; Verordnungsermächtigung

(1) Das Familiengeld beträgt für das erste und zweite Kind des Berechtigten jeweils 250 Euro pro Monat, für das dritte und jedes weitere Kind des Berechtigten jeweils 300 Euro pro Monat. Soweit sich im weiteren Verlauf die Einstufung des Kindes zum Nachteil des Berechtigten verändert, ist dies unbeachtlich. Bei Mehrlingen zählt die höchste Rangstufe für alle Mehrlingskinder. Das Staatsministerium für Familie, Arbeit und Soziales wird

ermächtigt, durch Rechtsverordnung für Fälle, in denen das Kind seinen gewöhnlichen Aufenthalt in einem anderen Mitgliedstaat der Europäischen Union oder in einem Staat hat, der auf Grund Unionsrechts oder völkerrechtlicher Vereinbarung einem Mitgliedstaat der Europäischen Union gleich zu behandeln ist, eine an die Kosten der Lebenshaltung am Ort des gewöhnlichen Aufenthalts angepasste Leistungshöhe zu bestimmen.

(2) Familiengeld wird im Laufe des Lebensmonats gezahlt, für den es bestimmt ist.

(3) Familiengeld kann in der Zeit vom ersten Tag des 13. Lebensmonats bis zur Vollendung des 36. Lebensmonats des Kindes bezogen werden.

(4) Für angenommene Kinder und Kinder im Sinne von Art. 2 Abs. 2 Satz 1 Nr. 1 kann Familiengeld ab dem ersten Tag des 13. Monats der Aufnahme mit dem Ziel der Annahme als Kind bei der berechtigten Person, längstens aber bis zur Vollendung des dritten Lebensjahres des Kindes bezogen werden.

(5) Für einen Lebensmonat eines Kindes kann nur ein Berechtigter Familiengeld beziehen. Lebensmonate des Kindes, in denen einem Berechtigten nach Art. 4 anzurechnende Leistungen zustehen, gelten als Monate, für die dieser Berechtigte Familiengeld bezieht.

(6) Der Anspruch endet mit dem Ablauf des Lebensmonats, in dem eine Anspruchsvoraussetzung entfallen ist.

Art. 4 Verhältnis zu anderen Leistungen

Auf das Familiengeld angerechnet werden dem Familiengeld vergleichbare Leistungen, auf die eine nach Art. 2 berechtigte Person außerhalb Bayerns oder gegenüber einer über- oder zwischenstaatlichen Einrichtung Anspruch hat. Solange kein Antrag auf die in Satz 1 genannten vergleichbaren Leistungen gestellt wird, ruht der Anspruch auf Familiengeld bis zur möglichen Höhe der vergleichbaren Leistung.

Art. 5 Zusammentreffen von Ansprüchen

(1) Erfüllen mehrere Personen die Anspruchsvoraussetzungen, so wird das Familiengeld demjenigen gezahlt, den die Sorgeberechtigten zum Berechtigten bestimmen.

(2) Ein Wechsel in der Anspruchsberechtigung wird mit Beginn des folgenden Lebensmonats des Kindes wirksam.

Art. 6 Antragstellung

(1) Familiengeld ist unter Verwendung der bereitgestellten Formulare zu beantragen. Wurde oder wird in Bayern Elterngeld nach dem Bundeseltern-

geld- und Elternzeitgesetz (BEEG) bewilligt, gilt der zugrunde liegende Antrag auch als Antrag auf Familiengeld. Dabei gilt die Person als berechtigt im Sinne des Art. 5 Abs. 1, für die die überwiegenden Monate Elterngeld bewilligt werden.

(2) Das Familiengeld wird rückwirkend nur für die letzten drei Lebensmonate vor Beginn des Lebensmonats geleistet, in dem der Antrag eingegangen ist.

(3) Unbeschadet der Fälle des Abs. 1 Satz 2 kann der Antrag frühestens drei Monate vor dem beabsichtigten Leistungsbeginn gestellt werden. Zuvor gestellte Anträge sind unbeachtlich.

(4) Zur Erleichterung der Antragstellung und zur Überprüfung der Anspruchsberechtigung darf die zuständige Behörde die im Rahmen des Vollzugs des BEEG erhobenen Daten verarbeiten und nutzen.

Art. 7 Verwaltungsverfahren

Soweit dieses Gesetz keine ausdrückliche Regelung trifft, sind bei der Ausführung das Erste Buch Sozialgesetzbuch (SGB I), § 331 des Dritten Buches Sozialgesetzbuch und das Erste und Zweite Kapitel des Zehnten Buches Sozialgesetzbuch entsprechend anzuwenden.

Art. 8 Rechtsweg

Über öffentlich-rechtliche Streitigkeiten in Angelegenheiten der Art. 1 bis 7 entscheiden die Gerichte der Sozialgerichtsbarkeit. Widerspruch und Anfechtungsklage haben keine aufschiebende Wirkung.

Art. 9 Ordnungswidrigkeiten

(1) Ordnungswidrig handelt, wer vorsätzlich oder fahrlässig

1. entgegen § 60 Abs. 1 Satz 1 Nr. 1 oder Satz 2 SGB I eine Angabe nicht, nicht richtig, nicht vollständig oder nicht rechtzeitig macht oder auf Verlangen der zuständigen Behörde der Erteilung der erforderlichen Auskünfte durch Dritte nicht zustimmt,
2. entgegen § 60 Abs. 1 Satz 1 Nr. 2 oder Satz 2 SGB I eine Mitteilung nicht, nicht richtig, nicht vollständig oder nicht rechtzeitig macht oder
3. entgegen § 60 Abs. 1 Satz 1 Nr. 3 oder Satz 2 SGB I auf Verlangen der zuständigen Behörde eine Beweisurkunde nicht, nicht richtig, nicht vollständig oder nicht rechtzeitig vorlegt oder ihrer Vorlage nicht zustimmt.

(2) Die Ordnungswidrigkeit kann mit einer Geldbuße von bis zu fünftausend Euro geahndet werden.

Art. 9a Übergangsvorschrift

(1) Dieses Gesetz gilt für ab dem 1. Oktober 2015 geborene Kinder. Familiengeld wird frühestens ab 1. September 2018 gezahlt.

(2) Für den Lebensmonat eines vor dem 1. September 2017 geborenen Kindes, der ab dem 1. September 2018 beginnt, prüft die zuständige Behörde von Amts wegen, ob der berechtigten Person

1. nach diesem Gesetz oder
2. auf Grund eines vor dem 1. September 2018 gestellten Antrags oder einer vor dem 1. September 2018 vorgenommenen Bewilligung nach dem Bayerischen Landeserziehungsgeldgesetz allein oder in Verbindung mit dem Bayerischen Betreuungsgeldgesetz

die höhere Leistung zusteht. Die berechtigte Person erhält ab diesem Lebensmonat die jeweils höhere Leistung. Die Sätze 1 bis 2 gelten für Kinder im Sinne des Art. 2 Abs. 2 Satz 1 Nr. 1 auch dann, wenn die Aufnahme mit dem Ziel der Annahme ab dem 1. September 2017 erfolgt ist. Ab dem Lebensmonat, zu dem der Anspruch nach diesem Gesetz die nach dem Bayerischen Landeserziehungsgeldgesetz allein oder in Verbindung mit dem Bayerischen Betreuungsgeldgesetz zustehenden Leistungen erstmals übersteigt, werden für das jeweilige Kind Leistungen nach diesem Gesetz gewährt. Ein Anspruch nach dem Bayerischen Landeserziehungsgeldgesetz allein oder in Verbindung mit dem Bayerischen Betreuungsgeldgesetz besteht daneben nicht mehr.

(3) Im Übrigen werden Leistungen für Lebensmonate, die bis zum 1. September 2018 beginnen, nach dem Bayerischen Landeserziehungsgeldgesetz oder dem Bayerischen Betreuungsgeldgesetz und Leistungen für Lebensmonate, die ab dem 1. September 2018 beginnen, nach diesem Gesetz gewährt.

(4) Für Entscheidungen auf Grund eines bis zum 31. Juli 2019 gestellten Antrags wird vermutet, dass das Kind seinen gewöhnlichen Aufenthalt im Inland im Sinne des Art. 2 Abs. 1 Satz 2 hat. 2Die zuständige Behörde bleibt zur Überprüfung des gewöhnlichen Aufenthalts berechtigt. 3Für Entscheidungen auf Grund eines vor dem 1. September 2018 gestellten Antrags findet Art. 2 Abs. 1 Satz 3 keine Anwendung.

(5) Für Entscheidungen auf Grund eines bis 1. Juli 2019 gestellten Antrags wird vermutet, dass die Voraussetzung nach Art. 2 Abs. 1 Satz 1 Nr. 3 Alt. 2 vorgelegen hat.

5. Gesetz über die Gewährung von Landeserziehungsgeld im Freistaat Sachsen (Sächsisches Landeserziehungsgeldgesetz – SächsLErzGG)

in der Fassung der Bekanntmachung vom 7.1.2008 (SächsGVBl. S. 60), das zuletzt durch Artikel 9 des Gesetzes vom 14.12.2018 (SächsGVBl. S. 782) geändert worden ist

§ 1 Berechtigte

(1) Anspruch auf Landeserziehungsgeld hat, wer

1. seinen Hauptwohnsitz oder seinen gewöhnlichen Aufenthalt im Freistaat Sachsen hat,
2. mit einem nach dem 31. Dezember 2006 geborenen Kind, für das ihm die Personensorge zusteht, in einem Haushalt lebt,
3. dieses Kind selbst betreut und erzieht,
4. für dieses Kind keinen mit staatlichen Mitteln geförderten Platz in einer Kindertageseinrichtung oder staatlich geförderte Kindertagespflege im Sinne von § 1 des Sächsischen Gesetzes zur Förderung von Kindern in Tageseinrichtungen (Gesetz über Kindertageseinrichtungen – SächsKitaG) in der Fassung der Bekanntmachung vom 29. Dezember 2005 (SächsGVB. 2006 S. 2), in der jeweils geltenden Fassung, beansprucht,
5. keine oder keine volle Erwerbstätigkeit im Sinne von § 2 des Gesetzes zum Erziehungsgeld und zur Elternzeit (Bundeserziehungsgeldgesetz – BErzGG) in der Fassung der Bekanntmachung vom 9. Februar 2004 (BGBl. I S. 206), das zuletzt durch Artikel 3 des Gesetzes vom 13. Dezember 2006 (BGBl. I S. 2915, 2917) geändert worden ist, ausübt.

§ 1 Abs. 1 Satz 2 und 3, Abs. 2 bis 9 BErzGG ist entsprechend anzuwenden. Anspruch auf Landeserziehungsgeld hat auch, wer zwar nicht die Anspruchsvoraussetzungen gemäß Satz 2 erfüllt, aber im Bezugszeitraum von Landeserziehungsgeld als Berechtigter für den Bezug von Elterngeld gemäß § 1 des Gesetzes zum Elterngeld und zur Elternzeit (Bundeselterngeld- und Elternzeitgesetz – BEEG) vom 5. Dezember 2006 (BGBl. I S. 2748), in der jeweils geltenden Fassung, gelten würde und die übrigen Voraussetzungen nach Satz 1 erfüllt.

(2) Von den Voraussetzungen des Absatzes 1 Nr. 4 soll abgesehen werden, wenn

1. auf Grund eines Härtefalls im Sinne von § 1 Abs. 5 Satz 1 BErzGG vom Erfordernis der Betreuung und Erziehung sowie vom Verzicht auf eine volle Erwerbstätigkeit (§ 1 Abs. 1 Nr. 3 und 4 BErzGG) abgesehen werden kann,
2. eine Beschäftigung zur Berufsbildung ausgeübt wird,
3. die Schulausbildung oder ein Studium noch nicht abgeschlossen ist,
4. das Kind eine Kindertagesstätte zur Eingewöhnung stundenweise besucht,
5. der Berechtigte aus einem wichtigen Grund die Betreuung und Erziehung des Kindes unterbrechen muss oder
6. ein ärztliches Attest ausweist, dass der stundenweise Besuch einer Kindertageseinrichtung für den Therapieerfolg hinsichtlich einer umschriebenen Entwicklungsauffälligkeit des Kindes erforderlich ist. Bei begründetem Zweifel können die für den Vollzug dieses Gesetzes zuständigen Stellen ein amtsärztliches Zeugnis anfordern.

(3) Der Bezug von Landeserziehungsgeld oder von vergleichbaren Leistungen anderer Länder schließt den Bezug des Sächsischen Landeserziehungsgeldes aus.

§ 2 Leistungsdauer und -zeitraum

(1) Landeserziehungsgeld wird im dritten Lebensjahr des Kindes, längstens bis zur Vollendung des dritten Lebensjahres gewährt. Die Leistungsdauer beträgt beim ersten und beim zweiten Kind neun Monate, ab dem dritten Kind zwölf Monate, wenn für dieses Kind seit seinem vollendeten 14. Lebensmonat die Voraussetzungen des § 1 Abs. 1 Nr. 4 vorgelegen haben. Andernfalls beträgt die Leistungsdauer beim ersten Kind fünf Monate, beim zweiten Kind sechs Monate und ab dem dritten Kind sieben Monate. Berücksichtigt werden nur Kinder des Berechtigten oder seines nicht dauernd von ihm getrennt lebenden Ehegatten oder Lebenspartners oder Partners in eheähnlicher Gemeinschaft, die mit dem Berechtigten in einem Haushalt leben und für die ihm oder seinem Ehegatten oder Lebenspartner oder Partner in eheähnlicher Gemeinschaft Kindergeld gezahlt wird oder ohne die Anwendung des § 65 Abs. 1 des Einkommensteuergesetzes (EStG) in der Fassung der Bekanntmachung vom 19. Oktober 2002 (BGBl. I S. 4210, 2003 I S. 179), das zuletzt durch Artikel 1 des Gesetzes vom 14. August 2007 (BGBl. I S. 1912) geändert worden ist, in der jeweils geltenden Fassung, oder des § 4 Abs. 1 des Bundeskindergeldgesetzes (BKGG) in der Fassung der Bekanntmachung vom 22. Februar 2005 (BGBl. I S. 458), das zuletzt durch Artikel 1 des Gesetzes vom 13. Dezember 2006 (BGBl. I S. 2915) geändert worden ist, in der jeweils geltenden Fassung, zu zahlen wäre.

(2) Abweichend von Absatz 1 Satz 1 wird Landeserziehungsgeld auf Antrag des Berechtigten beginnend bereits im zweiten Lebensjahr des Kindes

gewährt, jedoch nicht vor dem Ende des Anspruchs des Berechtigten auf Elterngeld. Die Leistungsdauer beträgt in diesen Fällen beim ersten Kind fünf Monate, beim zweiten Kind sechs Monate und ab dem dritten Kind sieben Monate.

(3) Für angenommene Kinder und Kinder im Sinne von § 1 Abs. 3 Nr. 1 BErzGG sind die Absätze 1 und 2 mit der Maßgabe anzuwenden, dass für die Bestimmung des Leistungszeitraumes statt des Tages der Geburt der Zeitpunkt der Aufnahme des Kindes bei der berechtigten Person maßgeblich ist, und dass Landeserziehungsgeld längstens bis zur Vollendung des achten Lebensjahres gewährt wird.

(4) Der Anspruch auf Landeserziehungsgeld endet vorzeitig mit Ablauf des Monats, in dem eine der Anspruchsvoraussetzungen entfallen ist.

§ 3 Höhe des Landeserziehungsgeldes

(1) Das Landeserziehungsgeld beträgt für das erste Kind 150 Euro, für das zweite Kind 200 EUR und ab dem dritten Kind 300 Euro monatlich. § 2 Abs. 1 Satz 4 gilt entsprechend.

(2) Überschreitet das nach § 6 BErzGG ermittelte Einkommen bei Ehegatten, die nicht dauernd getrennt leben, 24600 Euro und bei anderen Berechtigten 21600 Euro, wird das Landeserziehungsgeld in entsprechender Anwendung von § 5 Abs. 4 BErzGG gemindert. Die Beträge der in Satz 1 genannten Einkommensgrenzen erhöhen sich um 3140 Euro für jedes weitere Kind des Berechtigten oder seines nicht dauernd von ihm getrennt lebenden Ehegatten, für das ihm oder seinem Ehegatten Kindergeld gezahlt wird oder ohne die Anwendung des § 65 Abs. 1 EStG oder des § 4 Abs. 1 BKGG gezahlt werden würde. Ein Betrag von weniger als 10 Euro monatlich wird nicht gewährt. Die Sätze 1 und 2 gelten nicht ab dem dritten Kind.

(3) In entsprechender Anwendung von § 6 Abs. 2 BErzGG wird für die Berechnung des Landeserziehungsgeldes nach § 2 Abs. 1 das Einkommen aus dem Kalenderjahr nach der Geburt des Kindes und in den Fällen des § 2 Abs. 2 aus dem Kalenderjahr der Geburt berücksichtigt. In den Fällen des § 2 Abs. 3 ist entsprechend das Kalenderjahr nach der Aufnahme oder das Kalenderjahr der Aufnahme des Kindes maßgeblich.

§ 4 Antragstellung

Das Landeserziehungsgeld wird auf Antrag gewährt, rückwirkend nur für den Monat vor Antragstellung. Der Antrag ist schriftlich zu stellen, frühestens drei Monate vor Beginn des gewählten Leistungszeitraumes.

§ 5 Zuständigkeit

Sachlich zuständig für den Vollzug dieses Gesetzes sowie für die Ausführung des Bundeselterngeld- und Elternzeitgesetzes in der jeweils geltenden Fassung und für die Ausführung des Bundeserziehungsgeldgesetzes sind

1. die Landkreise und Kreisfreien Städte als untere Verwaltungsbehörden und
2. der Kommunale Sozialverband Sachsen als obere Verwaltungsbehörde.

Sie nehmen diese Aufgabe als Weisungsaufgabe wahr. Über die Landkreise und Kreisfreien Städte übt der Kommunale Sozialverband Sachsen, über diesen das Staatsministerium für Soziales die Fachaufsicht aus. Das Weisungsrecht ist unbeschränkt.

Er ist zuständig für Grundsatzangelegenheiten, insbesondere für

1. die Klärung vollzugsrelevanter Fach- und Rechtsfragen,
2. die fachliche Verfahrensgestaltung einschließlich der Entwicklung und Betreuung des EDV-Verfahrens für die in Satz 1 genannten Gesetze,
3. die Übermittlung vollzugsrelevanter aggregierter statistischer Daten an das Staatsministerium für Soziales.

§ 6 Kostentragung

Die Kosten für das Landeserziehungsgeld trägt der Freistaat Sachsen. Die im Landeshaushalt für das Landeserziehungsgeld veranschlagten Mittel sowie die vom Bund dem Freistaat Sachsen zur Bewirtschaftung zugewiesenen Haushaltsmittel für das Bundeselterngeld und für das Bundeserziehungsgeld werden den Landkreisen und Kreisfreien Städten zur Bewirtschaftung übertragen. Für das Jahr 2008 werden die Mittel anteilig entsprechend der zeitanteiligen Zuständigkeit bereitgestellt.

§ 7 Andere Sozialleistungen

Landeserziehungsgeld ist eine dem Bundeserziehungsgeld vergleichbare Leistung im Sinne des § 8 BErzGG.

§ 8 Anwendung des Bundeserziehungsgeldgesetzes

(1) Soweit in diesem Gesetz auf Rechtsvorschriften des Bundeserziehungsgeldgesetzes verwiesen wird, bezieht sich diese Verweisung auf die am 31. Dezember 2006 geltende Fassung.

(2) Bei der Ausführung dieses Gesetzes finden, soweit dieses Gesetz nicht ausdrücklich etwas anderes bestimmt, die §§ 2, 3, 5 Abs. 3 Satz 5 bis 7, Abs. 4 und 5, § 6 Abs. 1 und 3 bis 7, §§ 8, 9, 12, 13 Abs. 2, §§ 14 und 22 Abs. 2 bis 5 BErzGG entsprechende Anwendung.

§ 9 Verfahren und Rechtsweg

(1) Soweit sich aus diesem Gesetz nichts anderes ergibt, finden das Erste Buch Sozialgesetzbuch (SGB I) – Allgemeiner Teil – (Artikel 1 des Gesetzes vom 11. Dezember 1975, BGBl. I S. 3015), zuletzt geändert durch Artikel 2 Abs. 15 des Gesetzes vom 5. Dezember 2006 (BGBl. I S. 2748, 2756), und das Zehnte Buch Sozialgesetzbuch – Sozialverwaltungsverfahren und Sozialdatenschutz – (SGB X) in der Fassung der Bekanntmachung vom 18. Januar 2001 (BGBl. I S. 130), zuletzt geändert durch Artikel 263 der Verordnung vom 31. Oktober 2006 (BGBl. I S. 2407, 2441), in den jeweils geltenden Fassungen, entsprechende Anwendung.
(2) Über öffentlich-rechtliche Streitigkeiten in Angelegenheiten dieses Gesetzes entscheiden die Gerichte der Sozialgerichtsbarkeit.

§ 10 Übergangsregelung

(1) Für Kinder, die bis zum 31. Dezember 2017 geboren, angenommen oder mit dem Ziel der Annahme als Kind in den Haushalt aufgenommen worden sind, findet § 3 Absatz 2 Satz 1 in der bis zum 31. Dezember 2018 geltenden Fassung Anwendung.
(2) Für Kinder, die bis zum 31. Dezember 2014 geboren, angenommen oder mit dem Ziel der Annahme als Kind in den Haushalt aufgenommen worden sind, findet § 3 Absatz 2 Satz 4 keine Anwendung.

§ 11 (Inkrafttreten)

Stichwortverzeichnis

(Die fett gedruckten Zahlen verweisen auf die Paragrafen, die mageren auf die Randnummer der Anmerkungen.)